普通高等院校"十三五"规划教材

市场营销理论与实务

第二版

王小兵　刘　洋　张　蕊◎**主　编**
胡青青　黄慧利　范文锋　刘锦志◎**副主编**
袁　达　刘　蕾　黄庆宁
　　　　　　　　　　肖靓莎◎**参　编**

清华大学出版社
北　京

内 容 简 介

本书分为十六章，主要包括市场与市场营销、市场营销环境分析、消费者市场和购买行为分析、组织市场和购买者行为分析、市场营销调研与预测、市场营销战略、竞争者分析与竞争性市场营销战略、目标市场营销战略、产品策略、定价策略、分销渠道策略、促销策略、市场营销管理、国际市场营销、服务市场营销、营销新概念等内容。

本书体例新颖，将大量鲜活、经典的案例穿插到理论之中，体现教与学的主动性、创新性，使学生在系统掌握现代市场营销理论的基础上，提高营销实践运作能力。

本书适合作为普通高等院校市场营销相关专业的教材，也可供对市场营销感兴趣的人士学习阅读。

本书封面贴有清华大学出版社防伪标签，无标签者不得销售。
版权所有，侵权必究。举报：010-62782989，beiqinquan@tup.tsinghua.edu.cn。

图书在版编目(CIP)数据

市场营销理论与实务/王小兵，刘洋，张蕊主编．—2版．—北京：清华大学出版社，2019(2024.8重印)
（普通高等院校"十三五"规划教材）
ISBN 978-7-302-52493-9

Ⅰ.①市⋯ Ⅱ.①王⋯ ②刘⋯ ③张⋯ Ⅲ.①市场营销学-高等学校-教材 Ⅳ.①F713.50

中国版本图书馆 CIP 数据核字(2019)第 043101 号

责任编辑：刘志彬
封面设计：汉风唐韵
责任校对：宋玉莲
责任印制：宋　林

出版发行：清华大学出版社
　　　网　　址：https://www.tup.com.cn, https://www.wqxuetang.com
　　　地　　址：北京清华大学学研大厦 A 座　　　邮　编：100084
　　　社　总　机：010-83470000　　　邮　购：010-62786544
　　　投稿与读者服务：010-62776969, c-service@tup.tsinghua.edu.cn
　　　质量反馈：010-62772015, zhiliang@tup.tsinghua.edu.cn
印 装 者：三河市科茂嘉荣印务有限公司
经　　销：全国新华书店
开　　本：185mm×260mm　　　印　张：17.75　　　字　数：456 千字
版　　次：2016 年 4 月第 1 版　2019 年 4 月第 2 版　　印　次：2024 年 8 月第 12 次印刷
定　　价：49.80 元

产品编号：083079-01

Preface 前言

市场营销学是建立在经济科学、管理科学、行为科学和现代科学技术基础上的应用学科。今天，它在经济和社会各个领域得到了广泛应用，也已成为企业在瞬息万变、竞争激烈的市场中谋求生存和发展的管理利器。在这个充满机会和竞争风险的时代，全面系统地学习和掌握现代市场营销的理论、方法，对于企业、行业、城市，乃至国家营销人员和经济管理类专业大学生尤为重要。

本书作为湖南省省级优秀教研室中"经济管理"教研室的研究成果，依托湖南省应用特色学科"工商管理"学科，紧跟理论前沿，本着理论学习与实践实训并重、科学性与趣味性相结合的原则，广泛借鉴了国内外管理学者的最新研究成果，力求好教好学、内容全面、简明易懂。

本书的特色在于理论联系实际，内容和体例新颖，不是简单地罗列理论教条，而是穿插了大量鲜活、经典的案例导入和案例分析。使用案例是教师在课堂教学中必须采取的方法，各章各节用什么案例由任教者自主选择，更能体现教与学的主动性、创新性。每章还配备了思考题和实训练习，有利于调动学生的学习兴趣，在系统掌握现代市场营销理论的基础上，提高营销实践能力。

本书由王小兵、刘洋、张蕊任主编，胡青青、黄慧利、范文锋、刘锦志、袁达、刘蕾、黄庆宁、肖靓莎参与编写。全书经过多次修改，其中沈阳科技学院刘洋老师编写第七章~九章内容；最后由湖南工学院王小兵教授负责全书定稿。

本书在编写过程中得到了清华大学出版社、湖南工学院、沈阳科技学院等有关领导和专家的关心与支持，也参考了大量的文献资料，对许多相识和尚未相见的参考文献的作者，在此一并表示诚挚的谢意。

由于编者水平有限，书中难免存在不足之处，敬请各位专家、学者批评指正！

编　者
2019 年 1 月

目录 Contents

第一章　市场营销学概述

学习目标	1
导入案例	1
第一节　市场与市场营销	2
第二节　市场营销学的形成与发展	7
第三节　市场营销学的研究对象与内容	10
第四节　市场营销管理及其哲学	13
本章小结	17
思考题	17
实训实习	18

第二章　市场营销环境分析

学习目标	19
导入案例	19
第一节　市场营销环境的含义及特点	19
第二节　宏观市场营销环境	21
第三节　微观市场营销环境	29
第四节　环境分析与营销对策	31
本章小结	33
思考题	34
实训实习	34

第三章　消费者市场和购买行为分析

学习目标	35
导入案例	35
第一节　消费者市场的含义与特点	36
第二节　影响消费者购买的环境因素	38
第三节　影响消费者购买的个体因素	40

第四节 消费者购买决策过程 …………………………………………… 46
本章小结 ……………………………………………………………………… 50
思考题 ………………………………………………………………………… 50
实训实习 ……………………………………………………………………… 51

第四章 组织市场和购买行为分析

学习目标 ……………………………………………………………………… 52
导入案例 ……………………………………………………………………… 52
第一节 组织市场的类型和特点 …………………………………………… 52
第二节 组织市场购买行为 ………………………………………………… 54
第三节 非营利组织市场购买行为分析 …………………………………… 60
第四节 客户关系管理 ……………………………………………………… 62
本章小结 ……………………………………………………………………… 64
思考题 ………………………………………………………………………… 65
实训实习 ……………………………………………………………………… 65

第五章 市场营销调研与预测

学习目标 ……………………………………………………………………… 66
导入案例 ……………………………………………………………………… 66
第一节 市场营销信息系统的概念及构成 ………………………………… 66
第二节 市场营销的调研 …………………………………………………… 68
第三节 市场需求的测量与预测 …………………………………………… 76
本章小结 ……………………………………………………………………… 80
思考题 ………………………………………………………………………… 81
实训实习 ……………………………………………………………………… 81

第六章 市场营销战略

学习目标 ……………………………………………………………………… 82
导入案例 ……………………………………………………………………… 82
第一节 企业战略与市场营销战略 ………………………………………… 82
第二节 确定企业使命与战略目标 ………………………………………… 93
第三节 建立战略业务单位 ………………………………………………… 97
本章小结 ……………………………………………………………………… 100
思考题 ………………………………………………………………………… 101
实训实习 ……………………………………………………………………… 101

第七章　竞争者分析与竞争性市场营销战略

学习目标 ……………………………………………………………………… 102
导入案例 ……………………………………………………………………… 102
第一节　竞争者分析 ………………………………………………………… 102
第二节　市场领导者战略 …………………………………………………… 110
第三节　市场挑战者战略 …………………………………………………… 117
第四节　市场追随者和利基者战略 ………………………………………… 122
本章小结 ……………………………………………………………………… 126
思考题 ………………………………………………………………………… 127
实训实习 ……………………………………………………………………… 127

第八章　目标市场营销战略

学习目标 ……………………………………………………………………… 128
导入案例 ……………………………………………………………………… 128
第一节　市场细分 …………………………………………………………… 129
第二节　目标市场 …………………………………………………………… 135
第三节　市场定位 …………………………………………………………… 137
本章小结 ……………………………………………………………………… 140
思考题 ………………………………………………………………………… 141
实训实习 ……………………………………………………………………… 141

第九章　产　品　策　略

学习目标 ……………………………………………………………………… 142
导入案例 ……………………………………………………………………… 142
第一节　市场营销组合的含义及其发展 …………………………………… 142
第二节　产品的整体概念 …………………………………………………… 146
第三节　产品组合 …………………………………………………………… 149
第四节　产品市场生命周期 ………………………………………………… 151
第五节　新产品开发 ………………………………………………………… 156
第六节　产品品牌与包装策略 ……………………………………………… 160
本章小结 ……………………………………………………………………… 166
思考题 ………………………………………………………………………… 166
实训实习 ……………………………………………………………………… 167

第十章　定价策略

- 学习目标 …………………………………………………………………………… 168
- 导入案例 …………………………………………………………………………… 168
- 第一节　影响定价的主要因素 …………………………………………………… 168
- 第二节　定价的一般方法 ………………………………………………………… 172
- 第三节　定价的基本策略 ………………………………………………………… 176
- 本章小结 …………………………………………………………………………… 183
- 思考题 ……………………………………………………………………………… 183
- 实训实习 …………………………………………………………………………… 184

第十一章　分销渠道策略

- 学习目标 …………………………………………………………………………… 185
- 导入案例 …………………………………………………………………………… 185
- 第一节　分销渠道及其类型 ……………………………………………………… 185
- 第二节　分销渠道的设计和管理 ………………………………………………… 187
- 第三节　分销渠道的发展 ………………………………………………………… 192
- 本章小结 …………………………………………………………………………… 194
- 思考题 ……………………………………………………………………………… 194
- 实训实习 …………………………………………………………………………… 195

第十二章　促销策略

- 学习目标 …………………………………………………………………………… 196
- 导入案例 …………………………………………………………………………… 196
- 第一节　促销策略概述 …………………………………………………………… 196
- 第二节　人员推销策略 …………………………………………………………… 199
- 第三节　广告策略 ………………………………………………………………… 202
- 第四节　公共关系策略 …………………………………………………………… 207
- 第五节　营业推广策略 …………………………………………………………… 209
- 本章小结 …………………………………………………………………………… 211
- 思考题 ……………………………………………………………………………… 212
- 实训实习 …………………………………………………………………………… 212

第十三章　市场营销管理

- 学习目标 …………………………………………………………………………… 213

导入案例	213
第一节　市场营销计划	214
第二节　市场营销组织	216
第三节　市场营销控制	219
本章小结	225
思考题	225
实训实习	226

第十四章　国际市场营销

学习目标	227
导入案例	227
第一节　国际市场营销环境	227
第二节　国际市场营销的限制因素	229
第三节　国际市场营销方式	231
第四节　国际市场营销策略	232
本章小结	236
思考题	236
实训实习	237

第十五章　服务市场营销

学习目标	238
导入案例	238
第一节　服务营销概述	238
第二节　服务质量管理	243
第三节　服务产品的有形展示	247
第四节　服务的定价、分销和促销	249
本章小结	253
思考题	254
实训实习	254

第十六章　营销新概念

学习目标	255
导入案例	255
第一节　关系营销	255
第二节　合作营销	259
第三节　绿色营销	260

第四节 网络营销 …… 263
第五节 整合营销 …… 266
第六节 体验营销 …… 267
本章小结 …… 271
思考题 …… 272
实训实习 …… 272

参考文献 …… 273

第一章 市场营销学概述
Chapter 1

>>> **学习目标**

1. 理解市场的概念及类型；
2. 掌握市场营销的概念；
3. 了解现代市场营销学的主要内容；
4. 理解市场营销学的重要性。

>>> **导入案例**

亨利·福特的名言

我们今天能看到各种颜色的汽车漆，但是在汽车工业发展早期，汽车漆却是以黑色为主（到 20 世纪 20 年代中期，在汽车工业引入色彩概念以后，才有更多选择汽车颜色的机会），其中以福特生产的 T 型车为代表。福特汽车公司从 1914 年开始生产 T 型汽车，亨利·福特要求 T 型汽车生产效率趋于完善，降低成本，使更多人买得起。在他的指导下 T 型车创造了奇迹。到 1921 年，福特 T 型汽车在美国汽车市场上的占有率达到 56%，获得了长足发展。亨利·福特曾说过："顾客可以选择他想要的任何一种颜色，但它只有黑色的。"他还宣称，"不管顾客需要什么颜色的汽车，我只有一种黑色的"。换言之，只要顾客买 T 型车，就只能买黑色。当然亨利·福特并不是对黑色有什么特殊癖好，其坚持黑色的真正原因在于黑色油漆干燥得快，同时还具有廉价和持久的特点，这将进一步帮助汽车制造厂商降低汽车生产成本，而 T 型车也正是凭借低廉的价格使汽车作为一种实用工具走入了寻常百姓家，美国亦自此成为"车轮上的国度"。但之后不久，福特汽车便陷入困境，几乎破产。

资料来源：邓俊. 浅析设计与产品创新的历史沿革[J]. 美术教育研究，2011，8.

思考：
1. 什么是市场营销？
2. 亨利·福特的话体现了怎样的营销哲学？

第一节　市场与市场营销

市场营销学于20世纪初期诞生于美国，它是从经济学、管理学、广告学、传播学衍生出来的一门多学科交叉渗透、实用性很强的新兴学科，也是一门研究企业营销活动过程、营销实务及营销活动规律的边缘性科学。研究市场营销学的逻辑起点是市场，要准确把握市场的内涵，首先应从经济学的角度去了解市场的含义和市场的本质。

一、市场的含义及分类

▶ 1. 市场的含义

市场经济是以市场机制配置社会资源为主的一种经济形式。市场营销活动的起点和终点都是市场，任何企业的产品营销活动都必须以市场为中心。因此，研究市场营销首先必须对市场的含义有一个基本的了解。

市场是一个古老的概念，最早人们只是单纯地把市场视为商品交换的场所，如集市、商场、批发市场等。作为商品交换场所，市场是一个从时间和空间来界定的具体的概念，如我国《易·系辞下》所说："日中为市，致天下之民，聚天下之货，交易而退，各得其所。"

经济学家多从经济实质的角度来阐释市场，认为市场是一个商品经济的范畴，是供求关系、商品交换关系的总和，是社会分工和商品生产的产物。如保罗·萨缪尔森、威廉·诺德豪斯合著的《经济学》中称"市场是买者和卖者相互作用并共同决定商品或劳务的价格和交易数量的机制"。还有一些经济学家认为，社会分工是市场产生和发展的前提，供求关系是市场的基本经济关系，市场即商品流通领域。这里的市场不仅是指一个个具体的交换场所，而且是从整个社会商品流通全局来看的。

管理学家则重点从具体的交换活动及其运行规律界定市场，认为市场是供需双方在共同认可的条件下所进行的商品和服务的交换活动。如著名营销学者菲利普·科特勒（Philip Kotler）说过："有关市场的传统观念认为，市场是买方和卖方聚集在一起进行交换的实地场所……是对某一特定产品或一类产品进行交易的买方、卖方的集合。"营销人员则往往利用市场这个术语来指代各种各样的顾客。

目前正在兴起的网上电子商务，又开辟了一个全新的流通领域，即网络市场。不论何种市场，包括新兴的网上市场，从现象上看都是商品与货币的关系、供给与需求的关系，但其实质上体现了卖者与买者的关系，及各个商品交换经济主体之间的经济关系。在现代市场经济条件下，相当多的交换活动不一定在具体的交换场所表现出来，但它却实实在在地发生了，如通过电脑网络进行的网络交易等。因此，从交换关系总和的角度来看，市场更能够说明现代市场发展的趋势与特点。

我们认为：市场是商品经济条件下生产者和消费者之间为实现产品或服务价值所进行的满足特定需求的交换关系、交换条件和交换过程的总称。因此，市场有以下几种含义：

（1）市场是买主与卖主力量的结合体。这一含义是从市场买卖双方力量对比上提出来的，如当市场出现供不应求、卖方在市场上占有主导地位时便称为卖方市场；而当市场供大于求、买方在市场上占有主导地位时便称为买方市场。现实市场的存在主要需要三个条件：买主，即消费者，他们有某种需要或欲望，并拥有可供交换的资源；卖主，他们能提供满足消费者需求的产品或服务；促成买卖双方交易的条件，如法律保障及双方认可的价格、时间、地点、信息和服务方式等。

（2）市场就是需求。所谓需求是指一定时期内社会用于购买各种商品和服务的货币支付能力，需求量一般用一定货币额来表示，某种商品的需求多少，就决定了某种商品市场的大小，没有需求也就没有市场。从营销学的角度看，有时市场是特指潜在的需求，所谓潜在需求是指消费者虽然有明确意识的欲望，但由于购买力不足或适销商品短缺等原因尚未得到满足的需求，它是潜伏的现实购买力。运用潜在需求市场的概念，分析市场的发展趋势和了解消费者需求的结构有重要的作用。一般来讲，企业研究市场既要研究现实的需求，更要研究潜在的需求。

（3）市场是消费者、购买力和购买欲望的有机统一体。菲利普·科特勒认为，"市场由一切具有特定需求和欲望，并且愿意和可能从事交换，来使需求和欲望得到满足的潜在顾客所组成"，"市场规模的大小，视具有需要、拥有他人需要的资源，并愿将此资源换其所需的人数多少而定"。因此，市场包含三个因素，即消费者人口、消费者具有的购买能力、消费者具有的购买欲望，这样才能形成现实的市场需求。如果市场的商品供给不能满足消费者的需要，也就不能激起消费者的购买欲望，也就不能成为现实的需求。

▶ **2. 市场的分类**

从大的方面看，市场可以分成两大类：一是商品市场；二是生产要素市场。其中商品市场可从两个方面进行分类，一是按商品的用途分为消费品市场与生产资料市场，消费品市场还可分为食品市场、服饰品市场、日用品市场、住宅品市场、文化用品市场等；二是按商品存在的形态划分为有形实物形态的商品市场与无形的服务商品市场，无形服务市场随着经济的发展与科技的进步而不断发展。

生产要素市场可以分为资本市场、劳动力市场、金融市场（包括证券市场）、技术市场等。每一类市场还可以不断地细分为各种不同的子系统市场。随着现代科学技术的发展、人们消费水平的提高和消费的多样化和个性化，越来越多的新型市场还会出现。同时，由于各种现代化的技术手段在市场交易活动中大量运用，市场的交换深度与交换广度在不断地扩展，我们更应以发展的观点、系统的观点来理解市场的含义。

从竞争态势来对市场进行分类，更是营销学应当认真研究的问题。按竞争态势可把企业进入的市场模式分成四种类型：

（1）纯粹竞争市场，又称为充分竞争市场，是指同一个产业市场或同一个行业，同一种产品市场中有非常多的经营者经营同一类或同一种商品，每个经营者只分割市场的一小部分，谁也无法控制和主导整个市场，经营者进入或退出这种纯粹竞争市场的成本低、壁垒小、自由度高。

（2）非垄断性竞争市场，是指同一个行业、同一个产业或同一个产品市场中有许多经营者，每一个经营者的经营量只占总需求量的一小部分，产品的替代性大，非价格竞争激烈。

（3）寡头垄断市场，是指在某一产品市场和产业市场上，由少数几家大的经营者控制市场上的商品生产量和销售量，同时也有众多的小规模经营者。寡头垄断市场的形成，往往与资源的有限性、技术的先进性、资本规模的集中性和规模经济效益的排他性有关。由于存在着上述特点，加上大企业的垄断，新进入此类市场很困难，如汽车、电视机、电冰箱等产品市场就属于这种市场。

（4）纯粹垄断市场，是指某个行业或某种产品市场上，只有一个生产者和经营者，实行市场独占，也称为独占市场。在这种独占市场上，没有别的竞争者。纯粹垄断市场一般是很少的，但在某些公共用品经济中如电力公司、自来水公司等通常实行垄断经营。此外，某些通过专利取得垄断地位的企业，也可通过极高的声誉而居于垄断地位，或是依靠政府的政策保护进行垄断经营，但这种情况是很少的。

二、市场营销的含义

国内外学者对市场营销的定义有很多种，并且随着营销理论与实践的不断深入，市场营销的概念在不同时期有不同的主流表达。有的着重把市场营销看作对社会现象的认知，强调市场营销是向社会创造与传递生活标准；又有把市场营销视为一种为消费者服务的理论，认为市场营销是对消费者的需求提供令人满意的商品和劳务；还有一类定义则认为是通过一定的销售渠道把生产企业与市场联系起来的过程。

著名理论家彼得·德鲁克认为，理想的市场营销应该可以自动生成想要购买特定产品和服务的顾客，而剩下的工作就是如何使顾客可以购买到这些产品或者服务。他强调，市场营销的目的是深刻地认识和了解顾客，使产品和服务完全适合特定顾客的需要，从而实现产品的自我销售，使推销成为多余。

美国市场学权威菲利普·科特勒、凯文·莱恩·凯勒认为，所谓市场营销，就是识别并满足人类和社会的需要，简而言之，就是满足别人并获得利润。他们强调，营销管理是艺术和科学的结合——选择目标市场，并通过创造、交付和传播优质的顾客价值来获得顾客、挽留顾客和提升顾客的科学和艺术。

美国市场营销学会（AMA）1960年给市场营销下过这样一个定义："市场营销是引导货物和劳务从生产者流向消费者或用户的企业商务活动过程。"这个解释比传统的营销概念有了较大的发展，但是仍不能够准确地反映现代市场经济条件下企业以消费者为中心的、以市场为导向的、包括生产、流通和服务在内的营销活动全过程。到1985年美国市场营销学会又认为："市场营销是关于构思、货物和服务的设计、定价、促销和分销的计划与执行过程，以创造达到个人和组织目标的交换。"这个定义把产品和货物的设计构思纳入了营销活动，并把创造能实现个人和组织目标的交换作为营销的目的，从而使市场营销的概念有了极大的丰富和发展，特别是阐明了营销活动是一种策划性的活动，是一种创造性的活动。因此，西方市场营销学界也广泛流传着这样一句话："市场营销是一门科学，也是一门艺术。"2004年8月，美国市场营销学会又对其下了新定义："营销既是一种组织职能，也是为了组织自身及利益相关者的利益而创造、传播、传递顾客价值，管理顾客关系的一系列过程。"

在现代市场经营经济条件下，市场营销活动几乎渗透了第一、二、三产业的各个领域和部门。因此，市场营销可以理解为以满足人们的各种需要和欲望为目的，变潜在交换为现实交换的各种经营活动过程。这个定义使市场营销适用于一切市场领域，这个概念也可称为广义市场营销概念。从微观和企业的角度看，人们对市场营销有各种不同的理解。最早，人们把营销等同于销售或推销、行销，认为市场营销就是把产品和货物出售给消费者。很显然对市场营销的这种理解过于狭窄，也没有从整体上对市场营销做出科学的解释，因为销售仅仅是指营销中的一个环节，它局限于流通领域，而不是营销活动的全部，正如菲利普·科特勒所说："销售不是市场营销的最重要部分，销售是市场营销'冰山的尖端'。"

我们认为市场营销一般是指企业的微观营销活动，本书采用的是最有代表性的美国著名营销学权威菲利普·科特勒的定义："市场营销是个人和群体通过创造并同他人交换产品和价值以满足需求和欲望的一种社会和管理过程。"这个活动过程包括了市场调查与预测、市场细分与市场定位、产品的设计与开发、产品定价、渠道选择与促销、产品的物流与商流、提供全过程服务等一系列围绕市场运行的业务经营活动与管理活动。市场营销的实质是调整微观经济主体与市场、消费者、竞争者、社会和其他经营者关系的过程。

三、市场营销的作用

随着经济发展的全球化、高新技术尤其是信息科技产业的崛起，市场竞争白热化趋势越来越明显。这既给世界各国的经济发展带来了新的机遇，也给各国经济发展带来了新的挑战。市场风险是各个国家，特别是发展中国家面临的最大挑战。1997年爆发的东南亚金融危机，便是由金融市场的投机活动所引发的。局部地区危机的产生也波及了更多的国家和地区，使世界市场上的商品竞争更为激烈，争夺国际市场占有率和出口份额更成为东南亚金融危机之后全球经济发展中的一个突出问题。中国的产品在国际市场上也面临更为严峻的竞争。进入20世纪90年代中期后，中国国内市场也出现了从总体卖方市场向常态买方市场的转化，短缺经济在大多数竞争性领域已基本结束。整个商品市场上无论是消费品市场，还是生产资料市场，除极少数商品外，绝大部分商品处于供求平衡和供大于求的状态，相当一部分工业产品生产能力明显过剩，市场约束已由过去的供给约束转向需求约束，在这种状况下，国内市场上各个经济主体及各个企业之间争夺产品市场占有率和市场份额的竞争也空前激烈。

市场营销不仅对于作为微观经济主体的企业的发展具有十分重要的作用，同时，对于促进我国经济快速、持续、健康地发展以及加快建立和完善社会主义市场经济体制有着十分重要的意义。

▶ 1. 促进经济成长

从广义角度而言，营销的重要性可以拓展到整个社会。营销可以使人们的生活日益丰富、美好。而且成功的营销活动可以创造对产品和服务的需要，进而创造出新的就业机会。而宏观经济的稳定、健康和持续发展取决于很多要素，其中，市场营销占据重要地位。彼得·德鲁克认为，将营销作为企业的中心功能，这种观念上的改变是"第二次世界大战"后欧洲、日本经济快速复苏的主要原因，而美国自1900年以来，其经济革命主要是营销革命，其作用不亚于20世纪任何技术上的革命。

(1) 市场营销有利于促进生产的发展。首先，市场营销有利于促进国民经济和工农业生产保持一定的发展速度。一些经济学家认为，在市场经济条件下，生产过程就整体来看，是生产过程与流通过程的统一。生产的发展速度又在一定程度上由流通速度和市场销售状况决定。而当生产要素供给已不再是经济增长速度的主要约束力量时，产品的需求约束与市场流通制约便成为关键。在买方市场条件下，生产速度对市场营销的依赖程度不断提高，扩大市场营销的规模将会加快经济增长速度。其次，搞好市场营销有利于促进经济增长方式的转变，从以数量扩张型为主的粗放经营，转向以市场质量扩张型为主的集约型经营，并以此带动和促进经济结构的调整和优化，确保经济增长的质量与增长速度同步发展，更好地实施可持续发展的战略。

(2) 市场营销有利于加速国民经济市场化，加快社会主义市场经济体制的建立和完善。发展市场营销，有利于促进企业以市场为导向加快成为自主经营的市场主体；发展市场营销，有利于促进各类市场的进一步发展和完善，加快社会主义市场体系的形成，更好地发挥市场机制的作用。

(3) 市场营销为第三产业的发展开辟道路。若要提高第三产业增加值在国民经济增长份额中的比重，无论是传统服务业，还是新兴服务业，都要进一步拓展服务领域，扩大服务项目。尤其是随着知识经济时代的到来，各种新兴服务产业亟待发展。搞好市场营销，可推动服务市场的进一步完善，有利于促进第三产业的健康发展，提供大量的就业机会。

（4）市场营销有利于更好地满足人民群众的消费需要，促进和引导消费。在市场经济下，要使人民群众的消费需要得到满足，必须通过市场营销实现商品供给与消费需求的有效结合。而现代社会消费的多层次性、多变性、多样性以及个性化特征越来越明显，搞好市场营销可以使人民群众手中的货币购买力与市场商品供给得到最有效的实现。同时，搞好市场营销，可以拓宽消费领域，引导合理消费，美化生活环境，提高生活质量。

（5）市场营销有利于加快社会总资本的循环，促进国家资金积累增加。资金积累不仅取决于生产的规模与速度，而且取决于市场营销的规模与速度。市场营销活动的成功可大大减少商品在流通环节和市场中的滞存，加快整个社会总资本周转与循环的速度。市场营销推动了商品价值的最终实现，从而确保企业上缴国家税收的真实性；又可大大节约社会交易成本，加快资金积累的速度。

此外，市场营销强调经营与环境的系统协调，倡导保护环境、绿色营销，对经济的可持续发展起着重要作用。

▶ 2. 促进企业发展

如何在残酷的经济环境中求得生存并实现较好的财务业绩是企业必须面对的主要问题。在应对挑战的过程中，市场营销扮演着十分重要的角色。一般而言，财务方面成功与否往往取决于营销能力的大小。

（1）市场营销是企业的生命线。在市场经济条件下，市场是企业进行经济活动的前提和依托，决定企业生存与发展的是市场及市场占有率。企业要有效地进行生产经营活动，首先必须进行准确的市场细分与市场定位，这些正是市场营销的重要内容。同时，企业进行生产经营的一切人、财、物要素也必须通过营销活动才能筹措。更为重要的是企业产品要能成为有效供给而被消费者、用户所接受，也必须通过市场营销活动才能实现，否则企业肯定会被市场淘汰。因此，市场营销是企业生死攸关的生命线，市场营销不成功的企业肯定是被市场淘汰的落后者。

（2）市场营销是实现企业产品价值的一项决定性活动。市场经济条件下，企业产品能否从流通领域顺利地转入消费领域，实现马克思所说的最关键的"惊险的跳跃"，主要取决于市场营销。市场营销活动的最终目的就是要让产品离开市场而为消费者或用户所接受，使其在实现使用价值的同时，最终也实现其商品价值。而实现的商品价值中，既包括生产商品的成本，又包括企业生产者所创造的剩余价值，其转化形态就是企业上缴的税金和企业自身的利润。因此，市场营销是实现企业产品价值和企业经济效益的决定性活动。

（3）市场营销是搞活企业资本营运的有效手段。资本的使命在于循环和增值。企业资本运营就是把企业所拥有的有形和无形的存量资本及增量资本通过运筹、谋划和优化配置，最大限度地实现其资本增值目标。市场营销对于在搞好企业产品经营的同时，推进企业搞活资本营运具有十分重要的意义。如企业无形资本的创造、保护、转让和增值，就取决于营销活动中的策划、广告、公关、促销活动是否成功。

（4）市场营销是企业培育市场竞争力的有力手段。企业的市场竞争力是指在同行业同类产品市场上企业产品、企业形象等的一种综合性的竞争能力，主要通过产品的市场占有率、盈利率及企业和产品在社会公众中的美誉度、知名度来体现。企业在市场上竞争力的基础主要取决于企业人、财、物的综合素质和技术水平、管理水平高低，但市场营销活动对于在实际商务活动中提高企业的竞争能力具有重要的促进作用。此外，只有通过市场营销活动，企业才能不断拓展产品的销售市场和辐射半径，不断延伸产品的销售空间。

第二节 市场营销学的形成与发展

一、市场营销学的形成

人类的市场经营活动从市场出现就开始了,但到20世纪之前,市场营销还没有成为一门独立学科。市场营销学在1900—1930年形成,它初创于美国,后流传到欧洲各国、日本和其他国家,并在实践中不断完善和发展。

市场营销学是在资本主义自由竞争阶段向资本主义垄断阶段过渡时产生的。19世纪末,由于第二次科技革命的推动,社会生产力迅速提高,社会产品迅速增多,但资本主义基本矛盾却限制了居民消费需求的有效增长,因而"商品过剩危机"如同瘟疫一样不断重复,企业的产品销售遇到了困难。在危机期间,这种销售困难更加严重。在这种情况下,垄断企业争夺市场销路的竞争异常激烈,正如列宁指出的,从自由竞争中成长起来的垄断并不消除竞争,而是凌驾于竞争之上,与之并存,因而产生许多特别尖锐、特别剧烈的矛盾、摩擦和冲突。于是一些企业开始运用科学方法对市场进行调查和预测,并采取一系列措施来调节和扩大产品在市场的销售。营销实践也给美国的商科高等教育带来了课程建设的新突破。1902—1903年,美国密歇根大学、加州大学和伊利诺伊大学的经济系最早开设了广告宣传和推销术等课程。这可以视为市场营销学的萌芽及产生阶段。

20世纪初,西方主要资本主义国家均完成了工业革命,工业化、城市化的步伐加快,大量农村人口转化为城市人口,城市规模扩大,市场需求也有较快增长。特别是由于电力的广泛运用,生产自动化水平大大提高,劳动生产率迅速提高,社会产品涌入市场的数量和规模比以前扩张更快,产品销售问题越来越受到工商企业界的关注,一些高等院校开始开设市场营销课程。1902—1910年,美国密歇根大学、加州大学、伊利诺伊大学、宾州大学、俄亥俄州立大学、西北大学、匹兹堡大学、哈佛大学、威斯康星大学先后开设了工业分销课程。但在早期的教学中商业与商务、分销与营销通用,"市场营销"这一概念尚未分离出来。1910年前后,"市场营销"概念形成。1912年,世界上第一本市场营销学教材由赫杰特齐教授主编,在美国哈佛大学正式出版,当时这本教材以 Marketing 命名。应当说市场营销学在这一时期正式形成和产生了,不过这一时期市场营销学主要传播于大学讲坛。

二、市场营销学的发展

1929—1933年,整个资本主义世界爆发了20世纪以来最严重的一次以生产过剩为主要特征的经济危机,大量的产品被销毁,危机使美、英、德、法等国的工业生产及出口贸易急剧萎缩,倒退了十多年甚至几十年,大批工商企业倒闭,大量工人失业。严酷的市场背景,推动和促进了社会各界特别是企业界对市场营销学的研究与应用,出现了产、学、研共同研究市场营销的局面,市场营销学建设和市场营销思想发展进入一个重要的阶段,特别是对市场营销功能的研究有了新的进展。1932年,克拉克和韦尔达在《美国农产品营销》一书中从七个方面论述了市场营销的功能,即集中、储藏、财务、承担风险、标准化、推销、运输。1934年,美国市场营销学教师协会定义委员会提出市场营销有九大功能,即商品化、购买、推销、标准化和分级、风险、管理、集中、财务、运输及储藏。1942年,克拉克在《市场营销原理》一书中则把功能归纳为三个方面:交换功能——销售和购买;实体分配功能——运输和储藏;辅助功能——金融、风险承担、市场情报沟通和标准化。这一时期美国还组建了"全美市场营销学协会"(American Marketing Association, AMA),参加者中既有企业家,又有大学教师,还有科研人员。这标志着市场营销学的发展进入了一个以应用为主的新阶段。但这一阶段,营销研究主要集中在销售推广方面,应用范围基本上仍局限于商品流通领域。

三、市场营销学的"革命"

20 世纪 50 年代以来,由于以原子能技术、计算机技术、空间技术、新材料技术、生物工程技术为代表的第三次科技革命的不断深入,社会生产的技术手段、物质手段有了新的突破,新商品层出不穷,生产过剩的危机进一步加剧。同时,消费者运动的蓬勃兴起,消费者维护自身权益的意识不断增强,消费者心理日趋成熟。在这种背景下,产品的市场销售更为困难。市场营销学仅仅局限于从企业利益出发来研究市场已不适应了。这要求企业将传统的"生产—市场"关系颠倒过来,即将市场由市场过程的终点,置于生产过程的起点。这也从根本上解决了企业必须根据市场需求来组织生产及其他活动,确立由以产品为中心转到以满足消费者需要为中心,以适应社会发展为中心的观念,因而从 20 世纪 50 年代到 70 年代,出现了一场西方所谓的"市场营销学"革命,形成了一系列新的重要营销概念,市场营销思想进一步成熟。

1956 年,美国市场营销学者温德尔·史密斯提出了按顾客差异进行"市场细分"的概念。在尼尔·鲍顿和理查德·克莱维特教授研究营销组合要素的基础上,麦卡锡于 1960 年提出了著名的 4P 组合,后来菲利普·科特勒提出了 6P 组合。美国学者乔尔·迪安与西奥多·莱维特先后采用和运用了"产品市场生命周期"论。1961 年,西奥多·莱维特教授又集中研究并提出了"市场营销近视症"这一概念。1971 年,乔治·道宁首次在《基础营销:系统研究法》一书中提出"市场营销系统"概念,1972 年,阿尔·赖斯和杰克·特鲁塔提出了产品市场定位的概念。这一时期杰拉尔德·蔡尔曼和菲利普·科特勒还提出了"社会营销"的概念。

20 世纪 80 年代以来,世界政治经济格局发生了一系列重大变化。由于第三次科技革命的继续深入,各主要资本主义发达国家纷纷调整其经济战略及经济结构,大力发展高科技产业,加强和扩大其在世界经济中的竞争力。各个国家和地区之间的经济联系与渗透日益紧密,不少国家都实行了市场经济改革与对外开放,经济发展全球化、国内国际市场一体化的趋势更为明显,国际市场竞争空前激烈。同时,世界各国经济的发展又都面临着资源破坏、环境污染、人口增多等共同性难题。企业之间的市场竞争不能不影响社会经济的可持续发展。在这种情况下,原有市场营销学的主要内容需要充实、更新,才能适应形势的发展。一方面,市场营销学不断引进其他学科的新内容、新知识,如引进管理学、系统工程、信息经济等学科的内容;另一方面,市场营销学也不断形成了一些新概念、新知识,如基点营销、绿色营销、互联网络营销、战略营销、文化营销、直复营销以及营销策划、营销道德等。同时,市场营销学被广泛应用于各个新的市场领域,如服务市场、旅游市场、保险市场、资本市场等。因此,从 20 世纪 70 年代至 21 世纪,市场学进入了一个新的大发展阶段。

市场营销理论在指导企业的市场营销实践方面做出了重要贡献。1984 年,菲利普·科特勒提出大市场营销理论。他认为,在以往的营销组合中必须加上两个新的重要因素:权力和公共关系。这两个新的营销战略手段的目标在于打开被封闭或被保护的市场。大市场营销理论是 20 世纪 80 年代市场营销战略思想的又一新发展。这一理论为企业应对更复杂的环境与竞争,打破各种封闭市场的"壁垒",成功地开展市场营销提供了有力的武器。

20 世纪 90 年代,世界政治、经济环境发生了重大变化,如东欧的剧变、欧盟的形成、北美贸易自由区的出现、紧随亚太地区经济高速增长之后的东南亚金融危机等。所有这些重大事件的发生都在向世人展示着一个极其重要的事实：国际经济与贸易正日益呈现出一种全球化和一体化的趋势，世界市场正向纵深开放与发展，国际竞争不仅空前激烈，而且比以往任何时候都更多地在全球层次上展开。上述重大变化无疑在客观上对以全球市场为目标的跨国经营企业形成了严峻的挑战。为适应世界市场经济贸易日益全球化和一体化的重大变化和发展趋势，全球营销管理理论应运而生。全球营销管理理论在审视世界市场时，其角度与视野都发生了某些本质上的变化。它突破了国界的概念，从世界市场范围来考虑公司营销战略的发展，以求取得企业的综合竞争优势，其理论研究的起点和侧重点都是以上述核心理论为基础的，并在许多方面不断赋予其新的内涵。全球营销管理理论的形成与发展，使国际营销管理不仅在理论上更加成熟，而且在更大的规模和更广泛的意义上拓展了国际化企业在全球市场上开展营销活动的战略思想。

四、市场营销学在中国的形成和发展

从总体上看，封建社会长期的轻商、抑商政策，大大阻碍了中国商业和市场的发展。因而，中国古代关于市场经营的思想、观点尽管有不少精华，但确实是不系统的。20世纪三四十年代，市场营销学在中国曾有一轮传播。最早的教材是丁馨伯编译的《市场学》。当时一些欧美留学归来的学者在一些大学商学院开设了市场学课程。新中国成立初期，鉴于当时特殊的国际环境和国内社会经济发展的现状，我国主要采用高度集中的计划经济体制，资源的配置和商品流通均实行指令性计划、指标调控，市场的作用被人为限制，市场和商品经济在理论上与现实中均遭到否定。

党的十一届三中全会以后至20世纪80年代末，是中国市场学真正开始形成和初步发展的时期。当时，随着中国市场化改革的顺利启动及市场作用的不断强化，越来越多的国内企业都面临市场竞争的考验。此外，对外开放不断深入，国内市场与国际市场的联系不断加深。因而适应市场需要的中国市场营销学也应运而生。这一时期也可大致分为两个阶段，第一个阶段是1979年至1984年，是国外市场营销学全面引进的阶段。从20世纪80年代初暨南大学等学校开始开设市场学课程，引进了一批国外以及港、台各种版本的市场营销学教材，国内一批高校都组织编写出版了第一批市场营销学教材。由于时间紧，这一时期出版的教材以引进为主。这一时期比较著名的教材有邝鸿教授主编的《市场营销学》。第二阶段是1985年至20世纪90年代初，是开始创建中国特色市场营销学的发展阶段。1984年10月，党的十二届三中全会做出了加快城市经济体制改革的决定，相继明确提出了"社会主义经济是有计划的商品经济""国家调节市场、市场引导企业"等论断，市场在社会经济生活中的作用不断深化。理论上的不断突破，带来了市场营销学建设的大发展。因而这一时期出版了一批结合中国实际、有一定代表性、反映中国市场特色的市场营销学教材，如吴健安编著的《市场学》、甘碧群等编著的《市场学通论》、彭星闾主编的《企业市场营销学》、纪宝成主编的《市场营销学教程》等。

20世纪90年代以来，中国国民经济市场化的进程明显加快，中国市场营销学的发展进入了一个新的发展阶段。1991年3月在北京成立的中国市场学会，以及中国高等院校市场教学研究会等中国营销的主要学术团队，在联系中国实际、进行营销理论与实践的创新方面组织举办了一系列卓有成效的活动，取得了新的成果。中国经济体制改革以及经济理论上的创新进一步确立了市场营销在经济发展与企业发展中的战略地位，并为深入研究市场营销问题提供了正确的理论指导。国有企业不断摆脱传统体制的束缚，全面进入市场自主经营，在减少对行政保护依赖的同时，更多地需要依赖市场开拓，而其他非国有经济的实体更是放手在市场自主经营。在这种情况下，几乎所有市场主体对市场营销都比以往更加关注和重视，极大地深化了市场营销学建设。1997年以来，中国市场进入了适度快速增长和相对平稳的发展时期，市场供求格局由长期的卖方市场正向常态性买方市场转化。在这种局势下，市场竞争突出表现为争夺产品销路与提高市场占有率。实践的发展不断丰富市场营销学的内容，大大促进了学科建设的发展。

20世纪90年代以来，经济全球化趋势更为明显，中国对外开放也不断扩大。2001年11月10日，我国正式加入WTO，作为WTO的成员，我国进一步降低了进口关税，对世界各国的贸易壁垒不断弱化，并不断放宽外资外企进入中国市场的范围，朝着建立一种开放型经济的目标努力。国内外市场的融通与接轨也使商品贸易、服务贸易、技术贸易之间的竞争更加激烈，也促进了市场营销学研究的深入，推动着市场营销学的广泛应用，并注意研究和拓展市场营销学的研究领域和应用范围，探索市场营销学发展中的新问题，丰富市场营销学的知识体系，《市场营销学》《绿色营销学》等一些带有创新性营销学著作的问世就说明了这一点。同时，市场营销研究中的国际交流活动也十分活跃。1995年6月，由中国人民大学、加拿大麦吉尔大学和康克迪来大学联合主办的"第五届市场营销与社会发展国际会议"在北京成功举行。这些标志着市场营销学在中国的传播、研究和应用进入了一个崭新的阶段。

中国市场营销的发展是与整个国家的改革开放，特别是与市场经济发展息息相关的，从这个角度而言，中国市场营销史的本质是一段由计划经济向市场经济转化和过渡的发展史。中国经济体制改革步伐的加快，市场环境的改善为企业应用现代营销原理指导自身经营创造了条件，但在应用过程中出现了较大的不均衡：不同地区、行业及机制中的企业在应用营销原理的自觉性和水平上表现出较大的差距，同时应用本身也存在一定的片面性。近年来，无论是中国市场营销的研究队伍，还是市场教学、研究和应用的内容，都有了极大的发展。研究重点也从过去的单纯教学与研究，转变为结合企业营销实践的研究，且取得了一定的成果。

然而，由于企业界缺乏对西方营销理论应用于中国实践的充分探索，缺乏中国营销理论创新的尝试，营销学最权威的专家仍然是科特勒、麦卡锡和斯坦顿等西方学者。大多数人只不过是在介绍他们的理论与观念。实践中的营销更多是广告、促销，甚至不顾道德约束，操纵消费者的欲望，背离了时代特征。由于中国市场属于转型市场，一方面，中国本土企业的营销水平不高，必须学习和走向国际化；另一方面，成熟市场中的营销理论、策略和方法尽管具有指导作用，也不能完全照搬，因为100多年形成的西方营销理论基本建立在相对稳定的成熟市场之上，主要针对市场机制完善环境中的西方企业和西方文化背景下的消费者。因此，如何将国际成熟的营销理论与方法和中国转型市场完成对接，实现和中国具体国情的有效整合，是当前我国营销学界和企业界面临的一个重大课题。

第三节 市场营销学的研究对象与内容

一、市场营销学的研究对象

自1912年美国第一本以Marketing命名的教材问世后，国内外有各种不同版本著作将 Marketing 译为"销售学""市场学""市场经营学"或"行销学"等。但是，"市场营销学"这一名称是较为规范和准确的。从学科属性来看，它是一门建立在经济科学、行为科学、现代管理科学基础之上的一门交叉性应用科学，也是一门管理类边缘学科。著名市场学权威菲利普·科特勒曾形象而生动地论述了市场营销学的学科交叉特色："营销学的父亲是经济学，其母亲是行为科学；数学乃营销学的祖父，哲学乃营销学的祖母。"随着实践的发展，市场营销学不但交叉运用了上述各门科学的知识，而且广泛吸收了管理学、人类学、文化学、传播学、运筹学、信息学、会计学、统计学、价格学等多种学科的知识。同时，市场营销学还带有明显的管理学特征，成为微观经济管理中的一个重要分支。因而，世界各国的工商管理硕士核心课程中都包括市场营销学。

西方的经济学和管理学专家以及企业家对市场营销学定义的表述有几十种之多，如美国马尔利姆·麦在纳尔及保罗·马苏认为市场营销学是"研究企业如何创造和传递生活标准给社会公众"；美国克罗里尔认为"市场营销学研究全部的商业活动，亦即商品和劳务从生产者到最终消费者的运动"；具有一定代表性的日本工商界观点强调"在满足消费者利益的基础上，研究如何适应市场需求而提供商品或劳务的整个企业活动，就是市场营销学"。以上定义表明：

（1）市场营销学不是研究整个市场问题的经济理论科学，而是侧重研究微观经济主体的市场营销活动的应用科学。因此，尽管营销学也涉及不少市场范畴，但不应该去广泛研究市场体系、市场机制、市场调控、市场秩序、市场管理等一类宏观市场理论问题，而应该研究市场经济下企业的营销活动过程及其规律，其研究的立足点、着眼点是市场微观主体——企业，是从卖主的角度研究市场经营问题，是从搞好整个企业的经营管理去研究企业产品的营销活动及其规律性。微观市场营销学是从个体（个人和组织）交换层面研究营销问题，仍然是当代主流的市场营销研究，它以满足需求、顾客满意为主线，涵盖了从营销的核心概念（交换），到营销管理哲学，再到市场调研、市场细分、目标市场、产品定位等战略要素，以及市场营销组合各策略要素等现代市场营销的主要概念。

（2）宏观市场营销学从社会总体交换层面研究营销问题，它以社会整体利益为目标，研究营销系统的社会功能与效用，并通过它系统地引导产品和服务从生产进入消费，以满足社会需求。它强调从整体经济、社会道德与法律的角度把握营销活动，以及由社会控制和影响营销过程，求得社会生产与社会需要之间的平衡。任何社会需求与有效供给的结合都必须通过一定的营销活动。社会需求是多样性的，按用途分有生产需求、消费需求、投资需求，按使用价值形态划分有物质产品需求与劳务需求（服务产品），按需求主体分有居民个人的需求、企业需求、政府需求。以满足社会需求为中心，就突破了传统的仅以满足消费需求为中心的狭义市场营销范围。当然在整个社会需求中，消费需求是最终需求，是有决定意义的需求，市场营销学应重点研究消费（社会）需求，而企业的营销活动都应为满足特定的消费（社会）需求服务。

（3）营销活动过程不是"销售"二字所能代替的，它说明了营销活动作为企业在市场经济下最基本的实践活动，不仅是将产品生产出来后推销出去的问题，而且是包括生产前的市场调查预测、市场细分与定位、产品的构思与开发、产品的分销与促销、产品销售后的服务等一系列活动的过程。这一系列活动过程中的每一个部分都是一系列实务活动的组合，如商流实务、物流实务、信息流实务等，市场营销学必须研究营销实务活动过程及营销实务。但科学研究不能仅仅停留在对表面现象的探讨上，市场营销学还必须不断探索营销活动中的规律性，以便更好地顺应客观规律的要求，努力提高营销管理的水平。

二、市场营销学研究的基本内容

市场营销学研究的内容是由市场营销学的研究对象决定的。实际上，市场营销学的核心就是研究企业如何适应市场，不能适应市场的企业必然会被市场淘汰。要适应市场，求得生存与发展，必须面向市场、了解市场和研究市场，并根据市场变化捕捉市场机会，搞好市场定位，将企业的产品或劳务以最少的交易费用和最快的速度送达消费者或用户手中，这样企业才能在激烈的市场竞争中赢得一席之地。

本书分为以下六个方面，基本上是按照企业营销决策与管理的程序来安排的。

▶ 1. 基本概念和营销的基本指导思想

研究营销学首先应在逻辑的起点上弄清楚市场及市场营销的理论内涵，把握其理论实质，了解市场营销学的产生、发展沿革，掌握营销学的研究对象与方法。营销观念的发展及变化也是营销理论的重要内容，也是不同时期特定社会经济发展背景下营销实践活动的理性产物。适应需求、满足需求、实现需求、创造需求是营销学的核心问题，离开了市场需求这个基础，就不可能有营销学的存在价值。

▶ 2. 营销调研

市场调研首先对市场环境要素(企业不可控因素)进行制约与机会分析，它是制定营销战略的基础；然后围绕最终消费者和中间消费者(组织)市场的需求特征和购买动机、购买行为，将调研内容具体化，最后再切入市场营销调研方法。

▶ 3. 营销战略

企业将市场的综合分析结果与企业自身资源条件结合起来，讨论企业营销战略决策，在进行市场细分的基础上选择目标市场，确定自己的营销特色(市场定位)，制定目标市场战略与竞争战略。研究营销学首先要从总体上把握营销学的战略问题。营销战略也是当代企业必须确立的重点战略之一。营销学是一门实用性强、针对性强、可操作性强的商战指南，不先了解营销战略问题就会陷入被动。因此在了解和掌握营销基本原理与理论知识的基础上必须研究学习掌握营销战略的主要内容，包括确立营销战略必须首先研究营销环境系统，了解制约营销活动成败得失的各种环境变量，以根据环境变化制定适当的营销战略，避免战略上的失误。同时要明确各种营销竞争战略的类型，准确判断本企业与竞争对手在竞争中的地位，然后选择与企业竞争地位及竞争发展目标相适应的战略，才能做到"知己知彼，百战不殆"。营销战略问题是营销管理的首要职能。

▶ 4. 营销策略

企业根据营销战略计划的要求，形成营销组合策略方案，包括产品策略、价格策略、分销渠道策略、促销策略。营销策略是实施营销战略的具体内容，是实现营销战略的基本途径，也是构筑营销学基本知识框架的基础工程。没有正确的营销策略组合，营销战略就难以实施。这一部分是市场营销学的核心与骨干内容，是企业进行营销活动和营销决策的主要部分，也是市场营销学中最为稳定和规范的内容。这一部分内容主要是研究企业如何有效地将各种营销手段和营销策略进行最优组合，以实现企业既定的营销战略目标，全部内容都是围绕企业营销决策及占领目标市场而展开的，也就是美国著名营销学家伊·杰·麦卡塞从营销决策角度归纳的 4P's 策略。这几大策略被国内外市场营销学界和企业界公认为市场营销学的主要框架部分。不管市场营销学的版本、体例怎样变，上述 4P's 策略的内容在不同版本的市场营销学中都是最为稳定和成熟的，它们构成了市场营销学研究的四大支柱，内容相当丰富。当然，企业也要从整体上系统地对这几大营销策略进行动态组合，以适应市场的变化，切忌孤立地、分割地来运用这些营销策略，以防失灵、失误。

▶ 5. 营销管理

这部分内容讨论如何采取措施保证营销战略和策略的正确制定与实施。

▶ 6. 国际市场营销、服务市场营销等营销新概念

这部分内容讨论在营销实践中特别需要注意解决的国际市场营销和服务市场营销的特殊问题，以及在营销观念变革中，需要时刻关注的营销理论创新和实践发展趋势。

第 四 节　市场营销管理及其哲学

一、市场营销管理

市场营销管理是指企业为实现其目标，通过创造、传递更高的顾客价值，建立并保持与目标市场之间的互利交换关系而进行的分析、计划、执行与控制过程。市场营销管理的基本任务是通过营销调研、计划、执行与控制，来管理目标市场的需求水平、时机和构成，以达到企业目标。换言之，营销管理的实质是需求管理。在营销计划与执行中，管理者必须对目标市场、市场定位、产品开发、定价、分销渠道、信息沟通与促销作出系统决策，以保证营销管理任务的实现。

营销者往往善于激发消费者对其公司产品的需求，但也要对需求管理承担责任。营销人员需要努力去影响需求的水平、时机和构成，以便符合其组织的目标。因此，企业市场营销管理的任务会随着目标市场需求状况的不同而有所不同。营销者必须善于应付各种不同的需求状况，调整相应的营销管理任务。下面是8种常见的需求状况及其相应的营销管理任务。

（1）负需求。指绝大多数人不喜欢甚至花费一定代价也要回避某种产品（如高胆固醇食品等）的需求状况。对于负需求市场，营销管理的任务是改变市场营销，即分析市场为什么不喜欢这种产品，通过重新设计产品、降低价格和更积极的促销方案，改变市场的信念和态度，将负需求转变为正需求。

（2）无需求。指目标市场对产品毫无兴趣或漠不关心的需求状况，如对某些陌生的新产品，与消费者传统观念、习惯相抵触的产品，被认为无价值的废旧物资等。面对无需求市场，营销管理的任务是设法把产品的好处和人的自然需求、兴趣联系起来。

（3）潜伏需求。指现有产品或劳务尚不能满足、隐而不现的需求状况，如人们对无害香烟、节能汽车和癌症特效药品的需求。在潜伏需求的情况下，营销管理的任务就是致力于市场营销研究和新产品开发，有效地满足这些需求。

（4）下降需求。是指市场对一个或几个产品的需求呈下降趋势的情况。营销管理者要分析需求衰退的原因，决定能否通过开辟新的目标市场、改变产品特色或采用更有效的促销手段来重新刺激需求，扭转其下降趋势。

（5）不规则需求。指市场对某些产品（服务）的需求在不同季节、不同日期，甚至一天

的不同钟点呈现出很大波动的状况，如对旅游宾馆、公园、公共汽车、博物馆等服务需求就是不规则需求。市场营销管理的任务就是通过灵活定价、大力促销及其他刺激手段来改变需求的时间模式，努力使供需在时间上协调一致。

（6）充分需求。是指某种产品或服务的需求水平和时间与预期相一致的需求状况。这时，营销管理的任务是密切注视消费者偏好的变化和竞争状况，经常测量顾客的满意程度，不断提高产品质量，设法保持现有的需求水平。

（7）过量需求。指某产品（服务）的市场需求超过企业所能供给或愿意供给水平的需求状况。在过量需求的情况下，营销管理的任务是实施"低营销"，即通过提高价格、合理分销产品、减少服务和促销等手段，暂时或永久地降低市场需求水平。

（8）有害需求。指市场对某些有害物品或服务（如烟、酒、毒品等）的需求。对此类需求，营销管理的任务是反市场营销，宣传其危害性，劝说消费者放弃这种爱好和需求。对烟酒等商品应大幅度提高价格以减少购买机会；而对毒品、黄色书刊则应杜绝其生产经营，采取适当措施来消灭需求。

由于顾客是需求的载体，因此，市场营销管理实际上也是顾客关系管理。建立和保持与顾客的互惠互利关系，是市场营销管理的基本目标。

二、市场营销管理哲学

市场营销管理哲学是指企业对其营销活动及管理的基本指导思想。它是一种观念、一种态度，或一种企业思维方式。任何企业的营销管理都是在特定的指导思想或观念指导下进行的。确立正确的营销管理哲学，对企业经营成败具有决定性意义。

市场营销管理哲学的核心是正确处理企业、顾客和社会三者之间的利益关系。在许多情况下，这些利益是相互矛盾的，也是相辅相成的。企业必须在全面分析市场环境的基础上，正确处理三者关系，确定自己的原则和基本取向，并将其用于指导营销实践，才能有效地实现企业目标，保证企业的成功。随着生产和交换向着日益纵深的方向发展，社会、经济与市场环境的变迁和企业经营经验的积累发生了深刻变化。这种变化的基本轨迹是由企业利益导向（第二次世界大战前），转变为顾客利益导向（20 世纪 70 年代），再到今天的社会利益导向。

一些学者将企业市场营销管理哲学（观念）的演变划分为生产观念、产品观念、推销（销售）观念、市场营销观念和社会营销观念五个阶段。前三个阶段的观念一般称之为旧观念，是以企业为中心的观念；后两个阶段的观念是新观念，可分别称之为顾客（市场）导向观念和社会营销导向观念。李维特（Theodore Levitt）曾以推销观念与市场营销观念为代表，比较了新旧观念的差别，如表 1-1 所示。

表 1-1　推销观念和市场营销观念的对比

类型\项目	出发点	中心	方法	目标
推销观念	厂商	产品	推销和促销	通过扩大消费者需求来获取利润
市场营销观念	目标市场	顾客满意	整体营销	通过满足消费者需求来创造利润

（一）以企业为中心的观念

以企业为中心的市场营销管理观念，是以企业利益为根本取向和最高目标来处理营销问题的观念。它包括生产观念、产品观念、推销观念。

▶ 1. 生产观念

生产观念(producting concept)是一种最古老的营销管理观念。生产观念认为，消费者总是喜爱价格低廉并可以随处买到的产品，企业应当集中精力提高生产效率和扩大分销范围，增加产量，降低成本。以生产观念指导营销管理活动的企业，称为生产导向企业，其典型表现是生产什么就卖什么。

生产观念在西方盛行于19世纪末20世纪初。当时资本主义国家处于工业化初期，市场需求旺盛，企业只要提高产量、降低成本，便可获得丰厚的利润。因此，企业的中心问题是扩大生产价廉物美的产品，而不必过多关注市场需求差异。在这种情况下，生产观念为众多企业接受。除了物资短缺、产品供不应求的情况之外，还有一种情况也会导致企业奉行生产观念。这就是某种具有良好市场前景的产品，生产成本很高，必须通过提高生产率和降低成本来扩大市场。

生产观念是一种重生产、轻市场的观念，在物资短缺的年代或许能"创造辉煌"，但随着生产的发展、供求关系的变化，这种观念必然使企业陷入困境。

▶ 2. 产品观念

产品观念(product concept)认为消费者喜欢高质量、多功能和具有某些特色的产品。因此，企业管理的中心是致力于生产优质产品，并不断精益求精。

持产品观念的企业假设购买者欣赏精心制作的产品，相信他们能鉴别产品的质量和功能，并愿意出较高价格购买质量上乘的产品。这些企业的经理人员常迷恋自己的产品，而不太关注市场是否欢迎，在设计产品时只依赖工程技术人员而极少让消费者介入。

产品观念和生产观念几乎在同一时期流行。与生产观念一样，产品观念也是典型的"以产定销"观念。由于过分重视产品而忽视顾客需求，这两种观念最终将导致"营销近视症"。如铁路行业以为顾客需要火车而非运输，忽略了来自航空、公共汽车、卡车以及管道运输的日益增长的竞争。计算尺制造商以为工程人员需要计算尺而非计算能力，忽视了来自袖珍计算机的挑战。企业只致力于大量生产或精工制造、改进产品，而忽视市场需要的最终结果是其产品被市场冷落，从而落入困境甚至破产。

▶ 3. 推销观念

推销观念(selling concept)也叫销售观念，认为消费者通常有一种购买惰性或抗衡心理，若顺其自然，消费者就不会大量购买本企业的产品，因而企业必须积极推销和大力促销。持有推销观念的企业被称为推销导向企业，其表现往往是企业卖什么，就让人们买什么。

推销观念盛行于20世纪三四十年代。这一时期，由于科技进步及科学管理和大规模生产的推广，商品产量迅速增加，社会生产已经由商品不足进入商品过剩，卖主之间的市场竞争日益激烈。特别是1929年爆发的经济危机，前后历时5年，堆积如山的货物卖不出去，许多工商企业纷纷倒闭，市场极度萧条。这种现实使许多企业家认识到，企业不能只集中力量发展生产，即使有物美价廉的产品，也必须保证这些产品能被人购买，企业才能生存和发展。

在推销观念的指导下，企业相信产品是"卖出去的"，而不是"被买去的"。它们致力于产品的推广和广告活动，以求说服甚至强制消费者购买。它们通过大批推销专家来做大量广告宣传，夸大产品的"好处"，对消费者进行无孔不入的促销信息"轰炸"，迫使人们不得不购买。

与前两种观念一样，推销观念也是建立在以企业为中心，"以产定销"，而不是满足消费者真正需要的基础上的。

（二）以消费者为中心的观念

以消费者为中心的观念，又称市场营销观念（marketing concept）。这种观念认为，企业的一切计划与策略应以消费者为中心，准确判断目标市场的需要与欲望，从而比竞争者更有效地满足目标市场的需求。

市场营销观念形成于20世纪50年代。第二次世界大战后，随着第三次科学技术革命的兴起，西方各国的企业更加重视研究和开发，产品技术不断创新，新产品竞相上市。大量军工企业转向民用品生产，使社会产品供应量迅速增加，许多产品供过于求，市场竞争进一步激化。同时，西方各国政府相继推行高福利、高工资、高消费政策，社会经济环境发生了快速变化。消费者有较多的可支配收入和闲暇时间，对生活质量的要求提高，消费需要变得更加多样化，购买选择更为精明，要求也更为苛刻。这种形势要求企业改变以往单纯以卖家为中心的思维方式，转向认真研究消费需求，正确选择为之服务的目标市场，并根据目标顾客的需要及变动来不断调整自己的营销策略。也就是说，企业要从以企业为中心转变到以消费者（顾客）为中心。

执行市场营销观念的企业称为市场营销导向企业。其座右铭是："顾客需要什么，我们就生产供应什么。"市场营销观念改变了旧观念的逻辑。它要求企业营销管理贯彻"顾客至上"的原则，将管理重心放在发现和了解目标顾客的需要上，并千方百计地去满足它，使顾客满意，从而实现企业目标。因此，企业在进行生产、经营决策时，必须进行市场调研，根据市场需求及企业本身的条件，选择目标市场，组织生产经营。其产品设计、生产、定价、分销和促销活动，都要以消费者需求为出发点，产品销售出去之后，还要了解消费者的意见，并据以改进自己的营销工作，最大限度地提高顾客满意程度。总之，市场营销观念根据"消费者主权论"，相信决定生产什么产品的主权不在于生产者，也不在于政府，而在于消费者，因而将过去"一切从企业出发"的旧观念转变为"一切从顾客出发"的新观念，即企业的一切活动都围绕满足消费者需求来进行。

市场营销观念有四个主要支柱，即目标市场、整体营销、顾客满意和盈利率。与推销观念从厂商出发，以现有产品为中心，通过大量推销和促销来获取利润不同，市场营销观念是从选定的市场出发，通过整体营销活动，实现顾客满意，从而提高盈利率。

树立并全面贯彻市场营销观念，建立真正面向市场的企业，是企业在现代市场条件下成功经营的关键。

（三）以社会整体利益为中心的观念

从20世纪70年代起，环境破坏、资源短缺、人口爆炸、通货膨胀和忽视社会服务等问题日益严重，要求企业顾及消费者整体与长远利益即社会利益的呼声越来越高。在西方市场营销学界提出了一系列新的观念，如人性观念（human concept）、理智消费观念（intelligent consumption concept）、生态准则观念（ecological imperative concept）等。其共同点是认为企业生产经营不仅要考虑消费者需要，而且要考虑消费者、利益相关者和整个社会的长远利益。这类观念可统称为社会营销观念（societal marketing concept）或全方位营销观念（holistic marketing concept）。

社会营销观念认为，企业的任务在于确定目标市场的需要、欲望和利益，比竞争者更有效地使顾客满意，同时维护与增进消费者和社会福利。

社会营销观念是对市场营销观念的补充与修正。市场营销观念的中心是满足消费者的需求与愿望，进而实现企业的利润目标，但往往会在满足个人需求时与社会公众的利益发生矛盾，企业的营销努力可能不自觉地造成社会的损失。市场营销观念虽也强调消费者利益，不过它认为谋求消费者的利益必须符合企业的利润目标，当二者发生冲突时，保障企业的利润要放在第一位。因为利润才是资本主义企业生产的根本目的。社会市场营销观念的基本观点是：企业要以使消费者满意以及实现消费者和社会公众的长期福利作为根本目的与责任。理想的市场营销决策应同时考虑到消费者的需求与愿望、消费者和社会的长远利益、企业的营销效益。

对于市场营销观念的四个重点（目标市场、整体营销、顾客满意和盈利率），社会营销观念都作了修正。一是以消费者为中心，采取积极的措施，如供给消费者更多、更快、更准确的信息，改进广告与包装，增进产品的安全感和减少环境污染，增进并保护消费者的利益。二是整体营销活动，即视企业为一个整体，全部资源统一运用，更有效地满足消费者的需要。三是求得顾客的真正满意，即视利润为顾客满意的一种报酬，视企业的利润为顾客满意的副产品，不是把利润摆在首位。上述修正同时要求企业改变决策程序。在市场营销观念的指导下，决策程序一般先决定利润目标，然后寻求可行的方法来达到利润目标；社会市场营销观念则要求，决策程序应先考虑消费者与社会的利益，寻求有效地满足与增进消费者利益的方法，然后再考虑利润目标，根据能否达到预期的投资报酬率来判断是否值得投资。这种决策程序的改变并未否定利润目标及其价值，只是置消费者利益于目标之上。

本章小结

研究市场营销首先要理解市场的内涵。经济学所研究的市场含义着重从经济关系上去揭示。市场营销学研究的市场概念有其特定的内容。

市场营销是市场经济下经济主体为适应市场变化以满足社会需要和自身发展的系统商务营运过程。市场营销对于社会经济的作用可分别从微观和宏观两个方面进行分析。

市场营销学作为市场经济发展到一定阶段的产物，在西方发达国家经历了萌芽、产生、形成和不断发展的阶段。市场营销学是不断发展的科学。

中国市场营销学是改革开放中引进和发展起来的一门新型科学，正处在不断发展中，特别是20世纪90年代以来一系列重要因素促进了市场营销学的发展。

市场营销学的研究对象说明了市场营销学是一门交叉性、边缘性很强的应用科学。

市场营销学研究的主要内容主要包括市场营销基本理论、市场营销战略、市场营销策略。

营销管理哲学是各项营销活动的指导思想，其核心是正确处理企业、顾客和社会三者之间的利益关系。随着社会经济的发展，企业的营销管理（哲学）观大致经历了以企业为中心、以消费者为中心和以社会整体利益为中心三个阶段。

思考题

1. 怎样理解市场的含义？市场营销学所指的市场含义应如何表述？
2. 什么是市场营销？怎样正确理解市场营销的含义？
3. 市场营销对于宏观经济发展有什么作用？
4. 市场营销对于微观经济主体有什么作用？
5. 市场营销学的研究对象是什么？

6. 中国市场营销学的发展情况怎样？

7. 市场营销学主要包括哪些内容？它们之间的内在关系怎样？

8. 简述市场营销管理哲学的演变及其背景。

9. 市场营销管理新、旧观念的最根本区别是什么？为什么？

案例分析：
案例一
耐克营销解析

实训实习

一、实训目标

通过训练，使学生初步具备通过自我学习，在实地调研的基础上分析企业营销策略的基本能力。

二、实训项目

撰写调研报告：×××企业营销策略。

三、实训步骤

1. 以 6~8 人为一组，组建营销小组。

2. 以小组为单位，通过分工协作，对×××企业进行参观学习。

3. 每个小组撰写一份×××企业营销策略调研报告。

4. 制作 PPT，每组选派一名代表上台交流，由企业专家、教师、学生组成评委会进行评价。

第二章 市场营销环境分析
Chapter 2

>>> **学习目标**

1. 了解市场营销环境的含义及其构成；
2. 了解微观营销环境与宏观营销环境的构成及其对营销活动的影响；
3. 理解市场营销环境与营销活动的动态适应关系；
4. 掌握SWOT分析方法。

>>> **导入案例**

当可口可乐的年销售量达300亿美元时，在美国的市场上突然杀出了百事可乐。它不仅在广告费用的增长速度上紧跟可口可乐，而且在广告方式上也针锋相对："百事可乐是年轻人的恩赐，青年人无不喝百事可乐。"其潜台词很清楚，即"可口可乐是老年人的，是旧时代的东西"。

思考：
结合上述材料，阐述当前可口可乐所面临的市场营销环境以及应对策略。

第 一 节　市场营销环境的含义及特点

任何一个企业都是在不断变化着的社会经济环境中运行的，都是在与其他企业、目标顾客和社会公众的相互联系(协作、竞争、服务、监管等)中开展市场营销活动的。企业的各种内外部因素则构成了影响企业营销活动的市场营销环境。环境因素变化既可以给企业营销带来市场机会，也可以形成某种环境威胁。全面、正确地认识市场营销环境，监测、把握各种环境因素变化，对于企业审时度势、趋利避害地开展营销活动有重要意义。

一、市场营销环境的含义

现代营销集大成者菲利普·科特勒认为："营销环境由营销以外的那些能够影响与目标顾客建立和维持成功关系的营销管理能力的参与者和各种力量所组成。"

按照现代系统论，环境是指系统边界以外所有因素的集合。市场营销环境是存在于企业营销系统外部的不可控制或难以控制的因素和力量，这些因素和力量是影响企业营销活动及其目标实现的外部条件。

任何企业总是要生存于一定的环境之中，营销活动也要以环境为依据。企业要主动地适应环境，而且要通过营销努力去影响环境，使环境有利于企业的生存和发展，有利于提高企业营销活动的有效性。

企业市场营销环境可分为微观环境和宏观环境两大类。微观环境和宏观环境不是并列关系，而是主从关系，微观环境受制于宏观营销环境。微观环境也称直接营销环境、作业环境，是指与企业紧密相连，直接影响企业营销能力的各种参与者，包括企业本身、市场营销渠道企业、顾客、竞争者以及社会公众，它们与企业具有或多或少的经济联系；宏观环境则是指影响营销环境的一系列巨大的社会力量，主要是人口、经济、政治法律、科学技术、社会文化及自然生态等因素。宏观环境也称间接营销环境，一般以微观环境为媒介去影响和制约企业的营销活动，在特定场合，也可直接影响企业的营销活动。宏观环境因素与微观环境因素共同构成多因素、多层次、多变化的企业市场营销环境的综合体，如图2-1所示。

图2-1　企业市场营销环境

所有的营销活动都有可能涉及微观环境和宏观环境。不同营销活动所面临的主要营销环境是不同的，有的可能主要是竞争对手，而有的可能主要是技术原因。同一个企业在不同的时期所面临的主要环境也有可能是不同的，或者说是变化的。2008年中国毒奶制品事件是中国的一起食品安全事件。事件起因是很多食用三鹿集团生产的奶粉的婴儿被发现患有肾结石，随后在其奶粉中被发现化工原料三聚氰胺。被曝光后，该事件重创了中国制造商品信誉，多个国家禁止了中国乳制品进口。2011年中国中央电视台《每周质量报告》调查发现，仍有7成中国民众不敢买国产奶。这种整个行业的声誉危机就是行业内企业面临的最大营销环境。这种行业信任危机不改变，所有行业内企业将根本无法生存。改变这种环境就成为企业营销成功的最主要因素。"温州鞋"从"假冒伪劣"的市场形象转为"名优商品"的市场形象，使几乎所有的温州制鞋企业深刻体会到营销环境的重要性。

二、市场营销环境的特点

市场营销环境极其复杂，它既可能为企业不断地创造新机会，也可能形成威胁。企业必须认真研究市场营销环境，以便采取相应的营销策略。

▶ 1. 客观性

环境作为企业外在的不以营销者意志为转移的因素，对企业营销活动的影响具有强制性和不可控性的特点。一般来说，营销部门无法摆脱和控制营销环境，特别是宏观环境，企业难以按自身的要求和意愿随意改变它。如企业不能改变人口因素、政治法律因素、社会文化因素等。但企业可以主动适应环境的变化和要求，制定并不断调整市场营销策略。事物发展与环境的变化关系密切，适者生存，不适者淘汰。企业善于适应环境就能生存和发展，否则，就难免被淘汰。

2. 差异性

不同的国家或地区之间，宏观环境存在广泛的差异，不同的企业，微观环境也千差万别。正因为营销环境具有差异性，企业为适应不同的环境及其变化，必须采用各有特点和针对性的营销策略。环境的差异性也表现为同一环境的变化对不同企业的影响不同。例如，中国加入世界贸易组织，意味着大多数中国企业进入国际市场，进行"国际性较量"，而这一经济环境的变化，对不同行业所造成的冲击并不相同。有的直接受到很大影响，有的受影响程度并不是很明显。

3. 多变性

市场营销环境是一个动态系统。构成营销环境的诸因素都受众多因素的影响，每一环境因素都随着社会经济的发展而不断变化。如产品的供需状况会随着这种产品生产情况的不断变化而变化，有时会表现出供不应求的卖方市场状态，有时又会表现出供过于求的买方市场状态。

4. 相关性

各环境因素间是相互影响和相互制约的。某一环境因素的变化会引起其他因素的变化，企业营销活动受多种环境因素的共同制约。

三、企业与营销环境的关系

虽然企业营销活动必须与其所处的外部和内部环境相适应，但营销活动并非只能被动地接受环境的影响，营销管理者应以积极、主动的态度能动地去适应营销环境。监测、把握环境力量的变化，善于从中发现并抓住有利于企业发展的机会，避开或减轻不利于企业发展的威胁，是企业营销管理的核心问题。

就宏观环境而言，企业可以以不同的方式提高适应环境的能力，避免来自环境的威胁，有效地把握市场机会。在一定条件下，企业也可运用自身的资源，积极影响和改变环境因素，创造更有利于企业营销活动的空间。菲利普·科特勒的"大市场营销"理论认为：企业为成功地进入特定的市场，在策略上应协调地使用经济的、心理的、政治的和公共关系的手段，以争取外国或地方的各有关方面的合作与支持，消除封闭型、保护型的市场壁垒，为企业从事营销活动创造一个宽松的外部环境；就微观环境而言，直接影响企业营销能力的各种参与者，事实上都是企业营销部门的利益共同体。企业内部其他部门与营销部门利益的一致自不待言，按市场营销的双赢原则，企业营销活动的成功，应为顾客、供应商和营销中间商带来利益，并造福于社会公众。即使是竞争者，也存在互相学习、互相促进的因素，在竞争中，有时也会采取联合行动，甚至成为合作者。

此外，企业在制订和实施营销目标与计划时，不仅要考虑企业外部环境力量，而且要充分考虑企业内部环境力量，争取高层管理部门和其他职能部门的理解和支持。例如，营销计划的实施，必须得到生产部门的充分支持，需要研究与开发部门的配合和参与。成功的企业家必须认识到企业营销能力与外部环境相适应的重要性，平衡内部优势和劣势与外部机会和威胁。总之，市场营销环境是不断变化的，企业营销活动受制于营销环境，营销管理者应采取积极、主动的态度能动地去适应营销环境。

第二节 宏观市场营销环境

宏观市场营销环境包括人口环境（人口规模及其构成、受教育程度、地区间流动等）、经济环境（购买力水平、消费支出模式、供求状况等）、自然环境（自然资源、能源、污染等）、技术环境（科技进步等）、政治与法律环境（政治体制、法令法规）和社会文化环境六大因素，一切营销组织都处于这些宏观环境因素之中，不可避免地受其影响和制约，如图2-2所示。这些都是不可控制的因素，企业及其所处的微观环境，都是在这些宏观力量的控制下。这些宏观力量及其发展趋势给企业提供机会，同时也造成威胁。企业只有调整市场营销组合等可控因素，才能在复杂的宏观环境中求得生存与发展。

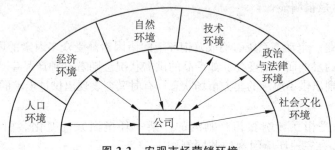

图 2-2 宏观市场营销环境

市场是由具有购买欲望与购买能力的人所构成的，人口的多少直接影响市场的潜在容量。因此，人口规模和增长率、人口的地理分布和构成、受教育程度以及家庭状况等人口统计因素，就形成了企业市场营销活动的人口环境。人口环境及其变动对市场需求有整体性、长远性的深刻影响，制约着企业营销机会的形成和目标市场的选择。

一、人口环境

▶ 1. 人口规模及其增长速度

人口规模即总人口的多少，是影响基本生活消费品需求、基础教育需求的一个决定性因素。这对于许多企业，尤其是对于那些生产基本生活消费品的企业来说是一种发展机遇。近年来，世界人口一直呈增长趋势，目前联合国人口基金会则显示世界总人口为77亿（其中80%的人口集中在发展中国家）。随着世界科学技术的进步、生产力的发展和人民生活条件的改善，世界人口迅速增长，人口平均寿命大大延长，死亡率大大下降。世界人口尤其是发展中国家的人口将继续增长，意味着需要和市场将继续增长。随着社会主义市场经济的发展，人民收入水平不断提高，中国已经被视为世界最大的潜在市场。

▶ 2. 年龄结构

由于人口出生率下降和平均寿命延长，人口趋于老龄化。这种人口动向，无论是对社会还是对企业市场营销的影响都将是深远的。由于人口老龄化，一方面，市场对摩托车、体育用品等青少年用品的需求日益减少；老年人一般也不再添置住宅、汽车等高档商品，这对有些行业产生威胁。另一方面，老年人的医疗和保健用品、助听器、眼镜、旅游、娱乐等的市场需求会迅速增加，这同时又给上述企业提供了市场机会。

西方发达国家人口出生率下降，越来越多的妇女参加工作，这种人口动向对儿童食品、儿童用品、儿童服装、儿童玩具等行业是一种环境威胁，但许多年轻的夫妇有更多的闲暇时间用于旅游、在外用餐、娱乐，因而给旅游业、旅馆业、体育娱乐业等提供了有吸引力的市场机会，促进了第三产业的发展。

▶ 3. 地理分布

人口在地区上的分布，关系到市场需求的异同。居住在不同地区的人群，由于地理环境、气候条件、自然资源、风俗习惯的不同，消费需求的内容和数量也存在差异。例如，城乡居民对商品的需求差别很大，不仅表现在数量上，更反映在需求构成上。

目前，我国人口迁移、人口流动规模呈不断扩大的趋势，人口从农村流向城市，从内地流向沿海，从不发达地区流向相对发达地区，城市人口增长速度明显加快，这些变化都会深刻地影响企业的营销活动。第二次世界大战以后，美国城市交通日益拥挤，污染日益严重。同时，交通运输大大发展，所以很多人纷纷从城市迁往郊区，于是在大城市周围出现了郊区住宅区，而且在郊区住宅区附近出现了郊区的郊区。日本的大城市人口自1970年以后开始下降，同时，东京、大阪、名古屋三大城市人口逐渐向郊区迁移。而且人口也有"大城市—中等城市—小城市"迁移的趋势。这种人口动向对发达国家企业市场营销的一个重要影响就是在郊区住宅区出现了现代化的购物中心。城市商业中心区百货商店为了生存和发展，纷纷在郊区大购物中心开设分店。在我国，随着城市建设的发展，大城市人口也将不断流向郊区。这种人口动向无疑也将会影响我国企业的市场营销。

▶ 4. 家庭状况

现代家庭是社会的细胞，也是商品的主要购买单位。一个国家或地区家庭单位的多少，直接影响着许多消费品的市场需求量。第二次世界大战后，以美国为首的发达国家的家庭发生了显著变化，呈如下趋势：晚婚、子女减少、离婚率高、职业妇女增加、非家庭住户兴起，这些都深刻地影响着企业市场营销活动。近几十年来，有些国家的家庭规模日趋小型化，给经营这些家庭用品的行业提供了市场机会。

▶ 5. 人口构成

人口构成包括人口的自然构成和社会构成，前者如性别结构、年龄结构；后者如民族构成、职业构成、受教育程度等。以性别、民族、职业、受教育程度相区别的不同消费者，由于在收入、阅历、生理需要、生活方式、价值观念、风俗习惯等方面存在差异，必然会产生不同的消费需求和消费方式，形成具有差异性的消费者群。例如，性别差异给消费需求带来差异，在购买习惯与购买行为上也有差别；受教育程度高的白领人口越多，对高级商店、文化用品、书刊及旅游的需求就越多，同时，看电视的人就越少。据美国有关机构预测，今后需求增长最快的企业将是电脑、工程、医学、社会服务、贸易、秘书、建筑、冷藏、保健、私人服务和保安等。

二、经济环境

构成市场的因素除人口外，还必须有购买力，而购买力是经济环境的反映。经济环境一般是指影响企业市场营销方式与规模的经济因素，如消费者收入与支出状况、经济发展状况等。

（一）消费者收入

从企业营销的角度看，经济环境中最主要的因素是社会购买力，而社会购买力来自消费者收入。换言之，消费者收入是影响社会购买力、市场规模大小以及消费者支出多少和支出模式的一个重要组成部分。这是因为消费者只有既想买又买得起，才能产生购买行为。消费者收入水平对企业营销活动影响极大。不同收入水平的消费者，其消费的项目是不同的，消费的品质是不同的，对价格的承受能力也是不同的。如价格昂贵的品牌服饰的购买对象为高收入消费者。

▶ 1. 人均国内生产总值

人均国内生产总值一般是指价值形态的人均GDP。它是一个国家或地区所有常住单位在一定时期内（如一年）按人口平均所生产的全部货物和服务的价值超过同期投入的全部非固定资产货物和服务价值的差额。国家 GDP 总额是全国市场总容量和总规模的反映；人均 GDP 则从总体上影响和决定了消费结构与消费水平。改革开放以来，我国国民经济发展迅速，社会购买力成倍增加，我国市场规模则以前所未有的规模迅速扩大。

▶ 2. 个人收入

各地区居民收入总额可用以衡量当地消费市场的容量，人均收入则多少反映了购买力水平的高低。消费者收入并不全部用于购买产品。对企业营销来说，有必要将消费者个人收入区分为个人可支配收入和个人可任意支配收入。

个人可支配收入，是指个人收入减去直接负担的各项税款（如所得税等）和非税性负担（如工会会费、交通罚款等）之后的余额。做了这种扣除，消费者收入才成为消费者个人可以支配的收入，或者用于消费支出，或者用于储蓄。

可任意支配收入，是指个人可支配收入减去维持生活所必需的支出（如食品、衣服、住房）和其他固定支出所剩下的那部分个人收入。这部分收入是消费者可以任意投向的收入，因而是影响消费者需求构成最活跃的经济因素。这部分收入越多，人们的消费水平就越高，企业营销机会也就越多。

▶ 3. 通货膨胀与通货紧缩

社会购买力的实现还与是否存在通货膨胀与通货紧缩有关。通货膨胀意味着货币贬值，物价上涨，货币的购买能力下降。这就会恶化企业的营销环境，主要表现为：消费者心理预期发生变化，致使市场上出现以保值为目的的抢购风潮。而且持续的货币贬值、物价上涨会引起价格体系、市场机制和经济秩序的错乱。通货紧缩与之相反，是产品和服务价格的普遍持续下跌。而通货紧缩预期会使得消费者不愿进行当前的消费和投资，并由此引起就业困难、收入减少、投资不振、消费低迷。

因此，消费者收入还要区别为货币收入和实际收入。货币收入虽然增加，但通货膨胀率超过货币增长率，实际收入也会减少。分析实际收入变动的意义在于，这种变动直接影响消费者的支出行为和购买投向。还有一种情况是在消费者的货币收入不变时，如果物价下跌则表明实际收入上升；反之，则表明实际收入下降。

（二）消费支出

消费支出主要是指消费者支出模式和消费结构。随着消费者收入的变化，支出模式与消费结构也会发生相应的变化。

19 世纪德国统计学家恩格尔根据统计资料，对消费结构的变化得出一个规律：一个家庭的收入越少，家庭收入中（或总支出中）用来购买食物的支出所占的比例就越大，随着家庭收入的增加，家庭收入中（或总支出中）用来购买食物的支出份额则会下降。推而广之，一个国家越穷，每个国民的平均收入中（或平均支出中）用于购买食物的支出所占比例就越大，随着国家富裕程度的提高，这个比例呈下降趋势，即随着家庭收入的增加，购买食物的支出比例则会下降。随着家庭和个人收入的增加，收入中用于食品方面的支出比例将逐渐降低，这一定律被称为恩格尔定律，反映这一定律的系数被称为恩格尔系数。一般认为，食物开支占总消费数量比重越大，恩格尔系数越高，生活水平越低；反之，食物占比重越小，恩格尔系数越低，生活水平就越高。

国际上常用恩格尔系数来衡量一个国家和地区人民生活水平的状况。根据联合国粮农组织提出的标准，恩格尔系数在 59% 以上为贫困，50%～59% 为温饱，40%～50% 为小康，30%～40% 为富裕，低于 30% 为最富裕。据统计，我国 1990 年、2009 年城镇居民恩格尔系数分别为 54.2%、36.5%。

(三) 消费者储蓄和信贷情况

消费者的购买力还要受到储蓄和信贷的直接影响。居民个人收入往往或一般不可能直接用完,总有一部分以各种形式储蓄起来,这是一种推迟了的潜在购买力,这主要是用来准备购买耐用品的。个人储蓄的形式包括银行存款、国债、股票和不动产等,这些都是随时可转化为现实购买力。在正常情况下,银行储蓄与国民收入成正比,是稳定的,但是当通货膨胀、物价上涨时,消费者就会将储蓄变为现金,争购保值商品。这是消费者的一种自卫行为,是消费者对经济前景不信任的一种表现。

西方国家广泛存在的消费者信贷,对购买力的影响也很大。美国消费者信贷发展程度居世界之首,各种形式的赊销、分期付款业务十分发达,增长迅速。有些经济学家认为,消费者信贷已成为美国经济增长的主要动力之一。因为,它允许人们购买超过自己现实购买力(消费和储蓄)的商品,这就会创造更多的就业机会、更多的收入以及更多的需求,从而刺激经济增长。在我国,许多地区和城市为了促进市场经济的发展,也开始使用信用卡,消费者赊销、分期付款等商业信贷也蓬勃发展,如分期付款购车、买房等业务已迅速发展。这些都将深刻影响企业的市场营销活动。

(四) 经济发展状况

企业的市场营销活动要受到一个国家或地区经济发展状况的制约,在经济全球化的条件下,国际经济形势也是企业营销活动的重要影响因素。

▶ 1. 经济发展阶段

美国经济学家罗斯托(W. W. Rostow)根据自己对大量发展史料的研究提出,可以把一个国家走向现代经济增长和发展分为五个阶段:传统社会、起飞准备、经济起飞、走向成熟和大众高消费时代。按照经济成长阶段理论,从中国的实践看,是改革开放和引入市场体制使中国真正完成了经济起飞的任务,提前进入了大众高消费的初级阶段。其中,在"走向成熟阶段"中作为主导工业部门的钢铁、煤、电力、通用机械、肥料等重型工业部门综合体系,在我国经济结构中已经渐趋饱和,甚至呈现过剩的发展态势,亟须实现技术创新与转型升级。在大众高消费阶段,以汽车生产和消费为主的耐用消费品综合体系正在成为持续推动经济社会发展的主导部门。

经济发展阶段的高低直接影响企业市场营销活动。经济发展阶段高的国家和地区,着重投资于较大的、精密、自动化程度高、性能好的生产设备;在重视产品基本功能的同时,强调款式、性能及特色;大量进行广告宣传及营业推广活动,非价格竞争较占优势;分销途径复杂且广泛,制造商、批发商与零售商的职能逐渐独立,小型商店的数目下降。

▶ 2. 经济形势

国际或国内经济形势都是复杂多变的,机遇与挑战并存,企业必须认真研究,力求正确认识与判断,制定相应的营销战略和计划。就国际经济形势来说,1997年7月起,金融风暴席卷东南亚各国,并且东进中国香港和台湾,北上韩国以致撼动世界第二经济强国日本。这场金融危机影响到全世界,也给中国经济带来负面影响。由于我国金融市场尚未完全开放,人民币不能自由买卖,外汇储备丰富,短期外债较少,加之政府采取了有效地扩大内需的措施,因而保持了人民币币值的稳定,使亚洲各国的货币免于新一轮的竞相贬值,对世界金融体系的稳定以及东南亚国家早日走出困境做出了积极的贡献。

就国内经济形势来说,我国1978—1997年的20年间,GDP年均增长9.8%,直到2011年也都是每年以8%~9%的高速度增长,2011年增长了9.2%,2012年、2013年出现拐点,GDP增长均为7.7%,2014年为7.4%,中国进入经济发展新常态,从高速增长转为高质量的中高速增长。经济的高速发展，极大地增强了中国的综合国力，人民生活显著改善。同时，国内经济生活中也存在一些困难和问题。环境承载能力已达到或接近上限，必须顺应人民群众对良好生态环境的期待，推动形成绿色低碳循环发展的新方式。各类隐性风险逐步显性化，风险虽总体可控，但化解以高杠杆和泡沫化为主要特征的各类风险将持续一段时间。经济发展方式正从规模速度型粗放增长转向质量效率型集约增长，传统产业相对饱和，但基础设施互联互通和一些新技术、新产品、新业态、新商业模式的投资机会大量涌现。新兴产业、服务业、小微企业作用更凸显，生产小型化、智能化、专业化将成新特征。全球总需求不振，但我国进出口贸易依然活跃，高水平引进来、大规模走出去正在同步发生。模仿型排浪式消费阶段基本结束，个性化、多样化消费渐成主流。人口老龄化日趋发展，农业富余人口减少，要素规模驱动力减弱，经济增长将更多依靠人力资本质量和技术进步。市场竞争逐步转向质量型、差异化为主的竞争，统一全国市场、提高资源配置效率是经济发展的内生性要求。既要全面化解产能过剩，也要通过发挥市场机制作用探索未来产业发展方向。这对企业的市场营销都有重要的影响。

三、自然环境

（一）自然环境对营销观念的影响

自然环境主要是指营销者所需要或受营销活动所影响的自然资源。营销活动受自然环境的影响，也对自然资源的变化负有责任。地球上的资源包括无限资源、可再生有限资源和不可再生资源。由于掠夺式开采，使不可再生资源如石油、煤、铂、锌和银将面临十分严重的短缺问题。人类只有一个地球，自然资源的破坏往往难以弥补，在发达国家，随着工业化和城市化的发展，环境污染程度日益增加，公众对这个问题越来越关心，纷纷指责环境污染的制造者。这些动向对那些造成污染的行业和企业是一种环境威胁，它们在社会舆论的压力和政府的干预下，应该采取措施控制污染。越来越多的国家也加强了对自然资源的干预和管理。1992年6月，由100多位国家政府首脑出席的联合国环境与发展大会在巴西里约热内卢召开。大会通过了包括《21世纪议程》在内的一系列重要文件。《21世纪议程》提出，下一世纪人类应该走可持续发展的道路。因此，营销管理者要注意资源短缺、环境污染严重、能源成本上升等难题和趋势，在企业营销战略中实行生态营销、绿色营销等，维护全社会的长远利益。

早在20世纪80年代初，欧洲便出现了以销售绿色产品为特色的绿色营销。这种绿色市场营销运动很快传播到美国。例如麦当劳规定所有餐厅都采用再生纸制成的餐巾等。像麦当劳这样的大公司所采取的任何微小的环境保护措施，都将产生巨大的环境效益，如其饮料吸管用料减少20%则每年可减少500吨的垃圾。其他一些著名公司的环境保护意识也有了进一步增强。从世界范围看，环境保护意识与市场营销观念相结合所形成的绿色市场营销观念，已经成为20世纪90年代以来市场营销的新主流。

绿色营销观念要求企业在开展市场营销活动的同时，努力消除和减少生产经营对生态环境的破坏和影响。具体来讲，企业在选择生产技术、生产原料、制造程序时，应符合环境保护标准，以及在进行产品设计和包装装潢设计时，应尽量减少产品包装或产品使用的剩余物，以降低对环境的不利影响；在分销和促销的过程中，应积极引导消费者在产品消费使用、废弃物处置等方面尽量减少环境污染；在产品售前、售中、售后服务中，应注意节省资源、减少污染。可见，绿色市场营销概念的实质，就是强调企业在进行市场营销活动时，要努力把经济效益和环境效益结合起来，尽量保持人与环境的和谐，不断改善人类的生存环境。展望未来，开发绿色产品、争取绿色标志、传播绿色文明将成为企业绿色市场营销活动的主要内容。

可持续发展是进入20世纪80年代以来国际学术界出现的一种新理论。该理论认为，人类应该跳出单纯追求经济增长、忽视生态环境保护的传统发展模式，通过产业结构调整和合理布局，发展高新技术，实行清洁生产和文明消费，协调环境与发展的关系，使社会的发展既能满足当代人的需求，又不危害后人的需求，最终达到社会、经济、资源与环境的协调。随着可持续发展理论逐渐为世界各国所采纳，绿色产业、绿色消费、绿色市场营销也在蓬勃兴起。

（二）自然环境的变化对营销实践的影响

一方面，自然环境变化必然导致生产成本的提高。这表现在，自然资源日趋枯竭，其开采成本不断提高，而环境污染造成的人类生存危机，使得人们对环境的观念发生改变，环保日益成为社会主流意识，企业不仅要担负治理污染的责任，还必须对现有可能产生污染的生产技术和所使用的原材料进行技术改造，而这不可避免地加大了企业的生产成本。另一方面，环境变化给新兴产业增加了市场机会。这表现在，为了应对环境变化，企业必须寻找替代的能源以及各种原材料，替代能源及材料生产企业面临大量的市场机会。如石油价格的剧烈波动，激起企业对替代能源研究的大量投资，仅仅太阳能领域，已有成百上千的企业推出了更新一代具有实用价值的产品，用于家庭供暖和其他用途；人们环保意识的增强和治理污染的各种立法，给污染控制技术及产品带来了市场机会，而产品的包装应减少对资源的消耗，包装废弃物也应尽可能成为新的资源。

四、技术环境

科学技术是第一生产力，也是社会生产力的新的和最活跃的因素。作为营销环境的一部分，科技环境不仅直接影响企业内部的生产和经营，同时还与其他环境因素互相依赖、相互作用，特别与经济环境、文化环境的关系更紧密，尤其是新技术革命，给企业市场营销活动带来了机遇与挑战。例如，一种新技术的应用，可以为企业创造一个明星产品，产生巨大的经济效益；也可以迫使企业的某一传统优势产品退出市场，或者改变零售商业业态结构和消费者购物习惯。

第一，科学技术的迅速发展给企业新产品研发、分销方式、定价策略以及促销手段带来了深刻影响。具体表现在：新技术应用于新产品开发的周期大大缩短，产品更新换代加快。这就要求企业营销人员不断寻找新市场，预测新技术，时刻注意新技术在产品开发中的应用，从而开发出给消费者带来更多便利的新产品；新技术的不断应用和技术环境的不断变化，使人们的工作及生活方式发生了重大变化。广大消费者的兴趣、思想等差异性扩大，自我意识观念的增强，引起分销机构与分销方式的不断变化，大量的特色商店和自我服务的商店不断出现，如20世纪30年代出现的超级市场，40年代出现的廉价商店，六七十年代出现的快餐服务、自助餐厅等。今天，网上销售更成为未来企业产品分销的重要途径，同时也引起分销实体流动方式的变化；科学技术的发展及应用，一方面降低了产品成本，使价格下降，另一方面使企业能够通过信息技术，加强信息反馈，正确应用价值规律、供求规律、竞争规律来制定和修改价格策略；科学技术的应用引起促销手段的多样化，尤其是广告媒体的多样化和广告宣传方式的复杂化。

第二，新技术引起了企业经营管理的变化。具体表现在：技术革命是管理改革或管理革命的动力，它向管理提出了新课题、新要求，又为企业改善经营管理、提高管理效率提供了物质基础。当前，凡是大众化的商品，在商品包装上都印有条码，使得结账作业迅速提高，大大提高了零售商店收款的工作效率，缩短了顾客等候收款的时间，提高了服务质量。新技术对零售商业和购物习惯也产生了很大的影响。例如，自动售货机的出现，使销售形式发生改变，它只需少量的工作人员补充商品，回收现金，保养、修理机械；对买方来说，购货不受时间限制，在任何时间都可以买到商品和提供的服务。再如，网络销售的出现，使消费者足不出户即可完成购物，大大方便了消费者，也改变了消费者的购物习惯和生活方式。

五、政治与法律环境

▶ 1. 政治环境

政治环境指企业市场营销活动的外部政治形势、国家方针政策及其变化。政治因素像一只有形之手，调节着企业营销活动的方向。在国内，安定团结的政治局面不仅有利于经济的发展和国民收入的增加，而且影响到人们的心理状况，导致市场需求发生变化。而国家大政方针规定了国民经济的发展方向和速度，也直接关系到社会购买力的提高和市场消费需求的增长变化；在国外，政治权力对企业营销活动的影响很大，主要表现在有关国家政府通过采取某种措施限制外来企业及产品的进入，如进口限制、外汇控制、劳工限制、绿色壁垒等。而国际上重大事件和突发性事件等政治冲突时有发生，它们也对企业的市场营销工作产生影响，有时意味着机会，有时产生巨大的威胁。

▶ 2. 法律环境

法律环境是指国家或地方政府颁布的各项法规、法令、条例等。法律为企业规定了商贸活动行为准则。政治与法律相互联系，共同对企业的市场营销活动产生影响和发挥作用。法律环境不仅对企业的营销活动而且对市场消费需求的形成和实现具有一定的调节作用。企业研究并熟悉法律环境，不仅可以保证自身严格依法经营和运用法律手段保障自身权益，还可通过法律条文的变化对市场需求及其走势进行预测。各个国家的社会制度不同，经济发展阶段和国情不同，体现统治阶级意志的法律制度也不同。从事国际市场营销的企业，必须对相关国家的法律制度和有关的国际法规、国际惯例和准则进行深入的学习研究并在实践中遵循。

世界各国都陆续成立了消费者联盟，它们监视企业的活动，发动群众与企业业主的欺骗行为做斗争，给企业施加压力，以保护消费者利益。目前消费者运动已经成为一种强大的社会力量，企业的市场营销决策者必须认真考虑这种动向。中国消费者协会于1985年1月在北京成立，自成立以来，中国消费者协会及相继成立的地方协会认真受理广大消费者的投诉，积极开展对商品和服务质量、价格的监督检查，并采取多种形式指导消费，千方百计保护消费者利益，受到广大消费者的好评。

六、社会文化环境

社会文化环境主要是指一个国家或地区的价值观念、生活方式、风俗习惯、民族特征、宗教信仰、伦理道德、教育水平、文学艺术等内容的总和。主体文化占据主体地位，起凝聚整个国家和民族的作用，是千百年的历史沉淀，包括价值观、人生道德观等；次级文化则是在主体文化支配下形成的文化分支，包括宗教、种族、地域习惯等。文化对企业营销的影响是多层次、全方位、渗透性的。企业的市场营销人员应分析、研究和了解社会文化环境，以针对不同的文化环境制定不同的营销策略。

▶ 1. 教育状况

受教育程度不仅影响劳动者收入水平、商品需求结构，而且影响着消费者对商品的鉴赏力，影响消费者心理、购买的理性程度和消费结构，从而影响着企业营销策略的制定和实施。通常文化素质高的地区或消费者要求商品包装典雅华贵，对附加功能也有一定要求。而目标市场在文盲率很高的地区，就不仅需要文字说明，更重要的是要配以简明图形，并派人进行现场演示，以避免消费者和企业在使用和保养过程中发生不必要的损失。

▶ 2. 宗教信仰

各民族的宗教信仰影响着人们的消费习惯和消费行为。一种新产品出现，宗教组织有时会限制或禁止使用，认为该商品与宗教信仰相冲突。所以企业在经销活动中也要针对宗教信仰设计适当方案，以避免由于矛盾和冲突给企业营销活动带来的损失。

▶ 3. 价值观念

价值观念就是人们对社会生活中各种事物的态度和看法，不同的文化背景下，人们的价值观念相差很大，而不同的价值观念就要求企业的市场营销人员采取不同的策略。对于一些注重传统、喜欢沿袭传统消费方式的消费者，企业在制定促销策略时应把产品与目标市场的文化传统联系起来。

▶ 4. 消费习俗

不同的消费习俗具有不同的商品需要。研究消费习俗，不但有利于组织好消费用品的生产与销售，而且有利于正确、主动地引导健康的消费。了解目标市场消费者的禁忌、习俗、避讳、信仰、伦理等是企业进行市场营销的重要前提。

▶ 5. 消费时尚

受社会文化等多方面因素的影响，消费者往往表现出共同的审美观念、生活方式和情趣爱好，从而导致社会需求的一致性。近年来，我国人民的审美观念随着物质水平的提高发生了明显的变化。体育用品和运动服装的需求量呈上升趋势。服装市场的异军突起，不仅美化了人们的生活，更重要的是迎合了消费者的求美心愿。消费者对环境的美感体验在购买活动中表现得最为明显。

第三节 微观市场营销环境

微观市场营销环境包括企业本身及供应者、竞争者、营销中介、顾客和各种公众。这些制约力量与企业形成了合作、竞争、服务和监督关系，都会影响企业为其目标市场服务的能力和企业营销战略选择，如图 2-3 所示。

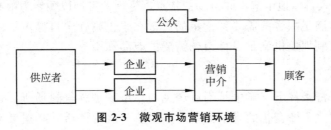

图 2-3 微观市场营销环境

一、企业内部环境

企业内部结构、决策权限的配置、管理流程和例行制度成为影响营销管理决策和营销方案实施的重要因素。企业的市场营销环境不是孤立的，营销部门在制订和实施营销计划时，必须考虑其他部门的意见，争取高层管理部门和其他职能部门的理解和支持，处理好同财务、研究与开发、采购、制造和会计等其他部门的关系。市场营销部门与这些部门在最高管理层的领导下，为实现企业目标共同努力着。现在，企业的每一个部门都可以直接与顾客取得联系，营销部门不再是唯一与顾客打交道的部门。因此，营销部门的一个主要职责是整合所有针对顾客的工作，使之成为一个整体，传达同一种声音。近年来，随着宏观环境的变化，企业面对迅速变化的环境作出了相应的变化。为增加顾客价值，企业的组织结构发生变化，各职能部门界限被打破，组织层次减少，管理效率提高，以加快企业对环境变化的反应速度；鼓励员工提出更多的创意和采取更加积极主动的行动，并赋予他们一定的权力。动态的竞争环境使得收购或兼并成为企业获取规模经济的重要手段，并需要在供应商和顾客之间建立更为紧密的合作关系。

二、供应者和营销中介

各类资源的供应者和各种营销中介与企业之间既有冲突，也有基于价值链的合作关系。供应者向企业及其竞争者提供生产上所需资源，如原材料、设备、能源、劳务和资金等。供应者这一环境因素对企业营销的影响很大，所提供资源的价格和数量直接影响企业产品的价格、销量和利润。供应短缺、工人罢工或其他事故，都会影响企业按期完成交货任务。如果企业过于倚重于单一的供应者，往往容易受其控制。并且若单一供应者遇到意外情况而致使其供应能力受到影响，也会直接波及企业的生产和销售。因此，企业应尽量从多方面获得供应，以降低供应风险。

营销中介协助企业促销和分销其产品给最终购买者，包括中间商（批发商、代理商、零售商）、物流配送公司（运输、仓储）、市场营销服务机构（广告、咨询、调研）以及财务中介机构（银行、信托、保险等）。这些组织都是营销所不可缺少的中间环节，大多数企业的营销活动都需要它们的协助才能顺利进行。商品经济越发达，社会分工越细，中介机构的作用越大。如随着生产规模的增加，降低产品的配送成本就越来越重要，因此，生产性服务行业就得到了发展。企业在营销过程中，必须同这些供应者和中介机构建立起稳定和有效的合作关系，以便提高其服务顾客的能力。

三、顾客

营销的效率深受顾客的影响和约束，企业需要仔细地了解它的顾客市场，也就是目标客户，包括个人消费者、生产者、转卖者、政府和国际市场购买者。市场营销学通常按顾客及其购买目的的不同来划分市场。每一市场都有其特性，企业要根据具体情况选择并确定自己的主要顾客，以深入具体地了解不同市场的特点，更好地贯彻以顾客为中心的经营思想。

营销的目的是满足顾客的需要，营销的关键在于正确确定目标市场的需要，并且比竞争者更有效、更有利地提供满足目标市场需要的产品和服务。

四、竞争者

在现代市场经济条件下，竞争是不可避免的，市场是竞争的场所，企业要面对一系列竞争者。这些不同且不断变化的竞争关系，是企业开展营销活动必须考虑的制约力量。从消费需求的角度划分，企业在其市场营销活动中存在着以下四个层次的竞争者：

（1）愿望竞争者，即满足消费者目前的各种愿望，并与企业争夺同一顾客购买力的所有其他企业。比如，如何刺激更多的消费者率先购买电视机而不是个人电脑等其他耐用消费品,这时电视机和个人电脑制造商构成了一种愿望竞争者关系。

(2) 普通竞争者,即提供不同种类的产品,满足购买者同一种需求的企业。例如,摩托车与汽车都可以满足人们的出行需要,相互之间构成某种可替代性关系,两者成为彼此的普通竞争者。

(3) 产品形式竞争者,即提供同种类但不同型号、规格、式样或包装的产品,满足购买者同一种需求的企业。

(4) 品牌竞争者,即提供同种产品,规格和型号也相同,但品牌不同的竞争者。

后两者属于处于同一市场(行业)中的竞争者。在同行业竞争中,市场集中度、产品差异性以及市场进入壁垒是影响市场结构和竞争程度的主要因素。

五、公众

对于营销领域而言,公众指对企业完成其营销目标的能力有着实际或潜在利益关系和影响力的群体或社会公众组织,主要包括金融公众、媒介公众、政府公众、社团公众、社区公众和内部公众。公众对企业的态度会对企业的营销活动产生巨大的影响。公众是社会群体,成员间面临着共同问题、共同利益和共同要求。只有那些与该组织发生直接、间接相互联系、作用的人、群体、社会组织才成为该组织的公众。如某家商场,只有已经去购物的顾客才可能成为它的公众,而其他顾客就不是它的公众。假如有100人到某家商场购买电器,回去使用后发现电器有质量问题,这100人便成了这家商场的一类公众群体。他们面临的问题都是电器质量不行,他们的利益是购买到货真价实的电器,他们的要求是解决电器质量问题,或实在无法解决时进行退货或退款处理。

由于企业的营销活动必然会影响到公众的利益,因而公众组织和群体必然要关注、监督、影响和制约企业的营销活动。这种制约力量的存在决定了企业必须处理好与相关社会公众的关系,承担起应付的社会责任,善于满足公众的合理要求,努力塑造并维持良好的信誉和公众形象。

第四节 环境分析与营销对策

市场营销环境对企业营销活动的影响具有动态性、强制性和不可控性。一般来说,企业营销管理者无法摆脱和控制营销环境的影响,只能主动适应营销环境的变化,即随机应变;也难以准确无误地预见市场营销环境未来的变化,但是可以通过设立预警系统,追踪不断变化的环境,及时改变策略。

一、营销环境的二重性:威胁与机会

环境发展趋势基本上分为两大类:一类是环境威胁;另一类是市场机会。所谓环境威胁,是指环境中一种不利的发展趋势所形成的挑战,如果不采取果断的市场营销措施,这种不利趋势将伤害到企业的市场定位。企业市场营销经理应善于识别所面临的威胁,并按其严重性和出现的可能性进行分类,然后为那些严重性大且可能性也大的威胁制订应变计划。

所谓市场机会,是指对企业市场营销管理富有吸引力,企业拥有竞争优势的领域。这些机会可以按其吸引力以及每一个机会可能获得成功的概率来加以分类。企业在每一特定机会中成功的概率,取决于其业务实力是否与该行业所需要的成功条件相符合。例如,有些国家政府颁布了法令，规定所有的香烟广告包装上都必须印上关于吸烟危害健康的严重警告；有些国家的某些地方政府禁止在公共场所吸烟；许多发达国家吸烟人数下降，等等。这些给某烟草公司造成了环境威胁。如果某烟草公司的研究实验室很快发明了用葛叶制造无害烟叶的方法，同时发现发展中国家的吸烟人数迅速增加，这些又可能给烟草公司带来市场机会。

二、威胁与机会分析

▶ 1. 营销环境的威胁分析

营销者对环境威胁的分析主要从两方面考虑：一是分析环境威胁对企业的影响程度；二是分析环境威胁出现的可能性大小，并将市场营销环境的这两个方面结合在一起，如图2-4所示。

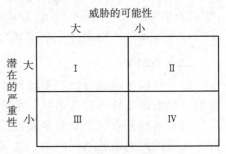

图2-4 营销环境的威胁分析

在图中，第Ⅰ区域企业必须高度重视，因为它的危害程度高，出现可能性大，企业必须严密监视和预测其发展变化趋势，及早制订应变策略；第Ⅱ和第Ⅲ区域也是企业所不能忽视的，因为第Ⅱ区域虽然出现可能性较低，但一旦出现，就会给企业营销带来巨大的危害，第Ⅲ区域虽然对企业的影响不大，但出现的可能性却很大，对此企业也应该予以注意，随时准备应对；对第Ⅳ区域主要是观察其发展变化，是否有向其他区域发展变化的可能。

▶ 2. 市场机会分析

分析、评价市场机会主要涉及两个方面：一是考虑机会给企业带来的潜在利益的大小；二是考虑成功可能性的大小，如图2-5所示。

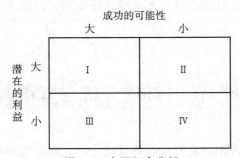

图2-5 市场机会分析

在图中，第Ⅰ区域是企业必须重视的，因为它的潜在利益和成功可能性都很大；第Ⅱ和第Ⅲ区域也是企业不容忽视的，因为第Ⅱ区域虽然可能性不大，但其潜在市场吸引力较大，一旦出现会给企业带来丰厚收益；第Ⅲ区域虽然潜在吸引力较小，但出现可能性却很大，因此需要企业注意并制定相应的对策；对第Ⅳ区域，主要是观察其发展变化，并依据变化情况及时采取措施。

然而，在企业实际面临的客观环境中，单纯的威胁环境和机会环境是少有的。一般情况下，市场营销环境都是机会与威胁并存、利益与风险结合在一起的综合环境。根据综合环境中威胁水平和机会水平的不同，企业所面临的环境可以分为以下四种情况：

（1）理想环境。理想环境是机会水平高，威胁水平低，利益大于风险。这是企业难得遇上的好环境。

(2) 冒险环境。冒险环境是市场机会和环境威胁同在，利益与风险并存。企业必须加强调查研究，进行全面分析，审慎决策，以降低风险，争取利益。

(3) 成熟环境。成熟环境下机会和威胁水平都比较低，是一种比较平稳的环境。企业一方面要按常规经营，以维持正常运转；另一方面要积蓄力量，为进入理想环境或冒险环境做准备。

(4) 困难环境。困难环境下风险大于机会，企业处境十分困难。此时，企业必须想方设法扭转局面。如果大势已去，则企业应退出在该市场营销环境中的经营，另谋发展。

三、环境分析报告及其撰写

在进行机会与威胁分析之后，需要编写环境分析报告，以此作为企业最高领导层构想营销战略方案和进行战略决策的基本依据。环境分析报告应能回答战略决策所了解的未来环境问题。报告的主要内容包括以下几个方面：

(1) 企业未来将面临什么样的环境；
(2) 各个环境因素会如何变化，对企业将造成怎样的影响；
(3) 未来环境给企业将带来哪些机会和威胁，它们出现的概率是多大；
(4) 企业适应未来环境的初步设想和战略课题是什么。

环境分析报告的叙述应力求简明扼要，论证要用事实和数据说明，应尽量采用直观醒目的图表。

四、企业市场营销的对策

企业对所面临的主要威胁有以下三种可能选择的对策：

(1) 对抗，即试图限制或扭转不利因素的发展。例如，名列快餐业前列的麦当劳和肯德基，它们提供着互为竞争的产品和服务，运营与管理的操作手法似乎针锋相对，却都获得了巨大的成功。

(2) 缓解，即通过调整市场营销组合等来改善环境，以缓解环境的威胁。例如，可口可乐公司为缓解环境威胁，一方面，聘请社会名人、学者对市场购买行为新趋势进行分析，采用更加灵活的宣传方式向百事可乐公司展开了宣传攻势；另一方面，花费比百事可乐多50％的广告费用，与之展开了一场广告战，力求将广大消费者吸引过来，收到了一定的效果。

(3) 转移，即决定转移到其他盈利更多的行业或市场。例如，烟草公司可以适当减少香烟业务，增加食品和饮料等业务，实行多元化经营。又如，嘉陵公司原是生产单一兵器产品的军事工业企业，但认识到军品任务的减少已成为不可逆转的趋势，只有抓住"保军转民"的历史机遇，同世界摩托车王牌本田进行技术合作，转而高起点发展摩托车，从而较快地在国内占领了摩托车生产技术的制高点。

本章小结

市场营销受到多种宏观因素和微观环境因素的影响和制约。微观市场营销环境包括企业本身、供应者、营销中介、顾客、竞争者、公众；宏观市场营销环境包括人口、经济、政治法律、自然、科技和社会文化环境等。

企业经营者只有使自己的营销活动顺应环境因素的发展趋势，才能使自己的营销活动获得成功。企业经营者还可以利用环境的因素，为自己的企业经营活动创造有利的时机与条件。

环境发展趋势分为环境威胁和市场营销机会两类，任何企业都面临着若干个环境威胁和市场机会,并不是所有的环境威胁都一样大,也不是所有的市场机会都有同样的吸引力,企业可以用环境威胁矩阵图、环境机会矩阵图加以分析、评价。环境分析综合评价结果是企业面临理想环境、冒险环境、成熟环境、困难环境四种不同的环境状态。

思考题

1. 当前世界人口环境发展的趋势有哪些?
2. 自然环境的主要动向是什么?
3. 企业进行经济环境分析时,主要考虑哪些经济因素?
4. 根据面临的市场机会与环境威胁的不同,企业业务可以划分为哪几种类型?

实训实习

一、实训目标

通过训练,使学生初步掌握企业经营环境的分析方法。

二、实训项目

以学校食堂为例,对其经营环境予以分析。

案例分析:
案例一
假日经济"真经"何在

三、实训步骤

1. 学生自由组合,分成5~8人项目学习小组。
2. 以小组为单位,课前收集、选择拟进行分析项目的相关资料。
3. 根据资料信息,运用SWOT分析方法分析该项目的市场营销环境。
4. 在小组讨论的基础上,提交项目研究报告。
5. 各组选出发言代表,拟定课前发言稿(3~5分钟)。
6. 学生在课前做出初步分析报告,上课前每组派一名代表阐述本组的观点,教师点评。

案例分析:
案例二
沃尔玛进入中国市场

第三章 消费者市场和购买行为分析

Chapter 3

>>> 学习目标

1. 了解消费者市场、产业市场、中间商市场的特点；
2. 掌握分析不同市场顾客购买决策的影响因素；
3. 理解顾客的决策过程；
4. 了解不同类型市场的发展趋势；
5. 理解消费者市场的基本概念及相关的核心概念；
6. 掌握消费者行为的一般模式。

>>> 导入案例

聪明的报童

某一地区，有两个报童在卖同一份报纸，两个人是竞争对手。第一个报童很勤奋，每天沿街叫卖，嗓音也很响亮，可每天卖出的报纸并不很多，而且还有减少的趋势。第二个报童肯动脑筋，除了沿街叫卖，他还每天坚持去一些固定场合，一去之后就给大家分发报纸，过一会儿再来收钱。地方越跑越熟，报纸卖出去的也就越来越多。而第一个报童能卖出去的也就越来越少了，不得不另谋生路了。

资料来源：张从忠.制造"自己人"[J].商界（评论），2010，8.

思考：

这则故事对营销有什么启示？消费者行为有哪些特征？

市场购买行为的研究是企业制订正确的营销战略和策略的基础。营销的目标是要比竞争对手更好地满足目标顾客的需要和欲望。现代市场营销观念要求企业不仅要准确地认识和及时把握市场营销环境的特点及变化趋势，而且还要着重研究和分析顾客需求的内容与特点。研究顾客的购买行为并把握其规律，彻底理解消费者如何思考、如何感受和如何行动，将有助于企业制定更有效的市场营销策略，针对性地开展相应的市场营销活动。

第一节 消费者市场的含义与特点

总体来看,根据购买目的的不同,市场可以分为两种类型:消费者市场和组织市场。其中,组织市场又可细分为产业市场、中间商市场和非营利组织市场(政府机构和非政府机构)。在不同类型的市场上,由于顾客的身份和购买目的不同,其购买行为又有很大的差异。

消费者市场是现代市场营销理论研究的主要对象。成功的市场营销者是那些能够有效地提供给消费者有价值的产品,并运用富有吸引力和说服力的手段将产品有效地呈现给消费者的企业和个人。因而,研究影响消费者购买行为的主要因素及其购买决策过程,对于开展有效的市场营销活动至关重要。

一、消费者市场的含义

消费者市场又称最终消费者市场、消费品市场或生活资料市场,是指为满足生活消费需要而购买货物和劳务的所有个人和家庭。一切企业,无论是否直接为消费者服务,都必须研究消费者市场,因为只有消费者市场才是最终市场;其他市场,如生产者市场、中间商市场等,虽然购买数量很大,但仍然要以最终消费者的需要和偏好为转移。因此,消费者市场是一切市场的基础,是最终起决定作用的市场,很多人把消费者市场理解为市场是不够全面的。

消费者市场是一个激烈的市场,消费者所消费的产品与服务多种多样,既包括有形的产品,如服装、化妆品、住房、小汽车、彩电等,也包括无形的服务,如法律咨询、疾病诊断、旅游等,而且很多消费行为同时具有有形和无形双重特征。

消费者市场是其他市场存在的基础。消费者市场的发展状况,不仅直接影响我们每一个人的生活,而且还直接制约着产业市场、中间商市场的发展。因此,它在整个市场体系中占有十分重要的地位。

二、消费者市场的特点

从某种意义上来说,社会的每一位成员都是消费者,因此消费者是一个十分广阔的市场。随着人们生活水平的提高和消费者在年龄、性别、地区、收入、价值观念、职业、风俗习惯等方面的差异,消费者市场的商品和服务的种类日益丰富,又呈现出多层次性、差异性的特点。与生产者市场相比,消费者市场具有以下特点:

(1)从交易的商品来看,由于消费者市场提供的是人们最终消费的产品,而购买者是个人或家庭,因而它更多地受到消费者个人人为因素,如文化修养、欣赏习惯、收入水平等方面的影响;产品的花色多样、品种复杂,产品的生命周期短;商品的专业技术性不强,替代品较多,因而商品的价格需求弹性较大,即价格变动对需求量的影响较大。

(2)从交易的规模和方式来看,消费品市场购买者众多,市场分散,购买频率高,但交易数量较少,同时市场交易具有经常性和重复性。因此,绝大部分商品都是通过中间商销售,以方便消费者购买。而消费品的购买,一般以个人或家庭为单位。由于受家庭储藏条件和消费品本身特点的制约,消费者每次购买的数量较少。但由于消费具有日常性的特点,因而消费者需要经常购买。

(3)从购买行为来看,消费者的购买行为具有情感性和可诱导性。一是因为消费者在决定采取购买行为时,不像生产者市场的购买决策那样,常常受到生产特征的限制及国家政策和计划的影响,而是具有自发性、冲动性。而且随着消费者生活水平的提高,人们的消费需求和购买行为越来越重视情感需要和追求精神的享受,"体验经济"已经成为一种越来越明显的社会趋势；二是因为消费品市场的购买者大多缺乏相应的商品知识和市场知识，其购买行为属于非专业性购买，因而他们在购买决策中容易受到广告宣传、品牌形象、相关群体和销售现场气氛的影响。因此，生产和经营部门应注意做好商品的宣传广告，当好消费者的参谋，也能有效地引导消费者的购买行为。

消费者的购买行为既有多样性和复杂性的特点，但同时也具有一定的共性和可引导性。正是因为消费者的购买行为对营销活动具有重要意义，研究消费者的行为已经发展为一门专门的学科——消费者行为学。

（4）从市场动态来看，由于消费者的需求复杂，供求矛盾频频发生，加之随着城乡、地区间的往来日益频繁，国际交往日益增多，人口的流动性越来越大，购买力的流动性也随之加强。因此，企业要密切注视市场动态，提供适销对路的产品，同时要注意增设购物网点和在交通枢纽地区创设规模较大的购物中心，以适应流动购买力的需求。

（5）从购买主体来看，消费者市场具有差异性、层次性和时代性。这主要表现在消费者的需求特点和购买行为具有较大的差别，消费者自主消费意识的显著增强，消费个性化趋势日益明显。同时，消费者收入水平的差异化越来越明显，消费观念不断变化。

基于对消费者市场上述特点的分析可以看到，认识和把握消费者的购买行为并不是一件轻而易举的事情。很多消费者口里说的需求表现在行动上常常并不一致，他们一般不会暴露自己的内心世界，甚至对环境的反应在最后一刻还会发生变化。这是因为消费者的购买行为受到心理的、社会的、文化的、经济的因素影响，同时一项购买行为可能还涉及多个人员。然而，企业还是必须深入研究消费者的需求动机、知觉、偏好和购买过程，这是企业进行产品开发、确定产品售价、选择营销渠道、制定促销策略等营销组合决策的可靠依据，是企业实现营销目标不可缺少的前提条件。

三、消费者购买行为模式分析

根据美国心理学家勒温的观点，人的行为模式是一种"刺激—反应模式"。消费者的购买行为也是在外界刺激（包括企业可控制的营销活动因素和不可控制的环境因素）进入消费者的意识后，由于不同购买者的不同个人特征，受此影响，在思想领域进行了复杂的决策过程，最后产生的反应就是购买者作出特定的购买决策和发生相应的购买行为，如图3-1所示。

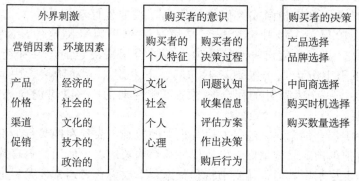

图3-1　消费者购买行为模式

第二节　影响消费者购买的环境因素

消费者行为研究的是个人、群体和组织如何挑选、购买、使用和处置产品、服务、构思或体验来满足他们的需要和欲望的过程。从消费者的购买决策过程来看，影响其购买行为的是消费者的个人特征，这种个人特征是消费者在其成长过程中受到其环境的影响而不断习得和强化的。正是这种个体行为特征的差异决定了消费者购买行为的多样性。但由于消费者受到文化、社会等环境因素的影响，其购买行为又具有很多共性。

一、文化因素

文化因素对消费者的购买行为和消费行为具有最广泛、最深远的影响，因为它决定了消费者的价值取向和消费态度。文化因素又可进一步细分为文化、亚文化和社会阶层三个层面。

▶ 1. 文化

文化是决定人们需求和行为最基本的因素。文化有广义的和狭义的概念。从营销的角度看，文化是指在一定的社会中经过学习获得的、用以指导消费者行为的价值观和习惯的总和。任何人都是在一定的文化背景下通过其社会化过程学到了基本的一套价值、态度、知觉、偏好等行为的整体观念。处于不同文化背景下的消费者，其消费模式和消费习惯有很大的差异；文化对消费者在问题认知、信息收集、方案评估、作出决策和购后评价等购买过程的各个阶段都会产生深刻的影响。因此，即使对同一种营销刺激，不同文化背景下的消费者都会有不同的反应。

▶ 2. 亚文化

在同一个文化群体中，由于民族、宗教、地理等因素的差异，又有许多更小的文化单元，称为亚文化。亚文化包括国籍、信仰、价值观、种族和地理区域。亚文化为其成员提供更具体的认同感和社会化过程。亚文化可以根据民族、宗教等差异分为民族亚文化、宗教亚文化、种族亚文化和地理亚文化。不同的亚文化群体在消费需求和购买行为上的差异性，构成了重要的细分市场，企业可以选择不同的亚文化群体作为自己的目标市场。

▶ 3. 社会阶层

社会阶层是在一个社会中具有相对同质性和持久性的社会群体，他们按等级排列，每一阶层的成员具有相同或类似的价值观、兴趣爱好和行为方式。任何一个人都属于特定的社会阶层，一个社会阶层不是由某一单个因素决定的，而是由职业、收入、财富、教育，甚至家庭出身和居住地点等综合因素决定的。一种经典的划分方法将社会阶层由下至上分为七个级别：下下层、下上层、劳动阶层、中间层、中上层、上下层、上上层。一个人所处的社会阶层是可能变动的——既可能向高阶层迈进，也可能跌入低阶层。

不同的社会阶层在信念、兴趣等方面有很大的差别，表现在购买行为上，不同社会阶层的人在消费价值取向、品牌偏好、媒体偏好甚至购买地点、使用的语言等方面都具有较大的差异性，如上层消费者通常偏爱书籍和杂志，下层消费者通常偏爱看电视。即使在同一种媒体上，如电视，上层消费者可能更喜欢看新闻和戏剧，而下层消费者可能偏爱真人秀和体育节目。在诸如服装、家具、娱乐活动和汽车等炫耀性消费领域，各社会阶层在产品偏好等方面有很大的不同。

对企业而言，划分社会阶层的目的在于区别不同阶层的消费需求和购买行为的特点，以便结合企业自身的资源和能力合理选择目标市场和制定适当的营销组合策略。因此，在划分社会阶层时，被划入同一阶层的各成员，必须在消费需求和购买行为方面具有相似性，如果各成员之间存在悬殊的差别，也就失去了划分的意义，甚至给企业选择目标市场带来负面影响。

二、社会因素

消费者的购买行为从某种意义上说也是一种社会行为，因此，其购买行为受到各种社会因素的影响，主要包括参考群体、家庭和社会角色与地位这三种因素。

▶ 1. 参考群体

参考群体是指对个人的评价、期望和行为存在直接或间接影响的所有群体。存在直接影响的群体被称为成员群体，某些成员群体是主要群体，其成员之间具有经常面对面的接触和交往，形成亲密的人际关系，如家庭、朋友、邻居和同事等。这类群体对绝大部分个体来说是不可或缺的，这类群体一般是非正式群体。次要群体指的是人们有目的、有组织地按照一定社会契约建立起来的社会群体，如宗教、职业和工会群体。这类群体一般是正式群体，其成员之间不能完全接触或接触很少，且一般更正式，互动的持续性也较弱，因而对个体的影响不经常发生。

参考群体至少在三个方面影响其成员：为消费者展示新的行为模式和生活方式，为其确定一种行为标准和行为规范，迫使个人接受新的行为和生活方式；影响个人的态度和自我概念，影响其价值观；制造从众压力，对其成员产生某种趋于一致的压力，从而可能影响个人对产品和品牌的选择。一方面，个体利用相关群体来表现自我，提升自我形象；另一方面，个体可能特别喜欢该群体或对该群体非常忠诚，并希望与之建立和保持长期的关系，从而视群体价值观为自身的价值观。消费者向往、崇拜或试图加入的群体被称为渴望群体；而一个人反对其价值观和行为的群体则叫作疏离群体。

对生产经营那些受参考群体影响大的产品或品牌的企业来说，必须想办法去接触和影响群体中的意见领袖——那些对一个特定的产品或品牌提供非正式的建议、信息或意见的人，如哪个品牌好、如何使用某个产品等。意见领袖通常高度自信并善于社交，而且经常使用该类产品。营销人员应该试图接近意见领袖，通过意见领袖的传播，来扩大产品或品牌在目标消费人群中的影响，从而迅速地打开市场、提升品牌忠诚度。

▶ 2. 家庭

家庭是社会上最重要的消费和购买组织，它既是众多产品的基本消费单位，又是重要的社会群体，消费者的购买决策无不受家庭影响。家庭有许多功能，对消费者而言，最重要的功能是家庭成员尤其是儿童的社会化功能。在这种过程中，儿童获得作为消费者所必须的技能、知识和态度。这种社会化过程始于儿童时期，但它贯穿于整个人生。

对营销人员而言，研究家庭购买决策模式和家庭成员在购买中扮演的不同角色对制定合适的营销策略具有重要的意义。在购买者生活中存在两种类型的家庭。原生家庭包括一个人的双亲和兄弟姐妹，每个人都从父母那里得到有关宗教、政治和经济等方面的引导，还有个人抱负、自我价值和爱情等方面的认识；对日常购买行为产生更直接影响的是再生家庭，即夫妻加上子女。一般而言，夫妻在购物中的参与度由于产品类别不同而存在巨大差异，呈现出以下四种类型：

(1) 自主型，即家庭成员中无绝对权威中心，购买决策分散在夫妻及其他成员手上。

(2) 妻子主导型，即在决定购买什么的问题上，决策权主要掌握在妻子手上。通常，妻子担任家庭主要购物代理，特别是购买食物、杂货和服装等物品。

(3) 丈夫主导型，即丈夫对购买什么的决定起主导作用。

(4) 调和型，即购买决策由家庭成员共同决定。例如，购买汽车、度假和房产等贵重商品和服务。

在不同地区、在不同的文化传统及家庭内部分工等因素的作用下，家庭购买决策模式是不一样的。在我国，随着妇女地位的提高和独生子女家庭的增加，家庭中女性、子女在购买决策中决定的权力逐渐扩大。例如，营销人员比以前更多地利用电视瞄准儿童市场，推出各种搭售迪士尼人物睡衣等；同时，家庭购买决策权的主导地位与所购买商品的类型、特点也是密切相关的。在家庭的购买决策过程中，不同的成员可能扮演不同的角色，包括倡议者、影响者、决策者、购买者和使用者，不同的角色在特定的购买行为中所起的作用也是不一样的。因此，企业在营销活动中要研究家庭因素的变化趋势，根据自身所提供的产品或服务的特点，找准服务对象和诉求重点，制定有针对性的营销策略，以吸引消费者的购买。

▶ 3. 社会角色与地位

一个人在一生中会参与俱乐部、各类组织等很多群体，每个人在群体中的位置可用角色和地位来确定。角色是个体在特定社会或群体中占有的位置和被社会或群体规定的行为模式，它建立在位置或地位的基础上，反映了社会对其行为的要求或期待。

在现实生活中，一个人要扮演不同的角色。每一角色都伴随着一种地位，不同的角色，其消费要求和消费行为也是不同的。特定的产品或品牌往往与承担某一角色的要求相关联，这使得人们用选择不同产品或品牌，在不同场所进行消费的方式来显示其实际承担或渴望承担的角色。营销人员必须意识到产品和品牌很有可能成为地位象征。

第三节　影响消费者购买的个体因素

消费者的购买决策也受到其个人因素的影响，主要有消费者的心理因素、生理因素、行为因素与经济因素，内容包括消费者的年龄及其所处的家庭生命周期阶段、职业、经济状况、生活方式、价值观等。

一、经济因素、生理因素与生活方式

▶ 1. 年龄和家庭生命周期阶段

消费者在一生之中随着年龄的增长和心理的变化，对产品和服务的需求是不断变化的，如食品、服装、娱乐、家具、教育等产品的购买和消费，具有显著的年龄特点。同时，消费者的消费需求和购买行为也受到家庭生命周期以及家庭成员的数量、年龄和性别的影响。家庭生命周期是指家庭从建立到解体这个发展过程中所经历的一系列不同阶段。根据我国家庭发展的特点，我国家庭生命周期与购买、行为模式大致可分为七个阶段，见表3-1。

表 3-1 我国家庭生命周期与购买、行为模式

家庭生命周期阶段	购买和行为模式
单身期：年轻，个人生活	几乎没有经济负担，消费观念新潮时髦，购买取向以个人为主，购买缺乏理性
新婚期：年轻，无子女	经济状况相对较好，具有最高的购买频率，对耐用消费品购买量大，购买决策时理性、感性兼具
育儿期（一）：子女出生	经济负担感较重，耐用消费品购买处于低潮，购买取向以幼儿为主，购买具有很强的理性
育儿期（二）：子女上学	经济负担感较重，购买取向以文化学习用品为主，关注教育费用，较少购买耐用品，购买行为理性
中年期：子女参加工作	经济负担感较轻，购买取向以住宅、耐用消费品和旅游为主，购买行为部分感性化
老年期：子女独立，夫妻双方退休或一方退休	经济收入较少，购买取向以医疗用品、保健产品、旅游为主，购买行为恢复理性化
老年独居期：丧偶，退休	经济收入锐减，与其他退休人员有相同的医疗保健社会服务需求，购买行为理性化

从表 3-1 可以看出，消费者在不同的家庭生命周期阶段，由于家庭人口特征、收入水平等的不同，在购买商品（服务）的特点、购买模式方面具有较大的差异性。因此，营销人员应该考虑到人生大事或重大变迁，如结婚、生子、生病、搬迁、离婚、工作、退休、丧偶等，都会引起新的需要。例如，婚庆行业就吸引了一系列产品和服务的营销人员。据统计，新婚夫妇结婚头 6 个月里的家用支出超过了现有家庭 5 年的支出，因此，营销人员宁愿花钱来得到新人名单，借此进行直接营销。

▶ 2. 职业和经济状况

一个人的职业状况也影响其消费模式，不同职业的消费者在产品、品牌的选择上有很大的差异。例如，蓝领工人会购买工作服，乘公共汽车；教师需要购买专业参考书；公司经理会购买昂贵的西服，办理俱乐部会员证，打高尔夫球等。企业应找出对自己产品或服务感兴趣的职业群体，甚至要专门为某一特定的职业群体设计它所需要的产品，如电脑软件公司为管理人员、工程技术人员、工艺设计人员等不同的人群开发设计专用的软件。

消费者的经济状况包括消费者的可支配收入（收入水平、稳定性及支配时间）、储蓄与个人资产、债务状况和借债能力以及对支出与储蓄的态度。消费者的经济状况会极大地影响其对产品或服务、品牌的选择和价格的反应。不同的收入状况和经济条件决定了消费者基本的购买模式和消费观念。企业在开展营销活动时，应注意引导消费观念，增加产品价格的适应性，树立合适的品牌形象，以吸引目标市场消费者的兴趣和注意力。同时，企业还要研究消费者收入等经济状况的变化趋势，及时在产品档次、价格水平等方面进行调整，以扩大自己的目标市场。例如，如果经济指标显示衰退，营销人员可以逐步对奢侈品进行重新设计、重新定位和重新定价，或推出重点营销打折品牌，继续向目标顾客提供价值。

▶ 3. 生活方式和价值观

生活方式是一个综合性概念，它是个体在其成长过程中，在与社会诸因素的交互作用下表现出来的活动、兴趣和态度。生活方式是人们的外显行为，虽然有些人可能来自相同的亚文化群体、相同的社会阶层甚至具有相同的职业，但可能有不同的生活方式。不同生活方式的人，其购买兴趣、对产品或服务和品牌的态度以及对营销策略的反应有很大的差别，并直接影响到各自的购买行为。企业应找出其产品或服务与相应的生活方式之间的联系，以生活方式作为一种细分市场的依据，从而更有效地针对不同的生活方式制定合适的营销组合策略。

来自不同社会阶层和职业的人们可能有着不同的生活方式，表现为其活动、兴趣和看法。营销人员应努力寻找产品与不同生活方式群体之间的关系。例如，关心环境并愿意花钱促进个人健康的"乐活族"，其产品市场包括有机食品、节能家电、绿色建筑、瑜伽、生态旅游等；以受金钱约束的消费者为目标市场的公司会制造低成本的产品和服务。沃尔玛通过"天天平价"战略吸引节俭的消费者，已经成为了世界上最大的公司。而那些时间受限的消费者更倾向于付钱请别人去完成任务，追求便利，特别是食品加工类。

消费者的决策也受价值观的影响，尤其是核心价值观比态度或行为的影响更深入，它基本决定着人们的长期决策与需求。如果产品或服务能吸引消费者的内在自我，就有可能影响他们的购买行为。

二、心理因素

消费者的购买决策过程在很大程度上受到其内在心理因素的影响。这些心理因素包括需要、动机、感觉和知觉、学习、信念和态度、消费者的个性和自我概念等。

▶ 1. 需要

需要是个体对内在环境和外部条件的较为稳定的要求。西方心理学认为需要是个体在某方面的不足和缺失。需要是指消费者生理和心理上的匮乏状态，它是驱动人们采取某种行动的原动力。当需要没有得到满足时，它就会产生一种驱动力，这种驱动力是促使人采取某种行动来消除或减轻需要程度的一种强有力的刺激。这种驱动力是内在的，是特定行为模式背后的原因。在营销活动中，一项产品的购买活动是源于某种需要的驱动力。当消费者的匮乏感达到了某种迫切的程度时，需要就会被激发，并促使消费者采取相应的行动。

人的需要是多种多样的，既有生理性的，也有社会性的。美国心理学家亚伯拉罕·马斯洛（Abraham Maslow）最先研究了人的需要的层次性。他在1954年出版的《动机与个性》一书中把人的需要由低到高分为五个层次：生理需要、安全需要、社交需要、尊敬需要和自我实现需要。马斯洛认为，人在特定的时间会被特定的需要所驱使，只有在低层次的需要（前两种需要）得到满足后，才会被激励去满足更高层次的需要（后三种需要）。

马斯洛的需要层次理论最初应用于美国的企业管理中，用以激励和调动员工工作的积极性，后来被用于营销中，分析多层次的消费需要并提供相应的产品来给予满足。例如，用经济实惠的商品满足低层次需要，用能显示身份和地位的高档商品满足高层次需要。

▶ 2. 动机

当需要被唤醒，形成驱策力并指向特定的刺激物时，需求便发展为一种动机。动机是引起个体活动，维持已引起的活动，并促使活动朝向某一目标进行的内在作用。在一定时期，人们有多种需要，只有其中被唤醒且比较迫切的需要才发展为动机。引起特定动机的内在原因是需要，外在原因是诱因（提示物），如广告等。当个体的需要达到一定强度且有诱因存在时，就会产生动机。

动机具有四个方面的特征：内隐性、多重性、实践性和复杂性。动机本身是无法直接观察到的，它只能通过对某些外显行为指标的研究作出推断，而对动机的推断具有主观性；一般而言，消费者的某一购买行为常常隐含着多种动机，但往往只有那些最强烈的"优势动机"才能导致行动；动机包含着行为的强度与行为的方向两个方面，行为的强度是由需求的强度决定的，而行为的方向则取决于个体的经验以及个体对环境、对刺激物的学习的影响；人的行为的背后动机是复杂的，并由此而导致人类行为的多样性。

在现实生活中，由于消费者的需求层次、兴趣、个性、价值观等因素的差异，因而在具体购买时，支配购买行为的动机也不相同。一般常见的购买动机主要有以下几种：

（1）求实动机。它是最基本的心理动机，它以追求商品或服务的使用价值为主导倾向。在这种动机的支配下，消费者特别重视商品的质量、功效，强调"物有所值""一分钱一分货"。因而其购买行为比较理智，不容易受社会潮流和各种广告宣传的影响。

（2）求廉动机。它以追求商品或服务价格低廉为主导倾向。在这种动机的支配下，消费者在选择商品时把价格放在第一位，而对商品质量、包装、款式、品牌等并不在意。他们愿意多花精力，多方面了解、比较产品的价格差异，选择价格便宜的产品。因此，他们喜欢降价、折让等促销活动，是低档品、普及品、折价处理品的主要消费群体。

（3）求名动机。它以追求名牌、高档商品为主导倾向，借以显示和提高自己的身份和社会地位。在这种动机的支配下，消费者特别注重商品的品牌（商标）、产地以及品牌在社会中的声誉；他们受参照群体的影响比较大，期望通过购买名品牌商品以表现自我形象，因而在一些高收入阶层、青年学生中这种动机比较明显。但是，求名动机形成的原因是比较复杂的，还隐含着减少购买风险、简化决策程序和节约购买决策时间等因素。

（4）求美动机。它以追求商品的欣赏价值和艺术价值为主导倾向，其核心是讲求赏心悦目，注重商品的美化作用和美化效果，讲求商品外观的个性化。一般而言，求美动机常见于受教育程度较高的群体以及从事文化、艺术、教育工作的人群中。

（5）求新动机。它以追求商品或服务的时尚、新颖、奇特为主导倾向，在它的支配下，消费者对社会时尚非常敏感，特别注重商品的款式、社会流行性、独特性与新颖性，较少考虑产品的耐用性、价格等次要性因素。一般在收入水平比较高的群体和青年人中比较常见。

（6）求便动机。它以追求商品购买和使用过程中的省时、便利、简单、容易携带和维修为主要倾向，消费者对能否快速方便地买到商品特别关心。一般而言，时间观念较强的人更多地受这种购买动机支配。

（7）求安动机。它以追求商品使用安全、性能可靠为主导倾向。持这种购买动机的消费者比较普遍，尤其是在购买食品、药品、家用电器、交通工具等对人的生命、财产安全有较大影响的商品时，这种动机较为突出。因此，企业在产品设计、促销宣传、售后服务保证等方面应努力让消费者放心。

（8）从众动机。它以不自觉地仿效他人的消费行为而形成，也是一种很普遍的社会现象。持这种动机的消费者受社会潮流和周围环境、参考群体的影响，尤其是受所倾慕的社会明星、名流影响较大，希望达到在商品上与别人同步消费，从而获得社会认可的目的。究其原因，或出于仰慕，或出于惧怕风险和保守，或出于缺乏主见随波逐流。因此，运用名人、明星效应来开展广告等促销活动，效果明显。

（9）癖好动机。它以满足个人特殊兴趣、偏好为主导倾向。持有这种动机的消费者，往往因消费者的某种专业特长、专门知识和生活情趣而购买某些类型的商品。例如，有的人喜欢养花养鸟，有的人喜欢古玩字画，还有的人喜欢喝酒饮茶。他们的购买指向比较集中和稳定，具有经常性和持续性的特点，在选择商品时比较理智和挑剔，不易盲从。

当然，上述购买动机并不是孤立的，而是相互交错、相互制约的，而且消费者的购买动机是多元的、复杂的。

▶ 3. 感觉和知觉

消费者在产生购买动机后，就可能会采取购买行动。但是，怎样采取购买行动，这受到消费者认知过程的影响。消费者的认知过程，是对商品、促销等刺激物和购买地点的特征等情境的反应过程。它由感性认识和理性认识两个阶段组成。感觉和知觉属于感性认识，是消费者的感觉直接接触刺激物和情境所获得的直观、形象的反应，如通过听觉、视觉、触觉等对商品的形状、颜色、大小、气味、声响等个别特性所形成的感性认知。随着感觉的深入，人脑将对各种感觉到的刺激物的各种属性进行初步的分析综合，从而形成对刺激物或情境的整体反应，这就是知觉。它是对感觉信息加工和解释的过程。

由于每个人都以各自不同的方式注意、理解、解释感觉到的信息，因此，不同消费者对同一种刺激物或情境的知觉很可能是不同的。知觉具有以下三个特征：

(1) 注意的选择性。由于认识能力的限制，在某一特定时点，消费者不可能同时注意和处理所有展露在他面前的信息，而是倾向于注意那些与其当时需要有关的、与众不同的或反复出现的信息(刺激物)，这就是注意的选择性。因此，企业在对目标消费者开展营销活动尤其是促销活动时，要想引起消费者的注意和兴趣，就必须出奇制胜，与众不同，并针对消费者的需求提供相应的信息。

(2) 理解的选择性。消费者在接受了外界信息的刺激后，由于动机、知识水平和期望等因素的影响，会按照自己的想法、偏见或预期来对信息(刺激物)进行解释，甚至加以扭曲，使之合乎自己的想法。

(3) 记忆的选择性。由于消费者接受的信息太多，因此能够进入其记忆并被长期保持的实际上只有很小的一部分。这些能被记忆的部分，往往是证实了自己的态度和信念的信息，这个过程就是记忆的选择性。例如，人们可能很容易记住他喜欢的品牌的优点，而忘记其他竞争对手产品的优点。

可见，由于知觉的选择性，一些企业的营销活动可能不会被目标市场的消费者所注意、理解或记忆。为此，企业必须使自身的产品设计和促销活动具有针对性和富有独特性，以求突破消费者知觉选择性的壁垒。

▶ 4. 学习

人类大多数的行为都是经由学习而获得的。这种通过实践，由后天经验引起的行为变化的过程，就是学习。而学习是通过驱策力、刺激物、提示物、反应和强化诸因素的相互作用而产生的。经过学习，消费者可以获得有关购买的信息，产生一定的联想，并形成对特定产品或品牌的态度和评价。而且消费者的购买行为尤其是重复购买行为在很大程度上是学习的结果。对消费者而言，驱策力是促成行动的一种强烈的内在刺激，其实质就是需求，当需求指向具体的刺激物时，就形成一种动机。此时，由于提示物(如广告、商品陈列、消费者以前的经验等)的作用，消费者就会采取具体的行动，购买并消费提示物所指明的具体品牌的产品或服务。如果每一次购买或消费行为都能令消费者满意，则会强化消费者的购买经验，并且在以后类似的购买中就会指向相同的产品或品牌。

因此，一个企业要想赢得消费者，不仅要使自己的产品(刺激物)能满足消费者特定的需求，使之形成驱策力和购买动机，同时更要注意提供适当的提示物（如广告宣传、商品陈列、产品的认知线索）来唤醒消费者的需求。要想培养消费者的品牌忠诚，就必须在产品质量、服务水平等方面不断改善，以强化的手段来让消费者形成对企业产品或服务的良好印象，从而让消费者获得愉快的购买和消费经验，重复购买该产品或品牌，并将这种满意的经验延伸到企业提供的该产品或品牌相关的其他产品上去。

▶ 5. 信念和态度

消费者通过实际的购买行为和学习，就会形成对某种产品的信念和相应的态度。这种信念和态度反过来又会影响消费者对某种产品或品牌的评价及购买倾向。

信念，是人们对某种事物所持的看法。消费者的信念是指消费者拥有的关于事物属性及其利益的看法。例如，消费者相信某种品牌的空调省电、制冷快、静音，性价比高。

一些消费者可能认为名牌产品在质量上、附加利益上比非名牌产品高出许多，而另一些消费者可能认为对成熟产品而言，不同品牌的产品在质量上并无多大的差异。不同的信念，将形成某种产品或品牌在消费者心中不同的形象，因此，企业必须关注消费者对自身产品或品牌所持有的信念，并强化积极正面的信念。如果消费者对其产品或品牌的信念是错误的，企业就必须采取有效的促销行动来纠正。

态度是消费者对某一事物或观念所持有的正面或反面的评价、情感上的感受和行为上的倾向。人们对几乎所有事物都持有一定的态度，如对宗教、衣着、储蓄和花费等的态度不是与生俱来的，而是后天学习获得的。而且，态度一旦形成，便具有相对持久和稳定的特点，使消费者在反应模式上表现出一定的规律和习惯性。消费者的态度对其购买行为有重要的影响，主要体现在：首先，消费者态度将影响其对产品、品牌的判断与评价；其次，消费者态度影响其学习兴趣和学习效果，从而影响消费者对营销刺激的注意程度和理解水平；最后，消费者态度可以影响消费者的购买意向。

消费者对特定事物的态度是在长期的学习和社会交往过程中形成的，一般经历了顺从、认同到内化三个阶段。由于态度具有相对持久和稳定的特点，企业在营销过程中应通过测量来了解消费者的态度，并设法迎合消费者现有的态度。当然，态度也不是不可改变的，企业可以通过运用特定的信息传播方式，通过说服、诱导等过程来促使消费者发生态度的改变。

▶ 6. 消费者的个性与自我概念

个性是指一组显著的人类心理特质，包括品性、行为方式等多个方面。这些特质会导致消费者对环境刺激做出相对一致而持久的反应，包括购买行为。个性既具有差异性，也具有相似性，同时个性还具有一致性和稳定性，它是个体的一种长期且固定的行为倾向。个性不仅对产品选择产生影响，而且对消费者的品牌态度、对促销活动的反应以及在何时、何地和以何种方式消费某种产品或服务产生影响。个性对消费者的影响是比较直接的，如具有冒险精神和勇敢个性的消费者往往愿意尝试新产品，他们是新产品的率先使用者。

品牌也是有个性的，消费者可能会选择与自己个性相符的品牌。因此，不同的个性在购买过程中可能呈现不同的特点：习惯型购买者对品牌的忠诚度高，购买时主要根据自己以前的购买习惯进行选择；理智型购买者在购买时往往冷静分析、有主见，受外在环境的影响较小。此外，还有经济型、冲动型、想象型和不定型等多种个性。为了树立独特的品牌形象，提升消费者的品牌忠诚度，企业在进行品牌定位时需要根据消费者的不同个性，赋予自己品牌不同的形象或内涵，从而既与其他品牌相区别，而且具有激发情绪和情感、为消费者带来无形利益之功效。因此，个性也是企业进行产品、品牌定位的一个重要依据。

自我概念又称自我形象，它回答的是"我是什么样的人"这类问题，是个体自身体验和外部环境综合作用的结果。在现实生活中，消费者主要拥有以下几种类型的自我概念：

(1) 实际的自我概念，指我们实际上如何看待自己；

(2) 理想的自我概念，指我们希望如何看待自己；

(3) 社会的自我概念，指我们感到别人如何看待自己；

(4) 理想的社会自我概念，指我们希望别人如何看待自己。

自我概念的多样性，意味着在不同的环境下，消费者可能选择不同的自我概念来指导、规范其态度与行为。消费者经常选择和使用在个性上与他们的现实自我概念相一致的品牌，也可能会根据理想的自我概念，甚至社会的自我概念来选择。

一般而言，消费者将选择那些有利于保持或增强其自我概念的产品或服务和品牌，而避免选择与其自我概念相抵触的产品或服务。特别是在一些"炫耀性消费"中，消费者购买某种品牌的产品或服务，不仅仅是为了获得这种产品或服务的功效，而是要获得品牌所代表的象征价值，这在汽车、服装和娱乐等的消费中非常突出。因此，企业在开展营销活动时，必须注重自身塑造的产品和品牌形象与消费者的自我概念相一致。

第四节 消费者购买决策过程

一、参与购买的角色

对许多产品而言，识别购买者是比较容易的。如剃须刀是由男性选择的，而口红是女性选择的。但对一些产品，尤其是需要作出复杂购买决策的产品，往往不是由一个人作出购买决定。一般而言，一项购买决策中可以把参与购买和使用的人分为以下五种角色：

(1) 倡议者：指首先提出或有意购买某一产品或服务的人。

(2) 影响者：指其看法或建议对最终决策有一定影响的人，如决策者的朋友、同事。

(3) 决策者：这是购买决策过程中的核心人物，是指在"是否买、为什么买、如何买、在哪里买"等方面的购买决策中作出全部或部分最后决定的人。

(4) 购买者：指实际执行购买决策的人。

(5) 使用者：指实际使用或消费该产品或服务的人。

很显然，不同的角色对购买行为的影响是不一样的。企业必须把握是谁作出了购买决策，从而为设计产品、确定价格和开展促销提供依据。

二、购买行为类型

在购买不同商品时，消费者决策过程的复杂程度有很大差别。一些商品的购买过程很简单，如牙膏、饮料等，另一些则比较复杂，如小汽车、住房、旅游等。因此，要研究消费者的购买过程，就要对购买行为进行分类。根据参与购买决策的介入程度和不同品牌之间的差异程度(介入程度指消费者对购买对象的重视、关心程度；品牌的差异程度主要指不同品牌之间的功能、质量、价格、服务、形象等方面的差异)，可将购买行为分为四种类型，如表3-2所示。

表 3-2　消费者购买行为的类型

品牌差异＼介入程度	介入程度高	介入程度低
品牌差异大	复杂型	寻求品牌型
品牌差异小	寻求协调型	习惯型

▶ 1. 复杂型购买

当消费者购买一种贵重的、不经常买的、有风险或具有象征意义的产品（如汽车、个人电脑、住房等）时，由于对该项购买重视程度高，而且不同品牌之间差异大，消费者对产品缺乏了解，因此，消费者在这类购买的决策过程中，要进行大量的信息搜集，以了解不同品牌的特点、性能以及价格等信息，并对各备选品进行广泛而深入的评价和比较，建立相应的品牌信念，最后才作出购买决策。这类决策一般而言时间较长，参与的人很多，受影响的因素多。因此，企业在开展营销活动时，有必要通过宣传促销手段让消费者了解有关产品的类别属性及其相对重要性，以及企业的品牌在重要属性方面对消费者的吸引力。同时，还要求中间商和消费者的参照群体提供支持，以影响消费者最后的品牌选择。

▶ 2. 寻求协调的购买

有些产品品牌差异不大，消费者不经常购买，但介入程度很高，购买时又有一定的风险，如化妆品。由于品牌差异不大，消费者一般不必花很多时间收集不同品牌产品信息并进行评价，而主要关心价格水平和购买时间、地点的便利性。但由于这类产品往往与消费者的自我形象有关，因此，在购买后容易发现产品缺陷或其他品牌更有利的信息，取得某些新的信念，从而证明自己的选择是错误的。针对这类购买行为，企业营销活动的重点是增强消费者的信念，使消费者对自己选择的品牌在购买之后有一种满意的感觉。

▶ 3. 寻求品牌的购买

有些产品品牌之间差异很大，但消费者介入程度低，因而消费者不需要花很多时间来选择和评价，而往往不断变更自己的品牌选择。之所以如此，不是消费者对产品不满意，而是因为品种很多，消费者会寻求多样化。针对这类购买行为，企业营销的重点是建立和强化消费者的品牌忠诚度，为此可通过不间断的广告宣传，占据有利的货架位置和为消费者提供附加购买利益（如赠品、优惠）等措施来吸引消费者长期重复购买。

▶ 4. 习惯型购买

一些产品由于价格低廉，经常购买而且品牌之间差异很小，因此，消费者对这类产品购买时的介入程度很低，他们重复购买同一品牌，并不是品牌忠诚度很高，而是因为购买习惯或经验。在这类购买行为中，消费者不需要花多少时间来进行信息收集和决策评价，对购买什么品牌也并不关心。他们往往是在电视或阅读时被动地接受广告信息，从而对某一品牌产生熟悉的感觉，从而在采购时选择这一品牌。对这类产品的营销，采用长而宽的营销渠道是主要而且有效的手段。同时，为建立和提高消费者的品牌忠诚度，企业应当设法提高消费者的介入程度，如培育消费者建立对企业品牌的特殊信念等。

三、购买决策过程的各个阶段

消费者的购买决策构成，实质上就是消费者解决问题和满足自己特定需求的过程。这一过程有时很复杂，需要很长时间，有时则很简单。完整的购买决策过程可以分为五个阶段,即问题认知、信息搜集、评价与选择、决定购买、购后行为。应该指出,只有复杂型购买才会经历完整的五个阶段,而其他类型的购买可能会省略其中的一些阶段,甚至颠倒某些阶段。

▶ 1. 问题认知

问题认知是指消费者意识到理想状态与实际状态存在差距,从而需要进一步采取行动。问题认知是一项购买决策的起点。内在或外在的刺激因素都会引起消费者对理想状态和现实状态之间差距的认识,从而产生需求购买动机。如消费者本身的饥饿状态会形成一种驱动力,使其希望找到解决饥饿的食物,而对企业来说,激发消费者认识到自己未满足的需求和需要解决的问题,对开展营销活动更有意义。为此,通过广告等促销手段来影响消费者对理想状态或现实状态的认识,进而让消费者认识到其中的差距,是刺激消费者形成问题认知的重要策略。

▶ 2. 信息搜集

当消费者的需求被唤醒,形成问题认知以后,就需要搜集相关信息,以帮助消费者作出相应的购买决策。消费者的信息来源主要有以下四种:

(1) 个人来源,如家人、朋友、同事、邻居等;
(2) 商业来源,包括广告、推销员、产品说明书、宣传册、展览会等;
(3) 大众来源,包括大众媒体、政府机构、消费者组织等;
(4) 经验来源,指消费者来自观测、试用和使用产品的信息。

一般而言,对于某一产品,消费者最多的信息来源是商业来源,而最有效的信息来源则是消费者的经验和个人来源。每一信息来源对购买决策的影响会起到不同的作用。企业在开展营销活动时,首要的任务就是通过营销信息的有效传播,使消费者能熟悉自己的品牌,并将其纳入选择和评价范围。

▶ 3. 评价与选择

通过信息搜集,消费者熟悉了市场上的竞争品牌和各品牌的产品特征,为了做出最后的购买决定,消费者需要建立相应的标准,来对这些品牌进行评价,最后作出拟购买的品牌选择。其过程可用图3-2来表示。

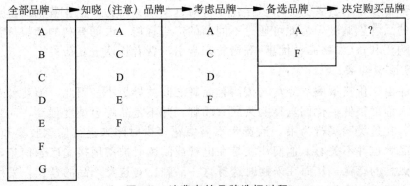

图 3-2 消费者的品牌选择过程

在这个过程中,最重要的问题是如何建立及运用何种标准进行评价工作,即评价模式。消费者对品牌的评价模式有几种,最流行的模式是认为消费者对产品和品牌的判断建立在自觉和理性的基础上的。这种评价模式包括以下几个环节:

(1) 建立产品属性概念,即建立评价标准。一种产品或服务在消费者的心中,首先表现为一系列基本属性(品质特征)的集合，这些属性构成了消费者对这项产品或服务的评价标准。当然，消费者对各种产品属性的关心程度，因各人重视程度而不同，因此，对不同消费者而言，各种评价标准相对重要性是不一样的。一般来说，消费者十分注意那些与满足其需求有关的属性，此时，一种产品显著的属性对消费者而言不一定是最重要的属性。企业为了更有效地吸引消费者，就应当更加关心属性的重要性而非显著性，并通过各种直接或间接的调查分析方法，如恒和量度法、相关分析法，来发现消费者赋予显著属性在重要程度方面的权数。

(2)建立品牌形象概念。消费者依据评价标准，会对不同品牌的每一种评价标准赋予一定的绩效值，从而形成对各品牌的信念。对某一特定品牌所具有的一组信念就成为品牌形象。比如，确定某品牌哪一属性上占有优势，哪一属性上相对较差，并得出相应的绩效值。消费者对不同品牌的品牌形象与其经验有很大关系。但是，由于选择性注意、选择性理解和选择性记忆的作用，消费者会对品牌的信念产生扭曲，因此其品牌信念可能与产品的真实属性不一致。

(3)形成购买意向。消费者形成对备选品牌的品牌信念后，再按照一定的选择规律来对备选品牌进行筛选，最终形成购买意向，确定拟购买的具体品牌。消费者在选择的过程中，先对各产品属性进行排序，确定重要属性，然后确定重要属性的最低水平，从而建立"理想产品"概念，对备选品牌进行逐一排除，最后选择接近"理想品牌"的品牌作为拟购买的对象。

▶ 4. 决定购买

从形成购买意向到决定购买和采取实际购买行动还有一段时滞，在这个阶段还会有两种因素影响消费者的最终购买。

第一种因素是他人态度。对于很多购买，特别是重要的购买，消费者需要征求很多人的意见，甚至是在很多人共同参与下进行，此时，朋友、家人、同事等的态度对购买能否最后完成有重大影响。他人态度的影响程度取决于三个方面的因素：一是他人对拟购买品牌所持否定态度的强烈程度；二是他人与购买者之间关系的密切程度；三是他人在本产品购买问题上的权威性。他人态度可能会导致消费者推迟购买、改变购买意向甚至终止购买行为，当然也可能会增强消费者对拟购买品牌的偏好。

第二种因素是意外情况或意外事件的出现，具体包括两个方面：一方面是与消费者及其家庭有关的因素，如收入的变化、例外的开支等；另一方面是与产品市场营销活动有关的因素，如新产品的出现、产品价格的变化、商品的脱销等。意外情况的出现可能会导致购买意向的取消，如在2003年"五一"黄金周期间，由于"非典"事件影响，许多人取消了原来预订好的外出旅行计划。

消费者之所以修正或推迟自己的购买意向，是因为受到知觉风险的影响。这些风险包括功能风险、物质风险、经济风险、社会风险和心理风险等几个方面。这种风险的产生是由于消费者无法确定购买的结果，以及购买中存在机会成本。购买风险越大，消费者对采取最终购买行动的顾虑就越多，因而更易受他人态度和外部因素的干扰和影响。因此，企业必须了解引起消费者知觉风险的各种因素，为消费者提供相应的信息，以减少他们的知觉风险。

▶ 5. 购后行为

消费者在获得产品之后，就进入了购后时期。在这个阶段，消费者使用过程中的感受及对产品的使用和处置等行为对消费者的购买体验和将来的购买决策有重要的影响。

(1)消费者使用过程的感受。消费者在使用产品的过程中，可能会获得满意的心理感受。满意是指购买者在特定的购买情形中,对其所付出的是否得到足够回报的认知状态。决定顾客满意还是不满意的因素是消费者对产品或服务的期望水平与认知的实际水平的主观比较。如果认知的实际水平达到或超过期望水平,消费者就会感到满意甚至非常满意;反之,就会感到不满意。显然,消费者对所购买品牌的期望水平高低,以及在使用过程中的认知的实际水平,受消费者的个人特征、产品的质量与功能、企业的促销活动、消费者的态度与情感等多方面因素的影响。如果消费者在使用过程中感到满意,就会形成对所购买品牌积极的态度,从而会重复购买乃至形成品牌忠诚,并通过口碑形式对品牌进行正面宣传,因此,满意的顾客就是企业的活广告。如果顾客感到不满意,就会采取公开的抱怨行动,如退货、要求经济补偿或对该品牌进行负面宣传,也可能采取转换品牌的不公开的抱怨行动。很显然,企业必须采取有效的措施来增加消费者的满意感,减少不满意感。

(2)购后使用和处置。已购买产品如何使用、使用频率等因素对企业也有重要的影响,使用方式的变化、新用途的发现、使用频率的提高,可能会给企业带来新的市场机会,也会使企业在开发新产品时获得更多的启发。

消费者使用产品以后,产品包装、旧产品的处置对企业也有重要的影响。特别是随着"绿色营销"观念的兴起,一方面,企业必须生产对环境友善的产品和可回收利用的包装,以提高资源利用效率和减少对环境的污染;另一方面,消费者对旧产品的处置方式和处置程度,也是决定购买的一个重要因素,对新产品的销售有很大影响。

通过研究消费者购买决策过程可以发现,消费者购买的实现是几个阶段共同作用的结果。企业必须善于根据各个阶段的不同情况,制定有效的市场营销策略,以吸引消费者,促使消费者作出有利于企业的购买决策。

本章小结

消费者市场,又称最终消费者市场、消费品市场或生活资料市场,是指个人或家庭为满足生活需求而购买或租用商品的市场,它是市场体系的基础,是起决定作用的市场。

消费者行为是指消费者为获取、使用、处置消费物品或服务所采取的各种行动,包括先于且决定这些行动的决策过程。消费者行为是与产品或服务的交换密切联系在一起的。

影响消费者行为的环境因素主要有文化、社会阶层、参照群体、社会角色。

影响消费者行为的个人和心理因素主要有人口统计因素、生活方式、自我概念与人格特征、知觉因素、学习与记忆、动机、个性与情绪、态度等。这些因素在某种程度上决定消费者的决策行为,而且它们对外部环境与营销刺激的影响起放大或抑制作用。

消费者购买决策过程包括信息搜集、购买评估与选择、店铺选择与购买、购后过程与顾客满意。

情境因素既包括环境中独立于中心刺激物的那些成分,又包括暂时性的个人特征,如个体当时的身体状况等。一些情境因素,如饥饿、孤独、匆忙等暂时性个人特征,以及气温、在场人数、外界干扰等外部环境特征,均会影响个体如何理解信息。

思考题

1. 决定社会阶层的因素有哪些?
2. 参照群体对消费者行为有哪些影响?这些影响的强弱又取决于哪些因素?

3. 什么是自我概念？自我概念有哪些基本类型？

4. 简述马斯洛的需要层次论及其对营销的启示。

5. 个性对消费者行为具有哪些影响？

6. 到一家大型百货商场，调查各女装品牌的年龄细分情况、产品定位、服装款式及其受欢迎程度，并写出调查报告。

7. 在未来五年内，你预期你的生活方式会有什么改变吗？是什么原因引起这些变化？由于这些变化，你将购买什么样的新产品？

8. 列举一个你主要依据理性思考作出购买决定的例子，并描述当时的情境和购买决策过程。

实训实习

一、实训目标

通过撰写创业企划书，了解消费者市场的含义及特点。

二、实训任务

在服装、皮鞋、打火机、餐饮、零售等行业中，分组选择一个作为要进入的行业，最好不要重复，通过市场调研，撰写创业企划书。

三、实训步骤

1. 通过实地调查、收集资料，对该行业的特点、规模、发展历史、盈利及竞争状况等做一个整体阐述，并对所创建的公司作一个简要说明。

2. 行业性市场资料可以通过网络、查阅论文等途径获得，但要经过自己的整理加工，鼓励同学们有计划、有组织地到企业和消费者中进行调查以获得一手资料。

3. 以小组为单位提交创业企划书，其内容包括：所选择的行业的发展背景介绍，尤其是目标市场、市场规模、发展前景；选择在该行业中进行创业的原因分析；创建新企业的基本经营战略。

4. 提交一份小组讨论、人员分工、工作计划及实施的过程性记录和总结，并以小组为单位制作PPT，进行班级交流。

案例分析：
案例一
给汽车起个好听的名字

案例分析：
案例二
沃尔玛经营行为与消费者行为分析

案例分析：
案例三
过期的面包不卖

案例分析：
案例四
瑞幸咖啡的新零售模式革新

第四章 组织市场和购买行为分析

>>> **学习目标**

1. 了解组织市场的类型、特点,以及组织购买的类型;
2. 理解组织购买中心的角色类型和关键问题;
3. 掌握影响组织购买决策的因素和组织购买过程;
4. 了解非营利组织与政府市场的购买特征。

>>> **导入案例**

印度尼西亚政府准备在雅加达附近招标建一个水泥厂。一家美国公司上交一份建议书,其中包括选择厂址、设计工厂、招聘建筑工程队、调集材料和设备,最后交给印度尼西亚政府一个建好的工厂。另一家日本公司,在拟订建议书时,除包括以上各条款之外,还另外雇用和培训个人,并通过其贸易公司替该厂把水泥向国外出口,用该厂生产的水泥修建一些通往雅加达的公路,在雅加达建一些办公大楼。尽管日本的建议书耗资较多,但该建议的吸引力更大,因而中了标。

资料来源:李振莲. 分析企业市场和企业购买行为[J]. 商业经济文荟,1995,12.

思考:

日本政府为什么能够中标?

第一节 组织市场的类型和特点

工商企业、政府部门、社会团体等各类组织都会发生大量的购买行为,它们不仅向消费者出售产品、提供服务,同时还要买进大量的原材料、制造件、工厂与设备、供应品和业务用的服务,这就形成了组织市场。组织间的商品和服务交易是组织市场的血液,其间涉及的过程特别是购买过程对组织降低经营成本和提高经营效率具有重要意义。为此,销售者必须了解这些组织的需求、资源、政策和购买程序,为制定正确的营销决策提供依据。

一、组织市场的类型

组织市场与消费者市场相对应,是指工商企业为从事生产、销售等业务活动以及政府部门和非营利组织为履行职责而购买产品和服务所构成的市场。它的购买单位为正规组织。组织市场包括企业市场、非营利组织市场和政府市场。

▶ 1. 企业市场

企业市场包括生产者市场(或产业市场)和中间商市场(或转卖者市场)。生产者市场是指所有购买产品和服务,并将其用于制造其他产品或服务,然后销售或租赁给他人以获得利润的单位或个人,主要行业有农业、林业和渔业、矿业、制造业、运输业、通信业、公用事业,银行、金融和保险业等。中间商市场指购买产品用于转卖或租赁,以获取利润的单位或个人,包括批发商和零售商。

▶ 2. 非营利组织市场

非营利组织泛指不以营利为目的、不从事营利性活动的组织。它是与政府机构、市场机制相平行的一种制度安排,是政府与企业以外的第三种组织。非营利组织市场指为了维持正常运作和履行职能而购买产品和服务的各类非营利组织所构成的市场,包括学校、医院、疗养院、社会团体等机关团体和事业单位。

▶ 3. 政府市场

政府市场是指为了执行政府职能而购买或租用产品和服务的各级政府和下属部门。各国政府通过税收、财政预算掌握了一定的国民收入,形成了潜力极大的政府采购市场,成为非营利性组织的主要组成部分。

二、组织市场的特点

▶ 1. 购买者数量较少,规模较大

通常组织市场的顾客数量较消费者市场少,并且每个顾客每次交易的规模和价值相对比较大。例如,中国汽车业的零部件供应商把产品卖给为数不多的几个汽车制造企业,一汽集团、上汽集团、北汽集团、广汽集团和东风集团等多集中在北京、上海、广州、武汉等地。

▶ 2. 供应商和顾客关系密切

组织市场的每个顾客对于供应商都是十分重要的,失去任何一个顾客都将严重影响供应企业的销售额(和就业)。由于顾客数量较少以及大客户有一定的实力,供应商通常被要求定制产品。大客户一般都是很重要的,要设法与他们建立密切长期的关系,有时要有专门为大客户服务的营销队伍进行多次长期的访问,从而赢取并保持持续的订单。

▶ 3. 影响购买的人多

由于组织市场具有购买者数量较少、购买规模较大的特点,与消费者市场相比,通常影响组织购买决策的人较多。大多数组织有专门的采购委员会,它由技术专家、高层管理人员和一些相关人员组成。特别在购买重要商品时,决策往往是由采购委员会中的成员共同做出的。供应企业的营销人员不得不雇用一些受过精良训练、有专业知识和人际交往能力的销售代表和销售队伍,与经过专业训练、具有丰富专业知识的采购人员打交道。

▶ 4. 专业采购

由于是专业性采购,且交易涉及的金额较大,组织购买者通常直接从生产厂商那里购买产品,而不经过中间商,那些技术复杂和价格昂贵的项目更是如此。同时,由于组织市场购买者处于谈判强有力的地位,可以让卖方做出让步。一些情况下,购买者还会要求卖方反过来购买自己的产品以确保订单的安全。

5. 销售访问多

由于组织市场需求方参与购买的人多，供应商也多，竞争相当激烈，因此需要更多的销售访问来获得商业订单，有时销售周期可达数年。有关调查表明，工业销售平均需要4～4.5次访问，从报价到发布产品整个销售周期以年为单位计算。

6. 衍生需求

衍生需求，也称派生需求。对企业产品的需求最终来源于对消费品的需求，企业营销人员必须密切追踪最终消费者的购买模式。例如，出版社用纸市场的需求取决于读者对书籍的需求。如果最终消费品需求疲软，那么对所有用以生产这些消费品的企业产品的需求也将下降。组织市场的供应商必须密切关注最终消费者的购买类型和影响他们的各种环境因素。

7. 需求弹性小

组织市场对产品或服务的总需求量受价格波动影响较小。一般来说，原材料的价值越低或原材料成本在制成品成本中所占的比重越小，其需求弹性就越小。在短期内组织市场的需求特别无弹性，因为任何组织不能随时对其生产方式或运营模式做许多变动。

8. 需求波动大

人们对企业用品和服务的需求要比对消费品及服务的需求更为多变。消费品需求增加一定比例，往往能够引起生产追加产出所必需的工厂和设备上升更大的比例。经济学家把这种现象称为加速效应。有时候，消费品需求仅上升10%，却能在下一阶段引起企业用品需求上升200%；而消费品需求下降10%可能会在企业需求上造成雪崩。

9. 购买者地域比较集中

组织市场购买者往往集中在某些区域，以至于这些区域的业务用品购买量占据全国市场的很大比重。生产者在地域上的集中有助于降低销售成本，同时企业营销人员需要控制特定产业的区域转移。

10. 直接购买

组织市场的购买者往往直接从生产者处购买而不经过中间商，特别是那些技术复杂或昂贵的商品，如大型计算机和飞机。

11. 租赁

许多组织购买者日益转向大设备租赁，以取代直接购买，节约成本。承租人能得到一系列好处：获得更多的可用资本，得到出租人最新的产品和上乘的服务以及一些税收利益。出租人则最终将得到较多的净收益，并有机会将产品出售给那些无力支付全部贷款的顾客。

第二节 组织市场购买行为

一、购买目标

组织购买应以购买的有效性为目标。显然购买的有效性会对公司的成本结构、生产效率、产品或服务的质量、设计的弹性、根据市场需要供应产品的能力、成本管理等方面产生重大影响。有效的组织营销应能够增加客户购买的有效性，并提高组织客户的竞争力。因此，组织要与供应商保持良好的合作关系，以便购买部门获得有价值的竞争信息和见解。同样，密切关注客户的产品供应商也能很好地认识到自己的技术环境，这反过来会有利于客户。

代表性的组织购买的具体目标有：确保所购买的商品和服务的质量；避免购买过程中发生额外开支；避免发生商品和服务供应中断；避免发生非意愿存货；发现并发展一批非常好的、合适的供货渠道；研究新的购买方法、机会和供货渠道；注意敏感购买的有关问题；促进战略性营销计划的形成；管理支持购买关系；改善组织的竞争地位；根据目标培训一批购买职工，发展购买系统等。

小资料：
戴尔的"零库存"是如何练成的

二、购买类型

组织购买者在进行一项采购时面临许多决策。决策的数量取决于待解决问题的复杂程度、购买要求的新奇程度、购买重要性、涉及的人数以及要求的时间。由此，购买类型可分为直接重购、修正重购、新任务采购，如图4-1所示。

▶ 1. 直接重购

组织购买情况中最简单的是直接重购（straight rebuy），也就是重复的采购决定。在直接采购中，采购部门根据惯例再订购产品，如办公用品，并且从批准名单中选择供应商。一般而言，当前的客户会再次购

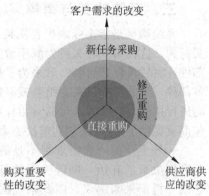

图4-1 组织购买的类型

买此前表现令人满意的熟悉产品。当买方对产品及销售条款满意时，就会出现这种组织购买情况。组织市场的直接重购就相当于消费者市场上常规化的反应行为。

组织市场中低成本产品的购买就是典型的直接重购。倘若产品及其价格和销售条款能让组织满意，组织将来就会把从当前供应商手中进行的采购视为直接重购，甚至用现金支付其服务。供应商若要想让直接重购持续不断，就必须通过优良的服务和及时的交货，努力维持与购买方的良好关系。这样，竞争对手就很难用其独特的销售方案打破这条再购链。

▶ 2. 修正重购

修正重购（modified rebuy）是指购买者希望修改产品规格、价格、交货要求或其他条件的情况。由于服务较差，致使直接重购情况恶化，这时会产生修正重购；由于质量和成本方面的差异，也会导致修正重购。修正重购类似于消费者市场上的局部解决问题方案。

修正重购通常会扩大双方决策参与者的人数，原有的供应商会感到紧张，不得不尽力保住客户；但修正重购为市场中其他供应商提供了获得新业务的机会。竞争对手总在寻找机会，利用一些问题让购买方重新考虑其决定，诱使买方进行修正重购。

▶ 3. 新任务采购

组织购买过程中最为复杂的是新任务采购（new task），即必须耗费决策者很多精力的首次采购或单次采购。在消费者市场上，与此相对应的是全面解决问题方案。

新任务采购是营销人员的最佳机会和挑战。他们设法接触主要的采购影响者，并向他们提供有用的信息和协助。进行新任务采购时，往往也需要购买方仔细考察不同的方案和供应商。新任务采购过程将涉及知晓、兴趣、评价、试用和采用几个阶段，每个阶段都会出现某种决策，其中包括制定产品要求、寻找潜在的供应商、评估各方的销售方案、试用和采用等。整个采购过程可能需要同样的信息，由同样的决策者决策，但也可能因阶段的不同而各异。一般来说，在最初的知晓阶段，大众媒体最为重要；在寻找潜在供应商的阶

段，销售人员的影响较大；在评估和试用阶段，技术来源最为重要，网上销售则在各个阶段都会产生作用。组织购买面临的成本或风险越大，决策参与者就越多，信息收集也越多，从而完成决策的时间将越长。

在直接重购时，组织购买者所作的决策数目最少；而在新任务采购情况下，决策数目最多。新任务采购的购买者必须决定产品规格、价格限度、交货条件和时间、服务项目、支付方式、订货数量、可接受的供应商，以及可供选择的供应商等。不同的决策参与者会影响每一项决策，并将改变进行决策的顺序。随着时间的推移，新任务采购会变成直接重购和日常采购行为。

三、系统购买与销售

系统购买是指企业购买者从某一个供应商那里成套地购买所需的各种连带性的物品的购买行为。这种系统购买行为源于政府对武器和通信系统的采购。最初政府是分别购买武器零部件，然后再将其组装；后来为了使决策和购买简单化，政府就开始从那些既能够供应武器零部件，又能够提供武器组装或系统安装服务的供应商那里"一揽子"购进。政府对主要承包商进行招标，获胜的承包商对招标项目负责并从二线承包商处购买组装零部件。这样该主承包商就提供了一种"交钥匙解决方案"，因此，购买者只需要转动一把钥匙就能完成工作。

一般企业的产业需求都不是简单的一种产品，而是一系列产品需求，购买企业为了避免分别决策的麻烦，降低决策的复杂性，大都尽量与某一个供应商进行一揽子采购谈判，达成一揽子采购协议，因此系统购买又叫一揽子购买。面对系统购买的发展，越来越多的供应商已认识到产业购买者喜欢这种方式，于是他们也相应地改变了销售方式，采用系统销售方法作为营销手段。

实际上，系统销售是产业市场营销的一个重要战略。产业采购合同中一般规定，供应商应提供最完整的系统来满足客户的需求。系统购买是一个包含两个步骤的过程：首先，供应者出售一组相关的商品；然后，供应者还需提供一系列该组产品正常运转所需要的服务，如生产、存货管理、销售、维护、修理和操作等全套服务。客户受益于采购和管理成本的降低，并在合同期内享受了价格保障。销售者则受益于因为需求稳定和文案工作减少所带来的经营成本降低。

在招标建设大型工业项目，如水坝、钢铁厂、浇灌系统、卫生系统、管道建设、公用设施和新城镇建设时，系统销售是一种关键的工业营销战略。项目工程企业必须在价格、质量、可靠性等方面进行竞标以赢得合同。在工业市场营销战略中，系统购买是一种非常实用的技术。能提供使顾客需要得到充分满足，或者超越产品规格，在其他方面提供更多附加值的系统购买方案的商家最有可能赢得合同。

四、影响组织市场购买决策的因素

影响组织市场购买决策的基础性因素是经济因素，即产品的质量、价格。在不同供应商产品的质量、价格和服务差异较大的情况下，组织采购方会高度重视这些因素；但在各供应商产品的质量、价格和服务基本没有差异的情况下，组织采购方的购买决策将受到其他因素的影响，主要包括环境因素、组织因素、人际因素和个人因素，如图4-2所示。供应商应了解和运用这些因素，引导买方购买行为，促成交易。

▶ 1. 环境因素

环境因素主要是指组织无法控制的宏观环境因素，包括经济发展状况，政治、法律制度，市场需求水平，技术发展，竞争态势等。组织购买者必须密切关注经济环境因素，同时预测经济环境变化，包括经济状况、生产水平、投资、消费开支和利率等的变化，从而

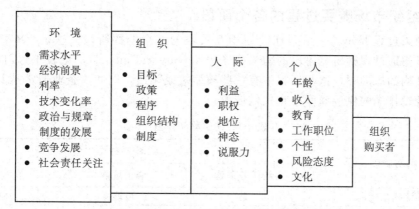

图 4-2 影响组织市场购买决策的主要因素

在不同的经济发展状况下，合理地安排投资结构，以及进行有效的存货管理。在经济衰退时期，生产企业会减少投资，并减少存货。同时，供应企业的营销人员对刺激总需求量是无能为力的，他们只能在增加或维持其需求份额上做艰苦的努力。

▶ 2. 组织因素

组织因素是指与购买者自身有关的因素，包括采购组织的经营目标、战略、政策、程序、组织结构和制度等。供应商的营销人员必须尽量了解这些问题：采购组织的经营目标和战略是什么；它们需要采购什么；它们采购的方式和程序是什么；有哪些人参与采购或对采购产生影响；它们评价采购的标准是什么；该组织对采购人员有哪些政策和限制，等等。

各组织的经营目标和战略的差异，会使其对采购产品的款式、功效、质量和价格等因素的重视程度和衡量标准不同，从而导致其采购方案呈现差异化。组织采购包括集中采购或分散采购，以及是否利用互联网采购等方式，供应商销售的模式应随之而变，销售人员队伍的组成结构也必须与之相对应。

韦伯斯特和温德将采购组织的决策单位称作采购中心，采购中心由所有参与购买决策过程的个人和团体组成，其目标相同，风险共担。采购中心的组织人员在购买决策过程中扮演了以下七种角色中的某几种：发起者、使用者、影响者（如技术人员）、决定者、批准者、购买者、把关者。一个采购经理可能同时担任购买者、影响者和把关者的角色。典型的采购中心至少有 5~6 个成员，一般为 12 个成员，包括政府官员、咨询顾问、技术顾问以及营销渠道成员。

▶ 3. 人际因素

人际因素是指购买中心的各种角色间的不同利益、职权、地位、态度和相互关系。这些因素间关系的变化，会对组织购买决策产生影响。供应商的营销人员应尽量地了解，购买中心的每个人在购买决策过程中所扮演的角色，以及他们的相互关系，充分地利用这些因素促成合作。

▶ 4. 个人因素

个人因素是指购买决策中每个参与者都有个人动机、直觉和偏好。受年龄、收入、教育、专业、个性、偏好和风险意识等因素的影响，采购中心的相关人员明显表现出不同的采购风格，有理智型、情感型和习惯型等。而工程技术人员会考虑产品的实际性能，生产人员关心产品使用的方便性与供应的可靠性，财务人员重视产品的经济性，采购人员会重视操作和替代的成本，领导层往往更关注安全。供应商的营销人员应当了解每一成员的偏好并开展有针对性的销售工作。

五、组织市场购买过程的各个阶段

组织购买过程可分成一系列连续的相互关联的八个购买阶段。这是1967年罗宾逊、费雷斯、温德通过观察研究得出的购买格子模型（buygrid model），见表4-1。但在直接重购和修正重购的情形下，这些步骤中有一些被缩短或跳过。例如，企业通常从其所偏好的供应商或经过排序的供应商库中查找供应商。

表 4-1 购买格子模型

购买阶段	购买种类		
	新任务采购	修正重购	直接重购
1. 认定并预测需求	是	可能	否
2. 确定所需	是	可能	否
3. 描述所需	是	是	是
4. 寻找并认定潜在的供货渠道	是	可能	否
5. 征求并分析供应商的建议	是	可能	否
6. 评估建议，选择供应商	是	可能	否
7. 选择订购方式	是	可能	否
8. 反馈意见并评估	是	是	是

▶ 1. 问题识别

当组织中有人认识到某个问题或某种需要可以通过某一产品或服务就能解决时，便开始了采购过程。问题识别是由内在或外在的刺激因素所引起的。内在刺激因素包括：企业决定推出某种新产品或新服务，因而需要新设备和各种原材料；各种设备需要更换零部件；采购的产品或服务不尽如人意，组织转而寻找另一家供应商。外部刺激因素包括：采购人员通过参观展销会、浏览广告，或接到某个能提供价廉物美产品或服务的销售代表的电话，便产生了一些新的购买想法。营销者可以通过直邮、电话营销和访问有希望的购买者等手段来激发问题识别。

▶ 2. 总需要说明和产品规格确定

总需要说明是指通过价值分析确定组织所需项目的总特征和数量。对于标准物品来说，这是简单的。而复杂物品必须由采购者会同其他部门人员（使用者、技术人员、高层管理人员等），共同决定所需项目的可靠性、耐用性、价格和技术规范等总体特征。供应商营销人员应向买方介绍产品特性，协助买方确定需要。

通常，企业通过产品价值分析（product value analysis，PVA）来确定产品技术规格。产品价值分析是一种降低成本的方法。通过价值分析，对各部件仔细加以研究，以便确定能否对它进行重新设计或实行标准化，并运用更便宜的生产方法来生产产品。产品价值分析小组将对某一产品的高成本部件加以核查，还将找出那些比产品本身寿命还要长的超标准设计的产品部件。严谨的产品规范将使采购者拒绝太过昂贵或不符合拟定标准的产品，降低成本，延长产品寿命。确定产品规格要制定详细的项目技术规格说明书，包含所购产品的品种、性能、特征、数量和服务，以此作为采购依据。同样，供应商也可将价值分析作为一种工具，说明自己产品的性价比比其他品牌更为理想，以此来赢得新客户。

▶ 3. 寻找供应商

现在，采购人员可以根据产品技术说明书的要求，通过查找内部信息（采购档案和交易指南等)以及外部信息(联络其他公司、浏览交易广告、新闻报道、产品目录、参加贸易展会和搜索互联网)等方式寻找最佳供应商,即索要报价单、对照标准、试验研究、试用、参观供应商的经营场所、咨询场所、流动性评估,将合适的供应商列成一张简表,收集供应商的信息。

▶ 4. 征求供应商的建议

征求供应商的建议是指购买者要求合格的供应商提交供应建议书。对复杂或花费大的项目,购买者会要求每一个潜在供应商提供详细的书面建议书。经过分析淘汰,再邀请余下的供应商提交正式的供应说明书。因此,供应商的营销人员必须精于调查研究、撰写和演示,用顾客的语言描述价值和利益的营销文件,而非仅仅是技术文件。其口头演示要能鼓舞信心,强调本企业的相对竞争优势,以在竞争中脱颖而出。

▶ 5. 供应商的选择

供应商的选择是指采购中心对供应商进行客户价值评估,就是采购中心规定供应商应具备的品质,并对其进行排名,找出最具吸引力的供应商,见表 4-2。一般来说,采购组织会同时保持几条供货渠道,以免受制于人,并促使供应商展开竞争。供应商的营销人员必须努力了解购买者评估体系中的各种评估指标及其权重。同时,采购组织在作出决定前,还可能与优先考虑的供应商进行谈判,以争取更好的交易条件和价格。供应商的营销人员应制定策略,以防买方压价和提出过高要求。

表 4-2 评估供应商的例子

属 性	权数	评 分 标 准			
		差(1)	一般(2)	良(3)	优(4)
价格	0.3				+
产品可靠性	0.2		+		
服务可靠性	0.2			+	
供应商信誉	0.1			+	
供应商灵活性	0.1				+
供应商产能	0.1		+		
总分:$0.3\times 4+0.2\times 2+0.2\times 3+0.1\times 3+0.1\times 4+0.1\times 2=3.1$					

不同的购买情形,不同属性的重要性和选择会有所差别。常规采购产品对交货的可靠性、价格和供应商的信誉比较看重;对复印机等过程问题产品而言,最重要的是技术服务、供应商灵活性和产品可靠性等属性。

▶ 6. 签订合约

在供应商选定后,采购方开始讨论最后的订单,内容包括产品技术说明书、需求量、预期交货时间、退货和保修政策等。许多组织采购愿意采用长期有效的合同形式,而不是定期购买订单。买方若能在需要产品的时候通知供应商随时按照要求和条件供货,就可实现"无存货采购计划",从而降低或免除库存成本。供应商也愿意接受这种形式的订货方式,因为这种方式可以与采购方保持长期供货关系,增加和稳定业务量,抵御新竞争者。

▶ 7. 绩效评价

在完成上述工作后,采购者要对各个供应商的绩效进行评价,以决定是维持、修正或终止双方的供货关系。购买方可以询问使用者,接触最终用户并询问其评估意见;或按照若干标准对供应商进行加权评估;或把绩效差的成本汇总,以修正包括价格在内的采购成本。这种绩效评价将会导致采购者继续、修正或停止向该供应商采购。

第三节 非营利组织市场购买行为分析

一、非营利组织市场购买行为的概念

非营利组织是指一切不从事营利性活动，即不以创造利润为根本目标的机构团体。不同的非营利组织，有其不同的工作目标和任务。在我国，习惯以"机关团体事业单位"称谓各种非营利组织。所谓非营利组织市场是指为了维持正常运作和履行职能而购买产品和服务的各类非营利组织所构成的市场。

非营利组织市场购买行为是指国家机关、事业单位和团体组织，使用财政性资金采购依法制定的集中采购目录以内的或者采购限额标准以上的货物、工程和服务的行为。

二、非营利组织的类型

按照职能可将非营利组织分为以下三种类型：

▶ 1. 公益性组织

公益性组织通常以国家或社会整体利益为目标，服务于全社会，包括各级政府和下属各部门，还有保障国家公共安全和社会稳定的军队、警察等。

▶ 2. 社会服务性组织

社会服务性组织通常指为某些公众提供特殊服务，以满足其特定需要为目标或使命的非营利组织，包括某些学校、医院、红十字会、新闻机构、图书馆、博物馆、福利慈善机构、宗教团体等。

▶ 3. 互益性组织

互益性组织通常是指以促进某些群体内部交流沟通的非营利性组织，如职业或业余团体、宗教组织、学会和行业协会。这种组织比较重视内部成员利益和共同目的，看重对成员的吸引力。

三、非营利组织市场的购买特征

非营利组织市场的购买一般要求限定总额、价格低廉、保证质量，同时受到较多控制且程序复杂。其特征主要表现在以下几个方面：

▶ 1. 低预算

非营利组织的采购经费是既定的，不能随意改变。政府采购经费主要来源于财政拨款，拨款不可能随意增减；社会机构的经费主要来源于社会、企业捐赠，以及少量的政府拨款，采购经费非常有限，因此，其采购的要求是不仅产品质量要能够满足最低标准，而且价格也要低廉。

▶ 2. 控制严格

非营利组织的采购目标并非为了利润，也非为了使成本最小化，而是为了维持组织运作和履行组织职能，其所购买的产品或服务的质量和性能必须保证实现这一目标。另外，为了使有限的资金发挥更大的效用，非营利组织采购人员受到较多的限制，只能按照规定的条件采购，缺乏自主性。

▶ 3. 公开采购

一般来说，非营利组织利用媒体发布采购信息，让有能力且有意愿的供应商提出各自的项目价格和交易条件。组织会根据规章制度，通过严格的筛选，确定供应商。

四、政府采购市场及购买行为

所谓政府采购市场是指各级政府及其所属实体通过中介机构或直接从供应商那里采购商品、工程和服务所形成的市场。

（一）政府市场采购的目的

政府市场采购的范围极为广泛，目的是维护国家安全和社会公众的利益，满足社会公共需要及自身正常运转。具体包含：加强国防与军事力量；维持政府的正常运转；稳定市场，即政府具有调控经济、调节供求、稳定物价的职能，常常支付大量的财政补贴以合理价格购买和储存商品；对外国提供商业性、政治性或人道性的援助等。

（二）政府市场采购的特征

政府市场采购的特征主要表现为：受公众监督；决策程序复杂，通常要求竞价投标；倾向于照顾本国企业等。具体来讲，政府采购资金来源主要靠财政，采购资金支付采用单一国库账户，经费有限，不能突破；采购范围和规模巨大；政府采购的政策性使得手续复杂，往往需要经过几个部门批准，有的还要反复认证；政府采购还会受到国内外政治经济形势的影响。

（三）政府市场采购的主要方式

▶ 1. 公开招标竞购

公开招标是指采购人按照法定程序，向全社会发布招标公告，邀请所有潜在的不确定的供应商参加投标，由采购人通过事先确定的需求标准从所有投标人中择优选出中标供应商，并与之签订政府采购合同的一种采购方式。有意向的供应商在规定期限内填写标书，密封送交。有关部门在规定日期开标，选择符合要求且报价低的供应商成交。

公开招标方式一般具有程序控制严密、竞争充分透明、耗时相对较长、体现规模效应的特征。这些特征体现了竞争的公平性与合理性。

企业参与公开招标必须注意以下几点：

（1）产品能达到招标要求，合约条件对自己有利；
（2）报价要既有利可图，又能保证夺标；
（3）要满足买方的一些特殊需求。

▶ 2. 邀请招标

邀请招标是指采购人因采购需求的专业性较强，有意识地对具备一定资信和业绩的特定供应商发出招标邀请书，由被邀请的供应商参与投标竞争，从中选定中标者的招标方式。与公开招标相比较，邀请招标具有以下三个特征：

（1）邀请范围有限，即采购人仅在符合采购需求的范围内邀请特定的供应商参加投标；
（2）竞争范围有限，对采购人而言选择的余地相对较小；
（3）无须发布公告，采购人只需向特定的潜在投标人发出邀请书即可。

▶ 3. 竞争性谈判

竞争性谈判是指采购人通过与三家以上的供应商进行谈判，从中确定最优中标人的一种采购方式。一般而言，按照法律规定，只有符合下列情形之一的货物或者服务项目，方可采用竞争性谈判方式：

（1）招标后没有供应商投标或没有合格的或者重新招标未能成立的；
（2）技术复杂或者特殊，不能确定详细规格或者具体要求的；
（3）采用招标时间不能满足客户紧急需求的；

(4) 不能事先计算出价格总额的。

竞争性谈判作为一种独立的采购方式，与招标采购方式相比较，具有主动性、竞争性和绩效性等优势。采用招标采购方式时，供应商的投标报价是一次性的，采购人即使知道供应商投标报价过高也无可奈何，而竞争谈判就具有相当的主动性，往往可以通过多轮谈判而赢得采购的主动权。

▶ 4. 询价采购

询价采购是指采购人向供应商发出询价单让其报价，然后在报价的基础上进行比较并确定最优供应商的一种采购方式，通常又称"货比三家"。它是一种直接的、简单的采购方式，主要适用于采购货物的规格和标准统一、现货货源充足、价格变化幅度不大、采购金额较小的采购项目。

▶ 5. 单一来源采购

单一来源采购是指采购人所要采购的货物或服务，只能从唯一供应商处获得的采购。根据法律规定，要采用单一来源采购方式，必须满足以下三个条件：
(1) 虽然达到了招标采购的数额标准，但采购项目的来源渠道单一；
(2) 采购活动前发生了不可预见的紧急情况，不能从其他供应商处采购；
(3) 必须保证原有采购项目一致性或者服务配套的要求，需要继续从原有供应商处添购，但总额不大。

由于单一来源采购是一种没有竞争的采购，所以也叫直接采购。

第四节 客户关系管理

一、客户关系管理的定义

客户关系管理（customer relationship management，CRM），是指企业为提高核心竞争力，利用相应的信息技术以及互联网技术来协调企业与顾客间在销售、营销和服务上的交互，从而提升其管理方式，向客户提供创新式的个性化的客户交互和服务的过程。其最终目标是吸引新客户、保留老客户以及将已有客户转为忠实客户，增加市场份额。

对客户关系管理应用的重视来源于企业对客户长期管理的观念，这种观念认为客户是企业最重要的资产，并且企业的信息支持系统必须在给客户以信息自主权的要求下发展。成功的客户自主权将产生竞争优势，提高客户忠诚度，并最终提高公司的利润率。

客户关系管理的主要目的就是通过对客户详细资料的深入分析，来提高客户满意程度，从而提高企业的竞争力。客户关系是指围绕客户生命周期发生和发展过程中的信息归集。客户关系管理的核心是客户价值管理，通过"一对一"营销原则，满足不同价值客户的个性化需求，提高客户忠诚度和保有率，实现客户价值持续贡献，从而全面提升企业盈利能力。

作为解决方案（solution）的客户关系管理，它集合了当今最新的信息技术，包括互联网和电子商务、多媒体技术、数据仓库和数据挖掘、专家系统和人工智能、呼叫中心等。作为一个应用软件的客户关系管理，凝聚了市场营销的管理理念，市场营销、销售管理、客户关怀、服务和支持共同构成了CRM软件的基石。

综上，客户关系管理有三层含义：

（1）体现为新形态企业管理的指导思想和理念。CRM是一项营销策略，通过选择和管理客户达到最大的长期价值。CRM需要用"以客户为中心"的营销哲学和文化来支持有效的市场推广、营销和服务过程。

（2）是创新的企业管理模式和运营机制。它是一项综合的IT技术，也是一种新的运作模式，它源于"以客户为中心"的新型商业模式，是一种旨在改善企业与客户关系的新型管理机制。CRM是关于发展和推广营销策略的科学技术，可以填补企业在获取、增长和保留客户方面的缺口。

（3）是企业管理中信息技术、软硬件系统集成的管理方法和应用解决方案的总和。CRM是一种基于互联网技术的应用系统。它通过对企业业务流程的重组来整合用户信息资源，以更有效的方法来管理客户关系，在企业内部实现信息和资源的共享，从而降低企业运营成本，为客户提供更经济、快捷、周到的产品和服务，以保持和吸引更多的客户。

二、客户关系管理的功能

CRM主要针对市场营销中的三大"顽疾"：遗忘老客户，浪费公司的财力和物力；客户信息分散极大地困扰企业经营活动；传统管理软件灵活性差，不利于客户周期的长久保持。因此，CRM的功能主要体现在市场营销中的CRM、销售过程中的CRM、客户服务过程中的CRM这三个方面。

▶ 1. 市场营销

客户关系管理系统在市场营销过程中，可有效帮助市场人员分析现有的目标客户群体，如主要客户群体集中在哪个行业、哪个职业、哪个年龄层次、哪个地域等，从而帮助市场人员进行精确的市场投放。客户关系管理也可有效分析每一次市场活动的投入产出比，根据与市场活动相关联的回款记录及举行市场活动的报销单据进行计算，就可以统计出所有市场活动的效果报表。

▶ 2. 销售

销售是客户关系管理系统中的主要组成部分，主要包括潜在客户、客户、联系人、业务机会、订单、回款单、报表统计图等模块。业务员通过记录沟通内容、建立日程安排、查询预约提醒、快速浏览客户数据，有效缩短了工作时间，而大额业务提醒、销售漏斗分析、业绩指标统计、业务阶段划分等功能又可以有效帮助管理人员提高整个公司的成单率，缩短销售周期，从而实现最大效益的业务增长。

▶ 3. 客户服务

客户服务主要用于快速及时地获得问题客户的信息及客户历史问题记录等，这样可以有针对性并且高效地为客户解决问题，提高客户满意度，提升企业形象，主要包括客户反馈、解决方案、满意度调查等功能。应用客户反馈中的自动升级功能，可让企业第一时间得到超期未解决的客户请求；解决方案功能使全公司所有员工都可以立刻提交给客户最为满意的答案；而满意度调查功能又可以使最高层的管理者随时获知本公司客户服务的真实水平。此外，集成呼叫中心系统可以缩短客户服务人员的响应时间，提高客户服务水平。

三、客户关系管理的运用范围

当前，客户关系管理在企业业务员、销售经理、财务主管和采购员中得到了广泛运用。

▶ 1. 业务员

业务员运用客户关系管理，可做好客户信息、联系记录和报价单等信息的录入及维护工作。首先，业务员要及时录入收集到的客户及相关联系人的信息，客户的地址、电话或联系人等信息发生变更时，应及时对系统中的客户资料进行更新；其次，以电话、邮件、即时通信、上门拜访等各种联系方式与客户联系后，应将与客户联系沟通的内容及时录入系统；最后，平时给客户报价，可将报价信息录入预设好的打印报价单或转为 Excel 表格，以节省手工制作的时间，并方便查询历史报价。

业务员可以在日常工作中运用客户关系管理，如客户联系的提醒，今天或明天应联系的客户，逾期未及时联系的客户，逾期未及时下单或长期没有业务往来的客户，客户资料的查询和分析统计，每天客户联系拜访情况的查询和分析，业绩查询和统计，应收款的提醒，工资、提成及费用的查询。

▶ 2. 销售经理

销售经理运用客户关系管理，要做好数据录入。首先，应及时录入合同订单信息，包括订购产品的型号、数量、单价和金额等数据；其次，应录入出货单，包括出货日期、出货仓和出货产品明细等信息。销售经理可以在日常工作中使用 CRM 订单查询及交货提醒，统计销售部门业绩，打印出货单。

▶ 3. 财务主管

财务主管运用客户关系管理，要做好数据录入，包括：收款后在系统内做收款处理，冲销应收款；付款后在系统内做付款处理，冲销应付款；录入企业日常运营的各种费用支出，如房租、水电、办公支出、员工工资、提成奖金和各种销售费用等。

财务主管可以在日常工作中运用客户关系管理。首先，进行应收款提醒，如日、周应收款，逾期未收的应收款，逾期 30 天以内、30～60 天等逾期应收款；其次，可以进行应收款统计分析，如哪些客户应收款比例较大、逾期款累计金额超限、账龄过长；最后，可以进行收、付款以及费用查询和统计，如查看任一时期的收、付款进账、出账明细，按收（付）款方式、业务员及年、月等进行分类统计，形成各种统计图表，反映企业资金流入、流出情况以及查看企业各类费用和明细支出情况。

▶ 4. 采购员

采购员运用客户关系管理，要做好数据录入。首先，采购订单的录入，含供应商名称、采购产品明细等，可根据预设好的模版打印采购订单，或导出 Excel 表发送邮件；其次，供应商发货收妥入库后，录入收货信息。

客户关系管理是市场与科技发展的结果，是一种旨在改善企业与客户之间关系的新型管理机制，它实施于企业的市场营销、销售、服务与技术支持等与客户相关的领域。在以产品为中心的商业模式向以客户为中心的商业模式转变的情况下，众多的企业开始将客户视为其重要的资产，不断采取多种方式对企业的客户实施关怀，以提高客户对本企业的满意程度和忠诚度。

本章小结

组织的购买行为可以分为直接重购、修正重购和新任务采购三种类型，环境因素、人际因素、个人因素和文化因素等是影响生产者购买的主要因素。

组织购买过程一般分成一系列连续的相互关联的八个购买阶段，或称"购买格子模型"。但在直接重购和修正重购的情形下，这些步骤中有一些被缩短或跳过。

非营利组织的购买特点是限定总额、价格低廉、保证质量和受到控制等。通常的采购方式是公开招标竞购、议价合约选购、例行选购等。

政府市场购买的特点有采购主体的特定性、采购目标的多重性、资金来源的公共性、采购活动的单向性、采购对象的广泛性、采购过程的规范性、采购结果的政策性等。

客户关系管理是指企业为提高核心竞争力，利用相应的信息技术以及互联网技术来协调企业与客户间在销售、营销和服务上的交互，从而提升其管理方式，向客户提供创新式的、个性化的客户交互和服务的过程。其最终目标是吸引新客户、保留老客户以及将已有客户转为忠实客户，增加市场份额。

思考题

1. 组织市场的特征是什么？
2. 组织购买类型有哪几种？
3. 举例说明影响组织购买行为的因素。
4. 描述购买中心各成员的角色，找出组织中最有可能担当这些角色的人。
5. 论述组织购买的过程。
6. 分析影响政府购买行为的主要因素。
7. 分析客户关系管理的作用。

实训实习

一、实训目标

通过市场调研，使学生对企业面临的外部环境有一个全面的认识，提高学生分析问题的能力和对市场机会的识别能力。

二、实训任务

运用 SWOT 分析工具，完成某企业环境分析报告。

三、实训步骤

1. 通过对某企业现有产品、竞争对手和消费需求等资料的收集，对该企业进行所面临的外部环境的机会、威胁以及企业产品自身的优势和不足等方面的分析。

2. 组建任务小组，以 5～8 人为一小组；至少提供两个背景企业，每个背景企业由四个左右的小组进行分析，以便比较和竞争。

案例分析：
案例一
大力公司的采购决策

案例分析：
案例二
上海大众的客户关系管理战略

第五章 市场营销调研与预测

> **学习目标**
> 1. 理解市场营销信息系统的构成；
> 2. 理解市场营销调研的含义、特点、类型及程序；
> 3. 掌握市场调研的方法；
> 4. 了解企业市场需求的估算方法；
> 5. 掌握市场需求预测的基本方法。

> **导入案例**
>
> 某市场调研公司就"选择餐馆"进行了调查，了解到：26%的成年人说在选择餐馆时地理位置是最重要的因素；男性比女性更注重方便，他们的占比分别为31%和23%；而65岁以上的老年人并不像年轻人那样注重这一点。25%的被调查者说，在选择餐馆时食物的质量是决定性因素。这可能意味着他们认为食物更重要，但也可能意味着他们更注重在不同时间、不同地点得到品质相同的食物。妇女、年轻人、老年人比其他人更注重食物的品质。只有12%的成年人说他们根据服务的速度来选择快餐，只有8%的成年人认为价格是决定性因素。25岁以下的成年人的收入低于平均收入，所以他们比一般消费者更注重价格，价格是他们选择餐馆最重要的因素。
>
> 资料来源：张丽宏. 创造中式快餐竞争优势[J]. 商场现代化，2007，3.
>
> 思考：
> 该市场调研是什么类型的？如果你要进入餐饮行业，这次调研结论是否会影响你的营销决策？

第一节 市场营销信息系统的概念及构成

一、市场营销信息系统的基本概念

市场营销信息系统是一个由人员、设备和程序所组成的相互作用的连续复合系统，它连续有序地收集、挑选、分析、评估和分配恰当、及时和准确的市场营销信息,为企业营销管理人员制订、改进、执行和控制营销计划提供依据。

二、市场营销信息系统的构成

市场营销信息系统由内部报告系统、营销情报系统、营销调研系统和营销决策支持系统组成,如图5-1所示。

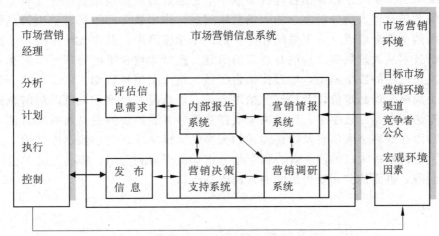

图 5-1　市场营销信息系统

▶ 1. 内部报告系统

内部报告系统是决策者使用的最基本的信息系统。内部报告系统的主要功能是向营销管理人员及时提供有关订货数量、销售额、产品成本、存货水平、费用、现金余额、应收账款、应付账款等各种反映企业经营状况的信息。通过对这些信息的分析,营销管理人员能够发现市场机会,找出管理中存在的问题,同时可以比较实际状况与预期水准之间的差异。其中"订货—发货—账单"这一循环是内部报告系统的核心,销售报告是营销管理人员最迫切需要的信息。

▶ 2. 营销情报系统

营销情报系统是指营销人员日常收集有关企业外部的市场营销资料的一整套程序或来源。它的任务是利用各种方法收集、观察和提供企业营销环境最新发展的信息。营销人员通常运用无目的的广泛观察、条件性观察、非正式搜寻和按拟订计划进行的正式搜寻四种方式对环境进行观察。营销情报系统与内部报告系统的主要区别在于前者为营销管理人员提供正在发生和变化中的数据,而后者为营销管理人员提供事件发生以后的结果数据。

▶ 3. 营销调研系统

营销调研系统与上述两个子系统最本质的区别在于:它的针对性很强,是为解决营销活动中出现的某些特定的问题而从事信息的收集、整理和分析。比如企业希望测定某一产品广告的效果。市场营销调研系统的任务就是系统地、客观地识别、收集、分析和传递有关市场营销活动等各方面的信息,提出与企业所面临的特定的营销问题的研究报告,以帮助营销管理者制定有效的营销决策。这类特定的问题往往需要专门的组织来解决,有时甚至企业自身也缺乏获取信息以及进行这类研究的人力、技巧和时间,需要委托外部的专业市场营销研究公司承担,以保证研究结果的客观性。例如,2014年美国知名民意测验及商业调查咨询机构盖洛普公司历时6年完成的调查发现，地球上3%最富有居民的家庭收入占全球总家庭收入的20%，收入不平等是一个显著的发展障碍。该调查涵盖了150多个国家和地区，其中的收入数据来自其调查实施部门在131个国家和地区的电话及面对面访问，每个部门需在当地访谈超过1 000名15岁以上的成年人。

▶ 4. 营销决策支持系统

营销决策支持系统也称营销管理科学系统，它通过对复杂现象的统计分析、建立数学模型，帮助营销管理人员分析复杂的市场营销问题，作出最佳的市场营销决策。营销决策支持系统由两个部分组成，一个是统计库，另一个是模型库。其中统计库的功能是采用各种统计分析技术从大量数据中提取有意义的信息。模型库包含了由管理科学家建立的解决各种营销决策问题的数学模型，如最佳销售区域、新产品销售预测、广告预算分配、厂址选择、竞争策略、产品定价以及最佳营销组合等。信息经过处理后，可以对信息进行编码做成数据库进行存储。近年来，营销决策支持系统中发展最快的便是数据库营销，即建立有关现有和潜在顾客个人信息及购买模式的大型计算机文件。通过数据库营销，企业可以准确地识别出谁是最大量的购买者、哪个细分市场最有盈利空间、哪些产品为公司带来了最大的利润等，进而使公司获得最大的营销收益。

第二节　市场营销的调研

一、市场调研的含义及特点

▶ 1. 市场调研的含义

美国市场营销协会认为，市场调研是一种通过信息将消费者、顾客和公众与营销者连接起来的职能。这些信息用于识别和确定营销机会及问题，产生、提炼和评估营销活动，监督营销绩效，改进人们对营销过程的理解。一般而言，市场调研是以营销管理和决策为目的，运用科学的方法，对有关数据（商品交换过程中发生的信息）进行有计划、有步骤、系统地收集、整理、分析和报告的过程。

在商品经济社会的初期，商品生产规模小，产量和品种有限，市场交易范围狭小，供求变化较稳定，竞争不是很激烈，商品生产经营者较易掌握市场变化的状况。因此，市场调研仅处在原始的、自发的、低级的状态。而在现代相对发达的市场经济条件下，商品生产的规模日益扩大，生产量巨大，品种、规格、花色繁多；消费需求不但量大，而且层次多、复杂多变，供求关系变化迅速，市场规模突破了地区甚至国家的界限，竞争日益激烈。

面对如此状况，每个企业都需要进行市场调研。通常发达国家的企业会将销售额的0.2%~1%作为市场调研的预算，建立相应的研究机构，或者购买外部专业营销公司的服务。与此同时，零点调查、赛迪公司等专门提供各种市场调研服务的公司也应运而生。尼尔森、盖洛普等公司等世界著名的市场调研公司或咨询公司也纷纷进入中国市场。

市场调研解决的主要问题有：现有顾客由哪些人或组织构成？潜在顾客由哪些人或组织构成？这些顾客需要购买哪些产品或服务？为什么购买？何时何地以及如何购买？

2. 市场调研的特点

以服务于企业预测和决策的需要为目的、系统收集和分析信息的现代市场调研是一项专业性很强的工作，从本质上看是一种市场行为的科学研究工作。现代市场调研有以下几个基本特点。

（1）目的性。市场调研是有关部门和企业针对市场的科研活动，它有明确的目的性。这一目的性不仅是设计市场调研方案的前提，也是衡量市场调研是否有价值的基础。现代市场调研以提供有关部门和企业进行市场预测和决策的信息为目的，这种明确的目的性表现在收集、整理和分析市场信息等各个阶段都具有严密的计划。

（2）系统性。现代市场调研过程是一项系统工程，它有规范的运作程序。市场调研人员应全面系统地收集有关市场信息的活动，要求做到对影响市场运行的各种经济、社会、政治和文化等因素进行理论与实践分析相结合、分门别类研究与综合分析相结合、定性分析与定量分析相结合、现状分析与趋势分析相结合的系统性综合研究。如果单纯地就事论事，不考虑周围环境等相关因素的影响，就难以有效把握市场发展及变化的本质，得到准确的调研结果。

（3）真实性。现代市场调研的真实性具体表现为两个方面的要求：第一，调查资料数据必须真实地来源于客观实际，而非主观臆造。任何有意提供虚假信息的行为，从性质上说不属于市场调查行为。第二，调查结果应该具有时效性，即调研所得结论能够反映市场运行的现实状况，否则，不但会增加费用开支，而且会使有关部门和企业的决策滞后，导致决策失败。市场调研的时效性应表现为及时捕捉和抓住市场上任何有用的信息资料，及时分析，及时反馈，为有关部门和企业的活动提供决策建议或依据。

二、市场调研的类型及内容

（一）市场调研的类型

根据调研目的的不同，营销调研大体上可以分为以下三种类型：

1. 描述性市场调研

它是通过详细的调查和分析，对市场营销活动的某个方面进行客观的描述，对已经找出的问题作如实的反映和具体回答，并揭示市场发展变化的趋势。多数市场营销调研都为描述性调研，如调查消费者购买力、竞争对手状况、产品市场占有率等，主要回答诸如消费者买什么（what）、什么时候买（when）、在哪里买（where）、怎样买（how）之类的问题，因此多采用询问法和观察法，其特点是回答市场现状是什么，其意义是为企业的市场营销决策提供科学的依据。

2. 因果性市场调研

因果性市场调研，又称解释性市场调研。在市场调研中凡是要回答"为什么（why）"的时候都属此类。例如，某公司尽管调低了产品的销售价格，但产品销售量仍然下降，公司不能确定究竟是广告支出减少所致，还是大量竞争对手加入市场，或者是公司的产品质量满足不了顾客的要求所致。要解决这一问题，就需要进行解释性市场调研的活动。解释性市场调研的特点在于，在一定的理论指导下，全面收集有关因素的实际资料，在此基础上通过对资料的科学分析，检验原有的理论或假设，从而对客观现象给予理论解释和证明。这种调查的意义在于，调研人员可以向决策部门提供较完整的市场信息，并提出有科学依据的具体建议。

▶ 3. 预测性市场调研

预测性市场调研的目的在于对市场的发展趋势及变动幅度进行科学估计。它的特征是，在科学理论的指导下，通过运用科学方法对过去、当前市场信息的综合分析研究，预测未来市场的走势。预测性市场调研是企业制定市场营销决策和方案的重要依据和基础，它对企业制订有效的营销计划及避免较大的风险和损失有着特殊的意义。

尽管在特定时期，为解决某个特定问题，会强调或突出某一种市场调研类型，但是从市场调研的基本目的来看，回答市场现状"是什么""为什么"和"将来是什么"，是现代市场调研的基本职能和任务。

（二）市场调研的内容

市场调研涉及市场调查、产品偏好测试、地区销售预测或广告效果评价，只有通过市场调研，企业才能深入理解顾客态度或消费者购买行为。高质量的市场调研是营销方案得以成功的基础。沃尔玛调研发现该商店的关键竞争优势是拥有为消费者"提供低价"的功能利益和"聪明购物"的情感利益，根据这个结论推出了"天天平价""花钱更少、生活更好"的营销活动，取得了很好的营销效果。

▶ 1. 宏观市场调研的内容

从现代市场基本要素构成分析上看，宏观市场调研是从整个经济社会的角度，对于社会总需求与供给的现状及其平衡关系的调研。具体内容包括以下几个方面：

（1）消费系统总体状况及变动因素的调查，包括社会购买力调查、社会购买力投向调查、消费者人口状况调查三个部分。

（2）市场商品供给来源及影响因素的调查。对于商品供给来源的调查内容包括国内工农业生产部门的总供给量、进口商品量、国家储备拨付量、物资回收量和期初结余量等。

（3）市场商品供应能力的调查。商品供应能力调查是对工商企业的商品生产能力和商品流转能力的调查，主要内容包括企业现有商品生产能力和结构，企业经营设施、设备的状况，科技成果转化速度，企业资金总量，企业盈利和效益情况，企业技术水平和职工素质，交通运输能力，生产力布局等。

▶ 2. 微观（企业）市场调研的内容

微观市场调研则是从微观经济实体（企业）的角度出发对市场要素进行调查分析，它是现代市场调研的主体内容。由于市场变化的因素很多，企业市场调研的内容也十分广泛，一般来说，涉及企业市场营销活动的方方面面都应调研，但主要内容如下：

（1）市场需求的调研。从市场营销的理念来说，顾客的需求和欲望是企业营销活动的中心和出发点，因此，对市场需求的调研，应成为市场调研的主要内容之一。例如，调研现有、潜在顾客需求情况，包括需求什么、需求多少、需求时间、消费偏好、满意程度、购买动机和购买行为等。

（2）产品的调研。产品是企业赖以生存的物质基础。一个企业要想在竞争中求得生存和发展，就必须始终如一地生产出顾客需要的产品来。产品调研的内容包括产品设计的调研、产品系列和产品组合的调研、产品生命周期的调研、产品改进或开发的调研等。

（3）价格的调研。价格对产品的销售和企业的获利情况有着重要的影响，积极开展产品价格的调研，对于企业制定正确的价格策略有着重要的作用。价格调研的内容包括市场供求情况的调研、影响价格变化各种因素的调研、产品需求价格弹性的调研、替代产品价格的调研、新产品定价策略的调研等。

（4）促销的调研。促销调研的主要内容是企业的各种促销手段、促销政策的可行性，其中一般企业较为重视的有广告和人员推销的调研，如广告媒体、广告效果、广告时间、广告预算等的调研、人员推销的调研、公共关系与企业形象的调研等。

（5）销售渠道的调研。销售渠道的选择是否合理，产品的储存和运输安排是否恰当，对于提高销售效率、缩短交货期和降低销售费用有着重要的作用。例如，如何选择各类中间商、仓库地址、各种运输工具、交货期等。

（6）竞争的调研。竞争的存在，对于企业的市场营销有着重要的影响。因此，企业在制定各种市场营销策略之前，必须认真调研市场竞争的动向。竞争的调研包括竞争对手的数量、分布和营销能力，竞争产品的特性、市场占有率和覆盖率等。

三、市场调研的程序

现代市场调研是一种科学研究活动，在长期的实践中形成了一套严格的工作程序，保证了市场调研的质量和效率。一般来说，市场调研活动由以下五个步骤构成：

（一）确定调研主题和调研项目

讨论调研主题是市场调研的第一步，在这里要明确该调研项目属于何种性质、具体涉及哪些范围、要达到什么目标、工作量多大和调查人员如何配备。调研主题不可太空泛，也不宜过于单一。如调研主题可以界定为"在飞机上提供网络服务是否能够创造足够多的顾客偏好和利润增量"，根据调研结果，企业可以决定是否需要提供这项服务。

确定调研项目，将调研项目、范围具体化，即明确规定要调查的具体指标或因素。但是并非所有调研项目都能具体明了。有些属于探索性研究，旨在找出问题的真相，提供可能的答案或新的创意。有些属于描述性研究，重在描述项目内容的某些数量特征。还有一些是因果性研究，旨在监测现象之间是否存在因果关系。

承接调研项目，需要做好四个方面的工作：第一是查找有关文献资料；第二是访问有关方面的专家；第三是研究几个有启发性的事例；第四是调研人员开讨论会。

（二）编制市场调研方案

市场调研方案一般包括调研目的、调研内容、调研对象、调研方式、调研步骤及进度、调研质量要求，以及调研经费、物资保证等项目的具体说明和规定。

确定的调研方案应该是支出最少、效率最高的搜集所需信息的调研计划。设计调研计划需要对资料来源、调研方法、调研工具、抽样计划和访问方法等内容进行决策。在正式调研前，可以进行实验性调研，用小样本全面检查调研方案的可行性及各种调研工具的有效性，以避免正式实施时才发现问题，造成巨大浪费和损失。

依据调研方案选定的方法和时间安排，访问被调研对象，现场收集资料，调研人员能够获得二手资料、一手资料或者两者兼而有之。开始调研之时，通常可以先检查花费不大且容易获得的丰富的二手资料，看能否解决部分或全部问题，再决定是否需要支付昂贵的费用去收集一手资料。在所需资料不存在、不准确、不完整、不可信或过时的情况下，就要着手收集一手资料。资料收集之后，要进行资料的审核整理。该项工作的目的在于鉴定收集到的资料的有效性，以及编码、登录等，最终建立数据文件库。最后，根据调研方案的规定，按统计清单处理数据，把复杂的原始数据变成易于理解的资料，并对其给予全面系统的统计和理论分析。

（三）确定调研方法

市场调研方法有间接资料调研方法和直接资料调研方法，间接资料调研方法是通过内部资料和外部资料收集来了解有关市场信息,把握市场机会。这种方法相对简单,这里主要介绍直接资料调研方法。

直接资料是指通过实地调研收集的资料,也称第一手资料。实地调研的方法有多种,归纳起来,可分为观察法、实验法、访问法三类。

▶ 1. 观察法

观察法,是指通过跟踪、记录被调查对象的行为特征来取得第一手资料的调查方法。在观察过程中,可以通过耳听、眼看,或借助于摄影设备和仪器等手段来获得信息。一般来说,用观察法方可以得到在其他场合难以得到的信息,并能排除被调查对象的紧张心理或主观因素的影响,通常有以下几种具体的形式:

(1)从调查人员是否对观察实行控制来划分,观察可分为实验观察和非实验观察。实验观察是在人为设计的环境中进行的观察,例如,通过设计一定的场景来观察商场售货员对挑剔顾客的态度反映情况。非实验观察是在自然状况下进行观察,所有参与的人和物都不受控制,跟往常一样,例如,调查人员在自然状况下观察商场售货员接待顾客、提供服务的过程。

(2)根据调查人员观察方式来划分,观察可分为结构观察和无结构观察。结构观察是在事先根据调查的目的,对观察的内容、步骤做出规定,以此来实施观察。无结构观察通常只规定调查的目的和任务,调查人员可以按照调查目的和任务的要求较为灵活地确定观察的内容。无结构观察一般在调查人员对调查对象缺乏足够了解的情况下实施,可作为进行更深一步调查的基础。

(3)从调查人员对所调查情景的介入程度划分,观察可分为直接观察和间接观察。直接观察是调查人员根据调查目的和要求,直接进入调查情景之中进行观察,观察结果准确性较高。间接观察是调查人员不直接介入所调查的情况,通过观察与调查对象直接关联的事物来推断调查对象的情况。如通过观察对象的广告形式、内容、重复频率等来了解调查对象的竞争策略和产品优势。

(4)从调查人员在观察过程中是否公开身份划分,观察可分为公开观察和非公开观察。公开观察是在被调查者知道调查人员身份的情况下进行的观察,目标和要求明确,可以有针对性地为调查人员提供所需的资料。但被观察者意识到自己受人观察,可能表现得不自然,或者有意识地改变自己的惯常态度和做法,这种不真实的表现往往导致观察结果失真。而在非公开观察中调查人员可以不暴露身份,使被观察者不受干扰,从而真实地表现自己,这样观察的结果会更加真实可靠。

(5)根据观察中记录的主体划分,观察可分为人工观察与仪器观察。人工观察是由调查人员直接在观察现场记录有关内容,由调查人员根据实际情况对观察到的现象做出合理的推断。但是,人工观察容易受调查人员自身人为因素的影响,如主观偏差、情绪反应等都会影响调查的结果。而仪器观察借助仪器设备进行现场观察记录,效率较高,也比较客观。但仪器观察所记录的内容还需要调查人员作进一步的分析,这就要求调查人员应具有丰富的分析经验和较高的专业技术水平。

在调研实践中,观察法运用得比较广泛,但不适合因果调研以及需判断调研对象内心的情况,更适合描述型调研。经常用来判断商品购买者的特征、家庭商品储存、商店的人流量、营业现场布局、营业人员服务水平等情况。除此之外,还可以运用观察法观察了解城市的人口流量、车辆流量,为预测地区市场发展提供依据。同时,还可以运用观察法监督、检查市场活动。

▶ 2. 实验法

实验法是指在市场调查中，通过实验对比来取得市场情况第一手资料的调查方法。它是由市场调查人员在给定的条件下，对市场经济活动的某些内容及其变化加以实际验证，以此衡量其影响效果的方法。

实验法是从自然科学中的实验求证理论移植到市场调查中来的，但是对市场上的各种发展因素进行实验，不可能像自然科学中的实验一样准确。这是因为市场上的实验对象要受到多种不可控因素的影响。例如，为了提高商品包装的经济效果，可以运用实验法，在选择的特定地区和时间内进行小规模试验性改革，试探性了解市场反应，然后根据试验的初步结果，再考虑是否需要大规模推广，或者决定推广的规模。这样做有利于提高工作的预见性，减少盲目性。同时，通过实验对比，还可以比较清楚地了解事物发展的因果联系，这是访问法和观察法不易做到的。

采用实验法最适合因果调研，可以有控制地分析、观察某些市场现象的因果关系及其相互影响程度。另外，通过实验取得的数据比较客观，具有一定可信度。但是，实践中影响经济现象的因素很多，一些不可控制的实验因素在一定程度上会影响实验效果。而且由于实验法只适用于对当前市场现象的影响分析，对历史情况和未来变化则不适用，这就使实验法的应用受到一定的限制。尽管如此，在实践中实验调查法的应用范围还是比较广泛的。例如，改变商品品质、交换商品包装、调整商品价格、投放广告对产品销量的影响等，都可以采用实验法调查测试其效果。

▶ 3. 访问法

访问法又称询问法，它介于观察法的探索性和实验法的严密性之间，是最常见的方法，更适合于描述性调研。访问既可在备有正式问卷的情况下，也可在没问卷的情况下进行。访问法在具体做法上又有多种形式。

（1）直接面谈。它的形式最为灵活，调查人员直接访问被调查对象，向被调查对象访问有关的问题，以获取信息资料。通常调查人员根据事先拟好的问卷或调查提纲上问题的顺序，依次进行提问，或以自由交谈的方式进行。根据每次面谈的地点和人数的多少，又可以分为上门采访、商场采访、个别询问、集体询问、座谈会等。采用这种方法，调查人员能直接与被调查对象见面，听取其意见，观察其反应，且可灵活控制时间、内容、进度和范围，可以一般地谈，也可深入详细地谈，所涉及的问题范围可以很广，也可以较窄。同时，这种方式的问卷或调查表回收率较高且质量易于控制，但缺点是调查成本比较高，受调查人员业务水平和回答问题真实与否的影响很大，更适合探测性调研。

（2）邮寄调查。邮寄调查是将事先设计好的问卷或调查表，通过邮件的形式寄给被调查对象，由他们填好以后按规定的时间邮寄回来。使用邮寄调查法的最大优点是选择调查范围不受任何限制，即可以在很广的范围选取样本；被调查者有比较充裕的时间来考虑答复的问题，使问题回答得更为准确；不受调查人员在现场的影响，得到的信息资料较为客观、真实。其缺点是邮件回收率很低，各地区寄回来的比例也不一样，因此会影响调查的代表性。

（3）电话调查。电话调查是由调查人员根据抽样的要求以及预先拟定的内容，通过电话访问的形式向被调查对象访问来获取信息资料的方法。它的优点是可以在短时期内调查较多的对象，成本也比较低，并能以统一的格式进行访问，所得信息资料便于统计处理。其缺点是调查范围受到限制，且不易得到被调查者的合作，难以深入访问较复杂的问题。

（4）在线访问。互联网为研究提供了许多方法，并且日益受到人们的重视。公司可以在其网页或大家经常浏览的门户网站上链接一份问卷，同时给回答问题者一定的奖励。这种调研技术成本低，速度快，回答更加坦诚，但也存在技术问题和兼容性问题，样本小且有偏差，低收入群体不介入互联网的比例较高。

▶ 4. 调查问卷

调查问卷又称调查表或询问表，是以问题的形式系统地记载调查内容的一种文件。设计问卷是询问调查的关键。完美的问卷必须具备两个功能，即能将问题传达给被问的人和使被问者乐于回答。一般来说，调查问卷的问题有两种类型：封闭性问题和开放性问题。开放性问题又称为无结构的问答题，被调查者用他们自己的语言自由回答，不具体提供选择答案的问题。例如，"您为什么喜欢娃哈哈的电视广告？"开放性问题可以让被调查者充分地表达自己的看法和理由，并且比较深入，有时会得到始料未及的答案。但答案可能难以统计分析，回答费事，可能遭到拒答。因此，开放性问题更适合探索性调研，但不利于大规模的抽样调查。封闭性问题又称有结构的问答题，它给出了所有可能的答案，提供的答案易于理解，且答案是标准化的，容易被编码和分析。但封闭性问题可能产生"顺序偏差"或"位置偏差"，即被调查者选择答案可能与该答案的排列位置有关。被调查者可能趋向于选第一个或最后一个答案，或者趋向于取中间位置的数量或价格。例如，您选择购买住房时考虑的主要因素是什么？（A）价格；（B）面积；（C）交通情况；（D）周边环境；（E）设计；（F）施工质量；（G）其他_____（请注明）。

▶ 5. 抽样计划

调研人员决定使用何种调研方法与工具后，接着要设计一个抽样计划，包含：向谁调查，即确定抽样单位；应调查多少人，即确定样本大小；如何选择测试者，即确定抽样过程。一般而言，样本量越大，结果越可信。目标总体的每一个样本都要有相同或已知的被抽取机会，尽量使样本更具代表性。

抽样一般程序为：首先，界定总体。界定总体就是在具体抽样前，首先，对总抽取样本的总体范围与界限作明确的界定；其次，制定抽样框，即依据已经明确界定的总体范围，收集总体中全部抽样单位的名单，并对名单进行统一编号，供抽样使用；再次，决定抽样方案，实际抽取样本，即严格按照所选定的抽样方案，从抽样框中选取一个个抽样单位，构成样本；最后，样本评估，就是对样本的质量、代表性、偏差等进行初步的检验和衡量，其目的是防止由于样本的偏差过大而导致的失误。

（四）处理与分析调研资料

通过调研活动收集到的原始资料，只有经过进一步的处理和分析，才能从中获得有益的信息，从而最终为调研者的决策提供有力的依据。对资料进行处理分析的主要步骤有资料处理、资料的简单分析和资料的统计分析。

▶ 1. 调研资料的处理

资料的处理是将原始的调查资料转换为可供人们进行分析的资料的过程。大量的原始资料来源于被调查者，这些资料中会出现这样或那样的错误和疏漏，所以必须对原始调研资料进行验收检查和编辑，以便统计分析。调研资料的处理过程包含四个基本步骤：首先，资料的验收，即对资料进行总体的检查，检查被调查者是否属于规定的抽样范围，所收集的资料是否真实、可信，以及是否采纳此份资料；其次，资料的编辑，如检查被调查者是否存在错误的回答、疏漏的回答、回答不充分的现象，若有，则需要进行相应的技术处理，以保证资料正确性和完整性；再次，资料的编码，就是对资料中涉及的各个问题的回答概括归纳，形成恰当合理的分类，并使用一个规定的数字或字符代表一个种类回答，以便计算机存储和分析；最后，资料的转换，就是将经过编码的资料输入并存储在计算机中，建立起相应的数据库文件，以便利用计算机来处理数据，提高资料分析处理的质量和效率。

▶ 2. 调研资料的统计分析

调研资料的统计分析方法分定性和定量两大类，营销人员需要了解这两类方法的类型和特征，同时使用这两种方法。

（1）定性分析法。定性分析是对不能或难以量化的市场现象进行系统化理性认识的分析，其依据是科学的哲学观点、逻辑判断及推理，其结论是对市场本质、趋势及其规律方面的认识。定性分析法又包括归纳分析法、演绎分析法、比较分析法和结构分析法四类。归纳分析法是对收集到的资料进行归纳，概括出一些理论观点；演绎分析法是把调研资料的整体分解为各个部分、方面、因素，形成分类资料，并通过对这些分类资料的研究分别把握其本质和特征，然后将这些分类研究所得的认识联结起来，形成对调研资料的整体认识；比较分析法把两个或两类市场的调查资料相对比，从而确定它们之间的相同点和不同点；结构分析法指根据调查资料，分析某个市场现象的结构及其组成部分的属性，进而认识这一市场现象的本质。

（2）定量分析法。定量分析是指从市场的数量特征方面入手，运用一定的数据处理技术进行数量分析，从而挖掘出数量中所包含的市场本身的特性及规律性。常用的定量分析法有相关分析法、判别分析法、因子分析法、聚类分析法等。相关分析法是通过计算变量之间的相关系数，分析现象之间的相关关系和相关程度，并用适当的数学表达式表示的统计分析方法。判别分析法是判别样本所属类型的一种多变量统计分析方法，通常是在已知被研究对象已经被分为若干组的情况下，确定新的被研究对象属于已知类型的哪一类，如判别某个顾客是某产品的可能使用者还是可能非使用者。因子分析法是将大量的变量和样本进行归类，并寻找变量之间的数据结构，构造少量的因子去解释大量的统计变量。在市场研究中，因子分析法常用来分析消费者对各种消费品的态度，研究消费者选择消费品的因素，从而为制定营销策略和拟定广告宣传主题提供参考依据。聚类分析法是根据研究对象的特征而对研究对象进行分类的一种多元分析技术，把性质相近的个体归为一类，使得同一类中的个体都具有高度的同质性，不同类之间的个体具有高度的异质性。在市场研究中涉及市场细分问题时，常使用聚类分析法。

（五）制定营销决策

在调研的最后一个步骤，调研人员要主动且善于把数据和信息转换成建议，并以一种尽可能容易理解和引人注目的方式进行展现，为企业营销决策服务。委托调研的公司经理需要评估调研结果的实用性，评估调研结果是否可以为营销问题的解决提供帮助，是否需要进一步研究并作更多的调研。一般而言，一个良好的营销调研，需要具备调研方法科学、具有创意、方法多样、模型与数据相辅相成、关心信息的价值和成本、讲究营销伦理等方面的特征。公司要充分了解营销调研所具备的作用，正确使用营销调研技术，避免错误的发生。20世纪70年代，最终票房收入高达43亿美元、著名影片《星球大战》差点因为对消费者调研的处理不当和错误的解读而流产。

第三节 市场需求的测量与预测

一、市场需求测量

(一) 市场需求测量的内容

市场需求测量,是依据有关市场的信息、资料进行分析而做出对市场发展趋势的判断。市场需求测量的内容广泛,可以划分为产品层次、空间层次和时间层次三种类型,其中产品层次必须落实到空间层次上,而产品层次和空间层次都要受到时间层次的制约。

(二) 市场需求测量的相关概念

▶ 1. 市场需求量

市场需求量是指某一产品在某一地区和某一时期内,在一定的营销环境和营销方案的作用下,愿意购买该产品的顾客群体的总数。这个定义包括了八个因素:

(1) 产品。因为产品范围是广泛的,同一类产品的实际需求往往存在很大差异,因此在企业进行需求测量时,要明确规定产品的范围。

(2) 总量。它通常表示需求的规模,可用实物数量、金额数量或相对数量来衡量。如全国手机的市场需求可被描述为 7 000 万台或 1 500 亿元,广州地区的手机市场需求占全国总需求的 10%。

(3) 消费者群体。在对市场需求测量时,不仅要着眼于总市场的需求,还要分别对各细分市场的需求加以确定。

(4) 地理区域。在一个地域较广的国家里,不同地域的需求存在差异。

(5) 时间周期。由于企业的营销计划一般有长期、中期、短期之分,与之相对应有不同时期的需求测量。

(6) 营销环境。在进行市场需求测量时,应注意对各类因素的相关分析。

(7) 购买。只有购买需求才能转变成真正的市场需求。

(8) 企业的营销活动。通常,企业的营销决策对市场需求有直接的影响。

▶ 2. 市场需求潜量

市场需求潜量是指在一定时期、一定市场区域内、特定的营销环境以及企业促销力度的条件下,某一产品可能的最高市场需求量。这个概念特别强调特定的营销环境,主要是因为在不同的营销环境下,市场需求潜量有着明显的差异。例如,繁荣期的汽车市场潜量明显高于衰退期。

▶ 3. 企业需求量

企业需求量是指企业在市场需求总量中所占的份额,可用公式表示为

$$Q_i = S_i \cdot Q \tag{5-1}$$

式中:Q_i——第 i 个企业需求量;

S_i——第 i 个企业的市场占有率;

Q——市场需求总量。

式 5-1 中的企业的市场占有率指的是企业需求在市场需求总量中所占的比重。从式 5-1 可以看到,企业需求量的大小不仅取决于企业产品的市场占有率,而且还取决于该产品的市场需求总量。

▶ 4. 企业需求潜量

企业需求潜量是指某企业经过促销努力，在市场开发达到最高程度的情况下，出现的最高水平的市场需求量。在特殊情况下，企业需求潜量可能与市场潜量等同，但在绝大多数情况下，企业需求潜量低于市场需求潜量。

二、影响市场需求的因素

商品的市场需求会随着消费者自身因素及其所处的外界环境的变化而变化。影响顾客群体购买的因素有很多，主要有以下四个：

▶ 1. 外界环境

市场需求受到众多环境因素的影响。例如，新产品的更新换代造成旧产品的市场需求锐减，科技的进步促进了某些高新技术产品的市场需求的飙升。

▶ 2. 消费习惯

消费习惯决定着顾客群体或每一顾客对某种商品的消费方式和消费数量。例如，高收入阶层喜欢用昂贵的住宅和汽车来体现其身份，因此随着我国经济的快速发展，不断扩大的高收入阶层对这些昂贵的住宅和汽车的需求大大增长。

▶ 3. 促销刺激

企业的市场促销行为影响它们的产品市场需求。例如，产品价格上涨或下跌、购物的优惠措施、新产品的免费试用等，都可能改变人们的购物兴趣和欲望。

市场需求和企业的市场营销力度具有一定的对应关系。市场需求曲线是从最低需求逐步上升的，能够达到的最大需求水平成为需求潜量。最低需求是指企业没有任何促销行为时，受到消费者本身消费习惯、生活需要等因素的影响，市场上出现的对某种产品的需求，也称为基本需求或市场最小量。随着促销费用的增加，促销活动对顾客的购买欲望产生越来越大的影响，市场需求因此不断上升。

一般而言，促销活动对市场需求的刺激作用，受到购物心理和消费习惯等因素的影响，是一个逐步减弱的过程。在促销费用相对较少、促销力度较弱的阶段，随着促销力度的提高，市场需求以较高的速度增长，并且有不断加快的趋势；当促销力度加大到相对较高的水平后，市场需求随促销费用增加而增长的速度逐步下降，市场需求曲线变得接近于一条水平线。在此之后，企业继续增加促销费用，其效果则趋向于零，即加大促销力度不再可能显著地带来市场需求的增加，这时所达到的市场需求水平也是顾客消费的饱和水平，已经达到市场需求的最大界限，称为需求潜量。所以，企业要适当利用促销手段，掌握好促销的力度，才能为企业带来最大的经济效益。

▶ 4. 顾客群体的构成

顾客群体的构成包括群体的人口数量以及各收入层次的构成等因素，这些因素也会影响市场需求。对于日常生活必需品，如食品、饮料、服装等，人口数量越多，其市场需求量就越大。而对于价格较高的商品，如DVD机、等离子电视、数码相机等，其市场需求量不但取决于人口数量，还取决于人们的收入水平，只有高收入水平的人口数量多，其市场需求才会比较高。

三、当前市场需求的估算

(一) 总市场潜量的估算

市场潜量问题是市场预测的一项重要内容。总市场潜量是在一定时期内，在一定的行

业营销水平和特定的营销环境下,一个行业所有企业所能获得的最大销售量(数量或金额),可以用公式表示为

$$Q = N \cdot C \cdot P \tag{5-2}$$

式中:Q——市场需求量,通常以顾客购买的商品价值量表示;
N——购买者人数;
C——人均年购买量;
P——商品平均价格。

例如,如果明年全国有 250 万户家庭准备购买汽车,平均每户买 1 辆,每辆汽车的平均价格为 10 万元,那么明年家用汽车的总市场潜量就是

$$Q = 2\,500\,000 \times 1 \times 100\,000 = 2\,500(亿元)$$

(二)区域市场需求的估算

企业除了要计算总的市场潜量以外,还要估算出区域市场需求,从而选择欲进入的最佳区域,并在这些区域内最佳地分配其市场营销费用。目前区域市场需求估算主要有两种方法:市场累加法和购买力指数法。产业用品生产企业一般使用市场累加法,而消费品生产企业较多采用购买力指数法。

▶ 1. 市场累加法

市场累加法是指先确认某产品在每一个市场的可能购买者,然后将每一个市场的估计购买潜量相加。当企业掌握所有潜在买主的名单以及每个人可能购买产品的估计量时,可直接采用市场累加法。

▶ 2. 购买力指数法

购买力指数法是指借助与区域购买力有关的各种指数(如区域购买力占全国总购买力的百分比,该区域个人可支配收入占全国的百分比,该区域零售额占全国的百分比,以及居住在该区域的人口占全国的百分比等)来估计其市场潜量的方法。

(三)企业销售增长率的估算

销售增长率一般指企业当年销售额与上年销售额相比增长的幅度。销售增长率为正数且比较大,说明企业的用户购买量在增加,反映了企业竞争能力的提高;反之表明企业竞争力在衰退,企业的销售增长率往往只有与行业发展速度和国民经济的发展速度进行对比分析才有意义。如果企业的销售额当年比去年有所增长,但增长的幅度小于行业或国民经济的发展速度,则表明经济背景是有利的,市场总容量在不断扩大,但扩大的部分被企业占有的比重则相对减少,大部分新市场被其他企业占领了,因此,本企业的竞争力相对下降。

(四)市场占有率的估算

市场占有率是指市场总容量中企业所占的份额,或在已被满足的市场需求中有多大比例是由本企业占有的。预估本企业产品在未来时期可以达到的市场占有率大小,可为企业确定产品的生产经营规模和制订具体的市场销售计划提供依据,可以用公式表示为:

$$R_i = \frac{Q_i}{Q} \times 100\% \tag{5-3}$$

式中:R_i——市场占有率;
Q_i——本企业产品市场销售量;
Q——同类产品的市场总销量。

市场占有率的高低可以反映本企业竞争能力的强弱。企业占有的市场份额越大,说明购买本企业产品的消费者数量越多;消费者之所以购买本企业产品而不是其他企业的产

品，说明本企业产品的竞争力比较强。同样，市场占有率的变化可以反映企业竞争能力的变动。如果企业的市场占有率本身虽然很低，但与去年相比有了很大提高，这说明企业竞争能力在逐步提高。

四、市场需求预测的方法

（一）定性预测方法

定性预测方法是预测人员根据掌握的调查资料和自身的经验、判断能力对预测对象未来的发展变化情况进行预测和推测。

▶ 1. 集合意见法

集合意见法是将有关生产、销售、咨询等单位和个人集中在一起共同讨论市场的发展变化，进行综合判断提出预测方案的一种方法。

▶ 2. 专家意见法

专家意见法是指企业利用经销商、分销商、供应商以及其他一些专家的意见进行预测。利用专家意见有多种方式。例如，组织一个专家小组进行某项预测，这些专家提出各自的估计，然后交换意见，最后经过综合，提出小组的预测。

目前，应用较普遍的是德尔菲法，它是由美国兰德公司率先提出并推广使用的一种方法。德尔菲法有三个特点：一是匿名，不公开预测专家的姓名与职务；二是采用函询的方式，专家们不必集中到一起讨论，通过函件往来发表自己意见和了解别人的意见；三是反馈，将各位专家的意见加以集中整理后，反馈给各位专家，让专家们参照别人的意见不断修正自己的判断，经过数次反馈后，再次收集专家们的意见，进行统计分析，计算综合预测值，一般以平均数或中位数来表示专家们意见的倾向性。

▶ 3. 市场试销法

市场试销法是指通过向某一特定的地区或对象，采用试销手段向该实验市场投放新产品或改进的老产品，在新的分销途径中取得销售情况的资料，用其进行销售的预测。其预测模型可用公式表示为

$$Y_t = Q \cdot N \cdot D\% \tag{5-4}$$

式中：Y_t——下期的预测销售量；

Q——每单位用户平均消费量；

N——总用户数；

$D\%$——重复购买的比重。

如果购买者对购买并没有认真细致的计划，或其意向变化不定，或专家的意见不十分可靠，需要利用市场试销法。

（二）定量预测方法

定量预测方法，也称数学分析法，是在占有各项有关资料的基础上，根据预测的目标、要求，选择合适的数学模型进行预测，然后根据企业内部和外部的变化情况加以分析，以取得所需要的预测值的方法。

▶ 1. 时间序列分析法

时间序列是将过去的历史资料和数据，按时间顺序排列起来的一组数字序列。以时间序列为基础推断预测目标未来数量关系的方法就是时间序列分析法。这种方法有一个基本的假设，即事物过去和现在的发展变化趋向会继续延续到未来，它撇开对事物发展变化的因果关系的具体分析，直接从时间序列的统计数据中找出反映事物发展的演变模式，并据

此来推预测目标的未来发展趋势,得到定量数据。经常使用的时间序列分析法有简单平均法、移动平均法等。

(1) 简单平均法。简单平均法是用前 t 期的时间序列数据的平均值作为第 $t+1$ 期的预测值。在时间序列数据没有明显的增长趋势或周期变动规律的场合,采用简单平均法是合适的。

(2) 移动平均法。移动平均法就是以第 t 期的步长为 N 的移动平均值 M_t 作为第 $t+1$ 期的预测值。相对简单平均法来说,移动平均法采用的时间序列数据可以少一些,或者说,移动平均法只是重视近期观察数据反映的市场需求变动趋势,忽视较早时间序列反映的变动趋势。

▶ 2. 统计需求分析法

时间序列预测法把过去和未来的销售都看成是一个时间函数,与任何实际需求因素无关。但是,任何产品的销售都受到许多因素的影响。统计需求分析法是为揭示影响销售的最重要的实际因素和研究它们相互影响而设计的一套统计方法。最常见的分析因素有价格、收入、人口和推销。

例如,某日用电器公司为预测某地区的销售量,通过市场调查和分析判断,认为该地区日用电器需求量与该地区居民年人均收入和新增就业人数有着密切联系,它们之间的关系可用如下方程表示

$$Q=53.886+4.822X_1+1.013X_2$$

式中:Q——日用电器的年销售额,亿元;

X_1——居民年人均收入,千元;

X_2——新增就业人数,十万人。

设该地区今年的居民年人均收入为 15 000 元,新增就业人数为 40 万人,代入上式可预测出该地区日用电器的需求量为

$$Q=53.886+4.822\times15+1.013\times4=130.268(亿元)$$

经调查发现,该地区今年的日用电器的实际需求量为 126.5 亿元,预测结果与它相差不大,说明这个方程是很有效的。企业只要预测该地区明年的居民年人均收入与新增就业人数,就可以运用上式预测明年的需求量。

但是,企业在应用这种方法时,应注意可能会削弱统计需求方程有效性或用途的五个问题:观察值太少;自变量之间的相关关系太多;违背正态分布的假设;自变量与因变量之间的关系不清;未考虑到新的变量的出现。

本章小结

为了在竞争激烈的市场环境中求得生存与发展,企业必须重视对市场营销信息的搜集、处理及分析,建立起有效的市场营销信息系统,才能具有较强的应变能力,从而及时做出正确的决策。市场营销信息系统由内部报告系统、营销情报系统、营销调研系统和营销决策支持系统组成。

现代市场调研具有目的性、系统性、真实性的特点。市场营销调研所要完成的任务可以是描述市场现状、解释市场现象或者预测市场的未来。市场调研内容包括宏观市场调研与微观市场调研,但微观市场调研是现代市场调研的主体内容。

一般来说,市场调研活动由确定调研主题和调研项目,编制调研方案,确定市场调研的方法、处理与分析调研资料、制定营销决策等步骤构成。

市场调研方法有间接资料调研方法和直接资料调研方法。间接资料调研方法是通过内部资料和外部资料收集来了解有关市场信息，这种方法相对简单。直接资料是指通过实地调研收集的资料。实地调研的方法有多种，归纳起来，可分为观察法、实验法、访问法三类。观察法更适合描述型调研，不适合因果调研；实验法最适合因果调研，可以有控制地分析、观察某些市场现象的因果关系及其相互影响程度；访问法介于观察法的探索性和实验法的严密性之间，是最常见的方法，更适合于描述性调研。

企业对市场需求进行测定时，主要测量市场需求量、市场需求潜量、企业需求量、企业需求潜量四个方面。

产品的市场需求会随着消费者自身因素及其所处的外界环境的变化而变化。影响顾客群体购买的因素有很多，主要有外界环境、消费习惯、促销刺激、顾客群体的构成等。

企业进行市场需求预测时，可以采用定性预测方法或定量预测方法，也可以综合使用两种方法。

思考题

1. 市场调研的基本程序包括哪些阶段？
2. 你认为实验法可以用于调查研究什么样的问题？
3. 比较描述性调研、因果性调研、预测性调研这三种市场调研类型的差别。
4. 顾客群体的构成因素如何影响高档耐用消费品的需求？

实训实习

一、实训目标

运用消费者行为调查方法，分析产品的市场需求，以便更好地制定产品的市场营销策略。

二、实训任务

通过大学生就餐行为的调查，为引导大学生健康饮食习惯，鼓励大学生到食堂就餐提供建议。

案例分析：
案例一
可口可乐新口味的失败

三、实训步骤

1. 设计一份"本校大学生食堂就餐及快餐外卖消费状况调研"的调查问卷并进行实际调查，通过调研了解大学生食品消费状况、大学生食堂就餐满意度，以及大学生快餐外卖消费行为。

2. 收集二手资料，形成以"大学生食品消费"为主题的消费者行为分析报告。

案例分析：
案例二
春花童装厂的困惑

3. 为改善大学食堂营销策略和引导大学生健康饮食习惯提供建议和依据。

第六章 市场营销战略

学习目标

1. 了解企业战略的定义和组成部分；
2. 理解市场营销战略的内涵、类型、作用及其选择；
3. 理解如何确定企业使命和战略目标；
4. 掌握如何确定战略业务单位；
5. 掌握如何制定新业务发展战略。

导入案例

两家鞋业制造公司分别派出了一个业务员去开拓市场，一个叫汤姆，一个叫板井。在同一天，他们两个人来到了南太平洋的一个岛国。到达当日，他们就发现当地人全都赤足，不穿鞋！从国王到贫民、从僧侣到贵妇，竟然无人穿鞋子。当晚，汤姆向国内公司总部老板发了一封电报："上帝呀，这里的人从不穿鞋子，有谁还会买鞋子？我明天就回去。"板井也向国内公司总部老板发了一封电报："太好了！这里的人都不穿鞋。我决定把家搬来，在此长期驻扎下去！"两年后，这里的人都穿上了鞋子……

（资料来源：李红萍. 用营销观念指导教学活动[N]. 山西经济日报，2004-11-25.）

思考：
什么是市场营销战略？为什么要学习市场营销战略？

第一节 企业战略与市场营销战略

一、企业战略的内涵

（一）企业战略的定义

总体来说，"战略"原是个军事方面的概念。在中国它起源于兵法，指将帅的智谋，后来指军事力量的运用。《辞海》对战略的定义是："军事名词。对战略全局的筹划和指挥。

它依据敌对双方的军事、政治、经济、地理等因素,照顾战争全局的各个方面,规定军事力量的准备和运用。"

一个战略就是设计用来开发核心竞争力、获取竞争优势的一系列综合的、协调的约定和行动。如果选择了一种战略,公司即在不同的竞争方式中作出了选择。从这个意义上说,战略选择表明了这家公司打算做什么以及不做什么。当一家公司实施的战略,竞争对手不能复制或因成本太高而无法模仿时,它就获得了竞争优势。只有当竞争对手模仿其战略的努力停止或失败后,一个组织才能确信其战略产生了一个或多个有用的竞争优势。当然,没有任何竞争优势是永恒的,竞争对手获得用于复制该公司价值创造战略的技能的速度,决定了该公司竞争优势能够持续多久。

企业战略是对企业各种战略的统称,从层次结构来看,典型的企业战略一般分为总体战略、经营战略和职能战略。从内容构成来看,企业战略包括营销战略、发展战略、品牌战略、融资战略、技术开发战略、人才开发战略和资源开发战略等。企业战略虽然有多种,但基本属性是相同的,都是对企业的谋略,都是对企业整体性、长期性、抗争性、纲领性、基本性问题的计谋。各种企业战略有同也有异,相同的是基本属性,只是谋划问题的层次与角度不同。而战术是针对当前形势、情境,灵活适应短期变化、解决局部问题的方法和措施。

(二)企业战略的组成部分

概括起来,企业战略包括四个组成部分。

▶ 1. 战略思想

企业战略思想是整个企业战略与企业管理的指导思想与准则,是企业战略的灵魂。战略思想指导着企业整个战略管理与实施的全过程,是企业内部管理者和员工行动的准则,对于企业的发展有着十分重要的指导意义。

▶ 2. 战略目标

企业战略目标是企业要达到的预期结果,是企业战略的核心,反映企业的经营预期。战略目标能使企业外部环境与内部条件实现动态平衡,获得长期、稳定和协调的发展;能激励企业各部门、各级员工有机地联结成整体,发挥整体功能,提高效率。

▶ 3. 战略重点

企业战略重点是指具有决定性意义的战略任务,是企业战略的关键。它是关系到区域全局性的战略目标能否达到的重要的部门或项目。没有重点,就没有政策。抓住战略重点,可以实现企业的突破性发展,可以促进企业的长远稳定发展。

▶ 4. 战略部署

企业战略部署是指企业在经营和发展中对企业的资源和能力的区分和配置,是企业战略成功实施的保障。企业只有制定正确的战略部署,合理区分和配置自身的资源和能力,才能保证企业战略成功实施。

二、市场营销战略的内涵

(一)市场营销战略的定义

市场营销战略是指企业为实现长远经营目标,对其市场营销活动制订的一种长期性、全局性、系统性的筹划谋略与行动总方案。首先,市场营销战略是企业实现目标的一种手段,制定营销战略必须始终围绕企业成长与发展目标来进行。其次,它是一种竞争手段,是企业在市场竞争中克敌制胜的重要武器,因而市场营销战略应有针对性,应在充分研究竞争对手特点的基础上来制定。最后,营销战略的制定是一个动态过程,需要在辨识、选择市场机会的过程中不断地调整、修正。

(二) 市场营销战略的特点

与具体的营销战术相比,市场营销战略具全局性、长期性、面向未来、系统性、竞争性、风险性和相对稳定性等特点。营销战略体现企业全局的发展需要和根本利益,关系到企业的兴衰命运,所以带有全局性的特点。

营销战略从当前企业现状和市场环境出发,着眼于未来,指导和影响未来较长时期内企业的生产经营活动。因此,企业在制定营销战略时必须有远见,能预测市场的长期发展变化态势,才能在竞争中立于不败之地。而从企业发展的角度来看,企业今天的行动是为了执行昨天的战略,企业今天制定的战略正是为了明天更好地行动,因此企业战略的拟定要着眼于企业未来的生存和发展。而市场营销战略是关于企业经营活动的总体部署,体现着企业高、中、低各个层次的发展要求。企业也需要通盘考虑,统筹规划,系统地安排各职能部门的业务活动。市场营销战略必须与不断变化的市场环境相适应,进行经常性的修改、调整。

制定企业营销战略的目的就是在激烈的竞争中壮大自己的实力,使本企业在与竞争对手争夺市场和资源的斗争中占有相对优势。因此,企业营销战略就是针对来自环境及竞争对手等各方面的冲击、压力、威胁和困难,为迎接这些挑战而制订的长期行动方案。它只能建立在企业对未来市场状况预测的基础之上。而市场状况错综复杂,变化无常,使得预测成为一项充满风险的行为。营销战略必须在一定时期内具有稳定性,才能在企业营销实践中具有指导意义,朝令夕改会使企业经营发生混乱。当然企业营销实践又是一个动态过程,指导企业营销实践的战略也应该是动态的,以适应外部环境的多变性。例如,美国摩托罗拉电子公司早在20多年前制定经营战略时,就预测到彩电行业的竞争会日益激烈,从而果断甩掉其彩电生产线,全力投入无线通信产品的开发,因此才获得当时世界无线通信行业龙头老大的地位。

三、市场营销战略的类型

(一) 按竞争地位划分

▶ 1. 市场领先者战略

市场领先者是指在同一产品市场上,企业产品的市场占有率居于同行业企业之首。

▶ 2. 市场挑战者战略

市场挑战者是指市场占有率仅次于领先者,并有实力向领先者发动全面攻击的厂商。它的基本战略是扩张市场占有率,从而增加盈利率。

▶ 3. 市场追随者战略

市场追随者必须知道怎样维持现有的顾客,以及怎样去争取一定数量的新顾客。

▶ 4. 市场利基者战略

市场利基者战略的关键在于实行专门化。市场利基者要完成三个任务:创造补缺市场、扩大补缺市场、保护补缺市场。例如,著名的运动鞋生产商耐克公司,不断开发适合不同运动项目的特殊运动鞋,如登山鞋、旅游鞋、自行车鞋、冲浪鞋等,这样就开辟了无数的补缺市场。每当开辟出这样的特殊市场后,耐克公司就继续为这种鞋开发出不同的款式和品牌,以扩大市场占有率,如耐克充气乔丹鞋、耐克哈罗克鞋。

(二) 按企业主要竞争手段划分

▶ 1. 成本领先战略

成本领先战略的优势包括:可以抵御竞争对手的进攻;具有较强的对供应商的议价能

力；形成了进入壁垒。

成本领先战略的适用条件：市场需求具有较大的价格弹性；所处行业的企业大多生产标准化产品，价格因素决定了企业的市场地位；实现产品差异化的途径很少；多数客户以相同的方式使用产品；用户购买从一个销售商改变为另外一个销售商时，转换成本很小，因而倾向于购买价格最优惠的产品。

▶ 2. 差异化战略

差异化战略的方法多种多样，如产品的差异化、服务差异化和形象差异化等。实现差异化战略，可以培养用户对品牌的忠诚，使企业获得高于同行平均水平的利润。这种战略的重点是创造被全行业和顾客都视为独特的产品或服务。

采取差异化战略的风险包括：竞争者可能模仿，使得差异消失；保持产品的差异化往往以高成本为代价；产品和服务差异对消费者来说失去了意义；与竞争对手的成本差距过大；企业要想取得产品差异，有时要放弃获得较高市场占有率的目标。

▶ 3. 集中化战略

集中化战略可以分为集中成本领先战略和集中差异化战略。

集中化战略的条件包括：企业资源和能力有限，难以在整个产业实现成本领先或者差异化，只能选定个别细分市场；目标市场具有较大的需求空间或增长潜力；目标市场的竞争对手尚未采用统一战略。

实施集中化战略的风险有：竞争者可能模仿；目标市场由于技术创新、替代品出现等原因而需求下降；由于目标细分市场与其他细分市场的差异过小，大量竞争者涌入细分市场；新进入者重新细分市场。

(三) 按产品与市场组合方式划分

▶ 1. 市场渗透战略

市场渗透战略指企业想方设法，更加积极主动地在现有市场上扩大现有产品的市场占有率。市场渗透战略有以下三种主要方法：

(1) 促使现有顾客增加购买，包括增加购买次数，增加购买数量。

(2) 争取将竞争者的顾客转向本企业。

(3) 吸引新顾客，使更多的潜在顾客、从未使用过该产品的顾客购买。

▶ 2. 产品开发战略

产品开发战略是指向现有市场提供新产品或改进的产品，目的是满足现有市场的不同需求。比如，改变产品外观和造型，或赋予产品新的特色和内容；推出档次不同的产品；发展新的规格和式样等。

▶ 3. 市场开拓战略

它是由现有产品和新市场组合而产生的战略，即企业用现有产品开辟新的市场领域的战略。它是通过发展现有产品的新顾客群，从而扩大产品销售量的战略。通过这一战略，它可以使企业得到新的、可靠的、经济的和高质量的销售渠道，对于企业的生存发展具有重要的意义。将现有产品推向新市场，主要有以下两种方法：

(1) 在现有销售区域内，寻找新的细分市场。比如一家原以企事业单位为主要客户的电脑企业，开始向家庭、个人销售电脑；

(2) 发展新的销售区域，如从城市市场转入农村市场，由国内市场转向国际市场。

▶ 4. 市场多角化战略

多角化战略又叫多元化战略。如果经营单位在原来市场营销系统的框架之内已经无法发展，或市场营销系统之外有更好的机会，便可考虑多角化发展战略。它包括同心多角化、水平多角化、综合多角化三种方式。但是进行市场多元化战略必须要有主业或依托主业进行多种经营，这样，企业成功的可能性大一些。

（四）按企业市场发展划分

按企业市场发展划分市场营销战略包括一体化战略、多角化战略、密集型成长战略。

▶ 1. 一体化战略

一体化战略包括纵向一体化战略和横向一体化战略，其中纵向一体化战略包括前向一体化和后向一体化战略，横向一体化战略又叫水平一体化战略，如图6-1所示。

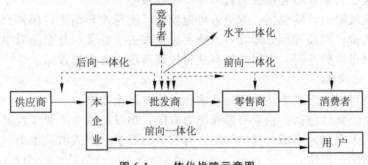

图6-1　一体化战略示意图

（1）前向一体化战略，即获得对分销商（包括代理商、批发商、零售商）的所有权或对其加强控制，或建立自己的分销网点，来实现产销一体化的成长战略。例如，许多大中企业在各大城市都设立了自己产品的专卖店或连锁店。

（2）后向一体化战略，即获得对供应商的所有权或对其加强控制，或者自己开办原料工厂，来实现供产一体化的成长战略。例如，生产方便面的企业可建立自己的面粉加工厂、调味油厂、调料厂、包装袋厂等，或兼并收购上述类型的中小企业。

（3）水平一体化战略，即获得与自身生产同类产品的企业的所有权或加强对它们的控制的战略。水平一体化可以通过购买、合并和联合等途径实现。

近年来，企业集团化、一体化已成为我国企业界为适应市场经济和对外开放要求的一种普遍趋势。

▶ 2. 多元化战略

多元化战略又叫多角化成长战略，有以下三种形式。

（1）同心多元化，也称为相关多元化，是以现有业务为基础进入相关产业的战略。企业对新市场、新顾客，以原有技术、特长和经验为基础，有计划地增加新的业务。比如，拖拉机厂生产小货车，电视机厂生产各种家用电器。由于是从同一圆心逐渐向外扩展经营范围，没有脱离原来的经营主线，利用和发展原有优势，风险较小，容易成功。当企业在产业内具有较强的竞争优势，而该产业的成长性或者吸引力逐渐下降时，比较适宜采取同心多元化战略。

（2）水平多元化，指针对现有市场和现有顾客，采用不同技术增加新的业务。这些技术与企业现有的技术能力没有多大关系。比如，一家原来生产农用拖拉机的企业，现在又准备生产农药和化肥。实际上，这是企业在技术、生产方面进入了一个全新的领域，风险较大。

（3）综合多元化，指企业以新的业务，进入新的市场。新业务与企业现有的技术、市场及业务毫无关系。比如，汽车厂同时从事金融、房地产、旅馆等业务。这种做法风险最大。

多角化增长并不意味着企业必须利用一切可乘之机，大力发展新的业务。相反，企业在规划新的发展方向时，必须十分慎重，并结合现有特长和优势加以考虑。好大喜功很可能导致惨败。

▶ 3. 密集型成长战略

密集型成长战略也称为加强型战略，是指企业在原有业务范围内，充分利用在产品和市场方面的潜力来求得成长的战略。它将企业的营销目标集中到某一特定细分市场，这一特定的细分市场可以是特定的顾客群，可以是特定的地区，也可以是特定用途的产品等。密集型成长战略包括三种类型：市场渗透战略、市场开发战略和产品开发战略。这种战略的重点是加强对原有市场的开发或对原有产品的开发。

（1）市场渗透战略。市场渗透战略是企业经营的最基本的发展战略。

一般来说，进行市场渗透主要有以下三种可选方式：首先，吸引现有产品的潜在顾客，把竞争对手的顾客吸引过来，以增加产品使用人的数量，如说服可口可乐的消费者饮用百事可乐；其次，刺激现有顾客的潜在需求，以增加产品使用人的平均使用量，如肉联厂宣传它生产的火腿肠不仅可以夹在面包里吃，还可以放在菜里、汤里吃，味道同样鲜美；最后，在尺寸、重量、材料、添加物、附件等方面突出产品特点，提高其使用的安全性、便利性，如在开罐头的工具上添加动力装置以增强其便利性与安全性。

（2）市场开发战略。它是发展现有产品的新顾客群，从而扩大产品销售量的战略。通过这一战略，企业可以得到新的、可靠的、经济的和高质量的销售渠道，对于企业的生存发展具有重要的意义。例如，2003 年，宝洁公司推出"9 块 9"飘柔的低价策略，是宝洁对付以纳爱斯为代表的国内日化企业的一个竞争手段。表面上看，这是在对消费者发力，实质上，是对县乡渠道发力，直接砍断纳爱斯的渠道网络。所以说"9 块 9"飘柔本质上是针对农村市场的市场开发战略。但这种超低价位的产品形象，可能会挫伤一直使用该品牌产品的中高端消费群，造成这部分消费者的品牌转移。

（3）产品开发战略。是指企业创造性地研制新产品，或者改良原有产品。例如，汽车设计的更新换代、饮食方式的创新、洗发水增加去头屑功能、变频空调等。

（五）按企业市场营销环境划分

▶ 1. 剧增战略

剧增战略主要是要在短时期内、大幅度地改变企业的竞争地位。在推出新产品的条件下，企业的任务主要是开拓可利用的市场。在现有产品的情况下，企业则要考虑采取取代该产品或进行低价营销的措施。

▶ 2. 扩充战略

扩充战略的竞争性或扩张性较剧增战略弱，主要是要在改进竞争地位的同时，能够在较长的时期内更大程度地巩固自己的地位。这一目的可以通过企业形成临时性的超额能力来达到。不过，企业真正实施这一战略需要有良好的计划能力和敢于承担风险的企业文化。

▶ 3. 连续增长战略

连续增长战略主要是为了维持企业的竞争地位。企业采取这种战略，就要在一定的时期内对自己正在发展的市场给予新的投资。在新增投资时，企业应注意不要超过自己的投资能力，即要把握住投资的机会和时间。

▶ 4. 零发展战略

零发展战略是指市场仍有发展，但企业有意放弃现有的竞争地位，即放弃保持目前市场占有率的努力。企业采取这种战略的主要出发点是企业现有产品的竞争能力比较弱，如果刻意加强该产品的竞争能力，企业就要付出较大的代价。因此，企业实施这一战略便意味着不再进一步投资，不再强化推销活动。如果这种产品的收益还大于成本，企业就让它存在下去；一旦该产品的收益小于成本，则终止它。为此，企业的经理人员要把握住产品的延长时间，尽可能地延长该产品的寿命，或者采取果断措施，及时终止这种产品活动。

▶ 5. 巩固战略

巩固战略只适用于饱和的市场，或者正在缩小但还没有完全消亡的市场。因此，巩固战略又可称为"稳定市场的零发展战略"。这种战略要求企业能在较短的时期内保持灵活性、适应性，以及一定的创造性。不过，企业在采取这种战略时，如果不能及早地认识市场的变化，则会有很大的风险。

▶ 6. 收缩战略

收缩战略也称为撤退型战略，包括转变战略、放弃战略、清算战略三种类型。这一战略的经营活动是"负"向发展。企业在某种产品或市场处于衰退阶段时，则应相应地缩减甚至停止有关的经营活动。当然，企业在采取这种战略时一定要谨慎。

四、市场营销战略的作用

▶ 1. 界定市场环境变化中的市场信息机会

研究市场机会是市场营销部门的基本职责之一。所谓市场机会就是消费者的需求尚未满足，或未能很好地得到满足。寻求市场机会，要经常性地进行市场调研和预测，可运用发展新业务的思路，发现和识别市场机会。首先要优化产品与市场的组合方式，从市场深入、市场开发、产品开发三个方面寻求机会，若不存在有吸引力的机会，可沿着一体化和多元化的思路继续发展。

▶ 2. 寻求趋利避害的长期谋划

市场营销战略从企业的现状和环境出发，从长远的角度谋划企业的发展，预测市场变化的趋势，防范和化解企业发展中可能遇到的市场风险和市场危机，确定增加新业务，寻求新的利润增长点。

▶ 3. 选择发挥有限资源最大效能的整合良机

市场营销组合是企业可以控制的基本手段。为了保证营销目标的实现，企业会对各种营销战略进行综合考虑、整体规划、合理编配和优化组合，扬长避短，使它们密切配合，发挥出系统功能，实现最佳的市场营销效果。

▶ 4. 实现企业可持续发展

任何一个企业的资源都是有限的，要利用有限资源实现企业可持续发展，科学的营销战略至关重要。营销战略关系到企业实现从有限资源到市场最大有效供给商品优势，再到市场胜势，最后到可持续发展强势的转化。

五、市场营销战略的选择

(一) 市场营销战略选择的内涵

市场营销战略选择是企业一项重大的战略决策，这是企业决策者通过拟定的几种战略方案进行比较和选优，从中选择一种较满意的战略方案的过程，是企业领导人的专业知识、工作能力、业务水平、实际经验、领导作风和领导艺术的集中体现。企业领导人必须要有战略头脑，即要具有高瞻远瞩的战略眼光，具有进行战略思维的素质和修养，具有对各种战略方案进行分析、比较、鉴别、判断及择优的能力。

市场营销战略的选择分为两个层次。第一个层次是公司总部的营销战略的选择，其主要过程是：根据下属各经营单位的实力及所处行业的吸引力与发展阶段对整个公司进行统筹分析；判断企业各经营单位保持现有战略组合条件下的公司绩效；将预期公司绩效与公司战略目标相比较，确定主要绩效差距；评价、判定采用缩小绩效差距的备选战略方案，作出战略选择。第二个层次是企业经营单位的营销战略的选择，其主要过程是：分析企业经营单位根据环境要求采取相应战略后可能出现的结果；将预计结果和企业经营单位的战略目标相比较，确定绩效差距和战略重点；评价、判定用来缩小绩效差距和解决营销战略重点的备选战略，作出战略选择。

（二）市场营销战略选择的影响因素

▶ 1. 现行战略

企业战略的评价分析往往是从对过去战略的回顾、审查现行战略的有效性开始的，它对最后作出战略选择往往有相当大的影响。由于在实施现行战略中已投入了相当多的时间、精力和资源，人们都承担了相应的责任，而制定战略的决策者又多半是现行战略的缔造者，因而企业作出的战略选择接近于现行战略或只是对现行战略作局部改变是不足为奇的，因为这种沿袭现行战略的倾向已渗透到企业组织之中。这种对现行战略的继承或惯性作用有其优点，即便于战略的实施，但如果在现行战略有重大缺陷濒于失败时仍拘泥于此，则将是一种危险，应当对此倾向有所警惕，必要时应作出相应的人事调整以克服这种惯性。

▶ 2. 外部环境

全局性战略意味着企业在更大的外部环境中必然要面对所有者、供应商、顾客、政府、竞争者及其联盟等外部因素，这些环境因素从外部制约着企业的战略选择。如果企业高度依赖于其中一个或多个因素，其战略方案的选择就不能不迁就这些因素。企业对外部环境的依赖性越大，其战略选择余地及灵活性就越小。例如，一个企业主要生产为另一个企业配套的协作件，则其经营战略就不得不适应该协作单位的要求。

▶ 3. 领导者的价值观及对待风险的态度

企业领导人的价值观及对待风险的态度对战略选择影响极大。甘冒风险、对风险持乐观态度的决策者有较大的战略选择余地，最后会选择风险较大、收益也较大的战略方案；相反，不愿冒风险，对风险持畏惧、反对态度的决策者，其战略选择余地较小，风险型方案就会受到排斥，最后会选择较为稳妥的收益适中或较小的战略方案。过去的战略对保守型管理者的影响比对冒险型管理者的影响要大得多，因此企业领导人的价值观不同，对风险的态度不同，最后选定的战略是很不相同的。

▶ 4. 权力因素

实践证明，企业的战略选择更多地是由权力而非理性分析来决定的。在大多数组织中，权力主要掌握在最高负责人手里，他们在战略选择中起决定性作用。在许多企业中，主要领导人倾向于选择某种战略时，其他决策者就会同意这种选择。还有另一种权力来源，人们称之为联盟。在大型组织中，下属单位和个人，尤其是主要管理人员，往往因利益关系而结成联盟，以加强他们在主要战略问题上的决策地位，往往是企业中最有力的联盟对战略选择起决定的作用。在决策的各个阶段都有相应的政治行为在施加影响，不同的联盟有不同的利益和目标，政治行为在组织决策中是不可避免的，应将其纳入战略管理之中，个人、下属和联盟之间的正式和非正式谈判和讨价还价，是组织协调的必要机制，确认和接受这一点，在选择未来战略中就能强化向心力，选择出更切实际的战略。

▶ 5. 时间因素

时间因素主要从几个方面影响战略的选择：第一，有些战略决策必须在某个时限前作出，在时间紧迫、来不及作全面仔细的评价分析的情况下，决策者往往着重考虑采用这种战略方案产生的后果，而较少考虑接受这种战略方案效益，这时往往选择防御性战略；第二，战略选择也有一个时机问题，一个很好的战略如果出台时机不当也会给企业带来麻烦，甚至是灾难性后果；第三，不同的战略产生效果所需时间是不同的，如果经理人员关心的是最近两三年内的企业经营问题时，他们大概不会选择五年以后才产生效果的经营战略，即战略所需的时间长度同管理部门考虑中的前景是关联的，企业管理者往往着眼于长远目标，从而选择较长时间跨度的战略。

▶ 6. 竞争对手的反应

企业高层领导在作出战略选择时，要全面考虑竞争对手将会对不同的战略作出哪些不同的反应，如果选择的是一种进攻型战略，对竞争对手形成挑战的态度，则很可能会引起竞争对手的强烈反击，企业领导必须考虑这种反应，估计竞争对手的反击力，以及对战略能否取得成功可能存在的影响。

除上述六项因素外，企业在最后作出战略选择时，应采取权变的态度，如果企业战略的基本假设条件发生变化，就要调整或修改已选定的战略。因此，没有入选的战略方案应当存档，在今后的战略调整或修改过程中仍会有较大的参考价值。

（三）市场营销战略选择的方法

对企业经营单位的营销战略进行分析及选择，类似于对从事单一产品市场的企业所做的分析，常用的方法有 SWOT 分析、战略选择矩阵、战略聚类模型等。这种分析的基本思路是：比较企业经营的内外部因素，判断企业的优势和劣势、机会和威胁，从而根据具体情况选择营销战略。

▶ 1. SWOT 模型分析

SWOT 分析就是企业在选择战略时，对企业内部的优劣势以及外部环境的机会与威胁进行综合分析，据此对备选战略方案作出系统评价，最终达到选出一种适宜战略的目的。企业内部的优劣势是相对于竞争对手而言的，表现在资金、技术设备、职工素质、产品市场、管理技能和营销实力等方面。衡量企业优劣势有两个标准：一是资金、产品、市场和营销等一些单方面的优劣势；二是综合的优劣势，可以选定一些因素评价打分，然后根据重要程度进行加权，取各项因素加权数之和来确定企业是处在优势还是劣势。在战略上若企业内部优势强，就宜于采取发展型战略，否则就宜于采用稳定型或紧缩型战略。

SWOT 分析的一般做法是，依据企业的方针列出对企业发展有重大影响的内部及外部环境因素，继而确定标准，对这些因素进行评价，判定是优势还是劣势，是机会还是威胁。也可逐项打分，然后按要素的重要程度加权求和，以进一步推断内部优势有多大及外部环境的好坏。

2. 战略选择矩阵

这也是一种指导战略选择的模型，结合企业自身优劣势和内外部资源运用两方面的情况，回答企业适用于哪种战略的问题，如图 6-2 所示。

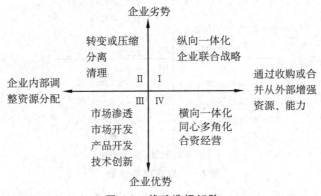

图 6-2　战略选择矩阵

象限Ⅰ中的企业往往认为，自己当前全力经营的业务增长机会有限或风险太大，它们可采用纵向一体化战略来减少原材料供应或向产品下游延伸的不确定性带来的风险，或采用企业联合战略，这样既能获利，管理部门又不用转移其对原有经营业务的注意力。但从外部来增强资源能力耗费的时间长和资金量大，战略管理人员须注意防止在克服劣势中又造成另一些劣势的情况。

象限Ⅱ中是较保守的克服企业劣势的办法。企业采用压缩、精简的办法，将资源集中于有竞争优势的业务。如某种业务劣势已构成重大障碍或克服劣势将耗费甚大，或成本效益太低，就必须考虑采用分离战略，把这种业务分离出去。当该项业务已经白白耗费组织资源并有导致企业破产的危险时，可考虑采取清理战略。

象限Ⅲ是企业具有优势，例如企业产品的市场占有率要求企业扩大生产以达到规模经济，而且企业认为能从内部增加投入来达到此目的，可从市场渗透、市场开发、产品开发及技术创新这四种战略中进行选择。

象限Ⅳ是企业具有优势，而且可通过向外部积极扩大势力范围以进一步增强企业优势，则可以从横向一体化、同心多角化经营或合资经营等战略中进行选择。

3. 战略聚类模型

这是由市场增长率和企业竞争地位两个坐标所组成的一种模型，是可供企业选择战略使用的一种指导性模型，它是由小汤普森与斯特里克兰根据波士顿矩阵修改而成的，如图 6-3 所示。

象限Ⅰ中的企业处于最佳战略地位，宜继续集中力量经营现有的业务，不宜轻易转移其既有的竞争优势。但如果企业资源有余力，可考虑纵向一体化，也可采用同心多角化经营。

象限Ⅱ中的企业必须认真评估其现有战略，找出绩效不佳的原因，判断有无可能扭转局面，使竞争地位转弱为强，四种可能的选择是制定或重新制定市场开发或产品开发战略、横向一体化、分离和清理。在迅速增长的市场中，即使弱小的企业也往往能找到有利可图的位置，因此首先应考虑制定或重新判定产品开发或市场开发战略。如果企业无力获得成本效率(或因缺乏必要条件，或因无规模经济)则可考虑横向一体化，若再无力增强地位，可考虑退出该市场或产品领域的竞争，多种产品的企业可分离出耗费大、低效益的业务，如经营失败，最后还可以清理，以避免拖延造成更大的损害。

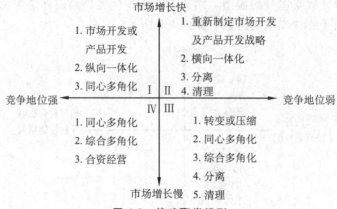

图 6-3　战略聚类模型

象限Ⅲ中的企业，通常是要减少其对原有业务的资源投入，压缩战略撤出的资源最少，既能得到转移投资所需资金，又能促使职工提高工作效率，同心或联合多角化经营战略的一体化经营战略更便于进入有前途的竞争领域。如果能找到持乐观态度的买主可以采取分离或清理战略。

象限Ⅳ中的企业，有通过各种经营转向增长形势看好的领域的实力。这些企业的特点是资金多而企业内部增长需要有限，可进行同心或联合多角化战略以利用原有经营优势，分散投资风险。合营对跨国企业尤其有吸引力，与国内企业合营，可开拓有前途的新领域，从而获得竞争优势。

▶ 4. 应用战略选择模型的局限性

（1）这三种模型均为概念模型，即从概念出发，通过对公司内外部条件的分析（往往外部集中于市场或行业吸引力，内部往往注重于企业竞争力）来确定战略位置，提出相应的战略建议，因此这些模型仅能提供给决策人员一种思路，并不能实际决定企业的战略。

（2）这三种战略选择模型中都是采用两个维度将平面划分成四个象限就决定了企业战略的选择，这些模型都属于规范性分析模型，它们的目标是将战略分配成规范化、模式化的，然后对应于一套标准战略，而实际上企业战略的选择研究应考虑的因素要复杂得多，企业的优劣势、竞争地位的强弱、平均增长的快慢都带有相当大的模糊性，决策人员打分加权求和也带有极大的主观性，不能排除人的偏见，或因对情况了解不够深刻而造成判断失误。因此，要求企业决策人把经营单位的经营状态确定在某个象限内是一件极为困难的事。

（3）战略选择是确定企业未来战略的一种决策，是非程序化决策，因此在进行战略选择时，除了要对市场增长率、企业竞争地位、企业优劣势以及企业外界环境等因素进行分析外，往往还要考虑许多非理性的非计量因素，例如企业领导人的价值观及其对风险的态度等，这些非理性的非计量因素是用模型分析所解决不了的，决策是科学同时也是艺术。

总之，在进行战略选择时，应注意调查研究，掌握第一手资料，广泛听取各方面的意见，将定量分析与定性分析相结合，把实证性研究与规范性研究结合起来，才能选出切合企业实际和宏观及中宏观环境变化趋势的、使企业兴旺发达的战略来。

第二节 确定企业使命与战略目标

市场营销战略的制定是从分析和解决最基本的战略问题开始的。战略计划的编制者首先要认识企业使命与确定战略目标。

一、认识和确定企业使命

（一）企业使命

对于企业使命概念的界定和表述有广义和狭义之分，本书采用的是一般广义的概念。企业使命是企业存在的根本理由和如何使企业得以存在的基本行为规范及指导原则。它反映企业的目的、特征、性质、价值观和企业力图为自己树立的形象，界定企业的主要产品和服务范围，规定企业试图满足的目标顾客的基本需求，揭示本企业与其他企业在价值创造和实现上的差异。

建立一个企业总是为了完成某些事，如制造汽车、卖衣服，或者提供网络服务。这样的企业一开始就有明确的使命。以后，随着时间的推移，企业增加了新产品，开辟了新市场，其使命变得模糊起来。或者，企业的使命依然很明确，可是对于新的环境条件已失去意义。这时就必须重新确定企业的使命。20世纪70年代中期，许多美国公司面对迅速变化的环境感到迷茫。彼得·德鲁克认为，这时公司应该在一些根本性的问题上作出选择：我们的企业是干什么的？顾客是谁？我们对顾客的价值是什么？我们的业务将是什么？我们的业务应该是什么？菲利普·科特勒认为，这些听上去很简单的问题，正是企业必须经常面对的最大难题，即企业使命问题。

（二）影响企业使命的因素

一个企业的使命有时候很容易确定，有时候却很难。在理论上，企业使命由市场、外部环境及内部资源这样一些客观因素决定。在实际中，企业使命还受到一些主观因素的影响。决定企业使命的是许多主客观力量多次均衡以后形成的合力。

一般地，确定企业使命要考虑企业历史、管理者偏好、外部环境和内部资源这四个关键性因素。换言之，确定企业使命必须尊重自己在历史上的显著特征，企业的所有者、管理当局的信念、愿望和抱负，甚至他们的个性心理，关注环境变化中的主要机会和威胁以及企业战略资源的使用限度。例如，由于经营环境的变化，机构臃肿的德国传统商业银行巨头德意志银行面临困境，董事会主席布鲁尔决心发动两个根本转变，将业务重心从商业银行向投资银行转移，将经营区域从欧洲向美洲乃至全球范围扩展，从而取得了成功。因此，企业使命要顺应时代潮流。

（三）企业使命的说明书

企业使命最后要形成文件。许多组织制作了企业任务说明书，用以昭示其经理人员和员工，使他们负有共同的使命感。要使使命说明书发挥作用，必须使其中的内容具体化、特点明晰化。例如，摩托罗拉公司的目标是为社会的需要提供良好的服务。公司为顾客提供价格公平合理、质量上乘的产品和服务，并由此获得适当的利润，实现公司的整体发展。公司也为员工和股东提供机会，以达到他们个人合理的目标。

一份好的企业使命说明书应体现出一系列特征，使之能最大程度地有效。

（1）要以市场需求为导向来界定企业的使命，而不应以产品或技术为导向来说明其任务。企业经营必须被看成是一个顾客的需求被满足的过程，而不是一个产品生产或技术应用过程。产品和技术最终会过时，而基本的市场需求则是永恒的。以满足顾客需求为己任，企业才能在不断创新中发展自己。菲利普·科特勒比较了几家公司，它们的使命界定经历了从产品导向向市场需求导向的转变，如迪士尼由"我们经营主题乐园"（产品导向）向"我们提供幻想和娱乐"（需求导向）转变等。

（2）任务说明书要适当规定企业的业务范围，范围大小要切合实际，要避免过于狭窄或不着边际。业务范围可以从以下几个方面来确定：

① 市场细分范围。这是企业希望为之服务的目标市场或顾客类型。企业可以选择一个细分市场，也可以选择多个细分市场。

② 行业范围。有些企业只参与一个行业的竞争，有的企业会经营几个相关行业的业务，还有一些企业无所不营。

③ 产品或服务应用范围。企业还必须确定其产品或服务的应用领域。例如，深圳讯达公司的"赢时通——中国证券商务网"的应用范围是：为中国 4 500 万股民和 7 000 万手机用户提供以移动商务为特征的多通道证券电子商务平台。

④ 地理范围。即企业希望开展业务的地区、国家或国际范围。有的企业只在一个市或省经营，而像宝洁、麦当劳那样的跨国公司几乎在全世界范围内经营。

⑤ 资源优势范围。企业还要确定自己所拥有的资源优势领域。联想公司原来做电脑，后来发展针对企业的互联网和电子商务。柳传志很有把握地说："联想由于与代理商有密切的联系，有销售渠道的优势，有物流的优势，全国任何一个地方，我们都可以在 24 小时内送货上门。这两点保障了我们在电子商务方面有良好的基础。"

⑥ 垂直整合范围。即企业为市场创造、提供价值的纵向深度。有的企业从原材料供应到产品加工、销售全都由自己干，有的企业则几乎什么都不干——典型的"皮包公司"，只有一个人守着一部电话和一张写字台，与上下游企业联系各种业务。

（3）任务的说明要明确具体，要阐述企业的主要政策。任务规定过于笼统，会使企业成员感到方向不明；任务规定缺乏可操作性，会使有关部门、工作人员各行其是。为了恰当限制个人自主的范围，任务说明书要特别强调企业打算遵循的重大政策，规定应如何对待顾客、供应商、分销商、竞争者和公众，使企业上下能对主要的目标行动协调一致，有一个共同的标准参照、遵循。使命说明书规定的方针，必须尽量缩小个人任意发挥和自主解释的余地。

（4）任务的说明要有激励性，提出企业远景和发展方向。使命说明书不应被表述为创造更多的销售额或利润，因为利润只不过是进行一项有用活动之后的报偿。企业职工需要感到他们的工作是有意义的，是对人类生活的一种贡献。如果职工对工作有兴趣，对企业的前途有信心，就会愿意同心协力朝着一个共同的方向前进。一份好的使命说明书，在表达和陈述上应富有激励性，能鼓舞人心。

二、制定战略目标

企业使命必须转化为各管理层次的战略目标。这涉及战略设计者怎样认识战略目标，战略目标包括哪些内容，怎样确定和表述战略目标。

（一）战略目标的定义和特点

战略目标是企业根据其使命所规定的在一定时期内预期取得的量化成果或努力方向。战略目标具有时间跨度较长、概括性、激励性和风险性、关系企业的生存发展等特点。换言之,一项战略目标的实现时间可能长达 1 年以上。企业的战略目标是企业营销努力的总体执行和控制标准,需要分部门、分阶段实现。战略目标描绘的是企业发展远景,因而能调动企业管理层和广大员工的积极性,但战略目标的实现受外界环境影响极大,风险性不可避免。

战略目标的特点解释了它为什么应该受到战略计划者的重视。彼得·德鲁克因此特别强调战略设计中必须把企业使命转化为各战略业务单位的目标。他说,并不是因为有了工作才有目标,而是因为有了目标才能确定每个人应该做的工作。如果一个领域没有方向一致的分目标来指导每个人的工作,则企业的规模越大,人员越多时,发生冲突和浪费的可能性就越大。

(二)战略目标的内容

一个企业可能追求一个战略目标,也可能追求多个战略目标。这意味着战略目标有广阔的选择空间。根据战略目标的不同内容,可将其区分为以下几类:

▶ 1. 社会责任目标

企业组织作为一个社会中的子系统,可能承担或者必须承担一定的社会责任,如促进社会经济可持续发展、贡献财政税收、赞助公益事业、提供就业机会、合理利用资源、消除污染、保护环境、保证供给和服务民众等。

▶ 2. 企业发展目标

追求发展是企业终其一生的目标。为了发展,企业需要扩大生产经营规模、扩大业务种类和范围、提高技术和管理水平和增加销售和利润等。这些通常需要表现为一系列业务成长指标而纳入公司的战略目标体系。

▶ 3. 企业安全指标

当发展过快、环境变化太快或遇到强劲竞争对手打压的时候,企业必须保证能安全地活下去。这时应考虑诸如资产负债率、流动比率、应收账款周转率、存货周转率和盈亏平衡点等安全指标。

▶ 4. 市场竞争目标

为了获得竞争优势,企业会考虑诸如市场占有率、销售收入、利润率、成本水平、质量水平、顾客满意度、品牌知晓度和美誉度等指标。随着互联网经济的成长,参与网络竞争的企业还频频使用"瞄准能力""点击率""上网费用""时间成本""精神成本"等概念。

▶ 5. 企业能力指标

反映一个企业能力高低的指标有研究开发能力、业务能力、销售能力、获利能力、环境适应能力和竞争能力等。这些指标在不同的企业有不同的分解形式,经理们的理解也有很大差别,如对于"核心竞争力"迄今仍众说纷纭。

▶ 6. 企业财务目标

财务状况反映一个企业的经营状况。许多企业会直接追求主要的财务目标,如资本构成、流动资金、固定资产增值和红利偿付等。由于现代企业各种利益关系异常复杂,往往很难用一个财务目标反映各种利益相关者的要求。

一个或多个经过选择、测定的战略目标,表明企业营销战略的努力方向或成就预期。把它或它们纳入企业营销战略计划,就成为目标管理的依据。

(三)战略目标的确定

为一个战略计划设计战略目标的工作比通常想象的要困难得多。由于可供选择的目标空间极大，企业往往会在许多极有诱惑力的目标之间举棋不定。即使多方比较作出了似是而非的取舍，多个目标之间的关系处理也是一件很令人头痛的事。因此必须作出一些规定，以原则性地解决怎样确定战略目标的问题。这些规定包括目标协同、目标次序、目标水平和目标结构。

▶ 1. 目标协同

如果企业追求多个战略目标，这些目标之间应该是协同一致的。在营销努力中，有些目标会相互支持，如降低成本和增加利润。但是有些目标会相互对抗，如低成本的生产目标和高价格销售目标。此外当不同的目标分别反映不同利益主体的要求时，各目标之间也可能产生冲突。战略计划者要注意建立多个战略目标之间的平衡关系。

▶ 2. 目标次序

目标次序表明：第一，目标必须按轻重缓急有层次地安排，有些目标属于公司层，还有些目标属于部门层、业务层和产品层；第二，目标必须按时序安排，有些目标是近期要实现的，有些目标是只能在战略后期考虑的。之所以要按次序安排目标，是因为企业有限的资源必须得到合理配置。

▶ 3. 目标水平

一个企业所建立的目标水平应该既有先进性又有可行性。这一水平必须在分析外部环境和企业资源能力的基础上形成，而不能是纯粹主观愿望的产物。因此，决策者的目标抱负水平在目标设计中不能起太大的作用，他们要更多地从机会和优势分析中寻找信息，要广泛听取各级管理人员的意见。

▶ 4. 目标结构

一个庞大的目标群，不经过结构性处理就不能进入管理程序。战略计划者必须按企业的组织层次划分出企业层目标、部门层目标、业务层目标和产品层目标，还必须按时序划分出长期目标、中期目标和短期目标，从而建立起一个合乎逻辑的目标体系。

遵从上述规定，建立一个战略目标体系需要计划人员多方分析、筛选，并与有关人员反复沟通和测算，其间可能历时数月，而且花费不菲。但是为了得到一个满意的和合理的战略目标体系，这些花费不能节省。

（四）战略目标的表述

战略目标最后也要形成文字写进战略计划。许多战略计划者希望辛辛苦苦制定的战略目标有一个好的表现形式，他们尝试用图形、表格或说明书等表述公司的战略目标，于是形成了下列要求，用以规范一个公司营销战略目标的表述。

（1）明确性。目标表述要求确切而不含糊。例如，"提高企业效益"这种表述较空泛，改为"在两年内把公司的投资收益率提高到12%"就有了可行性和可考核性。

（2）关键性。要突出企业营销战略中的关键问题，而不要喧宾夺主或主次不分。亚马逊网上书店把自己看成是利用互联网进行电子商务的发动者，认为成功的关键在于创造一种竞争者难以企及的零售模式。因此它的创始人贝佐斯把销售目标确定为：你说出什么，亚马逊就出售什么。

（3）可行性。目标的制定必须结合企业自身实际，不能定得过高，也不能定得过低，基本上保证能如期实现，能被企业主要相关利益者接受即可。

（4）可衡量性。为了使目标能顺利地与企业的计划、执行和控制接轨，目标的表述不应该是定性的或概念化的，而应该尽量量化，必须用数量指标或质量指标来表示。

（5）时限性。战略目标要有时间规定，不然就会沦落为"空头愿"。本·赛克斯为刚创建的埃克办公设备公司制定的目标是："在三年至五年内成为一家高级办公设备系统和主流通信网络的大型供应商。"埃克公司虽然至今还不能与 IBM 公司相抗衡，但是这张时间表确实起了很大的推动作用。

（6）稳定性。目标一经制定和落实，就必须保持相对稳定，不能朝令夕改。当然，如果经营环境发生了变化，目标必须根据战略的调整做出相应的调整，但不能过于灵活，否则，就会损害组织成员实现目标的坚定性，导致其犹豫、观望。

（7）一致性。战略目标必须与企业的使命和愿景保持一致，目标组合中的各个分目标之间协调一致，企业公司层面的战略目标与业务单位和职能部门层面的战略目标相互协调。

小资料：
战略目标设定时的常见错误

（8）激励性。好的目标表述要能激励士气。目标视觉化可以在员工中"唤起生命"。所以"打工皇帝"吴士宏把 TCL 面向互联网的战略目标艺术化地称为"天、地、人、家"和"伙伴天下"："天"是指互联网门户与网络增值信息服务；"地"是指把覆盖全国的家电销售网络改造成连接互联网的专业物流配送系统；"人"和"家"是指以全线互联网接入终端设备服务于最广泛的中国人和中国家庭；"伙伴天下"则是一种合作战略。

第三节　建立战略业务单位

企业使命和战略目标的确立意味着公司将有一个相对稳定的业务及竞争领域。为了恰当地描述和管理公司业务，需要建立战略业务单位。

一、战略业务单位的概念

战略业务单位（strategic business unit，SBU）是指具有单独的任务和目标，并且可以单独制订计划而不与其他业务发生牵连的一个业务，或一条产品线、一个产品或一个品牌。

一个理想的战略业务单位应该具有下列特征：
（1）它是一项业务或几项相关业务的集合；
（2）它有一个明确的任务和目标；
（3）它有自己的竞争者；
（4）它有一位专职经理；
（5）它能够从战略计划中获得利益；
（6）它能够独立于其他业务单位，自主制订和执行计划。

战略业务单位是若干年前通用电气公司提出来的。该公司把它经营的庞大业务划分为 49 种，称这些业务为战略业务单位。当时的情况是，公司普遍经营着多种业务，而流行的事业部制并不能清楚地界定公司业务。例如，某一个事业部可能会为几个不同的顾客群提供不同的服务，即经营着几项业务；而另外几个事业部的业务可能是密不可分的，即实际上是一项业务。这样，建立战略业务单位就给公司业务管理提供了一个清晰的分析框架。

20 世纪 90 年代以来，战略业务单位概念通过"业务流程重组"（BPR）得到企业界的进一步认同。根据哈默和钱皮的观点，业务流程重组是指公司应"一切从头开始"，"彻底地"以顾客需求为导向，把原来彼此分开的工作合为一项业务，并根据顾客需要来安排业务流程，把传统的职能部门变为流程工作团队，把等级制度变为水平结构，以改善企业的适应性、灵活性和创新性。现在，业务流程重组已成为最引人注目的管理时尚。

二、评估业务组合

运用战略业务单位概念，可以对已有的业务组合进行评估，以确定哪些战略业务单位是"公司昨天的财源"，哪些战略业务单位是"明天的饭碗"，进而作出资源配置决策。有些公司采取笼统的凭印象作出判断的方法，效果并不好。有三种模型可以帮助公司进行业务组合评估：波士顿咨询公司（BCG）模型、通用电气公司（GE）模型和霍佛模型。

（一）波士顿咨询公司（BCG）模型

波士顿咨询公司是一家管理咨询公司。该公司于20世纪70年代创造了一种被其称为成长/市场份额矩阵的分析工具，这种分析工具以金牛和瘦狗的隐喻而闻名于世，并成为多元化公司进行业务组合评估和资源分配的主要手段。

成长/市场份额矩阵如图6-4所示。

在成长/市场份额矩阵中，纵坐标表示市场成长率，是指企业所在行业某项业务前后两年市场销售额增长的百分比。该成长率反映一项业务所在市场的相对吸引力。在分析中，通常以10%的平均增长率作为成长高低的界限，大于10%的增长率被认为是高的，小于10%的增长率被认为是低的。

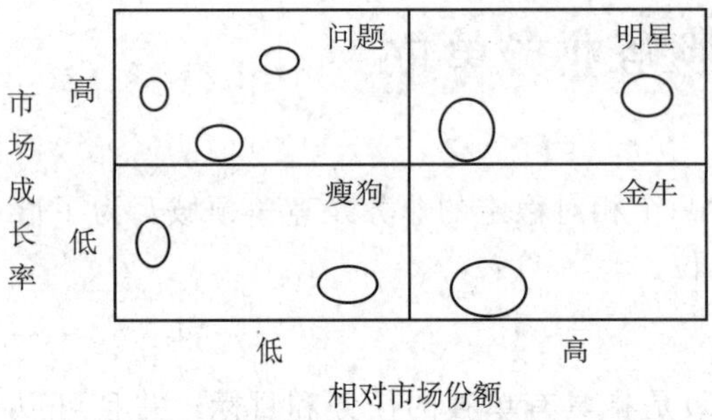

横坐标表示相对市场份额，是指企业某项业务的市场份额与这个市场中最大竞争对手的市场份额之比。以1.0为分界线，划分出高、低两个区域。某项业务的相对市场份额高，表示其竞争力强，在市场中处于领先地位；反之，则表示其竞争力弱，在市场中处于从属地位。

图 6-4 成长/市场份额矩阵

图6-4中纵坐标与横坐标的交叉点表示企业的一项业务（产品或服务），而圆圈面积的大小表示各业务销售额大小，或该业务的收益与企业全部收益之比。图6-4中八个大小不等的圆圈代表某个假设公司的八项业务。分属四个象限的各类业务，其特点各不相同。

（1）明星业务。该类业务市场成长率和相对市场份额都高，表明其市场前景好，同时也是激烈竞争的对象，经常需要巨额资金来支持其快速成长。

（2）金牛业务。该类业务市场成长率低，相对市场份额高，因其发展潜力较小而只需要较少的投资来保持其市场优势，故能给企业带来大量利润。

（3）问题业务。该类业务市场成长率高，相对市场份额低，要求重点扶持，扩大其优势，赶上迅速成长的市场需要。

（4）瘦狗业务。该类业务市场成长率和相对市场份额都低，一般不大可能为企业提供较多的利润。

在理想的业务组合中，企业各类业务应大体均衡。一个失衡的业务组合不是有太多的瘦狗类业务或问题类业务，就是太缺少明星类业务和金牛类业务。公司可以采取四种战略决定每一个战略业务单位的未来，即发展、维持、收获或放弃。

随着时间的推移，各战略业务单位在成长/市场份额矩阵中的位置会发生变化。一个成功的战略业务单位，其生命周期从问题类业务开始，转向明星类业务，然后成为金牛类业务，再成为瘦狗类业务，最后从企业的业务组合中退出。因此，公司管理当局不仅要注意其业务在成长/市场份额矩阵中的现有位置，还要注意它变化着的位置，如果某项业务的预期轨迹不太令人满意，就应要求业务经理提出新的战略计划，并估计可能产生的结果。

BCG模型的贡献是把企业不同的业务综合到一个简明的矩阵中，说明了各项业务在市场竞争中的地位。但是该模型有一定的局限性：第一，成长/市场份额矩阵按照市场成长率和相对市场份额把企业的业务划分为四种类型，相对而言过于简单。实际上还有一些业务很难确切地归入哪一类。第二，成长/市场份额矩阵中市场地位与获利之间的关系会因行业和细分市场的不同而发生变化。在有些行业，企业的相对市场份额大则可能会导致成本增加，而相对市场份额小的企业如果采用产品差别化、市场再细分等战略，仍能获得较高利润。第三，在实践中，一家公司要确定各项业务的市场成长率和相对市场份额往往是很困难的。有时候，取得的数据会与现实不符。

（二）通用电气公司(GE)模型

通用电气公司对BCG模型作了改进，用市场吸引力和分类业务优势两个变量来评定企业的各项业务，每个都分高、中、低三个等级，得出划分为九个象限的矩阵，如图6-5所示。图6-5中标出了假设公司的七项业务，圆圈的大小表示市场规模，圆圈中的阴影部分代表公司业务的绝对市场份额。

为了衡量两个变量——市场吸引力和分类业务优势，战略计划者必须识别构成每个变量的各种因素，寻找测量方法，并把这些因素合成一个指数。构成市场吸引力的因素包括市场规模、市场成长率、历史毛利率、竞争密集程度、技术要求、通货膨胀、能源要求和环境影响等。构成分类业务优势的因素包括市场份额、份额成长、产品质量、品牌知名度、分销渠道、促销效率、生产能力、生产效率、单位成本、物资供应、开发研究绩效和管理人员水平等。根据每个因素的相对重要程度，可以定出它们各自的权数。该权数乘以某项业务在该因素上的等级分数（用1、2、3、4、5表示），即为某项业务在该因素上的得分。将某项业务在每个因素上的得分相加，即得到某项业务在生产吸引力和分类业务优势两个变量上的值。根据该值即可确定某项业务在矩阵中的坐标。

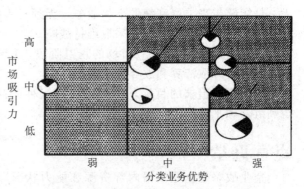

图6-5 市场吸引力/分类业务优势矩阵

从矩阵中九个象限的分布来看，右上方的三个象限处于最佳区域，对于该区域内的战略业务单位，应采取增长与发展战略，即追加投资，促进其发展。左下方的三个象限处于生产吸引力和分类业务优势都弱的区域，对于该区域内的战略业务单位，应采取收缩或放弃的战略，不再追加投资或收回现有投资。对角线上的三个象限，是中等区域，对于该区域内的战略业务单位，应采取维持或有选择地发展的战略，保证原有的发展规模，同时调整其发展方向。

GE模型比BCG模型更详细、更有适用性，可以更好地说明一个企业的业务组合状况,使企业更有效地分配其有限的资源。但是 GE 模型只作了一般性的战略思考,不能有效地解释一些新的业务在新行业中得到发展的情况。

(三)霍佛模型

针对 BCG 模型和 GE 模型的局限性,霍佛设计出一个具有 15 个象限的矩阵,称为产品/市场演变矩阵,用以评估企业业务组合,如图 6-6 所示。

图 6-6 中,纵坐标表示公司业务所处的产品/市场发展阶段,有开发、成长、扩张、成熟(饱和)、衰退五个阶段;横坐标表示业务的竞争地位,分弱、中、强三个等级。七个圆圈是假设公司的七项业务,圆圈的大小表示市场规模,其中的阴影部分代表公司业务的绝对市场份额。对该公司业务组合的分析如下:

(1)业务 A 处于产品/市场的开发阶段,市场份额大,具有很强的竞争能力,是潜在的明星业务,应采取大量投资、加快发展的战略。

(2)业务 B 处于产品/市场的成长阶段,市场份额小,竞争能力强,可采取增加投资以求发展的战略。

(3)业务 C 处于产品/市场的成长阶段,但行业规模较小,市场份额也低,缺乏竞争能力,可考虑放弃。

(4)业务 D 处于产品/市场的扩张阶段,市场份额高,具有较有利的竞争地位。企业不用进行大量投资,可采取维持战略。

(5)业务 E 和 F 同处于产品/市场的成熟→饱和阶段,有较大的市场份额,行业规模大,是能够带来丰厚利润的金牛业务,无须扩大投资。业务 F 已从饱和阶段向衰退阶段过渡,更不宜增加投资,而应采取维持战略。

(6)业务 G 处于产品/市场的衰退阶段,行业规模小,市场份额低,是苟延残喘的瘦狗业务,应采取清算和放弃的战略。

根据企业追求的目标,霍佛提出有三种产品/市场组合策略可供选择,即成长组合、盈利组合和平衡组合。

本章小结

企业战略是企业根据内部资源和能力状况以及外部环境,为建立企业的持续竞争优势、求得企业持续发展,对企业发展目标、达到目标的途径和手段的总体谋划。企业战略由战略思想、战略目标、战略重点、战略部署四部分组成。

市场营销战略是指企业为实现长远经营目标,对其市场营销活动制定的一种长期性、全局性和系统性的筹划谋略与行动总方案。它具有全局性、未来性、系统性、风险性、竞争性和相对稳定性。

战略计划者要为新业务制定发展战略。企业有三种选择,即一体化发展,包括前向一体化、后向一体化和水平一体化;多角化发展,包括同心多角化、水平多角化和综合多角化;密集型发展,包括市场渗透、市场开发和产品开发。

市场营销战略的制定是从分析、解决最基本的战略问题开始的。战略计划的编制者首先要确定企业使命,即确

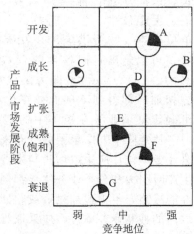

图 6-6 产品/市场演变矩阵

定企业存在的根本理由和如何使企业得以存在的基本行为规范及指导原则。这需要综合考虑企业历史、企业所有者和管理当局的偏好、外部环境和内部资源。而企业使命的表达则要求以市场为导向，适当规定企业的业务范围，而且明确具体，富于激励性。

战略目标，即企业在一定时期内预期取得的量化成果或努力方向。企业可能追求社会责任目标或企业发展目标、企业安全指标、市场竞争目标、企业能力指标和企业财务目标等。无论追求什么目标，目标的表述都要注意明确性、关键性、可行性、可衡量性、时限性、稳定性、一致性和激励性。

建立战略业务单位，运用战略业务单位概念对已有的业务组合进行评估，战略计划者可运用波士顿咨询公司模型、通用电气公司模型或霍佛模型，确定哪些战略业务单位是"公司昨天的财源"，哪些战略业务单位是"明天的饭碗"，进而作出合理的资源配置决策。

思考题

1. 什么是企业战略？它有哪些组成部分？
2. 什么是市场营销战略？它有哪些特征和作用？
3. 什么是战略业务单位？请对业务组合评估的三种模型进行比较。
4. 企业为新业务制定的发展战略有哪三种选择？它们分别包括哪些类型？

实训实习

一、实训目标
（1）培养初步分析营销战略问题的能力；
（2）训练制定营销战略的能力。

二、实训项目
自行选定一家有代表性的企业，调查分析该企业采用的营销策略。

案例分析：
案例一
娃哈哈的加减法

三、实训步骤
1. 以自愿为原则，6～8人一组，以小组为单位进行讨论：假设你是该企业制定营销战略的负责人，分析与思考该企业的营销战略是否恰当，有何问题，在实际运用中需要注意哪些事项。

案例分析：
案例二
北京全聚德集团的发展战略

2. 每组派一个代表用PPT的形式向全班同学介绍该企业的营销策略。
3. 每小组评估选定企业营销策略的优势和不足，发现问题，提出改进建议。
4. 学生互相评价每小组PPT制作的内容是否全面，设计是否合理。
5. 由教师作出统计与综合评估。

案例分析：
案例三
胶片里的秘密

第七章 竞争者分析与竞争性市场营销战略
Chapter 7

> **学习目标**
> 1. 了解竞争者分析；
> 2. 熟悉竞争性市场营销战略；
> 3. 掌握市场领导者战略的特点和主要战略措施；
> 4. 掌握市场挑战者战略的特点和主要战略措施；
> 5. 掌握市场追随者战略、市场利基者战略的特点。

> **导入案例**
> 在我国纯净水市场基本被娃哈哈、乐百氏两个企业瓜分的情况下，养生堂公司以"天然"这个概念推出"农夫山泉"，并通过一系列促销宣传来突出农夫山泉的特点，从而迅速打开了市场，进一步发展成为在饮料行业的佼佼者。
>
> 思考：
> 农夫山泉采取了哪种市场营销战略？这种战略有什么特点？

第一节 竞争者分析

成为长期的市场领导者是任何企业市场营销的目标，但经济状况会改变，竞争对手会发起新的进攻，以及消费者的兴趣和需要也会演变，因此，企业必须根据其市场定位和产品生命周期阶段对其品牌进行最佳管理，制定不同的市场策略。

由于经济全球化、区域化和市场一体化趋势的发展，企业间的竞争日益向广度和深度两个方向发展，因此，企业必须根据竞争者的行为来确定自己的竞争战略和策略，以谋求在市场上获得有利的竞争地位，并实现自己的经营目标。这就要求企业必须识别自己的竞争者是谁？竞争者的优势和劣势是什么？竞争者采取的战略是什么？竞争者对自己的行为可能会有哪种反应？这些构成了企业对竞争者的分析。企业通过对竞争者的分析和评估，明确自身的竞争地位，并据以制定正确的竞争战略。

一、识别企业的竞争者

企业通常把那些提供与企业相同或类似的产品，并以相近的价格向同一市场销售的其他企业看作是自己的竞争对手。如"康师傅"与"统一"是方便面市场的两个主要竞争对手。事实上，由于产品的日益丰富和技术的发展，企业必须以更广阔的视野，在更广泛的层面上来把握和审视自己的竞争对手，不仅包括现实的竞争对手，而且包括潜在的竞争对手。因此，企业应从市场和行业两个方面来识别自己所有的竞争对手。

（一）从市场方面识别竞争对手

从市场方面来看，企业应站在顾客的角度来分析自己的竞争者。根据这种分析方法，可以把竞争者分为以下四种类型或四个层次：

▶ 1. 品牌竞争者

品牌竞争者指以相近的价格向相同的顾客提供类似或相同的产品或服务的企业，如空调生产企业中的格力、美的和海尔等。

▶ 2. 行业竞争者

行业竞争者指所有生产同类产品或服务的其他企业。例如，市场占有率比较高的格力把所有生产空调的企业都看成自己的竞争对手，既包括与其市场地位、价格相近的海尔、美的，也包括其他价格相对较低的奥克斯、格兰仕等。

▶ 3. 产品形式竞争者

产品形式竞争者指提供不同种类的产品或服务，但满足顾客同种需要的企业。例如，在中国市场上可口可乐公司不仅把百事可乐，而且把包括生产乳酸饮料（如蒙牛牛奶）、茶饮料（如康师傅冰红茶）、果汁饮料（如汇源果汁）和纯净水或矿泉水（如娃哈哈、农夫山泉）等全部饮料生产企业都可以看成自己的竞争对手。

▶ 4. 愿望竞争者

愿望竞争者指提供不同产品或服务、满足顾客的不同愿望，但是与本企业争夺同一顾客购买力的其他企业。例如，格力公司可以把所有生产耐用消费品、旅游、汽车等产品的企业都看成自己的竞争者。

由此可见，从市场的角度来分析和识别自己的竞争者，将使企业可以更准确地把握各种层次的竞争关系，从而更清醒地认识自己所处的市场地位和同消费者（顾客）的关系。

（二）从行业方面识别竞争对手

从行业方面来看，企业应把握自己所处行业的竞争结构。行业是指提供同一产品或可相互替代产品的全部企业。行业的竞争结构可以分为完全垄断、寡头垄断、垄断竞争和完全竞争四个层次。由于技术的发展和消费者（顾客）的选择性，在同一个行业中，企业的竞争者有以下三种类型：

▶ 1. 现有企业

在同行业内部，所有的现有企业之间是一种相互依存相互竞争的关系，某个企业的竞争行为或强或弱地会影响其他竞争者。行业内现有企业之间竞争的激烈程度或者说竞争结构，主要取决于以下几个方面的因素：

（1）竞争者数目：数目越多，越倾向于完全竞争，则竞争程度越激烈。

（2）竞争者之间的实力对比：两个竞争者之间的实力越接近，则为了争夺各自的市场份额，竞争越激烈，如可口可乐公司与百事可乐公司。实力相差悬殊的企业之间难以构成现实的竞争威胁。

（3）行业的成长性：一般而言，如果一个行业已经处于成熟期，则企业和企业之间的竞争近似于一种"零和博弈"，企业之间之所得即企业所失，企业之间的竞争将非常激烈。而如果行业还处于高速成长期，每一个企业都有较大的市场发展空间，则相互之间的竞争激烈程度相对较低。

（4）产品差异化程度：其实质是企业各自的目标市场是否重叠。如果产品差异化程度低，两个企业都争夺同一类顾客，则竞争的激烈程度高；反之，两个企业在满足不同层次、不同类型的顾客需求，竞争的激烈程度相对较低。

（5）行业的进出壁垒的高低：行业的进入壁垒或称为门槛，包括资本、技术、规模经济、原材料等，甚至国家的政策、法律规定；行业的退出壁垒则包括资本规模、资产的专用性、情感障碍以及政府政策要求等。这些壁垒有些是一个行业所固有的，如钢铁工业需要巨额的投资；有些则是企业或政府人为设置的，如所谓的"市场准入限制"。显然对进出壁垒高的行业而言，由于竞争者数目有限，竞争的激烈程度相对较低些。

▶ 2. 潜在竞争者

潜在竞争者是指现在处于行业之外，但可能或有意向进入该行业的其他企业。对一个现实的市场而言，其市场容量是相对有限的，因此，如果有新的企业进入，必然会带来新的资源、新的生产能力，并与现有的生产企业争夺市场份额，从而构成了现有企业的竞争威胁。一般而言，行业的利润水平构成了对潜在竞争者的吸引力，而且进入和退出壁垒的高低则构成了潜在竞争者的成本。为了减缓竞争威胁，现有企业会抬高进入壁垒，如控制生产技术、提高最低规模经济水平等，从而抑制其他企业进入本行业。

▶ 3. 替代品竞争者

替代品是指满足同一市场需求的不同性质的产品。替代品由于能满足同一市场的需求，因此是行业与行业之间的主要竞争对手。替代品竞争威胁的程度取决于技术水平、对顾客需求的满足程度及顾客的要求。最典型的是运输方式之间的替代，如公路、铁路、航空运输之间的竞争，特别是公路运输的发展导致了铁路运输的相对衰落。而自行车曾是我国居民主要的交通工具，现在则被小汽车、摩托车所取代，自行车这个行业也就大不如从前了。

二、竞争者分析

企业在市场、行业两个层面识别自己现实和潜在的竞争对手，是企业对竞争者分析的第一步。找到了自己的竞争对象，企业还要更深入地分析竞争对手的竞争战略，了解竞争者的发展方向，研究竞争者的竞争地位，评估竞争者可能对企业采取的竞争行动。通过这种全面而深入的分析，企业才可能更准确地判断自己的竞争地位，从而制定可行的竞争战略。

▶ 1. 辨别竞争者的战略

企业最直接的竞争者是那些为不同的目标市场推行相同竞争战略的企业。在大多数行业中，可以根据不同的竞争战略把竞争者分为不同的战略群体，任何一个企业都属于特定的战略群体。一般而言，竞争者的战略可以通过其一定的市场行为反映出来。如实行低价战略，则必然是发起价格战，并制定比同类企业产品更低的产品销售价格。一个企业需要辨别它属于哪个战略群体，可以明确谁是自己的主要竞争对手。一个企业一旦决定采取某种战略而进入一个特定的战略群体，则该群体的其他企业就是该企业的竞争对手。例如，中国的手机制造企业在进入市场时，基本上都采取了"低价"的竞争战略，并在款式方面寻求多样化，因而有效地避开了三星、摩托罗拉等外国品牌这些竞争者。

一般而言，竞争者之间采用的战略越相似，竞争就越激烈。但是，在不同的战略群体之间也存在着竞争。这是因为某些战略群体所吸引的顾客群体相互之间可能有些交叉，它们以同一市场为营销目标。或者各个群体都想扩大自己的市场份额，特别是属于某个群体的企业为寻求增加市场份额而改变竞争战略进入其他群体，这些因素都会引起群体之间的竞争。例如，空调生产企业格力和奥克斯两家企业的竞争战略有明显差异，前者以品牌形象、技术服务为主要竞争战略。这一类包括格力、美的、海尔国内品牌以及伊莱克斯等外国品牌，后者主要以价格优势为主要的竞争战略，包括奥克斯、新科、格兰仕等新进入的企业。

▶ **2. 判别竞争者的目标**

企业在辨别竞争对手的竞争战略后，还必须判断竞争者可能持有的经营目标。因为不同的目标，导致不同的行为。最常见的假设是谋求利润最大化，但事实上，现代企业理论研究表明，由于企业是由许多利益相关者组成的，因此企业追求的目标可能是多元的，是一组目标的集合。即使是利润目标，由于存在长期利润和短期利润的差别，以及利润水平在不同的企业也有不同的追求，因此每个企业对最大利润的理解是有差异的，表现在竞争行为上也就很不相同。

对企业而言，目标的组合可能包括投资报酬率、市场份额、技术领先、低成本领先、品牌声誉领先等。在这种目标组合中，不同的企业对其中的目标有不同的侧重点。例如，格兰仕微波炉侧重于市场份额和低成本领先，因此以强大的生产能力作保证，在市场以低价构筑进入壁垒，不断强化其市场地位，以此来获取最大利润。因此，了解竞争者目标组合的侧重点非常关键，通过它可以预测竞争者的行为和反应。例如，以技术领先为目标的企业，对于市场新技术的开发和其他企业的技术进展将有强烈的反应，并努力寻求占领技术制高点。

▶ **3. 研究竞争者的优势和劣势**

总体来讲，企业的竞争行为既取决于其满足顾客需求目标的要求，也取决于其竞争对手在市场中的地位与可能的反应。因此，企业制定竞争策略的一个重要前提是研究竞争者的优势和劣势，从而寻求可能的"避开其优势、攻击其劣势"的策略和措施。

对竞争者优势和劣势的分析主要包括以下三个方面。

（1）对竞争者资源的分析。即通过对竞争者在拥有有关其竞争优势的资源方面的分析，来发现其在哪些方面处于优势，在哪些方面处于劣势。当然，竞争者的优势或劣势是相对于研究者所在的企业而言的。因此在研究时，应当把竞争者与本企业的资源状况进行对比，资源条件占优势的即处于竞争优势，资源条件较差的则处于劣势。这些资源包括人员素质、产品、技术、渠道、原材料供应、品牌声誉、资金状况等。通过这种对比研究，企业可以发现竞争者在哪些方面处于优势，在哪些方面处于劣势。

（2）对竞争者能力的分析。越来越多的研究表明，企业要想获得长期的竞争优势，其决定因素并不在于拥有的资源状况，而在于运用资源、整合资源的能力，尤其是核心能力。这种差异体现在，并不是企业已经拥有多少专利或独占的生产技术，而是企业在技术方面具有怎样的研发能力，如学习能力、管理能力、组织创新能力。因此，为了分析和把握竞争者较长期的竞争优势，企业必须对竞争者在技术创新、管理创新、营销方面的能力进行研究，从而为自己制定提高相应能力的对策提供依据。

(3) 对竞争者假设的分析。一方面，每一个企业根据自身在资源状况和能力水平等方面的研究，可以形成对自身在市场地位方面的判断和假设。例如，它可能把自己看成是技术的领先者，也可能认为自己是市场的领导者。也有的企业可能认为自己在某个方面比竞争对手更优秀，如顾客对其品牌忠诚度高、自己有最强的销售能力等。另一方面，企业还会根据自己的判断，形成对市场的一些假设，如"顾客认为服务比价格重要""品牌知名度越高，消费者越愿意买"等。这些假设有可能是准确的，也有可能是不准确的。对竞争者的假设进行分析，就是要发现竞争者在对环境认识上存在的偏见或盲点，从而捕捉市场机会。

▶ 4. 评估竞争者的反应模式

企业采取何种竞争战略或策略，不仅取决于自身的竞争实力，而且取决于竞争者如何反应。比如，企业采用低价战略，而竞争对手也相应降价甚至价格更低，就有可能造成两败俱伤，甚至导致整个行业萎缩的不利局面。一般而言，竞争者的反应模式不仅受到自身经营战略目标和优势、劣势的制约，而且受到其自身的企业文化、企业价值、企业经营观念甚至企业领导人的个性等因素的影响。在竞争中，可能有以下不同类型的反应模式。

(1) 从容型竞争者。这类竞争者对某一特定竞争者的行动没有迅速反应或反应不强烈。这类企业往往安于现状、坚持保守的经营理念。当然，也可能是竞争者认为自己产品或品牌的顾客忠诚度高，或市场份额居于垄断地位；也可能竞争者敏感度不高，没有发现竞争对手的新举措或没有预见到这种新举措可能给自己带来的威胁；也可能是竞争者缺乏资金等。一个对竞争行为反应迟钝的企业，迟早会因为丧失有利的反击时机而受到损害。

(2) 选择型竞争者。这类竞争者可能只对某些类型的改进作出反应，而对其他方面的进攻不加理会。例如，竞争者可能经常对降价作出反应，或实行降价跟进，或宣传其价格的合理性并对消费者作出有价值的承诺，其目的是抵消竞争者降价的效果，证明降价是白费心机，不能动摇其市场地位。但它对其他企业增加广告费用而不予理会，认为这并不构成威胁，仍坚持自己原来的广告投放计划。了解主要的竞争者可能会在哪些方面作出反应，可以为企业提供可行和有利的攻击类型，达到迂回进攻的效果。

(3) 凶狠型竞争者。这类竞争者对竞争对手发起的任何进攻都会作出迅速而强烈的反应，从而不让竞争对手有任何可乘之机。例如，面对中国联通公司任何新的竞争举措，中国移动都会采取相应的反击行为，以防止联通抢占其市场份额。

(4) 随机型竞争者。这类竞争者对其他竞争者的进攻行为并不显示可预知的行为反应，其反应模式难以捉摸，面对竞争对手的进攻可能没有反应，也可能反应很强烈。

▶ 5. 建立竞争信息系统

为了更加全面、及时地收集有关竞争者的信息，了解市场竞争状况及发展趋势，企业有必要建立一个竞争信息系统。而且，这个系统的任务不仅是及时收集相关信息，还要准确评估这些信息可能给企业带来的影响，并提出相应的对策，从而为企业最高管理层的决策提供参考。这种系统往往是企业信息管理系统或营销信息系统的一部分。当然，如果企业实力有限，难以建立或维持这样一个系统，也应当有专人对自己主要的竞争对手的一举一动进行监测，以及时调整自己的战略和策略。

三、合作竞争与战略联盟

▶ 1. 良性竞争与恶性竞争

企业之间的竞争是促进企业发展的外部压力和动力，通过竞争可以实现优胜劣汰，从而促进企业进一步发展壮大。但是，企业间竞争的基本原则应当是公平、公正、合理，而且，当竞争者发展到一定程度时，并不一定导致你死我活的残酷局面，而会形成一种力量均衡。这个时候，一个好的竞争对手存在，将有利于改善所处的产业结构甚至增加竞争者的持久竞争优势。

美国战略管理专家迈克尔·波特在《竞争优势》中指出，每个产业（行业）都存在"良性竞争者"和"恶性竞争者"。良性竞争者的主要特点是：它们遵循行业规则；它们依照与成本的合理关系来定价；它们把自己限制于有限的细分市场里；它们推动他人降低成本，提高差异化。而恶性竞争者违反合理的竞争规则：它们打破了行业的均衡，往往不计成本而发起倾销行为，甚至以不正当的手段去谋求市场份额的扩大；它们的生产能力过剩，但仍继续投资，导致整个市场供给过剩。因此，企业应当尽力使自己只与良性竞争者开展竞争，并努力促使行业内形成有序、合理的竞争格局。良性竞争者的存在，有利于整个行业和参与竞争的企业。

（1）良性竞争可提高企业的竞争优势。如竞争对手可以吸收因周期性、季节性或其他原因带来的需求波动，从而使企业能更充分地利用其生产能力；以竞争对手为标杆和参照，可以促使企业为市场提供具有差异化的产品；竞争对手的存在可以刺激企业努力降低成本，不断改进技术，提高竞争力和使顾客满意的能力。如在计算机芯片制造行业，正是因为有AMD公司的存在，才使得英特尔公司不断推出新产品，以巩固自己的竞争地位。在我国通信行业，正是因为引入了联通公司，才使得中国移动不断改善服务、开发新的业务，从而促使我国的移动通信市场迅速扩大，服务水平也大为提高。

（2）良性竞争有利于企业改善当前的产业结构。竞争对手存在并提供差异化的产品，可以增加整个产业的总需求，使市场不断扩大，并最终有利于企业增加自己的销售额。如众多补钙产品的广告，使得消费者意识到补钙的需要，因此所有生产补钙产品的企业销售额增加了。竞争者通过专利保护等设置技术门槛，以提高产业进入障碍，通过强调产品质量而不是降价，可以降低顾客的价格敏感性。

（3）良性竞争可协助市场开发。竞争对手能够分担新技术或新产品的市场开发成本，如促销投入、引导消费观念的转变、分销渠道的建设等，同时，由于技术开发本身投资大、风险大，通过与竞争对手某种程度的合作，可以降低开发新技术、新产品的风险，提高成功率。

▶ **2. 与竞争对手的合作**

企业之间为了实现自己的经营目标，巩固自己的市场地位，必然要与其他企业开展竞争。但是，为了实现产业市场的规范与健康发展，企业之间也需要开展一定程度的合作，这种合作就像生态学里讲的"共生"一样，离开了竞争对手的存在，企业自身也可能难以生存。因此，当今企业发展的一个重要现象，就是企业集群，各企业之间形成合理分工和差异化，共同促进产业的发展。这种合作有以下两个方面的含义。

（1）促进产业整体利益的合作。如共同进行产品的形象宣传、共担研究与开发费用、建立和加强统一的技术标准和质量标准、获得必要的法律许可等。通过这种合作，产业市场扩大了，企业风险也下降了。

（2）善待竞争对手。企业间的竞争必须在公平、公正的基础上有序地进行，企业间的竞争应当是合理的竞争。这就要求企业必须善待自己的竞争对手。企业不是通过敌视、暗算、诋毁等不正当的手段来恶意进攻自己的竞争对手，而是通过协调、合作和差异化来形成各自的细分市场。善待自己的竞争对手，就是要诚恳地向竞争对手学习，学习其长处和优点;善待自己的竞争对手还包括以宽容的态度对待竞争对手的竞争行为,各自发挥自己的竞争优势,共同使整个市场扩大。

▶ 3. 战略联盟

战略联盟是企业与其竞争对手之间合作关系的最高形式。由于技术创新的资本风险、技术风险和市场风险巨大,经济全球化趋势日益凸显,企业各自的优势不同,企业通过战略联盟便以一定的方式组成网络式的联合体这种合作方式,是扩大自身竞争优势的一种有效途径。这种联盟表现在共同开发新产品,共同开拓新市场,相互协调自己的竞争行为以寻求优势互补,甚至在某一领域成立共同控制的子公司等。

四、市场竞争战略

企业在分析了竞争者的状况以后,就要制定自己的竞争战略和策略,以谋求建立和发挥自己的竞争优势。不同的企业,其竞争战略也是不同的。之所以如此,是因为每个企业的宗旨、目标、资源和所处的环境存在差异。其中,最重要的是各企业在市场中的竞争地位并不相同。比如,通用汽车公司是世界汽车工业中的巨头,因此其竞争战略是着眼于稳定并提高它在全球汽车市场尤其是中高档小汽车市场的市场份额;而奇瑞汽车公司还是一个新兴的汽车制造企业,因此它的竞争战略则主要是在中国中低档小汽车市场以及一些发展中国家(地区)的中低档汽车市场寻求市场机会。可见,企业首先必须明确自己在市场中的竞争地位,然后选择自己合适的市场定位,要根据自己的战略定位来制定或选择相应的营销战略。

▶ 1. 按竞争地位不同划分的企业类型

根据企业各自不同的市场地位,可以把企业划分为以下四种类型:

(1)市场领导者,是指在相关产品的市场上市场占有率最高的企业。它在新技术研究和新产品开发、价格变动、分销渠道的覆盖面和促销支出等方面都处于主宰地位,它引导产业的发展方向,也是其他企业挑战、学习或回避的对象。例如,在我国计算机市场的联想集团、饮料市场的娃哈哈集团等,这些企业在市场上的地位是其经过长期的市场竞争不断成长壮大而形成的,其地位是市场公认而不是官定或自封的。

(2)市场挑战者,是指在市场上处于第二、第三等次要地位的企业。它们与市场领导者在竞争实力、市场份额等方面有一定的差距,但是在某些方面足以向领导者发起挑战,甚至威胁其领导地位,它们是市场领导者最强有力的竞争对手。不同的行业都有实力强大的挑战者,如世界饮料行业的百事可乐公司、我国饮料市场上的农夫山泉(养生堂公司)、计算机行业的清华同方科技公司等。

(3)市场追随者,是指在市场上处于较低地位的企业。它们的市场地位更弱一些,往往无力向市场领导者发起挑战,也不愿挑战,而是在与市场领导者"和平共处"的状态下,根据市场领导者的行为来调整自己的产品、价格或促销策略,谋求特殊的细分市场,不希望改变市场格局。

(4)市场利基者,是指在那些专注占领大企业所不愿意服务或不感兴趣的细分市场的企业。这些企业一般规模较小,其市场空间有限,往往通过专业化经营来获取最大的收益。它们可能只在特定的区域开展经营活动,如我国液态奶市场,除了面向全国市场的大企业如蒙牛、伊利、光明等公司以外,每一个区域甚至每一个中小城市都有为该城市服务的地方性小型液态奶生产企业。它们也可能只为特定的消费者服务,以特殊的产品或利益满足这类消费者的需求。

上述四种类型企业的划分，既可针对企业来分析，也可针对某种产品或产品线来分析。例如，海尔公司在电冰箱、空调领域是市场领导者和挑战者，但在洗衣机、手机等领域则只是市场跟随者。对同一企业处于不同竞争地位的产品，企业需要制定不同的发展战略和营销策略。

▶ **2. 竞争战略的内涵**

当今企业间的竞争日益激烈，竞争领域也越来越广泛而且深入。而要赢得竞争，获得长期的竞争优势，企业必须从全局的高度，从总体上谋划自己独特的竞争能力、稀缺的竞争资源，并不断培育和提升自己的核心竞争能力。因此，战略是企业从全局、总体上对重大问题的策划与谋略。

（1）市场竞争战略的内涵。市场竞争战略是企业总体战略的一个重要组成部分，是指企业在市场营销中确定的如何战胜竞争对手、提升竞争优势和市场地位的长期性、总体性、全局性谋划。企业的竞争战略具有很强的针对性，是直接针对竞争对手的行为而制定的；有很强的目的性，目的就是谋求巩固并扩大自己的市场份额；有很强的操作性，它为企业的市场营销活动提供指导，是制定营销策略的依据。因此，企业的市场竞争战略必须建立在认真分析竞争者、企业自身和顾客三者的状况及发展趋势的基础上制定，并根据市场竞争形势的变化而调整。战略一旦制定，就必须调动企业的一切资源，坚决执行战略，以实现战略规划的目标。

（2）市场竞争战略的特点。企业市场竞争战略与其他组织的发展战略一样，具有全局性、纲领性的特点，它是对企业发展和竞争行为特别是企业营销活动的全局问题的总体策划，是企业对未来生存和发展的长期谋划，是指导企业如何开展竞争、如何赢得市场的行动纲领。同时，由于市场竞争战略主要是为市场竞争服务的，因此，具有鲜明的抗争性，是应对各方面的冲击、威胁和困难的总体行动方案。

▶ **3. 企业的竞争性定位战略**

由于企业的资源条件、竞争实力、经营目标和市场环境不一样，因此，为了获取自己的竞争优势，必须根据自身地位和竞争状况的差异，选择适合自身特点的战略定位。这种定位战略也可称为"通用竞争战略"。迈克尔·波特运用"结构—绩效"模型，根据其对企业的研究提出了以下三种基本的战略定位思路：

（1）成本领先战略。企业在竞争中通过努力降低产品的生产和经营成本，从而使自己的产品价格低于竞争者，以价格优势迅速扩大销售量、提高市场份额，最终发展成为市场领导者。我国微波炉市场的领导者格兰仕就是实施这种战略的典型。格兰仕1992年从羽绒服行业进入微波炉行业，利用一切手段如OEM（贴牌生产）、快速扩大生产规模等，一方面努力实现规模经济，大幅度降低生产成本；另一方面专注于生产而把销售交给跨国公司，降低了销售成本，从而以极大的成本优势作后盾，大幅度降低微波炉的价格，使自己的产品市场占有率迅速提升，达到了70%的市场份额。总成本领先战略的核心要求是企业必须从管理、技术、营销等各个环节都加强成本控制，以成本优势来赢得竞争。

（2）差异化战略。由于消费者需求的多样化，市场可以根据不同的标准进行细分。差异化战略优势就是企业从产品、服务、人员、价值等方面为顾客提供别具一格的产品、服务或利益满足。通过与竞争者形成差别，使自己的产品富有特色，从而形成自己的竞争优势，不断地开拓市场。如养生堂公司以"天然"这个概念推出"农夫山泉"，通过一系列促销宣传来突出自己的产品与其他纯净水的差异，在我国纯净水市场脱颖而出，进一步发展成为在饮料行业能够对娃哈哈公司发起挑战的市场挑战者。

（3）集中战略。即企业集中自己的资源和力量，专注服务于一个或几个市场，通过更好地满足一定顾客的特殊需求而获得局部的竞争优势，并成为该市场的领导者。例如，金利来公司，集中生产领带，从而发展为"领带大王"；湖南的长丰汽车公司通过与日本三菱公司的合作，专门生产越野车，尤其是专门为部队、公安等特殊部门生产越野车，从而发展为专用越野车的最大生产企业。

上述三种战略，不同的企业可以根据自身的状况而进行选择，但必须只能专注于自己的战略定位，专一执行某种战略，如果定位模糊或经常摇摆不定，就会使企业无法形成独特的竞争优势，也难以赢得竞争，甚至会被竞争对手淘汰。

第二节 市场领导者战略

市场领导者是在长期而且激烈的市场竞争中不断成长壮大而形成的。它可能是市场的先行者，如可口可乐公司因为发明了可乐这种软饮料并不断开拓市场从而成为全球可乐乃至软饮料市场的市场领导者，还有微软公司。但大量的市场领导者都是市场的后来者，它们在成长过程中脱颖而出，不断超越竞争对手，在产品开发、技术创新和管理创新等方面领导着市场其他企业。因此，不管它是否被竞争者所赞赏或敬重，但其他企业都会承认其领导地位。

对任何一个行业或市场来说，都会有一个市场领导者。从世界市场来说，微软公司是计算机软件尤其是操作系统的市场领导者，而英特尔公司则是计算机芯片的市场领导者；宝洁公司是洗涤用品的市场领导者，而麦当劳公司是快餐食品行业的领导者。从我国市场来说，尽管行业集中度还比较低，但也有一些著名的市场领导者，如联想公司（个人计算机）、格兰仕（微波炉）、东风公司（中型卡车）、娃哈哈（纯净水）等。作为市场的领导者，它们占据最大的市场份额，拥有强大的市场影响力，往往成为市场的众矢之的。其他的竞争者或者向其发起挑战，或者模仿它，或者避免与它冲突，除非居支配地位的企业享有合法的垄断权（如中国电信、中国移动，但这种垄断也在逐渐被打破），否则其处境也不会高枕无忧。市场领导者，必须随时保持警惕，不断巩固其优势地位，否则就会丧失发展良机，沦为市场第二甚至衰落。如福特公司曾经凭流水线生产技术和T型车成为汽车市场的领导者，但由于故步自封，结果被后来的通用汽车超过；IBM公司曾经是计算机行业的领导者，由于没有意识到个人计算机巨大的发展潜力，结果在个人计算机领域被后来的戴尔公司、康柏公司超越，现在已经把个人计算机部分出售给了中国联想公司。在我国市场上，如健力宝公司、三株集团的衰败也是如此。

当企业发展成为市场的领导者以后，由于企业规模庞大，往往会出现管理层次过多、观念过于保守、对市场变化反应慢和行动迟缓等"大企业病"，显得老迈过时。而那些后来者却富有朝气，敢于创新，利用市场领导者的弱点或失误，向市场领导者发起进攻和挑战，不断蚕食其市场份额，危及其领导地位。居于领导地位的企业要想继续保持领导地位，必须时刻保持危机意识，并从三个方面采取有效行动：设法扩大整个市场需求，防止产业衰退；采取有效的防御措施和进攻行动，以保护自己现有的市场份额；在现有市场规模不变的情况下，努力进一步提高自己的市场份额。

一、扩大市场需求总量

一般来说,当整个市场规模被扩大以后,居于领导地位的企业受益最大。如果我国有更多的家庭使用微波炉,那么格兰仕公司将获得最大的利益,因为它占据我国微波炉市场较大比例的市场份额。同样,如果我国居民每年消费更多的方便面的话。比如农村人口,比如人们在加餐时食用方便面,那么康师傅公司的方便面销售量就会大幅增加。

为了扩大市场需求总量,市场领导者可以从以下三个方面进行努力。

▶ 1. 增加新的使用者

每一种产品由于其能带给使用者特定的利益,因而总有其吸引购买者的潜力。一些顾客之所以没有购买这种产品,可能是因为不知道或没听说过,也可能是因为其价格不合理或缺少某些性能或缺乏某些特点。企业可以寻找新的使用者,例如,香水生产厂商可以努力说服那些不用香水的女士使用香水(市场渗透策略),或者说服男士使用香水(市场开发策略),或者向国外出口香水(地理扩张策略)。

对于我国的许多企业来说,农村市场就是尚待开发的、具有极大潜力的市场。我国农村人口占全国总人口的比重很大,而且随着农村经济的发展,农民收入水平和购买力水平也不断提高。但是,由于城乡居民的购买力水平、消费观念的差异,许多在城市已基本普及的消费品,在农村还比较少。因此,如何引导广大农民消费

小资料:
强生公司的市场开发

者购买企业生产的产品,从而为企业打开一个更广阔的市场,确实是我国企业在营销中的一个极富挑战且具有巨大价值的现实问题。

一些企业采用地理扩张策略,使自己的产品走向国外,也是扩大需求总量的一个有效途径。如由于中国经济的崛起和中国人购买力水平的不断提高,许多外国企业和外国产品纷纷进入中国。我国企业中也有许多成功的案例。例如,由于在我国许多大中型城市都对摩托车制定了限制措施,使得我国摩托车市场逐渐饱和。在这种情况下,作为我国最大的摩托车制造企业——重庆力帆集团就把眼光投向了海外的发展中国家,如周边的越南、泰国等东南亚国家,通过出口使企业的销售额不断增长。

企业还可以通过刺激互补产品的消费来赢得新的客户。如旅游业的发展,可以带动住宿、餐饮、购物等相关的消费活动。再如,当年柯达公司为了扩大胶卷市场的需求规模从而增加销售额,通过推出低价的、全自动的照相机来鼓励更多的人购买照相机,从而吸引人们购买更多的胶卷。

▶ 2. 开发产品的新用途

企业扩大市场总需求的另一个重要策略是开发产品新用途。新的用途意味着新的需求,因而会有更多的顾客来购买。例如,牛奶主要作为人们吃早餐时的饮料,如果宣传牛奶是一种重要的营养品,鼓励人们在其他的时间也喝牛奶,则牛奶的消费量就会增加,企业的盈利也会增长。

在开发产品新用途方面最成功的案例是杜邦公司的尼龙。每当尼龙进入产品生命周期的成熟阶段,杜邦公司总会开发出新的用途。尼龙首先是用作生产降落伞的纤维,然后是用作生产女袜的纤维,后来又成为男女衬衫的主要原料,再后来成为汽车轮胎、沙发椅套和地毯的原料。每项新用途都使尼龙开始了一个新的产品生命周期。所有这些,都归功于杜邦公司持续不断的产品新用途的研发计划。

有许多产品的新用途的发现应当归功于顾客本身。例如，凡士林最初问世时是用作机器的润滑油的，但是后来使用者提出凡士林还有许多新用途，包括用作药膏和发胶等。

因此，企业的任务就是要监测和研究顾客对本企业产品的使用情况。这不仅是指导顾客正确使用产品的需要，而且可以通过这种监测来发现产品新的用途。这种监测不仅适用于工业产品，也适用于一般消费品。有研究表明，多数新工业产品的最初构思都是由顾客提出的，而不是企业的研究开发实验室研制。这一研究结论意味着系统地收集顾客的需要和建议对于指导新产品的开发、探索产品的新用途有重要的贡献。

▶ 3. 扩大产品的使用量

这种策略既包括说服顾客增加每次使用的量，也包括提高使用频率，从而使顾客对某种产品的总使用量增加。比如牙膏生产企业把牙膏的口径做大，从而使消费者在刷牙的时候每次挤出的牙膏数量增加，因而增加了牙膏总的使用量。而生产牙刷的企业则建议消费者最好一个月换一次牙刷，从而使牙刷更换的频率加快，以增加对牙刷的需求。宝洁公司为了使其洗发水海飞丝卖得更快，曾告诉消费者在使用海飞丝洗发水时，每次将使用量增加一倍效果更佳。

在刺激提高每次使用量方面，法国的米其林轮胎公司的做法具有独创性。该公司一直在设法鼓励法国的车主每年驾驶更多的里程，这样轮胎的磨损会更快，从而增加轮胎更换次数。为此，该公司构想出一种用三星系统来评价餐馆的办法。它宣称许多最佳餐馆都设在法国的南部，从而引导许多巴黎人驱车去法国南部度周末。为了吸引更多的人开车到南部旅游和度周末，米其林公司还专门出版了带有地图和沿途风景点图片的旅游指南。

二、保护现有的市场份额

在努力扩大整个市场规模时，居于市场领导地位的企业还必须时刻注意保护自己现有的业务和市场，以防受到竞争对手的攻击。"千里之堤，溃于蚁穴"，如果市场领导者对其竞争对手的竞争行为反应迟钝，甚至听之任之，就很可能导致竞争对手不断成长起来，最终威胁到自己的领先地位。对市场领导者而言，首先要警惕和研究市场挑战者在营销中的一举一动，例如，可口可乐公司警惕百事可乐公司，英特尔公司警惕 AMD 公司，麦当劳公司警惕肯德基公司。同样道理，在我国的市场上，娃哈哈公司必须关注养生堂（农夫山泉）公司、中国移动要警惕中国联通。

市场领导者怎样才能保护好自己的市场份额，巩固其已有的市场地位呢？最具建议性的答案只有一个：创新，不断创新。市场领导者不应该满足于现状，而应当居安思危，积极进取；在新的产品构思和开发、顾客服务、分销效率和削减成本方面始终保持在本行业中的领先地位；应该不断提高自身的竞争能力和向顾客所提供的价值。商场如战场，市场领导者也要运用军事上的进攻策略，掌握主动，控制节奏，攻击敌人的弱点，以攻为守是积极防御中的上策。如为了巩固其在另一产品中的市场领导地位，金利来公司不断延伸其产品线，实行"一揽子"经营战略，生产从领带到皮带、西服、箱包等一系列产品。微软公司为了强化其计算机软件中的领导者地位，不断推出功能更强大、更完善的操作系统，从而使竞争对手无法赶上其节奏。

居于领导地位的企业即使不发动主动进攻，至少应保护其所有的阵地，防止侧翼出现竞争对手可能攻击的漏洞。它必须努力降低成本，其价格必须与顾客心目中的品牌价值保持一致。作为领导者的企业必须防微杜渐，使竞争者不能乘虚而入。如生产小包装商品的市场领导者应当生产多种规格和形式的产品，并以多种品牌来迎合不同消费者的不同偏好，并尽可能占领更多的分销商的货架位置。如宝洁公司的洗发水有三个主要的品牌——潘婷、飘柔、海飞丝，每个品牌都有不同的消费群体，每个品牌都有两种产品形式——瓶装和袋装，而且瓶装还有多种规格。通过这些策略，宝洁公司全方位地满足不同消费者的需要，并使自己的产品占领了超市的很多货架位置。

  防止竞争者的入侵，可能要付出很高的代价。但是，放弃企业正在丧失竞争力的产品或不具备竞争优势的细分市场可能代价更高。通用汽车公司不愿生产小型轿车，是担心因此而失去了利润。但是它却失去了更多的利润，因为日本汽车生产厂商成功地占领了美国家用小型轿车的市场，而通用汽车公司却已经毫无办法。IBM 公司不愿意生产个人计算机，结果戴尔公司、康柏公司却凭借个人计算机成功崛起，当个人计算机市场蓬勃兴起并成为许多计算机制造商利润的主要来源时，IBM 公司却被迫出售了其个人计算机业务，无法分享这个市场的利益。同样，上海大众公司主要关注团体用户和中、高收入群体对轿车的需求，而对微型轿车不愿生产，而奇瑞公司正是凭借其微型轿车 QQ 汽车而快速成长起来，并开始向上海大众公司在中、高档汽车市场的领导者地位发起挑战。一个新兴的市场可能开始很小，如果作为市场领导者的企业不去占领和控制，并构筑竞争者进入的壁垒，则当竞争者因此而起步并逐渐发展起来后，作为领导者的企业可能就会丧失大量的市场并失去自己在市场上的领导者地位。

  当然，由于企业的资源是有限的，要想全面防御以保护自己已有的市场份额有时并不现实。因此，解决问题的真正出路在于市场领导者必须认真地研究并作出正确的判断——哪些阵地应当不惜一切代价进行防守，以防止出现大的危险，也就是说企业必须把自己的资源用在关键的地方。比如，格兰仕公司不惧怕竞争者在微波炉市场以低价的形式向其发起挑战，因为它制定的价格本身就是微波炉在规模经济条件下最低的价格，如果价格再低就会发生亏损。但如果竞争者开始生产新的产品规格或向市场提供具备更多新功能的微波炉，就会威胁格兰仕公司的市场地位。防守战略的目标就是要减少企业受到竞争者攻击的可能性，将竞争者攻击的目标引到对自己威胁较小的地方，并设法削弱其进攻的强度。任何进攻都会给防守者带来利润损失，但是，防守者作出反应的形式和速度对利润造成的后果可能截然不同。如果反应迟缓，甚至听任竞争者进攻，企业可能就会丧失竞争优势，导致更大的利润损失。

  为了有效地保护其市场份额，巩固自己的市场地位，作为市场领导者的企业可以借鉴战争中的进攻与防守模式，根据不同的竞争环境选择以下六种防御策略：

▶ **1. 防御**

  对企业而言，单纯地防守自己现有的市场份额或产品将导致"营销近视症"，对企业的发展有害。因此，即使是像可口可乐这样拥有强势品牌的超级跨国公司，也不能用这种方式来作为自己未来发展和获利的主要来源。目前的可口可乐公司尽管其可乐的销量占据世界市场的一半左右，但还是积极开发果汁饮料等新产品，甚至从事海水淡化设备和塑料产品的生产等多种经营。康师傅集团作为我国方便面市场的领导者，并没有固守方便面市场，而是涉足饮料市场推出如康师傅茶饮料和果汁饮料等，以巩固其在食品行业的领导地位。可以说，在一个竞争激烈的市场里，受到竞争者攻击的市场领导者如果只是集中资源来构筑防御工事，消极地保护现有产品，那是非常危险的。

▶ **2. 侧翼防御**

  市场领导者不仅要保护自己现有的产品和市场份额，还要建立一些侧翼阵地以保护其前沿，并作为缓冲地带来削弱竞争对手进攻的强度，必要时还可以作为企业反击竞争者的前进基地。我国著名的白酒生产企业五粮液集团就是一个典型的案例。五粮液集团是我国白酒行业规模最大的企业，其品牌"五粮液"在我国高档白酒市场居于领导者地位。为了有效地防止竞争者的进攻，五粮液集团开始生产不同品牌、不同档次的白酒，如"五粮春""尖庄""京酒"等，从各个层次来进行防御，同时也有效地提高了企业在白酒市场的综合占有率。

侧翼防御既是对企业自身可能存在的漏洞的一种有效保护，同时也是对不同市场的一种试探性行为。如果该市场发展迅速，则企业也可以利用已有的产品或品牌积极进攻，从而强化自己在市场上的竞争优势。

▶ 3. 以攻为守

这是一种更为主动的、积极的防御策略，其要求就是在竞争对手未行动之前抢先进攻，将其削弱，或威慑对手让其不敢发起攻击。这种观点的依据是：预防胜于治疗，先进攻者事半功倍。因此，不断加强投资企业的产品、员工水平和服务水平，以强化竞争优势是非常关键的。某香港著名公司的一位主管人员说道："如果你在中国香港拥有价值80亿美元的房地产、当地最大酒店中的两个和亚洲一流的银行，如果你像我们一样位居第一，那么，你要不断投资以保持你的第一位置。"他的话是非常精辟的。而且，任何一个想保持领导者地位的企业也必须这样做。因此，麦当劳快餐连锁店不断扩张，并正在积极向中、小城市渗透，以抢占这些地区的市场，以防止竞争对手从这些市场向其发起进攻。

企业也可以在市场上发动游击战，声东击西，不时地变换攻击目标，使竞争对手疲于奔命，难以招架。或者以攻为守，力求全面占领整个市场。日本的精工表公司就是这样做的。该公司在全球推出2 300种手表，力求覆盖不同层次、不同区域的市场。而格兰仕微波炉则以持续不断的价格战——根据其生产规模的不断扩大，而不断调低微波炉价格——这种以价格作武器来保持高压态势的竞争策略，使得格兰仕公司一方面始终保持创造力，而另一方面使竞争者置于被动挨打的防守地位。

有的时候，这种以攻为守的策略重在运用心理因素，而不付诸实践。比如，市场领导者可以发出市场信号，从而警告竞争者放弃进攻。这种市场信号可以是"将降低价格或考虑扩大生产能力"等，从而让竞争者不敢涉足这一领域。当然，这种虚张声势的策略只能偶尔使用，不可以一劳永逸，也不可能总是吓得住竞争对手，尤其是与自身实力相差不大的市场挑战者。

那些实力雄厚的市场领导者是有能力抵抗常规进攻的，有的甚至宁愿将对手拖入一场旷日持久的消耗战中。例如，美国的亨氏公司毫不介意汉特公司在番茄酱市场的猛烈攻击，几乎不作抵抗。然而最终结果表明，汉特公司得不偿失，花费了大量成本却在销售额和市场占有率方面没有什么进展。不过，这些不怕攻击的企业要对其主导产品或品牌的最终优势充满必胜的信心，并且拥有相当高的品牌忠诚度。

▶ 4. 反击防御

大多数的市场领导者在遭到竞争者的进攻时，都必须采取必要的反击行动。这种反击，既是对自身市场地位的一种有效保护，也是对竞争者的打击，减缓其竞争的压力。面对竞争对手的降价，闪电战或促销（如突然密集地进行广告投放）、产品改进或销售区域被侵入时，市场领导者不能保持被动。市场领导者可以根据不同的竞争形态选择不同的反击策略：或者迎击对方的正面进攻，以牙还牙；或者迂回到对手的侧翼，选择其薄弱环节进行攻击；或者发动钳式攻击，切断其进攻者的队伍同其活动基地的联系等。有时，如果市场份额损失过快，领导者必须迎头痛击。但是，如果市场领导者在战略上可以与竞争者周旋的话。比如，品牌忠诚度相当高，竞争者的一时攻击不会对品牌忠诚度有大的影响，作为防御者可以先承受初次攻击，然后选择有利时机进行有效的反击，再找到其可以反击的薄弱环节，发起猛烈回击，后发制人。这种策略就是"以静制动，以逸待劳"。市场领导者绝不可以仓促应战，而应当谋而后动，只有这样，反击才更有效，并维护自身的市场地位不致受到损害。

当市场领导者在它的本土上遭到攻击时，一种很有效的反击方法是也进攻竞争者的主要领地，以迫使其撤回部分力量去守卫其主要市场，这种策略在军事上称作"围魏救赵"，而且这种进攻必须是"攻其所必救"——竞争者的根据地或主要市场，这样才能收到理想的防御效果。美国柯达公司在反击日本富士公司的进攻时就采用了这种策略。20世纪20年代以来，当富士公司在美国向柯达公司发起挑战想抢占柯达公司的市场时，柯达公司则大举进攻日本市场，以威胁富士公司在日本的市场地位，从而迫使富士公司收缩战线，减缓了对柯达公司的攻击，柯达公司成功地保护了其在美国市场的领导者地位。

▶ 5. 机动防御

这种防御策略的核心要求是市场领导者也要主动进攻——不仅要固守现有的产品和市场，而且要向一些有潜力的新领域扩展，这些领域将来可以充当企业发展的新利润来源和服务中心。在发展新的市场领域时，市场领导者主要不是采取多品牌策略，而应当进行以下两个方面的创新：市场扩展和多角化经营。这两种策略使得企业在经营和竞争中回旋余地较大，要么能抵抗竞争者连续的竞争，要么能发起报复性反击，有效打击竞争者。

市场扩展也可称为相关多元化，即要求公司把精力从现有产品转移到更为基本的需要上去，并且开展相关的技术研究与开发。例如，一个石油经营企业把自己的经营目标由石油改为能源，这就意味着公司应将其研究领域扩展到石油、煤炭、核能、水力发电甚至化学工业。从企业发展的历程来看，企业在初创期一般只有一两个主导产品，随着其发展和规模的扩张，经营领域也逐渐拓宽，从产品多元化走向产业多角化。但是，这种市场扩展战略应该适度而且量力而行，要遵循两条基本原则：目标原则（追求明确限定而可行的目标）和集中原则（集中优势兵力攻击敌人的薄弱环节）。例如，"能源事业"这个目标太宽泛了，并非只是满足单一的需求，而是满足一系列的需求，如供热、动力、照明等各种能源需要的全部内容，甚至可以说世界上几乎所有事物最终都与能源事业有关。同时，任何一个企业的资源都是有限的，而市场的过度扩展会使企业在当前竞争领域内的力量被分散削弱，其竞争优势就可能不复存在。与企业未来的发展和竞争相比，今天的存亡更应优先考虑。此时，企业领导人容易犯的错误是"营销远视症"，也就是不切实际、好高骛远、忽视眼前实际的目标。当然，合理的扩展是有益的。例如，一个原来只经营地板材料的企业可以将其经营范围从"地板材料"扩展到"房屋装饰材料"。由于认识到顾客需要用各种装饰材料来创造一个令居住者舒适惬意的室内空间，从而将其经营业务扩展到相邻的行业，扩大了企业的生存和发展空间，有利于企业综合平衡地发展和防御。

多角化经营就是将资源分散到互不相关的行业来开展经营活动，从而更有效地获得企业竞争中的回旋余地。企业进入多个行业的目的在于分散风险并寻求新的发展机遇。如我国台湾的台塑集团是一家在石化和塑料行业居领导者地位的企业，它将业务扩展到了计算机和电子行业。其出发点正如一位高管所说："在未来的日子里，我们可能会在传统行业上丧失优势，因此我们必须多样化经营。"但是，这种多角化经营战略风险极大，很多情况下又被称为"多角化陷阱"。因此，20世纪90年代以来，许多国际著名的大公司在其经营中又有"归核化"趋势,即从与主要业务不相关、竞争优势不明显的业务中收缩,着重加强具有强大竞争优势的业务。

▶ 6. 退却防御

有些时候,作为市场领导者的大企业也必须承认无法固守其所有的领域。由于企业的扩张和市场的扩大,它们的兵力过于分散,因而很难保证在每个细分市场都具有绝对优势,竞争者乘机蚕食某些细分市场。这时,有计划的收缩(或称战略退却)是一种最好的战略。这种有计划的收缩并不是放弃市场,而是放弃其薄弱的领域,将资源重心分配以巩固其较强领域的竞争优势。所谓的"归核化"就是这样一种战略收缩。例如,通用电气公司在前任总裁杰克·韦尔奇的领导下,将公司发展重点放到那些在市场上处于第一或第二位的业务上,放弃那些竞争优势不强的业务,从而使通用公司重新焕发了强大的生命力。荷兰飞利浦公司的业务领域曾经遍及照明、消费电子、家庭小电器、半导体和医疗系统等多个领域,2003年新任总裁柯慈雷进行战略转型,将发展重点确定为医疗保健、时尚生活和核心技术三大领域,以突出其核心竞争能力。有的时候,这种战略退却还体现在对区域市场或细分市场的取舍。当面临竞争者的进攻时,企业主动退出一些对自身影响不大或效益较差的市场,而重点加强对主要市场的争夺和防御。

三、努力提高市场份额

即使现有的市场的总体规模不变,市场领导者通过努力提高自身的市场份额,也是增加收益、保持自己领导地位的一个重要途径。美国的一项"营销战略对利益的影响"(PIMS)专题研究表明,市场占有率(市场份额)是影响投资者收益率最重要的变量之一,盈利率(用税前投资报酬率衡量)是随着相关的市场份额线性上升的。这项研究还显示:市场占有率超过40%的企业其投资报酬率是市场份额低于10%的企业的3倍,因此,许多企业都把提高其市场占有率作为重要的战略目标。例如,通用电气公司在战略转型时就要求其产品在每个市场上都占据第一位或第二位,否则就退出该行业或市场。

提高企业市场占有率的一个重要策略就是实施市场渗透策略,让那些原来购买或消费竞争者品牌的顾客转向购买本企业的产品。这必然要求提高商品品牌影响力和吸引力,一般通过促销或加工分销来实现。显然,这种策略的实施是需要成本的,因此,一个企业也不能认为提高市场占有率就会自动增加盈利,还取决于提高市场占有率的成本与其收益的对比。这就是说,提高市场占有率是有风险的,而且也不一定市场占有率越高越好。

过高市场占有率的首要风险是法律风险,即有关反垄断法律的制约。如果一个企业在市场上的份额太大,就会引起竞争者的攻击、公众的反感或政府对市场效率的担忧。例如,微软公司在计算机操作系统的绝对垄断地位,使得它一直以来官司缠身,不断受到反垄断的指控和调查。有时,这种垄断地位可能会遭到政府强有力的干预,如当年的中国电信在电信市场的绝对垄断地位一直受到公众的指责,最终其被分拆为中国电信(南方)和中国网通(北方)两个部分。

同时,提高市场占有率的成本也可能使得过高的市场占有率缺乏吸引力,并导致企业盈利水平下降。对某些产业的研究发现:有些规模小的企业,依靠其专业化经营也能获得很高的收益率;只有那些规模不大不小的企业收益率最低,因为它们既不能获得规模经济收益,也不能获得专业化竞争的优胜。同时,顾客的品牌忠诚、特殊需要或偏爱与小企业做生意,可能导致提高市场占有率的成本高于其带来的价值。对于那些无规模经济(如纺织工业)、无细分市场的吸引力(某些细分市场可能太小),顾客多渠道购买或撤出壁垒高的行业来说，追求更高的市场占有率得不偿失。

只有在两种情况下，市场占有率与企业收益成正比：一是单位成本随市场占有率的提高而下降，即具有规模经济效应，如20世纪20年代美国福特公司的T型车；或具有自然垄断性质的行业，如电话等公用事业。二是企业在提供优质产品时，销售价格的提高大大提高了投入成本。例如，奔驰公司凭借其高质量在高档、豪华汽车市场占据很高的市场占有率，并拥有高额利润。正如美国管理学家克劳斯贝所指出的，质量是免费的，因为质量好的产品可以减少废品损失和售后服务的开支，所以保持产品的高质量并不会花费太多的成本。而且，高质量的产品会受到顾客的欢迎，顾客愿意为高质量支付较高的价格。

总之，市场领导者必须善于扩大市场需求总量，以保证整个产业不断增长；同时，要采取切实有效的策略来防御挑战者的进攻，保护自己的市场份额和市场地位；并在保证企业总收益不断增加的前提下，努力提高市场占有率。只有这样，企业才能持久地占据市场领导地位，不断向前发展。

第三节 市场挑战者战略

一个在所在行业位居第二、第三或更靠后的企业可称为追随者企业（公司），而其中不乏规模巨大的企业，如一些大型的跨国公司——百事可乐、联合利华、空中客车和日产公司等。在我国市场上，作为市场领导者的企业竞争优势不断突出，但作为追随者的企业有些规模也相当大，如TCL、农夫山泉等。这些企业有两种策略可以选择，要么向市场领导者和其他竞争对手发起猛攻，从而夺取更大的市场份额（这时被称为市场挑战者），甚至发展成为新的市场领导者；要么小心谨慎，维持现状，以免威胁到自身的生存（此时被称为市场追随者）。

在一个充满竞争的世界和不断发展变化的行业里，很难有一个长期或始终处于市场领导者地位的企业。一个敢于挑战、不断向市场领导者或其他竞争者发起进攻，并使自己的市场份额不断增长的企业，通过努力会成为新的市场领导者。例如，在20世纪80年代，长虹高举"产业报国"的大旗，以"价格战"的方式不断降低彩电价格从而淘汰了许多规模小、生产成本高的国内彩电生产企业，不断提升自身的竞争优势，从而使长虹经过几年的发展成为国内彩电市场的领导者，不但超越了众多的国内品牌，也远远领先于外国品牌。同样，美国通用汽车公司曾经是世界汽车市场的领导者，但由于生产成本过高，其市场地位已受到日本丰田公司的严重挑战，丰田公司的汽车产量已经超过通用公司，而且销售额大幅增长，而通用公司则不断下降。作为市场挑战者，这些后起的企业雄心勃勃、励精图治、攻势凌厉，而那些居于领导者的企业却显然老迈过时、安于现状、不思进取了。

一般来讲，在固定成本高和基本需求停滞（市场饱和）的行业，如钢铁、汽车、电子等行业，竞争尤为激烈。因为这些行业或者已经成熟，市场空间相对有限，或者技术门槛较高，规模经济效应显著，所以为了获得更高的收益，企业必须争夺更高的市场占有率。

可以说，作为一个积极有为、向市场领导者发起挑战并最终获得市场领导者地位的市场挑战者，其竞争战略的核心就是进攻。

一、明确战略目标和竞争对手

一个市场挑战者首先必须明确其战略目标,而且这种目标必须是一个"明确无误、具有决定性和比较现实的目标"。大多数市场挑战者的战略重点都是着眼于企业的长期利润最大化,把扩大自己的市场份额、提高自己的市场地位作为战略目标。在确定这样一个目标时,无论是以何种形式来提升市场占有率——是消灭竞争对手还是削弱其市场份额,都无法回避"谁是我的竞争对手"这个根本的问题。企业可以选择以下三类企业作为自己的进攻对象:

(1) 攻击市场领导者。即把市场领导者作为攻击的目标。这一策略风险极大,特别是如果市场领导者作出激烈反应并采取相同的营销策略时,可能会给进攻企业以巨大的压力。但是,这种策略的潜在利益也大,尤其是如果市场领导者存在漏洞或出现失误,而且其服务市场的效果欠佳时,效果将更为显著。例如,为了进入蓬勃发展的移动通信市场,中国电信曾选择"小灵通"这一产品,采用更低廉的收费方式,针对那些不需要漫游功能、主要在所居住的城市需要无线通信的消费者市场,结果大获成功。

(2) 攻击与自己规模相当但是经验不佳、资金不足的企业。这些企业产品已经老化,由于生产成本高而导致价格过高,或在某些方面令顾客不满意,因此,向它发起正面攻击,它们往往无力反击,最终就会败下阵来。剧烈的正面进攻,打败了同一规模的竞争者就会使自己的市场份额有较大增长。

(3) 攻击当地的那些规模不大、经营不善、资金缺乏的企业。如我国实行对外开放以后,许多跨国公司进入国内市场以后,采用的就是利用雄厚的资金实力,先进的技术水平、管理水平和强大的品牌影响力,打垮了国内不少实力弱、成本高、技术落后的本土企业。如在胶卷行业,除了乐凯还在勉强维持以外,其余的本土企业都已经破产或被合资,而且自己的品牌已经消失。

由此可见,选择不同的进攻对象,企业的战略目标还是有差异的。如果进攻市场领导者,目标是去夺取一定的市场份额;如果进攻一家小企业或相对较弱的企业,目标则是吃掉它,完全占领那个市场。

当挑战者明确了自己的战略目标和进攻对象(竞争对手)之后,要实现这一目标,就必须选择合适的进攻策略。为了使进攻更加有效,企业必须坚持一个指导原则:集中优势兵力于关键的时机和位置,实现决定性的目标。

二、抢占特定市场的进攻策略

▶ 1. 正面进攻

正面进攻是指挑战者集中自己的全部资源从正面向对手的强项而不是弱项发起进攻。例如,挑战者针对对手的产品、价格、广告等发起攻击。很显然,在这场攻防战斗中,胜负的结果取决于对战双方的实力和持久力。如果挑战者(进攻者)的火力与竞争者(领先者)相比没有什么优势,则取得胜利是不可能的。因此,为了使正面进攻取得胜利,进攻者一定要有超过竞争者的优势。从军事角度来讲,一个正面进攻要能突破敌人的防御尤其是军事制高点,战斗火力的优势至少应达到 3:1。如果正面进攻者的火力小于防御者或相差很大,则正面进攻无异于自取灭亡和无谓的牺牲。

一般而言,完全的正面进攻是很少见的。为了提高进攻取胜的机会,进攻者往往集中一点来开展正面进攻。其中最常见的就是价格战。格兰仕微波炉就是采用这种攻击策略的典型,并且取得了巨大的成功。但是价格战既是一种非常有效和锐利的进攻性武器,也可能对双方都有很大的"杀伤力"。如果不是以低成本为基础（如更为先进的生产技术和管理效率、规模经济），结果就会两败俱伤。因此可以说，价格竞争只是市场竞争的初级形式，更多的往往是非价格竞争。

除了价格竞争以外，挑战者可以通过开发具有替代性的新产品，或更密集的广告宣传攻势或分销渠道的更有效的合作，来达到打击竞争对手、夺取更多市场份额的目的。例如，正是铺天盖地的广告，使"脑白金"在短短两年之内就成为家喻户晓的保健产品，并在众多保健品中脱颖而出，市场占有率迅速提高。

▶ 2. 侧翼进攻

如果挑战者缺乏足够的实力，或者为了避免"两败俱伤"的不利局面，则可以选择竞争对手的薄弱环节来发起有力的进攻，这种策略就是所谓的侧翼进攻。从军事原则来说，避实就虚和集中优势兵力攻击敌人的薄弱环节是以弱胜强的最佳选择。挑战者在选择对竞争对手的侧翼发起进攻时，可以有两个方面的选择：一是地理方面，即从特定的区域市场发起攻击；二是从细分市场方面，即选择某些小的市场发起攻击。

地理的攻击是从竞争对手相对比较薄弱的区域市场入手，很多后起的企业在其成长的过程中都选择了这种进攻策略。一般而言，市场领导者在发达国家、大中型城市、企业所在地的品牌影响力相当大，但在中小城市或农村的影响力可能就弱些。因此，选择中小城市进攻，往往容易取得胜利。

另一种侧翼进攻策略是将进攻者自身的市场定位于尚未被市场领导者占据的细分市场，然后通过自身的营销努力来占领这些细分市场，并使之不断扩大。例如，在国内市场上，一汽大众、上海大众和上海通用等大型汽车制造商主要的市场在中高档汽车市场，随着人们对汽车需求的日益多样化，奇瑞公司针对那些购买力相对较低而且希望省油的消费者专门生产价格低廉的QQ微型家用小汽车，从而迅速地发展起来。这种策略一方面避免了两家或更多企业为争夺相同市场而相互厮杀的不利局面；另一方面也符合现代营销观念的要求——营销的目的就是要发现并满足新的需要。因此，可以说侧翼进攻的成功概率比正面进攻要高一些。

▶ 3. 包围进攻

包围进攻指挑战者运用"闪电战"的方式，同时从众多条战线向市场领导者发起进攻，迫使对手腹背受敌，必须进行全面防御。通过这种进攻，挑战者可以乘机夺取一大片市场。例如，竞争者可以通过向市场提供比对手更丰富的品种、规格、式样的产品，从而满足不同类型、不同层次顾客的需求，并让顾客无法拒绝购买。这一策略能否取得成功取决于两个关键因素：一个是进攻者与竞争对手相比具有资源优势，如技术、生产能力、资金优势，另一个是这种快速的包围能在短期内击垮竞争对手的抵抗意志，并且得到顾客的认同。例如，日本精工钟表公司在攻占世界市场时就成功地运用了这一进攻策略。在20世纪70年代以前，世界手表市场是瑞士手表制造商居领导者地位。为了进军这个市场，精工公司凭借石英表技术的突破，在全世界市场同时生产并销售大概2 300种式样的手表，因而在"款式、特征、用户偏好和任何可以刺激消费者的东西上都击中了目标"，它用众多种类和不断变化款式的手表压倒了竞争者，并征服了消费者，从而成功地在世界钟表市场上成为佼佼者。

应当指出，企业在进行市场细分时存在的市场机会对这种策略的成功起到了重要的基础性作用。用多品种、多规格、多式样来形成对竞争者的包围，实际上是以顾客需求的多样化为基础的。例如，佳洁士牙膏之所以有多种类型（如洁白型、消除口臭型等）和多种口味，是因为消费者本身对牙膏有多种偏好。正是这种多样性和市场空隙的存在，才使得挑战者以差异化战略可以获得市场份额。否则，包围进攻就会变成正面进攻，那就更需要以资源优势或实力为保证了。

4. 迂回进攻

迂回进攻是一种最间接的进攻策略，它要求挑战者避开任何与竞争对手特别是领导者直接接触的领域，而是通过攻击较容易进入的市场，以扩大自己的资源基础，积累实力。挑战者实行的迂回进攻主要有以下三种方式：

(1) 开展多角化经营，进入与本行业无关的领域，这往往是市场领导者鞭长莫及的领域。例如，春兰公司原来的主导产品是空调，并且是我国空调市场的强势品牌，但其市场地位逐渐落后于海尔、格力等后起的公司。为了避开与这些企业的竞争，春兰公司转而进入摩托车行业，特别是进入了汽车和能源产业。春兰公司凭借其核心技术，已经发展成为我国电动汽车用镍氢电池市场的市场领导者。

(2) 将现有产品打入新地区市场来实现市场多元化经营，使之远离领导者。挑战者可通过进入新的区域市场来建立自己的竞争优势。如我国的啤酒产业近几年发展非常迅速，并且各企业和品牌之间竞争非常激烈，尤其是在大中城市和沿海地区。为了避开与青岛啤酒、燕京啤酒这两个国内最大啤酒企业的竞争，蓝带公司选择到西南地区和西北地区投资办厂和开展营销活动，这里远离沿海地区，因而蓝带啤酒很快就成为这两个市场的强势品牌。

(3) 企业可以采用蛙跳式战略，通过运用新技术来替代原有产品。"蛙跳式战略"本来是指后进国家运用新技术超越先进国家的一种战略，用在企业的竞争战略上，则是指企业不是跟在领导者后面进行模仿或改进，而是另辟蹊径，经过潜心研究，开发一种新的技术，从而占领技术制高点，并以新产品来向竞争对手的老产品发起有力攻击，超越竞争对手。这种"蛙跳式"超越不是对老产品某个方面的改进或一种新概念，而是技术上的全新突破，从而使新产品完全占据竞争的主动，并替代老产品。

5. 游击式进攻

游击式进攻是指挑战者对竞争对手或领先者的不同领域进行小规模的、时断时续的进攻，其目的在于通过这种"骚扰"而使竞争对手疲于奔命，从而最终获得永久性的市场。这种进攻策略特别适合那些希望与大公司展开竞争的实力并不强的小公司采用。

采用游击式进攻的挑战者可以选择传统或非传统的方法来向竞争对手发起攻击。如选择削价、猛烈的促销攻势，偶尔也可以通过法律行动。问题的关键在于选择竞争对手的薄弱环节来进行集中的进攻。一般而言，由于企业实力、资源或品牌影响力方面与大企业相差悬殊，为了争夺市场份额，小企业便在强大对手所占据的市场的各个角落随机发动一系列促销或降价等小战役，并以此来削弱竞争对手的实力，扩大自己的市场。

正因为企业实力有限，但目标是不断扩大自己的市场份额，所以企业在进攻前必须明确，是展开几个大规模的战役，还是发动一系列小规模的骚扰战。对小企业而言，进攻小的、孤立的并且防守薄弱的市场比向主要的中心据点市场进攻要有效得多，因为在中心市场（特别是发达地区、中心城市）竞争对手防御严密，而且对进攻的反击也要猛烈得多。当然，游击战不一定是那些规模小、实力弱的小企业唯一可以采用的"低资源"的进攻策略，因为一般来说这种进攻比正面进攻、侧翼进攻节省支出，但有时也会付出高昂的代价，甚至无功而返。

三、可供选择的特定的进攻策略

上述分析的五种进攻策略仍然是原则性的。对于不同的挑战者,在面对不同的竞争对手和竞争形势的情况下,进攻可以选择以下一些特定的进攻策略。

▶ 1. 价格折扣策略

价格折扣策略指挑战者以较低的价格向顾客提供与市场领导者相类似的产品,以价格为武器来强占市场。例如,娃哈哈公司在推出其非常可乐并向可口可乐公司发起挑战时就运用了这种策略。非常可乐与可口可乐在口感、质量上不相上下,但零售价格要低15%,批发价则更低,因而有效地吸引了消费者,并使中间商非常愿意积极推销非常可乐,而可口可乐没有相应降价来进行反击,结果非常可乐成功地在市场上站稳了脚跟,并且市场份额不断提升。从这个案例可以看出,价格折扣策略要想奏效,必须满足以下三个条件:

(1) 挑战者必须使顾客信服自己的产品和服务水平与市场领导者不相上下;

(2) 顾客尤其是中间商必须被这种价格差异所深深触动,这样就会非常愿意背弃原来的供应商,而选择挑战者的产品;

(3) 市场领导者必须能不理会挑战者的进攻,没有实行降价报复。

▶ 2. 廉价产品策略

廉价产品策略指挑战者用很低的价格向顾客提供质量普通或质量高的产品或服务。这种只有在某细分市场对价格关注、求廉动机占主导地位的消费者有相当大的数量时才有效。例如,奇瑞公司向市场推出排量在1升左右、价格只有2万元左右的私人小汽车,结果获得了成功。但是,靠这一策略成功的企业可能会受到"产品更便宜"的企业的攻击,因为后者的价格更低。例如,我国本土的手机制造商基本上都是以低价手机来攻占手机市场的。但后来它们遇到了价格更低的手机厂商的严峻挑战。要抵御这种新挑战,前者必须努力使产品质量不断提高。

▶ 3. 声望策略

声望策略指挑战者可以开发出比市场领导者品质更优的产品,并且标出更高的价格,从而提高企业或品牌的声望,以抢占市场。许多跨国公司尤其是国外强势品牌在进入我国市场之初,为了同国内本土企业进行竞争,采用的就是这种策略。这种高价往往使消费者认为物有所值,并且在求名动机的支配下,选购高价位的外国品牌。有时,具有高声望的企业也可以利用其品牌声望来推出低价产品,从而与生产低价产品的企业开展竞争。例如,为了同纳爱斯公司进行竞争,宝洁公司推出了比雕牌洗衣粉更便宜的"汰渍"洗衣粉,从而抢占了不少的市场份额。

▶ 4. 产品扩散策略

产品扩散策略指挑战者通过推出大量不同规格、不同式样的产品,向顾客提供更多的选择来同领导者开展竞争。例如,瑞士斯沃琪手表公司为了同精工手表进行竞争,设计出不同款式、不同颜色、适合在不同场合、不同季节佩戴的手表,从而使得"斯沃琪"成为时尚的代名词,赢得了众多有时尚追求的消费者,有的人甚至拥有几款斯沃琪手表。从营销的角度来看,这种产品扩散策略不但是有效的进攻策略,而且对广大顾客来说也是有益的。

▶ 5. 产品革新策略

产品革新策略指挑战者可以对现有产品进行革新,使之具有更好的功能或利益,以此来向领导者进攻。如格兰仕公司作为空调行业的后来者,为了与海尔、格力等空调市场的领先者进行竞争，利用消费者追求健康的心理，推出了能更有效杀灭空气中病菌的"光波空调"，使得空调使用更健康，并以此迅速赢得了市场的青睐，占据了不少的市场。

▶ 6. 改进服务策略

改进服务策略指挑战者可以通过向顾客提供新的、更优质的服务来争取顾客，与竞争对手展开竞争。服务竞争越来越成为企业间竞争的一种重要手段和内容，尤其是技术含量高的产品。例如，海尔正是以其"星级"服务从而赢得了越来越多的市场。同样，招商银行为了同其他银行开展竞争，推出了"自助银行 24 小时业务"，延长了银行服务的时间，极大地方便了客户。应该指出，这种策略要想取得成功，不仅仅依赖于企业对顾客的承诺（强大的广告宣传），而且依赖于企业必须以实际行动让顾客相信这种承诺是真实可信的，更重要的是这种新的服务应当能够给顾客带来更大的利益。同时，这种策略需要企业付出长时间的努力。

▶ 7. 渠道革新策略

渠道革新策略指挑战者可以通过变革传统的营销渠道或创造新的销售方式，从而挑战领导者的市场地位。如雅芳公司正是通过采用上门直销这种非店铺销售的新型方式，发展成为一家国际知名的大型化妆品企业，而安利公司通过直销则发展为一家大型的日用化学品的制造商。越来越多的企业认识到，渠道的革新、渠道的有效对企业实现营销目标具有决定性作用，因此，如何创新营销渠道、建立与中间商新型的合作关系、加快商品的流通，成为众多企业营销战略中的重要环节。

▶ 8. 降低生产成本策略

降低生产成本策略指挑战者可以通过提供采购效率、控制原材料、降低劳动和管理成本、运用更先进的技术等途径来降低产品成本，从而使企业具有价格优势，打败竞争对手。例如，我国浙江温州的打火机、诸暨的袜子等许多消费品正是通过大规模专业化生产和企业集群，使得生产成本比其他国家更低，从而有效地打败了欧洲、美国、日本等国家的竞争者，成功地占领了世界市场。

▶ 9. 密集的广告促销

为了迅速提高企业产品品牌的知名度和拉动消费者购买，挑战者也可以通过巨额的广告投入或大规模的促销活动来吸引消费者购买并向市场领导者发起进攻。如"脑白金"正是通过在各大媒体连续不断的广告轰炸，从而使其产品成为礼品，并迅速打开了市场。但这种策略一方面可能使企业背上沉重的资金负担，并且广告效应也有递减趋势；另一方面策略的成功还取决于产品质量和功能确实与广告宣传一致。

第四节　市场追随者和利基者战略

美国营销学家塞德·莱维特（Theodore Levitt）在《创新模仿》一文中提出了产品模仿战略，并认为这同产品创新战略一样可以给企业带来盈利。之所以如此，是因为作为创新者需要承担开发新产品、向市场提供信息以及创造需求、引导市场购买行为等巨大的投资支出，当它们通过巨额投入和承受巨大风险而使市场快速增长以后，它们可能会通过努力成为市场领导者。而其他企业跟随进入这个市场，进行模仿或改造创新者推出的新产品，并且在市场上与领先者展开销售竞争。虽然这些模仿者(追随者)未必能后来者居上超过创新者,但是由于不承担创新和教育市场的巨额费用,其获得的利润也将比较可观。

许多在行业中位于第二、第三的企业甘愿居于市场领导者之下,而不是向市场领导者发起挑战。因为市场领导者对试图从其手中夺走市场份额的挑战者和行动不会无动于衷。特别是如果挑战者以低价、更完善的服务和增加产品的特点来进行竞争,领导者会很快赶上,并采取相应的抗衡策略。例如,当新飞电器公司推出节能冰箱来与其他竞争对手展开竞争时,其他公司正迅速地以同样的产品出现在市场上,而且领先者(如容声冰箱)由于技术方面更强大,甚至在节能方面表现更优秀,从而使新飞冰箱在这种产品特点上无法保持竞争优势。由于领导者在这场竞争中往往具备更强大的持久能力,具有更大的资源、技术、资金、品牌等优势,因此挑战者往往难以成功。特别是双方正面的交锋会使得双方两败俱伤,所以挑战者必须谨慎决策,三思而后行。除非挑战者有出奇制胜的绝招,如产品有重大创新或营销渠道有重大突破或革命性变化,否则它最好作为追随者而不是挑战者贸然向领导者发动可能得不偿失的攻击。

随着生产技术的成熟,许多行业的同质性越来越高。这些行业一般是资本密集型的,产品之间差异很小,如钢铁、化肥和化学工业等。在这些行业中,"有意识的平行"这一形式非常普遍。因为这些行业产品差异化和形象差异化的机会不多,服务质量大体一致,顾客对价格的敏感性很高,价格战随时可能会爆发。因此,各企业之间会形成一定程度的均衡,它们的心态都是反对在短期内相互争夺市场份额的做法,因为,一旦这样只会招来对方的报复。大多数企业不是相互拉走顾客,而是效仿市场领导者,以相似的价格为顾客提供相似的产品,其市场份额显示出较高的稳定性。

一、市场追随者战略

在一个成熟的市场,面对同质性越来越高的产品,担心市场领导者的报复,并不意味着市场追随者完全束手无策。事实上,市场追随者必须知道如何维持现有的顾客,以及怎样去争取一些新顾客,以使自己有一个合理的市场份额。每个追随者必须树立自己有特色的优势,如在地点、服务、融资等方面为顾客提供新的利益和满足。同时,追随者往往是那些雄心勃勃的进攻者的主要目标,因此,市场追随者必须保持其低廉的制造成本和优质产品与服务质量,维护顾客的品牌忠诚;而且一旦有新市场可以开辟,追随者也要很快进入,争取占据一席之地。也就是说,追随不等于被动挨打,也不是单纯模仿领导者,而是必须找出一条不会引起竞争者报复的发展道路。

追随者可以选择以下四类追随战略:

▶ **1. 仿制战略**

仿制战略指完全模仿市场领导者的技术、产品,甚至在包装和品牌方面也一模一样。这种仿制实际上就成了假冒。由于是完全仿冒领导者的产品和品牌,因此对于那些既希望买到名牌又想少花钱的消费者有一定吸引力。但是,随着市场秩序的完善和国家对知识产权保护力度的加强,这种完全仿制战略已没有生存空间。它们只能存在于"黑市"或"地下经济"之中。但在我国市场上,仍有许多中小型企业在走这条路,它们完全模仿国际或国内一些知名品牌,靠假冒来生存。甚至有些地方还成了假冒产品的重要集散地,如以前北京著名的"秀水街"市场。这种假冒是正当营销所不齿的,也是法律打击的对象。

▶ **2. 寄生战略**

寄生战略是指追随者在产品价格、包装等各个方面都模仿市场领导者,只是在品牌方面与其存在差异。寄生者不进行任何创新，而是利用领导者的投资而生存。许多缺乏创新的企业采用这种战略来求生存。最典型的是湖南的"老干妈"模仿贵州的"老干妈"，两者除了包装上印制的人名有差别以外，其他都是完全一样。这些企业利用市场领导者的疏漏，只在品牌名称上稍有不同，以此来吸引消费者购买。为了应对寄生者，市场领导者往往采用申请专利、广泛申请商标注册等手段来对自己进行有效保护。

3. 有限模仿战略

有限模仿战略是指追随者在某些方面借鉴了市场领导者，但在包装、广告、定价等方面与之保持一定的差异。例如，由于生产技术的成熟和标准化，在医药市场上的许多普通药品就有许多厂家生产同类药品，它们的商标名称、功能、生产工艺都是一模一样，如"六味地黄丸""乌鸡白凤丸"等就有众多厂家在生产，只是在广告、定价方面有差异，还可以利用有限模仿者的行为而避开独占市场的指控。

4. 改进战略

改进战略指追随者对领导者的产品进行学习和借鉴，然后通过自身的努力使自己的产品与领导者相比有一定改变甚至提高。一般改进者会选择向不同的市场销售其产品，以避免同领导者发生正面冲突。通过改进，追随者能够提高自身的技术水平并获得发展，从而在将来成为潜在的挑战者。日本许多公司的发展走的就是这样一条道路。我国实行对外开放以后，许多企业通过引进生产线和生产技术来提高自身的技术水平，并迅速发展起来，比如海尔就是这样。但这种改进必须突破路径依赖，而且只有真正创新，才能使企业具有强大的竞争优势，否则只能是追随者在领导者后面。

有些企业为了降低市场风险而有意识地选择追随战略来利用新兴的市场机会。如娃哈哈集团就是一个典型的例子，它一般不是第一个推出某种新产品的企业，而是当某一市场显示出其极高成长性之后，才跟进推出自己的产品，并利用其品牌影响力和高效率的营销渠道及密集的促销攻势，来获得巨大的市场份额。但是，对追随者来说，虽然可以不承担任何革新的费用和风险，但一般而言它的收益一般也比领导者要低。尤其是对于成熟的市场，扮演追随者的角色意味着企业规模、利润水平和发展空间有限。只有在成长性高的市场，而且要采取先追随积累实力，然后再挑战的发展战略，企业才能真正获得大的发展。

二、市场利基者战略

如果一个企业不愿意在一个大市场做追随者，同时由于实力的限制难以成为挑战者，则可以选择成为一个小市场的领导者。通过对这个小市场的精耕细作，企业也可以获得生存和发展。这种在市场空隙生存的企业被称为"利基者"。这种战略对于小型企业具有特殊的重要意义。例如，在我国的啤酒市场上有400多家生产企业。其中，尽管像百威、青岛、燕京等啤酒品牌占据了市场的绝大部分，但仍有许多小的啤酒生产企业靠服务于地方区域市场而顽强地生存。它们的销售范围一般不超过150公里，但在所在地拥有较高的知名度，并能满足当地消费者的特殊需要。

1. 利基战略的实质

利基战略的实质是实行"空隙定位"，选择未被满足的消费者作为自己的目标市场见缝插针，从而实现高额利润。例如，随着旅游业的发展，"自助旅游"这种新兴的旅游方式方兴未艾。这些旅游者往往一个人或同少数几个人自行借助指南针到自己向往的地方去旅行，他们一般不参加旅行团，而且由于经济条件限制也不愿住昂贵的宾馆，而喜欢条件合适但收费低的旅馆，这种游客以青年居多。因此，一些宾馆以这类消费者为服务对象，专门推出"青年旅馆"产品，如上海的"锦江之星"青年旅馆，结果大受欢迎。利基战略不一定都是针对低端市场，而是针对特殊市场。一项对成功的中型企业以及它们各自成功所依赖的因素的研究表明，这些企业几乎都是市场利基者。例如，劳斯莱斯汽车就定位在"贵族型汽车"市场，而《大学生》杂志则锁定大学生这个阅读群体。

不过，现在越来越多的大企业也在设立经营单位或公司去服务于这些补缺市场。比如，针对"小灵通"市场，中兴公司专门推出了多项与其他手机一样具备彩屏、和弦等功能的"小灵通"。可口可乐公司为了开发中国的农村低端可乐市场，也计划推出零售价比非常可乐更低的可乐。它们实际上想通过这些战略尽可能占领更多的市场份额，从而实现企业更大的利润。

为什么市场利基者战略会带来巨大收益呢？根本原因就在于进行市场补缺的企业事实上已经充分了解目标顾客群，因而能够比其他企业更好、更完善地满足顾客的需求。并且，市场补缺准则可以依据其所提供的附加值收取更多的利润。例如，一些商业银行针对高收入群体推出的"金领服务"，可以为顾客提供全方位的理财服务。由于这种理财服务比一般的理财金融产品有更多的附加服务，因而收费更高。总之，利基战略与集中战略不同，前者获得的是高边际效益，而后者只获得高总量收益。

▶ 2. 利基战略的特征

一般来说，理想的利基者市场具有以下特征：

（1）该市场具有足够的规模和购买力，能够盈利。

（2）该市场具备一定的发展潜力，能够维持企业的长期生存。

（3）强大的竞争对手（市场领导者）对该市场不屑一顾，企业在该市场不会遭遇竞争威胁。

（4）企业具备所必需的专业能力和资源，能为该市场提供优质的服务，满足顾客的特殊需要。

▶ 3. 可供选择的利基战略

中小企业如果想进入市场，一开始就应瞄准补缺机会而不是整个市场，并实施如下有效的利基战略：

（1）差别化。即定位于远离统治地位的品牌，价格相同或高于它，通过密集广告宣传攻势来建立新的品牌，甚至取代原来占统治地位的品牌。

（2）创造补缺。即为未满足的特殊需求设计生产不同的产品或服务，如专门为登山者设计登高鞋，以及篮球、足球、舞蹈专用鞋，以与普通鞋相区别，并以高价来获取利润。

（3）溢价。定位于接近占统治地位的品牌，采用高价、低广告开支，而以其他促销方式来体现其市场地位高，如"船王"西服以高价来向"杉杉"西服挑战。

▶ 4. 市场利基者的专业化选择

要想实现补缺来占领一个小的细分市场，企业的关键是实行专业化，并通过多种补缺来降低风险，不断创造新的补缺市场。企业的专业化选择主要有以下几种：

（1）最终用户专业化。企业可以专门为某一类型的最终用户提供服务，如软件公司专为金融系统设计专用软件。

（2）垂直专业化。即企业专门为处于生产与销售循环周期的某些垂直层次提供产品或服务，如浙江万向集团专门生产汽车用的万向节。

（3）顾客规模专业化。企业可以集中全力分别向小、中、大规模的顾客提供全套服务，如信用社只为个人或小型企业提供金融服务，而远大中央空调则为集团用户提供空调产品。

（4）特殊顾客专业化。即企业专门为一个或几个特定的顾客提供配套产品，如一些零部件生产企业专门为一汽这样的大汽车制造商提供配套产品。

（5）地理市场专业化。即企业只选择某一特定的地理区域来开展相应的业务，如一些地方性的桶装水生产企业，只为该地区提供产品。

（6）产品或产品线专业化。即企业只经营某一种或某一类产品线，如深圳隆力奇公司只生产用蛇油加工的系列产品。

（7）质量或价格专业化。即企业只选择某一市场的高质量（高价格）或低价格的顾客群作为自己的目标市场。例如，惠普公司在袖珍计算机市场专门生产高质量、高价格的计算机。

（8）加工专业化。即企业只为特殊顾客的订单来定制产品。

（9）服务专业化。即企业向顾客提供一种或数种其他企业没有的服务，如网上银行专门为客户提供网上支付、转账服务。

（10）渠道专业化。即企业只为某一类销售渠道提供产品或服务，如一些企业只为超市生产在超市销售的产品，一些企业只为航空公司生产在飞机上消费的食品。

总之，只有企业善于发现机会，通过自身的努力和专业化，同样可以获得生存和发展的机会，并给顾客提供更多的选择。

本章小结

企业要想获得长期的竞争优势，必须在认真分析自身所处环境发展趋势的基础上，根据自己的目标来确定合适的竞争战略。制定战略的前提是必须对企业的竞争对手进行科学的分析研究。

企业在市场、行业两个层面识别自己现实和潜在的竞争对手，是企业对竞争者分析的第一步。找到了自己的竞争对象，企业还要更深入地分析竞争对手的竞争战略，包括市场领导者战略、市场挑战者战略、市场追随者战略和市场利益者战略。

市场领导者是指在相关产品的市场上市场占有率最高的企业。它在新技术研究和新产品开发、价格变动、分销渠道的覆盖面和促销支出等方面都处于主宰地位，它引导产业的发展方向，也是其他企业挑战、学习或回避的对象。居于领导地位的企业要想继续保持领导地位，就必须采取有效行动：第一，设法扩大整个市场需求，防止产业衰退；第二，采取有效的防御措施和进攻行动，以保护自己现有的市场份额；第三，在现有市场规模不变的情况下，努力进一步提高自己的市场份额。

市场挑战者指在市场上处于第二、第三等次要地位的企业。它们与市场领导者在竞争实力、市场份额等方面有一定的差距，但是在某些方面足以向领导者发起挑战，甚至威胁其领导地位，它们是市场领导者最强有力的竞争对手。作为一个积极有为、向市场领导者发起挑战并最终获得市场领导者地位的市场挑战者，其竞争战略的核心就是进攻。

市场追随者指在市场上处于较低地位的企业。它们的市场地位更弱一些，往往无力向市场领导者发起挑战，也不愿挑战，而是在与市场领导者的"和平共处"的状态下，根据市场领导者的行为来调整自己的产品、价格或促销策略，谋求特殊的细分市场，不希望改变市场格局。

市场利基者，指在那些专注占领大企业所不愿意服务或不感兴趣的细分市场的企业。这些企业一般规模较小，其市场空间有限，往往通过专业化经营来获取最大的收益。

企业只有在了解竞争者的发展方向、研究竞争者的竞争地位、评估竞争者可能对企业竞争行为的分析后，通过全面而深入的分析，才可能更准确地判断自己的竞争地位，从而制定可行的竞争战略。

思考题

1. 企业应从哪几个方面对竞争者进行分析？
2. 中小企业应如何制定自己的竞争战略？
3. 越来越多的中国企业声称自己要进入世界500强，你认为这些企业应如何选择自己的营销战略？
4. 面对当今计算机市场品牌日益集中的局面，你认为还有进入市场的机会吗？如果有，新进入者该如何开展竞争？

实训实习

一、实训目标

描述竞争的本质特征，培养分析竞争者的能力。

二、实训任务

通过市场调查，编写某行业市场竞争力分析报告。

三、实训步骤

1. 选取一个行业内有代表性的几家公司，根据公司可能扮演的四种不同的角色对其进行分类：市场领导者、市场挑战者、市场追随者和市场利基者。

2.5~8人一组，以小组为单位收集资料，分组讨论，提交市场竞争者分析报告，制作PPT，在班级内进行交流。

案例分析：
案例一
阿迪达斯的决策

案例分析：
案例二
农夫山泉的营销策略

案例分析：
案例三
"长城"牌润滑油竞争战略分析

第八章 目标市场营销战略
Chapter 8

>>> **学习目标**

1. 了解市场细分的内涵、原则、根据和方法；
2. 熟悉市场细分评价的方法；
3. 掌握几种目标市场营销战略的相关概念和适用条件；
4. 掌握市场定位的概念、策略和步骤。

>>> **导入案例**

第一支娃哈哈儿童营养液诞生记

20世纪70年代以来，计划生育开始在我国全面推行，在"只生一个好"的优生优育氛围之中，父母、爷爷、奶奶、外公、外婆都争宠一个独生子，很多家庭出现了六个人围着一个孩子转的情景，"小皇帝"成为整个大家庭的核心，是家庭经济支出的重头。正是因为宠爱过甚，好多儿童出现了厌食、偏食的现象，让家长们颇为头痛。虽然市面上有几十种营养液，但还没有一种是专门针对儿童、解决他们的胃口问题的。宗庆后认为，此时做儿童营养品正是"天赐良机"！

1987年，宗庆后带领着两名退休教师，在一个校办企业经销部的基础上创办了娃哈哈。娃哈哈正是以传统的天然食品为原料，通过调节人体机能，增强儿童食欲，使儿童从丰富的食物中摄取各种营养，且不含任何激素，无任何副作用。所以该产品一投放市场，就有如旱地浇甘露，受到了广大家长的欢迎，在市场上一炮走红。1990年凭借"喝了娃哈哈，吃饭就是香"的广告语，娃哈哈出产的儿童口服液迅速走红大江南北。

资料来源：张计划. 营销快线：加与减的艺术[J]. 销售与管理，2011，101.

思考：

你认为娃哈哈成功的重要因素有哪些？

第一节 市场细分

一、市场细分的概念及其产生背景

1. 市场细分的概念

市场细分就是指根据顾客需求的差异，以顾客需求的某些特征或变量为依据，把市场划分为若干个购买者群体，进而确定目标市场的过程。这一概念是20世纪50年代中期温德尔·斯密在总结企业按消费者的不同需求组织生产的经验中提出来的。它不单纯是一个理论抽象，而且还具有很强的实践性，并奠定了目标市场营销的基础。

市场细分是企业市场营销的起点，通过市场细分明晰企业所能服务的顾客群，从而为企业各项业务活动开展确定方向。从管理发展史的诸多案例来看，许多著名企业的崛起是在新兴产业发展潮头上应运而生、把握时机顺势而上，也有许多企业是在相对成熟的产业环境中精心选择恰当的顾客群体，为他们推出高附加值的产品或服务，并通过创新的管理模式将其实现从而脱颖而出，打破既成产业结构，后来居上促成竞争格局逆转。被奉为百年经典的福特公司、通用公司以及其后的日本丰田公司在汽车行业的攻守角逐正是这种逻辑的生动体现，这些案例因其领袖人物的独特魅力而在实际演变中表现出强烈的戏剧化色彩令人神往，因而广为传扬。

2. 市场细分的产生背景

菲利普·科特勒指出，西方国家营销者的思想变化经历了以下三个阶段：

（1）大量营销。在大量营销阶段，卖主面对所有的买主，大量生产、大量分销和大量促销单一产品。曾有一段时间，可口可乐公司向整个市场只推出一种饮料，希望这种饮料能吸引每一个人。采用这种营销方式的理由是：它能使成本、费用和价格降至最低，从而创立最大的潜在市场。

（2）多样化营销。这时，卖主生产两种或两种以上，具有不同特色、式样、质量和型号等的产品。例如，后来可口可乐公司生产了好几种软饮料，这些饮料被包装在不同型号的容器里。这样做是为了向购买者提供多样化的选择，其理由是消费者的品位不同，而且随着时间变化而变化。

（3）目标市场营销。这时，卖主首先分清众多细分市场之间的差别，从中选择一个或若干个细分市场，然后为挑选出的各个细分市场分别开发产品和制定营销组合。现在可口可乐公司生产的软饮料就是分门别类地针对各细分市场的，如含糖可乐市场的传统型可口可乐和樱桃可口可乐、低咖市场的低咖可乐和飘带牌可乐、无咖啡因市场的无咖啡因可口可乐，以及非可乐市场的小妇人苏打水等。

从大量营销、多样化营销到目标市场营销是一种必然，其背景是大市场不断地被细分为越来越多的微观市场。所以，目标市场营销正在越来越多地采取微观市场营销形式，而其最高形式必然是把每一个顾客都当作一单独细分市场来制定市场营销方案。

3. 目标市场营销的步骤

目标市场营销需要经历三个主要步骤，如图8-1所示。

（1）市场细分，即根据购买者需求的差异性将市场区分为若干个不同的购买者群体，每一个需求特点相类似的购买者群体视为一个细分市场。

（2）选择目标市场，即评估各细分市场的吸引力，选择进入一个或多个细分市场。

（3）市场定位，即为产品确定一个能达到预期目标的市场位置，并制定相应的营销组合。

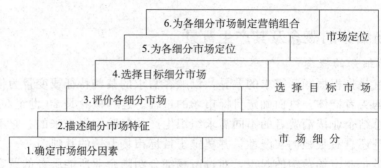

图 8-1　目标市场营销的主要步骤

4. 市场细分的意义

在目标市场营销中，市场细分作为基础性的步骤，有着十分重要的意义。

（1）市场细分有利于企业发现新的市场机会。市场机会是指已经出现但尚未被满足的市场需求。由于市场需求受多种因素影响而越来越呈现出广泛的差异性，将市场视作铁板一块已经难以识别日趋微观化的众多需求。而通过市场细分和对各细分市场进行调研评价，就可以发现未被满足的需求。

（2）市场细分有利于企业发挥优势。在宏观市场不断微观化的情况下，企业通过市场细分，有针对性地在较小的细分市场上开展营销活动，能够提高企业的适应能力和应变能力，特别是中小企业，可以在有限的细分市场中发挥自己的最大优势，取得投入少、产出多的良好经济效益。

二、市场细分的原则

市场细分的根据是购买者需求的差异性。进行市场细分是为了选择有吸引力的目标市场。为了保证市场细分的有效性，细分市场时必须把握以下原则：

1. 可衡量性原则

可衡量性原则即细分市场的规模、购买力和特征是清楚明确的，是可以辨别测定的。这要求细分因素也具有可衡量性。有些细分因素很难测度。例如，按性情温和或暴躁来划分购买者群，实际上就难以施行。

2. 可进入性原则

可进入性原则即企业能有效地进入该细分市场并为之服务。如果企业所能设计的营销组合不能对该市场产生影响，进行市场细分就毫无意义。一家香水公司发现其品牌的经常使用者是回家晚、社交活动多的单身妇女，但是除非这类妇女有确定的居住地或购买点，并且受一定传播媒体的影响，否则公司就很难接触到她们。

3. 可接受性原则

可接受性原则即细分市场有足够的市场容量，值得企业去开发经营。如果企业为某个细分市场制定的营销组合不能使企业获得足够的利润，这样的市场细分就没有实际价值。例如，专门为某些人数极少的购买者群生产汽车或提供特别服务，对于制造商或销售商来说往往是不合算的。

▶ 4. 可行动性原则

可行动性原则即企业能够为市场细分设计出有效的营销计划,这要求细分市场不能太大或太多,试想一家小型服装公司,如果它把服装市场仅按性别划分为男女两个购买者群,那么它无论选择其中的哪一个细分市场都将是力不从心。

三、市场细分的根据

细分一个市场,要有一定的根据,或称细分因素。所谓细分因素是指这样一些变量,受到这些变量的影响和作用,购买者在欲望和需求方面产生了明显的差异。不同的市场有不同的细分因素,以下是消费者市场和组织市场一些主要的细分因素。

▶ 1. 消费者市场的细分因素

消费者市场的主要细分标准有地理因素、人口因素、心理因素和行为因素。见表8-1。

(1)地理细分。按地理因素进行市场细分,可以考虑地理区域、城市大小、地形、气候、交通运输条件、通信条件和人口密度等因素。之所以采用这些地理变量,是因为处在不同地理位置的消费者会有不同的需要和欲望,他们对产品、服务和各种营销因素的反应也各不相同。中国是一个地域大国,受多种地理因素的影响,各地消费者在风俗习惯、生活方式和消费需求等方面差异很大。企业可以选择一个大的区域市场经营,也可以选择一个或多个小的区域市场经营。

(2)人口细分。按人口因素进行市场细分,可以采用年龄、性别、婚姻状况、家庭规模、家庭生命周期、家庭收入、职业、受教育程度、民族和宗教等因素。在消费者市场细分中人口因素是最常用、最基础的。其原因首先是消费者的需要、欲望和产品使用率经常紧随人口因素的变化而变化;其次是人口因素比其他因素更容易衡量。不同行业的企业在采用人口因素时往往具有某种固定性。其中有些人口因素用得较普遍,如经营玩具、服装、鞋帽、化妆品和杂志等行业多采用年龄、性别、职业等因素来细分市场;而经营工艺品、钟表、眼镜、旅游、汽车和金融的行业则多使用收入这一因素,表明不同行业受到这些因素的影响强烈。

(3)心理细分。按消费者的心理特征来细分市场称为心理细分。心理因素十分复杂,并且难以把握,大多数企业考虑的仅限于社会阶层、生活方式和个性等。一般说来,处在不同社会阶层的消费者,对汽车、家具、服装、休闲活动、阅读习惯以及零售商等方面的偏好有较明显的差异。消费者的生活方式则不仅与收入水平有关,而且与其社会地位、文化素养、价值观念等密切相关,因此涉及更多产品的兴趣和爱好。消费者的个性更多地与品牌形象、品牌个性有关,个性市场细分战略大多运用于汽车、摩托车、化妆品、香烟、酒类和保险等产品上。

(4)行为细分。在行为细分中,通常考虑消费者购买时机、利益诉求、使用状况、使用频率、品牌忠诚程度和对产品的态度。购买时机细分可以帮助公司开拓产品的使用范围,例如,许多公司常利用节假日来促销旅游、休闲以及糕点、糖果、鲜花、贺卡等。利益细分需要确定人们在产品中追求的主要利益,而一旦确定了追求不同利益的各消费者群体,公司就可以给他们提供不同利益的产品,并且还可以寻找新的利益细分市场,以及推出适合这些细分市场的新品牌。市场还可以按使用状况细分为产品的从未使用者、曾经使用者、潜在使用者、首次使用者和经常使用者;按使用频率细分为偶尔使用者、一般使用者和大量使用者;按对品牌的忠诚程度细分为坚定忠诚者、不坚定忠诚者、转移型忠诚者和多变者,公司可以对不同的细分市场采取不同的营销策略。

表 8-1　消费者市场的主要细分因素

细分因素		标准划分
地理因素	地理区域	东北、华北、华东、华南、华中、西南、西北
	城市大小	小城镇、中等城市、大城市
	地形	平原、山区、湖区、高原、盆地
	气候	寒冷、温暖、炎热
	交通运输条件	发达、一般、差
	通信条件	发达、一般、差
	人口密度	城市、郊区、乡村
人口因素	年龄	幼儿、少年、青年、中年、老年
	性别	女、男
	婚姻状况	未婚、已婚
	家庭规模	小家庭、中家庭、大家庭
	家庭生命周期	未婚、新婚、满巢、空巢、孤独
	家庭收入	低、中下、中、中上、高
	职业	公务员、公司职员、军人、学生、农民
	受教育程度	文盲、小学、中学、大学
	民族	汉族、其他少数民族
	宗教	佛教、道教、伊斯兰教、基督教、其他
心理因素	社会阶层	下、中下、中、中上、上
	生活方式	传统型、满足现状型、现代型、转变型、第四代型
	个性	内向、外向、积极、被动
行为因素	购买动机	理智、情感
	追求的利益	品质、服务、合算
	使用状况	从未用过、以前用过、正在使用、可能使用
	使用频率	不常用、一般使用、经常用
	品牌忠诚度	无、一般、强烈、绝对
	对产品的态度	敌视、否定、不关心、积极、热情

▶ 2. 组织市场的细分因素

组织市场(包括生产者市场、转卖者市场和政府市场)的细分，大多数也可以采取消费者市场的细分因素，如地理、人口、利益追求、使用状况、使用频率和忠诚度等。此外营销人员还采取其他一些细分因素，如最终用户、客户规模和购买方法等。

按最终用户来细分组织市场是一种通用的方法。不同的最终用户常常寻求不同的利益。例如，一般工业品的买主要求产品质量可靠，并符合其生产要求，供货及时，批量适宜；军用品买主的采购标准则特别严格，要求产品质量绝对可靠，适合军事上的特殊用途；服务业买主则要求及时提供不同规格、不同品质的小批量产品，交易灵活，价格较低。这要求营销人员运用不同的营销组合，才能达到目的。

按客户规模细分组织市场也是一种重要的方法。由于客户规模大小不同，其购买力的大小和购买行为也存在很大差异。许多公司建立了多个独立交易系统，分别与大小不同的客户打交道。按客户的购买方法细分组织市场，有助于营销人员更深入细致地把握不同客户在购买决策程序上的特点，以及对价格和服务的不同态度，从而设计出更有针对性的营销策略。

四、市场细分的方法

采取什么方法进行市场细分将从根本上决定市场细分的有效性。选择市场细分方法涉及两个方面：其一是采用哪些细分因素；其二是采用几个细分因素。这两个方面都要求严格遵循市场细分的原则，即保证细分市场的可衡量性、可进入性、可接受性和可行动性。

▶ 1. 单一因素细分法

采用一个因素进行市场细分，称为单一因素细分法。细分时，只要选取的细分因素是有效的，就能得到满意的结果。日本资生堂公司曾对女性化妆品市场进行过调查分析，在此基础上把潜在顾客按年龄分为4个消费者群：第一个消费者群是15~17岁的消费者，她们追求时髦，讲究打扮，对化妆品的需求意识强烈，但购买的往往是单一的化妆品；第二个消费者群是18~24岁的消费者，她们对化妆品的需求意识很强烈，往往采取积极的消费行动，购买整套的化妆品，只要商品中意，并不在乎价格昂贵；第三个消费者群是25~34岁的妇女，她们大多数已婚，化妆已成为她们的日常生活习惯；第四个消费者群是35岁以上的妇女，她们的消费行为有的积极，有的消极，但都显示出对单一化妆品的需要。这种细分为资生堂公司的目标市场营销打下了基础。但是，在很多情况下，单一的细分因素难以保证多方面的有效性。

▶ 2. 二因素组合细分法

组合两个因素进行市场细分，称为二因素组合细分法。它比单一因素细分法多运用了一个因素，所获得的细分程度也就更高，在很多情况下，细分结果也更接近实际。例如，服装界综合考虑职业和收入两个因素，比只考虑职业一个因素要能发现更多的细分市场。

一种有效的二因素组合细分法是利用产品/市场方格图来细分市场。该图采用"产品"（表示不同的顾客需要）和"市场"（即不同的顾客群）作为细分因素，如图8-2所示。图8-2中，纵坐标表示产品需求，横坐标表示顾客类型。顾客对产品有三种不同需要，即分别需要160升、180升和220升三种规格的电冰箱；顾客本身也分为三个群体，即家庭、餐馆和公寓。其组合就有9个细分市场。

▶ 3. 三因素组合细分法

采用三个因素组合进行市场细分，称为三因素组合细分法。可用一个三维空间图来表示。例如，一个家具公司采用三个人口因素——户主年龄、家庭人数和收入水平，来细分家具市场。其中每一个细分变量再分若干层次，结果划分出36(4×3×3)个细分市场，如图8-3所示。

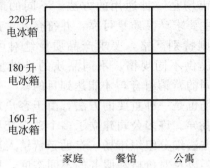

图 8-2 用产品/市场方格图细分电冰箱市场

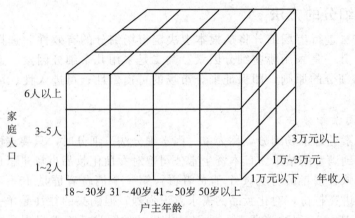

图 8-3 用三维空间图法细分家具市场

▶ 4. 主导因素排列细分法

按影响市场需求的多种因素进行市场细分时，可以从消费者的特征中寻找和确定主导因素，依照一定顺序排列，逐步写成细分过程。这时，细分过程也是一个比较、选择细分市场的过程。后一阶段的细分在前一阶段选定的细分市场中进行。例如，某化妆品公司细分化妆品市场，采用多种因素，考虑性别、年龄、职业和收入等因素居主导地位，文化、婚姻、住地和气候等因素居从属地位，则整个细分、选择过程如表 8-2 所示。各细分因素的排列顺序是性别、年龄、教育、职业、婚姻、住地和气候。经过逐步细分和选择，最终确定的细分市场可描述为：女青年职员，中学以上文化，未婚，住在城市，居住地为温带气候。

表 8-2 用主导因素排列法细分化妆品市场

性别	年龄	教育	职业	技术	婚姻	住地	气候
男	幼儿	文盲	农民	无技术	未婚	农村	温带
女	少年	小学	工人	半技术	已婚	郊区	亚热带
	青年	中学	职员	技术	离婚	城市	
	中年	大学	军人		鳏寡		
	老年		学生				
			其他				

第二节 目标市场

市场细分之后是选择目标市场，也就是要评价各细分市场，并且决定企业为多少细分市场服务。

一、评价细分市场

企业在评价各细分市场的时候，必须考虑以下三个因素：

▶ 1. 是否有适当的市场容量和发展潜力

市场具有一定的容量是企业进入该市场的基本条件，它表明企业在该市场可能获得必要的销售量和利润量。市场具有一定的发展潜力，表示企业在该市场具有扩大销售量和增加利润的可能。因此，公司管理者首先必须收集各细分市场现行销售量的资料，分析其增长率和预期利润。一种常见的倾向是有些公司喜欢选择销售量大、增长率高和利润丰厚的市场作为目标市场。实际上最大和增长最快的市场并不适合较小的企业，较小的企业选择较小的和较逊色的细分市场更为有利。

▶ 2. 是否有足够的吸引力

一个有适当市场容量和发展潜力的细分市场不一定是有吸引力的市场。公司管理者还必须查验几个重要变量，以判别细分市场是否有足够的吸引力：第一，该细分市场中是否已有许多很强的竞争者？第二，细分市场是否会吸引新的竞争者？第三，细分市场中的买方是否比卖方有更强的讨价还价能力？第四，是否有许多实际的或潜在的替代品会限制细分市场中的价格和利润？如果细分市场中不存在激烈竞争，也不会吸引新竞争者，很少有替代品，供应商本身很有势力，该细分市场就很有吸引力。

▶ 3. 是否适合企业的目标和资源能力

公司管理者还必须考虑细分市场是否适合企业的目标和资源能力。有些细分市场具有适当的市场容量和发展潜力，也具有足够的吸引力，但是不适合企业的长远目标，进入这些市场，不能推动企业实现主要目标，甚至会分散企业的注意力和精力，因此不得不放弃。即使这些细分市场适合企业的目标，但是如果企业不具有进入这些细分市场的资源能力，或者不具有超过竞争者的资源条件，企业也无法进入这些市场，因此只能放弃。

在评价各细分市场后，企业要决定选择哪些和选择多少细分市场，也就是要选择目标市场。有三种策略可供选择，即无差异市场营销、差异性市场营销和集中性市场营销。如图 8-4 所示。

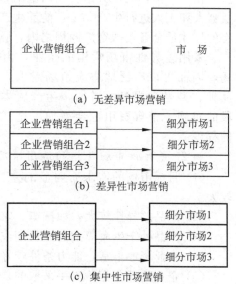

图 8-4 三种不同的目标市场选择

二、无差异市场营销

▶ 1. 无差异市场营销的概念

无差异市场营销是指企业不考虑市场需求的差异性，把整个市场看作一个大的目标市场，把一种产品以一种营销组合推向所有的购买者。

无差异市场营销的优点是易于实行大批量生产、储运和销售，可节约生产成本和销售费用，有利于企业在竞争中以物美价廉的优势取得较大的市场占有率。但采取这种策略容易招致过度竞争。而且由于市场需求千差万别，企业可能丢失大量的细小市场。由于市场需求处于不断变化之中，企业也不可能长期以一种产品、一种营销组合维持下去。

▶ 2. 无差异市场营销的适用情况

（1）目标市场的需求差异性小，购买者对产品属性的要求以及购买动机和行为大致相同或相近。

（2）产品是差异性较小的同质性产品，如大米、小麦、食盐、食糖、水泥和钢材等初级产品。

（3）产品处于市场生命周期的萌芽期，竞争者少。

（4）企业资源及能力条件较脆弱，目标市场的选择面受到限制。

三、差异性市场营销

▶ 1. 差异性市场营销的概念

差异性市场营销是指企业把整体市场分为若干个细分市场，针对每一细分市场的需求特点，设计和生产不同性能、规格的产品，并采用不同的营销组合，分别满足不同的购买者需要。

差异性市场营销的极端表现形式是定制市场营销。这是一种以现代化大规模生产为基础，以每一个顾客为一个细分市场，向其提供量体裁衣的产品和服务的营销方式。例如，松下工业自行车公司，该公司采取灵活的方法大量制造适合于每一个顾客需要的自行车。顾客到当地的自行车店，由店员在一个特殊的架子上对顾客进行测量，并把规格传真给工厂。在工厂里，测量数据被输入电脑，3分钟之内便可画出一个蓝图，然后由计算机指导机器人和工人进行生产。工厂能够生产1 800万种、18类型号、199种颜色的自行车，拥有的尺寸适合各类顾客。两周之内，顾客就能拥有一辆定制的、独一无二的自行车。

采用差异性市场营销的企业，由于用多种产品、多种营销组合去占领多个细分市场，因而可以广泛地适应市场需求，扩大销售，争取较大的市场占有率。但随着产品品种、型号和规格的增加，生产成本会提高；随着多种营销渠道的开通和多种促销手段的实施，销售费用也会增加。这就要求企业认真核算，权衡得失，严格把握差异化的程度。

▶ 2. 差异性市场营销的适用情况

（1）目标市场的需求有明显的差异性，购买者对产品的要求、购买动机和行为差别较大。

（2）产品差异性较大，如汽车、家用电器、服装和食品等深加工产品。

（3）产品处于生命周期的成长期或成熟期，市场竞争趋向激烈。

（4）企业资源丰富，能力条件较好，能在较广的市场面上满足顾客需求。

（5）企业的部分竞争对手采取的是无差异市场营销策略。

四、集中性市场营销

▶ 1. 集中性市场营销的概念

集中性市场营销是指企业集中所有的力量，以一个或为数不多的几个细分市场为目标市场，实行专业化的生产和销售。

实行集中性市场营销的企业，大多数规模不大，技术力量和设备能力较差。这类企业与其将有限的资源分散使用于整个市场的各个方面，勉强在大市场中占一个很小的份额，不如集中力量，在较小的细分市场上获取较高的市场份额。同时，这也可以使企业大大节省营销费用，提高投资收益率，在竞争中不断发展自己。可以说，这是许多中小企业用以与大公司相抗衡的有效策略。

但是采用集中性市场营销策略往往也有被圈套的风险，因为在这种情况下，企业的目标市场比较单一和窄小，如果市场情况突然变化，例如市场上出现了强大的竞争者，或购买者兴趣和爱好转移，企业就极有可能陷入困境。所以，有些企业就把目标市场分散在好几个细分市场上。

▶ 2. 集中性市场营销的适用情况

集中性市场营销的适用条件基本上与差异性市场营销相同，唯一不同的是差异性市场营销要求企业资源雄厚，能力条件较好，而集中性市场营销没有这种要求，比较而言它更适合于资源条件有限的中小企业。

第三节 市场定位

企业选择目标市场以后，还必须进行市场定位。按照菲利普·科特勒的说法，营销战略规划也是一个 4P 过程，即研究（probing）、划分（partitioning）、优先（prioritizing）和定位（position）。因此，市场定位是战略规划的最后一个重要环节。

市场定位这个概念是目标市场营销的最后完成形态。它的定义简明扼要地表明了这一点。

一、市场定位的概念

市场定位也被称为产品定位或竞争性定位，是指根据竞争者现有产品在细分市场上所处的地位和顾客对产品的某些属性的重视程度，塑造出本企业产品与众不同的鲜明个性或形象并传递给目标顾客，使该产品在细分市场上占有强有力的竞争位置。也就是说，市场定位是塑造一种产品在细分市场的位置。

市场定位是企业有效地实施目标市场营销战略不可分割的一个重要步骤，它直接关系到企业能否最终开拓市场、占领市场、战胜竞争对手、夺取稳定的市场地位、求得进一步的发展等一系列重要问题。成功的市场定位有助于企业成功开拓目标市场，是策划最佳市场营销组合策略的基础。

一方面选择和确定目标市场，使公司可以确定自己的顾客，这是公司的"一厢情愿"。另一方面，顾客是否也以该企业的产品作为购买目标。这就要求企业将产品定位在目标顾客所偏爱的位置上，并通过一系列营销努力向目标顾客传递这一定位信息。所以，市场定位是使企业选择的目标市场真正成为目标市场的必要努力。

市场定位还有助于建立企业及其产品和市场特色。因为企业在确定目标顾客的同时，也就确定了自己的一批对手。为了使自己与竞争对手区别开来，为了使自己的产品有独特的市场形象，难以为竞争品牌所替代，一种有效的手段就是市场定位。

二、市场定位的策略

一般地，企业的市场定位有以下六种策略：

▶ 1. 在具体产品特色上定位

特色就是与众不同。突出特色就能造成差异。一个具体的产品可以在许多方面具有特色，特色定位是最普遍易行的定位。大是特色，所以迪士尼乐园可以宣称自己是世界上最大的主题游乐场；小也是特色，所以福斯汽车公司的"小金龟"车在"小"上做足文章。此外，如本田宣传它的低价，宝马则宣传它的良好性能，都属于特色定位。

▶ 2. 在产品所提供的利益上定位

产品所提供的满足顾客需要的利益是多方面的，找出顾客的利益点作为产品的售卖点，并诉之于目标市场，是极有成效的定位。

▶ 3. 为特定使用场合定位

把产品与特定使用场合联系起来，可以唤起购买者在特定情景下对该产品的联想与欲望。"8点以后"巧克力薄饼称自己是"适合8点以后吃的甜点"。"米开威"称自己为"可以在两餐之间吃的甜点"。于是消费者在8点以后就会想到"8点以后"，在两餐之间就会想到"米开威"。雀巢公司发现消费者在九种情况下饮用咖啡：早上起床后；午餐和晚餐之间；午餐时；晚餐时；与客人进餐时；洽谈业务时；晚间为了保持清醒时；与同事进餐时；周末。如果雀巢咖啡定位于这些场合，就有可能获取这些市场。

▶ 4. 根据使用者类别定位

产品的使用者按收入、职业、文化和生活方式等分为不同的类型。把产品与不同的使用者联系起来，可以使品牌人性化。百事可乐以新一代年轻人为目标消费者，它定位于"新一代的可乐"，请备受新生代崇拜的影视偶像迈克·杰克逊拍广告，把百事做成"年轻、活泼、时代的象征"，成功地抓住了年轻人。"耐克"定位于喜好运动的人，它用篮球明星乔丹做广告模特，把乔丹的风貌和他拼搏进取精神、积极乐观的个性与"耐克"品牌融会在一起，获得了一个巨大的消费者群体。

▶ 5. 比附或避开竞争者定位

对于强有力的竞争者，可以定位于与其相近相似的属性或地位，即比附市场领导者以确定自己的形象；也可以定位于与其不同的属性或利益，即避开与市场领导者的正面交锋。在美国，赫茨公司多年以来是汽车租赁市场的龙头老大，艾维斯公司比附其后，通过"我们是第二，但我们更努力"的广告运动，成功地把自己的市场份额提升了28个百分点，把排在第三位的国民租车公司远远甩在后面。在饮料市场，"可口可乐"和"百事可乐"长期占据了第一、第二两把交椅，"七喜"避开其锋头，把自己定位于"非可乐饮料"，作为"可口可乐"和"百事可乐"的替代品，居然也坐上了第三把交椅。

▶ 6. 游离产品类别定位

把自己的产品不归入购买者预期的一类，而是游离其外归入另一类，是一种创新性质的定位，目的在于满足原有购买者的新需要，开拓新市场。例如，太平洋上的马里兰德可以把自己不作为一个"消遣性主题游乐园"，而作为一个"教育机构"来定位。同样地，有些书包不定位于"学习用品",而定位于"装饰品";有些香皂不定位于"肥皂",而定位于"浴液"。

三、市场定位的步骤

市场定位包括三个步骤:识别潜在的竞争优势,选择适合的竞争优势,向市场传播和送达定位信息。

▶ 1. 识别潜在的竞争优势

公司的市场定位如果不依托自己独一无二的竞争优势,就会与竞争对手的市场定位雷同,所以市场定位的第一对象就是识别自己潜在的竞争优势。为此要求明确地回答以下问题:

(1) 目标市场上足够数量的顾客确定需要什么,他们的欲望满足得如何?
(2) 目标市场上竞争者做了什么,做得如何?
(3) 本企业能够为此做些什么?

竞争优势可从以下四个方面来考虑:

第一,产品差异。深加工产品往往是有差异的,公司可以通过许多设计参数,提供竞争对手所没有的选择性特征,可以使产品在适用性、耐用性、可靠性、持久性和可修补性等属性上不同于其他产品。即使是几乎没有差异的初加工产品或高度标准化产品,如大米、食盐、钢铁等,也有可能因产地、制作方法的不同而存在一些有意义的区别。

第二,服务差异。公司还可以通过服务差异使其具有竞争优势。与产品有关的服务,如送货、安装、维修、咨询、培训等,有相当大的区别空间,如果公司能提供比竞争对手更优质、更积极、更适合顾客需要的服务,就能使自己明显区别于竞争对手。麦当劳快餐店在最初十年与其他无数的汉堡包店并无区别,后来它靠与众不同的服务成为世界快餐业的龙头。它向前来就餐的顾客提供满足基本需要和延伸欲望的一切服务,包括快速、整洁、卫生、高级、质量、价值、雅致高尚和家庭风格等。它的口号是:"我们卖的不是汉堡包,而是服务。"

第三,人员差异。人员是公司最基本的资源,人员差异能够支持公司取得极强的竞争优势。麦当劳的女服务员们笑脸盈盈,动作准确快捷,男服务员们每天都坚持刮胡子,修剪手指甲,把皮鞋擦得锃亮。IBM 的职员专业水准高,知识性强,其销售人员更是公司的"脸面"和"王牌",他们机智、自觉、有奉献精神和富于竞争力,为公司赢得了很高的声誉。IBM 还有一个"绝招",公司特别选用表现特别优异的业务人员,担任三年主管助理,在整整三年中,他只负责一项工作,就是对任何一位顾客的抱怨和疑难务必在 24 小时内予以解决。

第四,形象差异。形象是信息时代、情感时代最重要的资源。即使各公司的产品、服务、人员因素看起来很相似,购买者还是会根据他们的形象看出差别来。企业形象战略(corporate image system)通过三大形象识别系统——理念识别(mind identity)、行为识别(behavior identity)、视觉识别(visual identity),塑造有个性、有影响的企业形象,也就是通过形象差别来进行市场定位。麦当劳的理念识别是"QSCV"信条,即品质(Q)、服务(S)、清洁(C)和价值(V);其行为识别体现在营运训练手册(Q&T manul)、岗位工作检查表(SOC)和袖珍品质参考手册(Pocket Guide MDP)中;而视觉识别则以金黄色的 M 形标志为主要标志识别。

▶ 2. 选择适合的竞争优势

如果公司发现了自己有许多潜在的竞争优势,就必须选择哪些是适合的,即有意义或有价值的。并不是所有的差异都能使公司获得竞争优势。有些差异可能不适合企业的宗旨和目标；有些差异可能只带来微弱的优势，但需要支付较大的开发成本；还有些差异很可能不被购买者认同。红豆公司的"劲王枸杞汁"罐装饮料，声称"枸杞含量达到80%""真正的纯天然""货真价实"。但是罐装饮料市场的主体青少年却不认为他们需要这种"补精气"的保健品。

评价一种差异是否有意义或有价值，应看它是否符合以下要求：

(1) 重要性。能给目标顾客带来足够的利益。

(2) 专有性。竞争者无法获得。

(3) 优越性。优越于其他能给顾客提供相同利益的办法。

(4) 可感知性。实实在在，能被购买者所感知。

(5) 可支付性。购买者有能力支付其价格。

(6) 可盈利性。能为企业带来盈利。

公司还要确定是建立一种还是若干种竞争优势。一般地，给一个品牌赋予一个特点，较易传递并被购买者记住。如果定位的因素较多，则能吸引更多的细分市场，例如，当年索尼公司为一种新的"随身听"做宣传，诉求点有三个——"特长播放""特重低音""真正的携带性"。这使其他公司很难与之竞争。但是这也可能产生不被人相信的风险，并且使市场定位变得模糊。

▶ 3. 传播和送达定位信息

公司在确定了自己的市场定位之后，还必须把这种定位信息传达给目标市场，也就是要通过营销努力表明自己的市场定位。

(1) 建立与市场定位相一致的形象。企业要积极、主动、经常而又巧妙地与顾客沟通，以引起顾客的注意和兴趣，使顾客了解企业的市场定位，并且产生认同感和偏爱感。

(2) 巩固与市场定位相一致的形象。企业要用经过精心设计的营销组合，强化目标顾客对企业的印象，保持他们对企业及其市场定位的了解，加深他们的感性倾向，稳定他们的态度。

(3) 矫正与市场定位不一致的形象。许多时候，目标顾客对企业及其市场定位的理解会出现偏差，如理解得过高、过低或很模糊。企业在显示其独特的竞争优势的过程中，必须对这种与市场定位不一致的形象加以矫正。

本章小结

市场是一个庞大而复杂的整体，不同顾客的消费心理、购买习惯、收入水平和所处的地理环境和文化环境等都存在着很大的差别，不同消费者和用户对同一类产品的消费需求和消费行为具有很大的差异性，而且竞争者到处在渗透，竞争十分激烈。

任何一家实力强大的企业要以整体市场为营销对象满足所有消费者的需求都是不可能的。因此，企业需要将顾客对某一类产品的需求细分为若干个群体，然后结合特定的市场环境和资源条件选择某些特定群体作为企业的目标市场，并制定有针对性的市场营销战略和策略。在进行目标市场营销时，企业必须采取三个重要步骤：一是进行市场细分；二是选择目标市场；三是实施市场定位。

市场细分是指根据顾客需求的差异，以顾客需求的某些特征或变量为依据，把市场划分为若干个购买者群体，进而确定目标市场的过程。在目标市场营销中，市场细分作为基础性的步骤，有着十分重要的意义。市场细分的方法包括单一因素细分法、二因素组合细分法、三因素组合细分法和主导因素排列细分法。

在评价各细分市场后，企业要选择目标市场。有三种策略可供选择，即无差异市场营销、差异性市场营销和集中性市场营销。

企业选择目标市场以后，还必须进行市场定位。市场定位是指根据竞争者现有产品在细分市场上所处的地位和顾客对产品的某些属性的重视程度，塑造出本企业产品与众不同的鲜明个性或形象并传递给目标顾客，使该产品在细分市场上占有强有力的竞争位置。

一般企业的市场定位包括六种策略：在具体产品特色上定位；在产品所提供的利益上定位；为特定使用场合定位；根据使用者类别定位；比附或避开竞争者定位；游离产品类别定位。市场定位包括三个步骤：识别潜在的竞争优势，选择适合的竞争优势，向市场传播和送达定位信息。

思考题

1. 什么是市场细分？有效市场细分的原则是什么？市场细分的方法有哪些？
2. 什么是目标市场？选择目标市场的策略有几种？
3. 什么是市场定位？市场定位的策略和步骤是什么？
4. 某白酒生产商把产品、包装和品牌稍作改动，就使本质上相同的产品受到了不同消费者细分市场的欢迎。试分析应该怎样细分白酒市场，白酒生产商应如何通过产品、包装和品牌设计实现其不同的市场定位。

实训实习

一、实训目标

培养分析、确定目标市场营销战略的能力。

二、实训任务

某食品公司主要生产系列果汁饮品，经过多年的经营，已在全国同类产品中占有27%的市场份额。该公司已在全国建立了成熟的销售渠道，公司财务状况良好，经营机制灵活，吸引了一批优秀的管理、营销和技术开发方面的人才。为了进一步扩大业务，公司决定增加一个产品线。该产品线同公司已有的产品线间具有很强的关联性。研究报告显示，随着人们经济收入的提高，健康意识、追求生活品质的意识不断增强，消费者逐步由普通消费转向高档消费。我国葡萄酒市场容量不断增加，市场需求日益扩大，葡萄酒市场环境正在走向成熟阶段，预计未来每年平均保持15%左右的增长速度。公司决策层经过研究和专家论证，决定进入葡萄酒市场。公司对进入该市场信心十足，请你为其进行营销策划。

案例分析：
案例一
徐福记的营销策略

三、实训步骤

1. 以5~8人为一组，以营销策划者的身份，结合所学知识，为该公司分析市场环境。（市场环境分析包括供求和竞争情况的分析）。
2. 进行市场细分。可以按年龄、收入和喜好等细分标准进行市场细分。
3. 选择合适的目标市场，并说明选择依据和策略。
4. 每小组上交一份完整的营销策划书，在课堂上组织一次交流和讨论。

案例分析：
案例二
麦当劳的STP战略分析

第九章 产品策略
Chapter 9

>>> 学习目标

1. 了解市场营销组合的含义及其发展历程；
2. 掌握产品整体概念的内涵和外延、产品组合相关概念；
3. 理解产品组合策略、产品生命周期各阶段的特征，以及营销策略、品牌策略和包装策略；
4. 熟悉新产品开发管理程序、品牌的含义与作用；
5. 了解包装设计及要求。

>>> 导入案例

178年前，宝洁公司靠蜡烛和肥皂起家，此后长期活跃在日用消费品领域。后来因纸浆、咖啡和石油等原材料成本及运输费在不断上涨，日用消费品行业的利润被削薄。宝洁希望减少对日用消费品的依赖，采取了收购的策略。2001年，宝洁以50亿美元收购了伊卡露公司，并以70亿美元收购了德国威娜公司。2005年，公司以570亿美元收购吉列，因为吉列在剃须刀、男士美容护肤品和类似于金霸王这种非日用品方面能帮助宝洁迅速进入男士高端市场。另外，宝洁完成对美国第5大宠物食品公司爱慕思公司的收购后，爱慕思已跃居宠物食品行业的老大。2015年宝洁宣布，接受全球最大的香水公司科蒂125亿美元收购提议，把旗下香水、护发和化妆品等43个美容品牌并入科蒂公司。该项交易涵盖蜜丝佛陀、封面女郎、威娜护发用品以及包括Gucci和Hugo Boss在内的香水品牌。

资料来源：徐雅玲. 宝洁：跳出过去的依赖[N]. 中国经营报, 2005-08-22.

思考：
宝洁从哪些方面进行了战略调整？

第一节 市场营销组合的含义及其发展

一、市场营销组合的概念和特点

▶ 1. 市场营销组合的概念

市场营销组合是指企业为达到自己的经营目标并取得最佳的经济效益，针对选定的目标市场综合运用各种可能的市场营销策略和手段，组合成一个系统化的整体策略的过程。市场营销组合是现代营销理论的重要概念，也是营销者规划目标市场营销的基本方法。

▶ 2. 市场营销组合的特点

（1）市场营销组合的各因素是指企业可以控制的因素。影响企业营销活动的诸因素可以分为两大类：一类是企业可控制因素，如产品开发、品牌、价格、包装、服务、销售价格、折让价格、付款条件、销售渠道、广告宣传、营业推广、公共关系和企业形象等；另一类是企业不可控制因素，包括营销环境中的人口因素、经济因素、自然因素、技术因素、政治因素和文化因素等。企业只能综合运用内部可控制因素，即安排、调整其营销组合，去适应外部不可控制因素的变化，达到目标市场预期销售量水平。

（2）市场营销组合是多层次营销变量的组合。麦卡锡把众多营销变量概括为四类，称为 4P，即产品、价格、分销和促销，它们是一级变量。每个 P 下面都有若干特定的变量，即二级变量，如产品这个一级因素本身又是产品实体、品牌商标、包装和服务等二级因素的组合。这样整个市场营销组合就表现为多层次营销变量的组合，如图 9-1 所示。

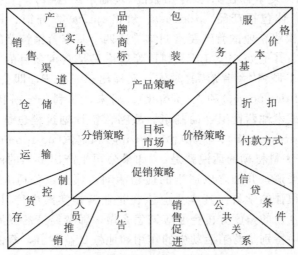

图 9-1　市场营销组合中的各因素

（3）市场营销组合是多营销变量的动态组合。市场营销组合的效果是一系列营销变量的函数。任何一个变量的变动都会产生一个新的营销组合，从而产生不同的效果。假定某电视机厂的营销组合方案如表 9-1 所示。表中两个营销组合方案的营销变量不尽相同，其效果亦不会一样。

表 9-1　某电视机厂的营销组合方案

方案 策略	方案 1	方案 2
产品策略	质量上等、名牌、提供维修服务	质量上等、名牌、提供配件、不管维修
价格策略	基本价格	价格折扣优惠
分销策略	其零售商店	各代理商
促销策略	大量广告、开展销会	少量广告

(4) 市场营销组合是各营销变量的整体配合。市场营销组合的整体效果，不是各营销变量所产生的效果的简单叠加，而是强调系统理论的综合运用。企业在制订营销计划时，应当根据企业所面临的具体环境条件，对各种营销变量作科学的选择、组合，使其相互协调配合，产生协调、增效作用，而不是使之互不相关甚至互相冲突。

二、市场营销组合理论的发展

▶ 1. 市场营销组合理论发展的第一阶段：4P 理论

市场营销组合是在 1948 年詹姆斯·卡林顿（Culliton. U.）提出的要素混合体的基础上发展而来的。后来尼尔·波尔顿（Borden. N.）提出了营销组合的概念，包括 12 个要素，即产品规划、定价、品牌、分销渠道、人员推销、广告、促销、包装、展示、服务、实物处理、事实发掘与分析。他认为营销人员应该"创造性地从事将各种营销程序和政策进行组合的工作，为的是发展出一个盈利的企业"。波尔顿的多种营销要素组合后来被其他学者重新编排和使用，其中密歇根大学教授杰罗姆·麦卡锡（Jerome McCarthy）概括归类的 4P 备受推崇。杰罗姆·麦卡锡在 1960 年出版的《基础市场营销》一书中提出了以企业为核心的 4P 组合理论，具体包括产品（product）、价格（price）、分销（place）和促销（promotion）四个要素，第一次将企业的营销要素归结为这四个基本营销策略的组合，成为现代市场营销学的基础理论。其他如 6P、10P、11P 等理论只是营销项目的扩展。20 世纪 70 年代，菲利普·科特勒在强调"大营销"的时候，又提出了三个 P，即公共关系（public relations）、政治权力（politics power）和人（people）。后来，菲利普·科特勒又提出了战略营销计划过程必须先于战术性营销组合的制定。战略营销计划过程也是一个 4P 过程，即探查（probing）、划分（partitioning）、优先（prioritizing）和定位（positioning）。

4P 理论用菲利普·科特勒的话说就是："如果公司生产出适当的产品，定出适当的价格，利用适当的分销渠道，并辅之以适当的促销活动，那么该公司就会获得成功"。但市场营销是一门实践性很强的学科，其本身应该在企业营销实践中得以不断完善。4P 营销组合理论更多地站在企业的角度分析企业应该怎么做，随着经济的发展和竞争的加剧，消费者在企业经济活动中特别是营销活动中的作用和地位日益突出，营销组合理论也随之有了新的发展和创新。

▶ 2. 市场营销组合理论发展的第二阶段：4C 理论

20 世纪 80 年代，美国的罗伯特·劳特伯恩（Robert Lauterborn）针对 4P 理论提出了 4C 营销新理论。以消费者为核心的 4C 理论包括：顾客需要与欲望（customer needs and wants）、消费者的支付能力（cost to the customer）、方便消费者（convenience）、与消费者沟通（communication）四个要素。4C 理论的重点是由生产者转向消费者，强调依据顾客的需求、欲望和支付能力来组织生产和销售，并强调一切为了消费者，方便消费者，同时加强与消费者的沟通，以便随时改进。总的来说，4C 理论是 4P 理论的转化和发展。

▶ 3. 市场营销组合理论发展的第三阶段：4R 理论

针对 4C 理论存在的一些问题，美国的 Don E. Schultz 提出了 4R 营销组合理论。以竞争者为核心的 4R 理论包括与顾客建立关联（relevancy）、提高市场反应速度（reaction）、关系营销（relation）和讲求回报（return）四个要素。这次变革充分注意到了关系营销，同时注意到了服务方对市场需求的应变能力，力争以最少的投入取得最大的产出。可以说 4R 理论是新世纪营销理论的创新与发展，必将对营销实践产生积极而重要的影响。

(1) 与顾客建立关联。通过某些有效的方式在业务、需求等方面与顾客建立关联，形成一种互助、互求、互需的关系,把顾客与企业联系在一起,这样就大大减少了顾客流失的可能性。

(2) 提高市场反应速度。在今天相互影响的市场中,对经营者来说最现实的问题不在于如何控制、制订和实施计划,而在于如何站在顾客的角度及时地了解顾客的渴望和需求,并及时答复和迅速作出反应,满足顾客的需求。当代先进企业已从过去的推测性商业模式转移到高度反应需求的商业模式。面对迅速变化的市场,要满足顾客的需求,建立关联关系,企业必须把网络作为快速反应的重要手段和工具。

(3) 关系营销。把企业与顾客之间由原来的交换关系变成现在的依赖关系,把与竞争对手的你死我活的关系变成了现在的协同合作关系。企业发展关系营销要掌握的原则是:必须优先与创造企业75%~80%利润的20%~30%的部分重要的顾客建立牢固关系。否则,把大部分的营销费用花在那些只创造公司20%利润的80%的顾客身上,不但效率低,而且是一种浪费。

(4) 追求回报。对企业来说,市场营销的真正价值在于其为企业带来短期或长期的收入和利润的能力。一方面,追求回报是营销发展的动力;另一方面,回报是维持市场关系的必要条件。企业要满足客户需求,为客户提供价值,但不能做"仆人"。因此,营销目标必须注重产出,注重企业在营销活动中的回报。一切营销活动都必须以为顾客及股东创造价值为目的。

4R理论与4C理论的共同之处在于,它们都非常强调顾客在企业营销活动中的地位和作用。但4R理论同任何理论一样,也有其不足和缺陷。如与顾客建立关联、关系,要有一定的实力基础或某些特殊条件,并不是任何企业可以轻易做到的。在科学技术高速发展的今天,企业要想立于不败之地,必须有自己的特色和新型的服务理念,基于此,一些营销学者又提出了新的市场营销组合理论。

▶ **4. 市场营销组合理论发展的第四阶段:4V理论**

4V理论包括差异化(variation)、功能化(versatility)、附加价值(value)和共鸣(vibration)四个要素。

(1) 差异化。所谓差异化营销就是企业凭借自身的技术优势和管理优势,生产出在性能上、质量上优于市场上现有水平的产品,或是销售方面,通过有特色的宣传活动、灵活的推销手段以及周到的售后服务,在消费者心目中树立起不同一般的良好形象。

(2) 功能化。所谓功能化是指根据消费者消费要求的不同,提供不同功能的系列化产品供给,增加一些功能就变成豪华奢侈品或高档消费品,减掉一些功能就变成中、低档消费品。消费者根据自己的习惯与承受能力选择具有相应功能的产品。

(3) 附加价值化。所谓附加价值化是指从产品的价值构成来分析,围绕产品物化劳动和活劳动的消耗在价值构成中的比重将逐步下降,而高技术附加价值、品牌或企业文化附加价值以及营销或服务附加价值在价值构成中的比重却显著提高。目前,世界顶尖企业之间的产品竞争已不仅仅局限于核心产品与形式产品,竞争优势已明显地保持在产品的第三个层次——附加产品,即更强调产品的高附加价值。因而,当代营销新理念的重心在"附加价值化"。

(4) 共鸣。所谓共鸣是指企业持续占领市场并保持竞争力的价值创新给消费者或顾客带来的"价值最大化",以及由此所带来的企业的"利润极大化"。它强调的是企业的创新能力与消费者所珍视的价值联系起来,通过为消费者提供价值创新并使其获得最大程度的满足。只有实现企业经营活动中各个构成要素的价值创新,才能最终实现消费者的"效用价值最大化",而当消费者能稳定地得到这种"价值最大化"的满足之后,将不可避免地成为该企业的终生顾客,从而使企业与消费者之间产生共鸣。

差异化体现了企业产品或服务的创新及独特性,功能化和附加价值化体现了企业所具有的渗透性与扩展性,共鸣要素的运用使企业获得更多的最终顾客,这些都是培育企业核心竞争力不可缺少的要素。

综上所述,我们知道 4P 理论的核心是企业,4C 理论的核心是消费者,4R 理论的核心是竞争者,而 4V 理论的目的是培育企业的核心竞争力。4P、4C、4R、4V 四种理论之间不是取代关系而是完善、发展的关系。4P 理论是一个基础框架,4P 理论所提出的产品、价格、渠道和促销的组合,是任何企业的营销活动都无法回避的。当然 4C、4R、4V 理论也是很有价值的理论和思路,因而,这三种理论也具有适用性和借鉴性。4C、4R、4V 理论都不能取代 4P 理论,而是对 4P 理论在新形势下的创新与发展,不可把四者割裂开来甚至对立起来。所以,在了解、学习和掌握新世纪市场营销组合理论发展的同时,根据企业的实际,把四者结合起来指导营销,将会取得更好的效果。

第二节 产品的整体概念

一、产品及产品整体概念

在现代市场营销学中,产品概念具有极其宽广的外延和丰富内涵。市场营销学从市场的角度将产品定义为:提供给市场的、能满足消费者或用户某一需求和欲望的任何有形物品和无形服务。有形物品包括产品实体及其品质、款式、特色、品牌和包装等;无形服务包括可以给顾客的心理满足感、信任感,各种售后支持和服务保证等。

以往学术界曾用三个层次来表达产品整体概念,即核心产品、形式产品和延伸产品(附加产品)。20 世纪 90 年代以来,菲利普·科特勒等学者更倾向于使用五个层次来表达产品的整体概念,认为五个层次的表达方式能够更深刻、更准确地表达产品整体概念的含义。产品整体概念要求营销人员在规划市场供应物时,要考虑到能提供给顾客价值的五个层次。

▶ 1. 核心产品

核心产品是指向顾客提供的产品的基本效用或利益。从根本上说,每一种产品实质上都是为解决问题而提供的服务。核心产品是产品整体概念最基本的层次,是产品的中心,它回答"顾客真正要购买什么"这一问题。顾客购买某种产品并不是为了占有产品本身,而是为了获得能满足某种需要的效用和利益。比如,顾客购买电冰箱,并不是为了得到装有压缩机、冷藏室、开关按钮的大铁箱,而是为了通过电冰箱的制冷功能,使食物保鲜,更好地方便人们的生活。核心产品是满足顾客需要的主要部分,是产品存在和销售的基本原因,因此,营销人员向顾客销售的任何产品,都必须具有反映顾客核心需求的基本效用或利益。

▶ 2. 形式产品

形式产品是指核心产品借以实现的形式,即向市场提供的产品实体和服务的形象。形式产品由五个特征构成,即品质、式样、特征、商标和包装。即使是纯粹的服务,其形式产品也具有以上五个特征。产品的基本效用必须通过特定形式才能实现，营销人员应努力寻求更加完善的外在形式以满足顾客需要。如电冰箱即使可以给顾客带来冷藏食品的利益，但如果噪声过大，外形及颜色欠佳，也不能全面满足顾客的需求。特别是随着人们消费水平的提高和精神生活的日益丰富，顾客对形式产品将不断提出新的要求，形式产品将成为影响顾客选择的主要因素。

▶ 3. 期望产品

期望产品指顾客在购买产品时期望得到的与产品密切相关的一整套属性和条件。比如，旅馆的客人期望得到清洁的床位、洗浴香波、浴巾和衣帽间的服务等。因为大多数旅馆均能满足旅客这些期望，所以旅客在选择档次大致相同的旅馆时，一般不是看哪家旅馆能提供期望产品，而是看哪家旅馆就近和方便。

▶ 4. 延伸产品

延伸产品又称附加产品，是指顾客购买形式产品和期望产品时附带获得的各种利益的总和，包括产品说明书、免费送货、保证、安装、维修、技术咨询与培训等一系列售前、售中、售后服务，这些附加值本身不构成产品的内在成分，但生产者或零售商可以用它们来强化产品的优点和吸引力，影响顾客从交换中获得的好处和满意度。例如，打印机零售商提供安装、用户培训和售后服务来提高产品的吸引力。国内外许多企业的成功，在一定程度上应归功于它们更好地认识到服务在产品整体概念中所占的重要地位。许多情况表明，新的竞争者并非凭借在其工厂中所生产的产品，而是依靠附加在产品上的包装、服务、广告、顾客咨询、资金融通、运送、仓储及其他有价值的形式。美国市场营销学家维特曾指出：未来竞争的关键，不在于工厂能生产什么产品，而在于其产品所提供的附加价值。一个企业，如果善于开发适当的附加利益，就必定能在新的竞争中立于不败之地。

▶ 5. 潜在产品

潜在产品是指现有产品包括所有附加产品在内的，可能发展成未来最终产品的潜在状态的产品。潜在产品指出了现有产品可能的演变趋势和前景。如彩色电视机可发展为网络终端机等。

产品整体概念的五个层次，清晰地体现了以顾客为中心的现代营销观念。这一概念的内涵和外延都是以消费者需求为标准的，由消费者的需要来决定的。可以说，产品整体概念是建立在"需求＝产品"这样的等式基础之上的。没有产品整体概念，就不可能贯彻现代营销观念。

二、产品的分类

在产品导向下，营销人员根据产品的不同特征对产品分类。在现代营销观念下，产品分类的思维方式是每一个产品类型都有与之相适应的营销组合策略。

（一）非耐用品、耐用品和服务

产品根据其耐用性和是否有形，可以分为以下三类。

▶ 1. 非耐用品

非耐用品一般是指有一种或多种消费用途的低值易耗品，如啤酒、肥皂和盐等。非耐用品售价中的加成要低，还应加强广告以吸引顾客试用并形成偏好。

▶ 2. 耐用品

耐用品一般是指使用年限较长、价值较高的有形产品，通常有多种用途，如冰箱、彩电、机械设备等。耐用品倾向于较多的人员推销和服务等。

3. 服务

服务是为出售而提供的活动、利益或满足，如理发和修理。服务的特点是无形、不可分、易变和不可储存。一般来说，它需要更多的质量控制、供应商信用以及适用性。

（二）消费品的分类

根据消费的购买者的习惯和特点，消费品一般区分为便利品、选购品、特殊品和非渴求品四类。

1. 便利品

便利品是指顾客频繁购买或需要随时购买的产品，如烟草制品、肥皂和报纸等。便利品可以进一步分成常用品、冲动品及救急品。常用品是顾客需要经常购买的产品，如某顾客也许经常要购买"可口可乐"饮料、"佳洁士"牙膏。冲动品是顾客没有经过计划或搜寻而顺便购买的产品。救急品是当顾客的需求十分紧迫时购买的产品。救急品的地点效用也很重要，一旦顾客需要能够迅速实现购买。

2. 选购品

选购品是指顾客在选购过程中，对适用性、质量、价格和式样等基本方面要做认真权衡比较的产品，如家具、服装、旧汽车和大的器械等。选购品可以划分成同质品和异质品。购买者认为同质选购品的质量相似，但价格却明显不同，所以有选购的必要。销售者必须与购买者商谈价格。但对顾客来说，在选购服装、家具和其他异质选购品时，产品特色通常比价格更重要。经营异质选购品的经营者必须备有大量的品种花色，以满足不同的爱好，同时经营者还必须有受过良好训练的推销人员，为顾客提供信息和咨询。

3. 特殊品

特殊品是指具备独有特征或品牌标记的产品，对这些产品，有相当多的购买者一般都愿意做出特殊的购买努力。例如，特殊品牌和特殊式样的花色商品、小汽车、立体声音响、摄影器材以及男式西服。

4. 非渴求品

非渴求品是指消费者不了解或即便了解也不想购买的产品。传统的非渴求品有人寿保险、墓地、墓碑以及百科全书等。对非渴求品需要付出诸如广告和人员推销等大量营销努力。一些最复杂的人员推销技巧就是在推销非渴求品的竞争中发展起来的。

（三）产业用品的分类

各类产业组织需要购买各种产品和服务。一般可把产业用品分成以下两类。

1. 材料和部件

材料和部件是指完全转化为制造商产成品的一类产品，包括原材料、半制成品和部件，如农产品、构成材料（如棉纱、铁等）和构成部件（如马达、轮胎等）。上述产品的销售方式有所差异。农产品需进行集中、分级、储存、运输和销售服务，其易腐性和季节性的特点，决定了要采取特殊的营销措施。构成材料与构成部件通常具有标准化的性质，意味着价格和供应商的可信性是影响购买的最重要因素。

2. 资本项目

资本项目是指部分进入产成品中的商品，包括装备和附属设备两个部分。装备包括建筑物（如厂房）与固定设备（如发动机、电梯）。该产品的销售特点是售前需要经过长时间的谈判；制造商需使用一流的销售队伍，设计各种规格的产品和提供售后服务。附属设备包括轻型制造设备和工具以及办公室设备。这种设备不会成为最终产品的组成部分。它们在生产过程中仅仅起辅助作用。这一市场的地理位置分散、用户众多、订购数量少。质量、特色、价格和服务是用户选择中间商时所要考虑的主要因素。促销时人员推销比广告重要得多。

第三节 产品组合

一、产品组合的相关概念

▶ 1. 产品组合、产品线及产品项目

产品组合亦称产品搭配,是指一个企业提供给市场的全部产品和产品项目的组合或结构,即企业的业务经营范围。为了实现营销目标,充分有效地满足目标市场的需求,必须设计一个优化的产品组合。像雀巢这样的国际大食品供应商,有一个很大、很多样的产品组合,包括糖果、咖啡和罐装商品。而一个提供专门服务的小公司,产品组合可以小而集中。通常,产品组合由若干产品线和产品项目组成,具有一定的宽度、长度、深度和关联度。

产品线是指产品组合中包含的某一产品大类,是一组密切相关的产品。同一产品大类中的不同产品有类似的功能,满足顾客同质的需要,只是在规格、档次和款式等方面有所不同。每条产品线又由若干产品项目组成。

产品项目是衡量产品组合各种变量的一个基本单位,指产品大类中各种不同品种的产品及同一品种的不同品牌。它们都有各自的特征、优点和价格等。例如,某自选采购中心经营家电、百货、鞋帽和文教用品等,这就是产品组合;而其中家电或鞋帽等大类就是产品线;每一大类包括的具体品种、品牌为产品项目,如同一品种有三个品牌即为三个产品项目。

▶ 2. 产品组合的宽度、长度、深度、关联度

产品组合的宽度是指产品组合中所拥有的产品线数目。多者为宽,少者为窄。例如,百货商店经营的产品大类较多,其产品组合的宽度较宽,而专业商店,其产品组合的宽度较窄。

产品组合的长度是指一个企业所有产品线中的产品项目的总数,以产品项目总数除以产品线数目即可得到产品线的平均长度。

产品组合的深度是指产品项目中每一品牌所包含的不同花色、规格、质量产品数目的多少,多者为深,少者为浅。例如,佳洁士牌牙膏有3种规格和2种配方(普通味和薄荷味),佳洁士牌牙膏的深度就是6。

产品组合的关联度是指各条产品线在最终使用、生产条件、分销渠道或其他方面相互关联的程度。如从最终使用上看,专业商店产品组合的关联度较大,而百货商店产品组合的关联度较小。例如,某家用电器公司拥有电视机、收录机等多条产品线,但每一条产品线都与电有关,这一产品组合具有较强的关联度。相反,实行多元化特别是非相关多元化经营的企业,其产品组合的关联度则可能较小或无关联。

▶ 3. 分析产品组合的意义

分析产品组合的广度、长度、深度和关联度,有助于企业更好地制定产品组合策略。扩大产品组合的广度,即增加产品系列,扩大经营范围,实行多角化经营,有利于充分发挥企业潜在的技术和资源优势,提高经济效益,分散企业投资风险,提高企业适应能力和竞争能力。增加企业产品组合的长度和深度,即增加产品项目、花色式样等,可以适应不

同顾客需要和爱好，吸引更多的买主。增强产品组合的关联性，则可以使企业在某一特定的市场领域内加强竞争和赢得良好的声誉。

二、优化产品组合

产品组合状况直接关系到企业的销售额和利润水平。企业必须对现行产品组合做出系统的分析和评价，并决定是否剔除某些产品或产品项目。优化产品组合的过程，通常是分析、评价和调整现有产品组合的过程。

（一）优化产品组合分析

优化产品组合分析包括以下两个重要步骤：

（1）产品线销售额和利润额分析。主要指分析、评价现行产品线上不同产品项目所提供的销售额和利润额水平，并对各产品项目在未来一段时间内的销售额和利润的增长潜力进行预测，以此判断各产品项目的发展前景。

（2）产品项目市场地位分析。分析各产品线的产品项目与竞争者同类产品的对比状况，全面衡量各产品项目与竞争品的市场地位。

（二）产品组合的调整

▶ 1. 扩大产品组合

当企业预测现有产品的销售额和盈利率在未来可能下降时，就必须考虑在现有产品组合中增加新的产品线，或加强其中有发展潜力的产品线。根据产品组合的四种尺度，企业可以采取四种方法拓展业务，即开拓产品组合的宽度、增加产品组合的长度、加强产品组合的深度和加强产品组合的一致性。

（1）开拓产品组合的宽度是指增加产品线，扩大产品的经营范围。当企业预测现有产品线的销售额和盈利率在未来几年要下降时，就应考虑在原产品组合中增加新的产品线或加强其他有发展潜力的产品线，弥补原有产品线的不足。

（2）增加产品组合的长度是使产品线丰富充裕，成为更全面的产品线公司。

（3）加强产品组合的深度是指在原有产品线内增加新的产品项目。当企业打算增加产品特色，或为更多的细分市场提供产品时，可选择在原有产品线内增加新的产品项目，扩展产品组合，可以使企业充分利用现有的人、财、物等资源，有助于企业避免风险，增强竞争能力。

（4）加强产品组合的一致性，使企业在某特定市场领域内加强竞争和赢得良好的声誉。

▶ 2. 缩减产品组合

企业从产品组合中剔除那些获利小的产品线或产品项目，集中资源经营那些获利最多的产品线或产品项目，称为缩减产品组合策略。这种策略一般是在市场不景气，特别是原料和能源供应紧张时采用。使用这种策略有利于企业更合理地分配资源，集中优势力量生产和经营那些企业擅长、有优势和竞争力强的高利润产品，但同时，由于投资过于集中，也相应地增加了经营的风险性。因此，采用这种策略时，不能消极地缩减，应是积极地缩中有张，以退为进，变被动为主动。

（三）产品线决策

▶ 1. 产品线延伸策略

产品线延伸是指全部或部分地改变原有产品的市场定位，具体有以下三种实现方式：

（1）向下延伸。这种策略是在高档产品线中增加低档产品项目。它主要适用于：当企业的高档产品在市场上受到严重威胁，销售增长趋于缓慢时；或者企业为了利用高档名牌产品声誉，吸引购买力水平低的顾客慕名购买产品线中的低档产品时；或为了以较低档的产品填补产品线的空缺，以防止新的竞争对手乘虚而入时。但实行这种策略有一定的风险，如处理不慎，很可能影响企业原有的产品，特别是品牌形象。同时，这种策略必须辅以一套相应的营销策略，如对销售系统的重新设置等。所有这些将增加企业的费用开支。

（2）向上延伸。即在原有产品线内增加高档产品项目，使企业进入高档产品市场。这种策略适用于：高档产品市场具有较大的潜在成长率和较高利润率；企业的技术、设备和营销能力已具备加入高档产品市场的条件；企业要重新进行产品线定位，想通过增加高档产品来提高整个产品线的市场形象。采用这一策略，企业也要承担一定的风险。因为改变产品在顾客心目中的地位是相当困难的，处理不当，不仅难以收回开发新产品项目的成本，还会影响原有产品的市场声誉。

（3）双向延伸。即原定位于中档产品市场的企业掌握了市场优势后，决定向产品线的上下两个方向延伸，一方面增加高档产品，树立市场形象；另一方面增加低档产品，扩大市场阵容。

▶ 2. 产品线现代化策略

这一策略强调把现代化的科学技术应用到生产过程中。有时，虽然企业产品组合的长度、宽度都非常适宜，但产品线的生产形式却可能已经过时，这就必须对产品线实施现代化改造。这种改造可采取两种方式实现：一是逐渐更新；二是全面更新。逐步更新可以节省资金耗费，但缺点是竞争者容易洞察本企业的意图，并有充足的时间采取措施与之对抗；而一次全面更新虽然在短时期内耗费资金较多，却可以减少竞争者的竞争。

▶ 3. 产品线特色化策略

这种策略是指在产品线中抓典型即选择一个或少数产品项目进行特色化。例如，思特森公司推销一种男式帽子，售价150美元，结果几乎无人问津。但这种帽子起到了"王冠上的珍珠"的作用，提高了整条产品线的形象。

第四节 产品市场生命周期

一、产品市场生命周期理论

产品市场生命周期是企业制定产品决策的重要依据。研究产品市场生命周期，可以使企业更好地了解本企业产品的发展趋势，适时地开发新产品，不断调整企业的产品决策。根据产品市场生命周期各阶段的特点，有效地采取相应的营销对策，能够使企业在动态的市场环境中求得生存与发展，赢得有利的市场地位。

▶ 1. 产品市场生命周期的概念

20世纪50年代，乔尔·迪安在他的关于有效定位政策的讨论中采用了"产品生命周期"的概念，他阐述了市场开拓期、市场扩张期和成熟期等阶段，是对产品从进入市场到被淘汰退出市场的全部运动过程的理论分析。"产品生命周期"是一个多义的理论概念。市场营销学把产品从进入市场到最后被市场淘汰的全过程，称为市场生命周期，即产品的市场寿命。产品生命周期是相对于产品的物质寿命或使用寿命而言的。物质寿命反映商品物质形态消耗的变化过程,市场寿命则反映商品的经济价值在市场上的变化过程。

正确理解产品市场生命周期概念,应注意以下几个问题:

(1) 产品的市场生命周期与使用寿命周期是两个完全不同的概念。市场生命周期是产品的社会属性,是与产品的交换价值相联系的。其生命长短是由科学技术、消费者需求变化等众多的社会因素决定的。而产品的使用寿命周期是指产品的自然使用寿命,即产品的耐用时间,它是产品的自然属性,与产品的使用价值相联系,其寿命长短是由产品的物理、化学、生物性质,使用程度和维护保养等因素决定的,是商品学研究的范畴。一种产品的使用寿命短,不等于其市场生命短;反之,使用寿命长,也不等于其市场生命就长。

(2) 产品市场生命周期的长短与产品定义的范围有直接关系。产品定义范围不同,所表现出来的生命周期曲线形态就不同,根据定义范围的大小,可分为种类、形式和品牌三种。产品种类是指具有相同功能及用途的所有产品。产品形式是指同一类产品中,辅助功能、用途或实体销售有差别的不同产品。而产品品牌则是指企业生产与销售的特定产品。如北京牌彩色电视机,电视机表示产品种类,彩色电视机是产品形式,北京牌彩色电视机则是一种产品品牌。产品种类的市场生命周期要比产品形式、产品品牌长,有些产品种类的生命周期可能无限延续。产品形式一般表现出比较典型的生命周期过程。至于产品品牌的生命周期,一般是不规则的,它受到市场环境及企业营销策略、品牌知名度等影响。一般来说,研究产品市场生命周期,主要是研究某种产品形式的市场生命周期,至于产品种类、产品品牌的市场生命周期,或者太长,或者不规则,研究起来意义不大。因此,产品的市场生命周期主要不是针对产品种类、产品品牌而言的,而是针对产品形式而言的。

(3) 产品的市场生命周期与市场范围有密切关系。市场范围不同,产品所表现出来的生命周期曲线也不一样。由于市场需求地域性的差异,同样的一种产品形式在某个区域性市场上处于衰退期,而在另一个区域性市场上则可能处于投入期或成长期。因此,产品的市场生命周期不是针对某种产品形式在某个区域性市场而言的,而是针对整个市场而言的。

(4) 产品的市场生命周期不能等同于产品在流通领域内的停留时间。有些产品已被市场淘汰,但这些产品因无法进入消费领域而仍然在流通领域中停留。因此,观察某种产品的市场生命周期是否完结,不能以流通领域中的有无为标准,而应以市场需求状况为依据。

(5) 产品市场生命周期是一个向前看的概念。它的提出是为了制定产品策略,而不是对市场经营实际业绩进行回顾和描述。

(6) 产品市场生命周期曲线的具体表现形态是多种多样的。一般从理论上讲,在产品市场生命周期的全过程中,销售曲线和利润曲线的图形是呈正态分布的。但在现实经济生活中,由于受到许多经济因素和其他因素的影响(如科技进步、政府干预和竞争状况等),并不是所有产品的市场生命周期历程完全符合这种理论形态。

▶ 2. 产品市场生命周期阶段的划分

一个完整的产品市场生命周期一般要经历四个阶段,即引入期、成长期、成熟期、衰退期,如图9-2所示。

引入期是指在市场上推出该项产品,产品销售呈缓慢增长状态的阶段。在此阶段,销售量有限,而且由于投入大量的新产品研制开发费用和产品推销费用,企业不但得不到利润,反而可能亏损。成长期是指该产品在市场上迅速为消费者所接受,成本大幅度下降,销售额迅速上升的阶段。此阶段企业利润得到明显的改善。成熟期是指大多数购买者已经接受该产品，市场趋于饱和，产品销售额从显著上升逐步趋于缓慢下降的阶段。在这一阶段，同类产品竞争加剧，为维持市场地位，必须投入更多的营销费用或发展新的差异性市场，由此，必然导致企业利润趋于下降。衰退期是指销售额下降的趋势继续增强，而利润逐渐趋于零的阶段。

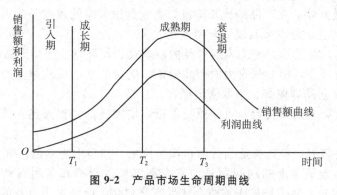

图 9-2 产品市场生命周期曲线

二、产品市场生命周期各阶段的特点及营销策略

▶ 1. 引入期的特点及营销策略

当新产品首次推入市场供人购买时，引入期便开始了。这一阶段的市场营销特点是：消费者对产品不太了解，大部分顾客不愿放弃或改变自己以往的消费行为，销售量小而单位产品的成本相应较高；尚未建立最理想的营销渠道和高效率的分销模式；价格策略难以确立，高价可能限制了购买，低价可能难以收回成本；广告费用和其他营销费用开支较大；产品技术、性能还不够完善；利润较少，甚至出现经营亏损，因此，在这一阶段企业承担的风险最大。如果开发研制或市场预测失误，许多新产品就在这一阶段夭折，但此阶段市场竞争者通常较少。根据上述特点，在引入期一般有以下四种可供选择的策略：

（1）快速掠取策略，即以高价格和高促销费用推出新产品，迅速占领市场。成功地实施这一策略，企业可以赚取较大的利润，并尽快回收开发产品时的投资。实施这一策略须具备的条件是：市场的潜在需求较大；新产品确实别具特色，优于市场上已有的同类产品，对消费者有特别的吸引力；目标顾客求新心理强，急于购买新产品，并愿意为此付出高价；企业面临潜在的竞争威胁，急需先声夺人，尽早树立品牌威望。

（2）缓慢掠取策略，即以高价格低促销费将新产品投入市场。采用这种策略可望使企业获得最大利润。实施这一策略的条件是：市场规模较小；产品确属名优新特；竞争威胁不大；市场上大多数用户对该产品没有过多疑虑，适当的高价能为市场接受。

（3）快速渗透策略，即以低价格高促销费用推出新产品，目的在于先发制人，以最快的速度打入市场，并为企业带来最快的市场渗透率和最大的市场占有率，但风险大，获利少。实施这一策略的条件是：产品市场容量相当大，潜在消费者对产品价格敏感，需求富有弹性，潜在竞争比较激烈，产品的单位制造成本可随生产规模和销售量的扩大迅速下降。

（4）缓慢渗透策略，即以低价格和低促销费用推出新产品。低价是为了促使市场迅速地接受新产品，低促销费用则可以实现更多的净利。企业坚信该市场价格弹性较高，而促销弹性较小。实施这一策略的条件是市场容量较大、消费者对价格敏感、竞争者众多，并且产品在市场上有一定的知名度。

▶ 2. 成长期的特点及营销策略

成长期的市场营销特点是：消费者对新产品已经熟悉，销售量迅速增长；大批竞争者加入，市场竞争加剧；产品已定型，技术工艺比较成熟；建立了比较理想的营销渠道；市场价格趋于下降；企业的促销费用水平基本稳定或略有提高，但占销售额的比率下降；由于促销费用分摊到更多销量上，单位生产成本迅速下降，企业利润迅速上升。由此，企业利润将逐步抵达最高峰。在产品的成长阶段，企业营销策略的重点是尽可能地延长产品的成长阶段。具体来说，可以采取以下营销策略：

(1) 不断提高产品质量，努力发展产品的新款式、新型号，增加产品的新用途。

(2) 加强促销环节，树立强有力的产品形象。促销的重心应从建立产品知名度向树立产品形象转移，建立品牌偏好，争取新的顾客。

(3) 重新评价渠道选择决策，巩固原有渠道，增加新的销售渠道，开拓新的市场，并注重销售服务。

(4) 在价格决策上，应选择适当的时机调整价格，以争取更多的顾客。

在成长期，企业通常面临的问题是如何在高市场占有率和高利润率之间作出明智选择。一般来说，实施上述市场扩张策略会减少当前利润，但增强了企业的市场地位和竞争能力，有利于维持和扩大企业的市场占有率。从长期利润观点看，这样做有利于企业发展。

▶ 3. 成熟期的特点及营销策略

产品销售增长速度达到某一顶点就会下降，产品就会进入一个相对成熟的阶段。对许多产品来说，这一阶段持续时间最长。菲利普·科特勒根据成熟期产品销售量的变化情况，把成熟期分为三个阶段：第一阶段称为增长成熟期，此阶段销售额仍然增长，但增长的速度开始下降，虽然有少数后续购买者继续进入市场，但绝大多数购买属于原有顾客的重复购买；第二个阶段称为稳定成熟期，此时市场饱和，销售增长率停滞；第三阶段称为衰退成熟期，此时销售增长率呈负增长，销售水平显著下降，原有用户的兴趣已开始转向其他产品和替代品。

成熟期销售增长率的下降，使全行业产品出现过剩，不可避免地会加剧竞争，一些缺乏竞争能力的企业将逐渐被淘汰，新加入的竞争者则较少。竞争者之间各有自己特定的目标顾客，市场份额变动不大，突破比较困难。为了维持已有的市场地位，有以下三种基本策略可供选择：市场改良、产品改良和营销组合改良。

(1) 市场改良策略。即开发新市场，寻求新用户。市场改良可通过以下三种方式实现：一是开发产品的新用途，寻求新的细分市场。例如，美国杜邦公司生产的尼龙产品，最初只用于军用市场，如降落伞、绳索等。第二次世界大战后，产品转民用市场，企业开始生产尼龙衣料、窗纱、蚊帐等日用消费品，以后又继续扩展到轮胎、地毯等市场，使尼龙产品进入多循环周期，为企业赢得了长期稳定的利润。二是刺激现有顾客增加使用频率和每次使用量。例如，牙膏营销人员说服人们不仅早上起床后要刷牙，而且睡觉前及每次用餐后都需要刷牙；生产洗发精的厂商则说服人们每次用洗发精洗两遍比洗一遍效果更佳。三是重新为产品定位，寻求新的买主。例如，美国的化妆品公司追随处于战后生育高峰的一代人的成长过程，先专门生产婴儿洗发膏，而后对产品重新定位，进入青年妇女市场，使销售量出现再增长。

(2) 产品改良策略。也称为"产品再推出"，即改进产品品质或服务后再投放市场。产品改良的方式有多种，对产品整体概念的任何一个层次的改革，都可视为产品改良。具体来说有四种方式：一是品质改良，提高产品耐用性、可靠性，增加产品新的功能；二是特性改良，扩大产品的高效性、安全性或方便性；三是式样改良，根据人们的美学欣赏观念进行款式、外观的改变；四是服务改良，给用户提供新的服务项目。

（3）营销组合改良策略。即通过改变原有的定价、销售渠道及促销策略来延长产品的成熟期。一般通过改变一个因素或几个因素的配套关系来刺激或扩大购买。例如，产品品质不变、价格降低可从竞争者那里吸引一部分顾客；扩大销售渠道，增加销售网点，调整广告媒体等多种措施，也都可以达到同样的目的。但这种策略一般很容易为竞争者所模仿，特别是降价和增加服务项目的做法。

▶ 4. 衰退期的特点及营销策略

衰退期的特点：产品销售量由缓慢下降变为迅速下降，消费者的兴趣已完全转移；价格已下降到最低水平；多数企业无利可图，被迫退出市场；留在市场上的企业逐渐减少产品附带服务，削减促销预算，以维持最低水平的经营。针对以上特征，一般来说，对衰退期的产品可采取以下策略：

（1）集中策略。又称收缩策略，即把企业的资源集中使用在最有利的细分市场、最有效的销售渠道和最容易销售的品种和款式上。概言之，就是缩短战线，以最有利的局部市场赢得尽可能多的利润。

（2）维持策略。即继续保持原有的细分市场，沿用过去的营销组合策略，把销售维持在一个低水平上。待到时机成熟，便停止该产品的经营，使其退出市场。

（3）榨取策略。即大幅度地降低促销费用，如将广告费用削减为零，大幅度地精减推销人员等，以增加眼前利润。这样做可能导致销售量迅速下降，加速产品衰退的进程，因而通常作为停产前的过渡策略。

（4）放弃策略。即停止生产或经营处于衰退期的产品，努力发掘新的市场机会，将资源转向新的经营项目。

企业在产品衰退期还应注意克服两种错误倾向。一是仓促收兵，没有周密的布置就贸然舍弃，不仅损失很大，而且新旧衔接不上，企业手忙脚乱，影响士气。二是不肯割爱，当断不断，造成经济、时间、效率和声誉等多方面的损失。作为精明的企业家，要有预见地"转"，有计划地"撤"，有目标地"改"，当机立断，舍旧求新。如果企业决定停止经营衰退期的产品，应在立即停产还是逐步停产问题上慎重决策，并应处理好善后事宜，使企业有秩序地转向新的经营项目。

三、产品市场生命周期的延长

企业的发展与产品市场生命周期有着密切联系。对于一个企业来说，开发经营新产品的投资与风险毕竟要比经营现有产品大得多，因此，对于一种产品，只要技术上先进，价格上合理，就应努力延长其市场生命。这对于节约费用支出、降低生产经营成本、增加企业盈利、提高经济效益和社会效益都具有重要意义。

▶ 1. 影响产品市场生命周期的主要因素

（1）科学技术因素。科学技术是影响产品市场生命周期的主要因素。科学技术的不断发展，不仅使现有产品得到改进，而且推动了全新产品的开发，从而加速产品的更新换代，使产品的市场生命周期变得越来越短。

（2）产品因素。产品的市场生命周期长短与产品本身的生命力有着直接的关系。产品的生命力主要表现在满足市场需求的程度方面，包括产品功能大小、使用方便程度、能源节约程度、科技含量，以及给购买者的美感、价格和印象等。总之，在产品整体概念中，无论哪一层次，任何一个因素，或整体形象只要能长期为消费者所中意，其产品市场生命周期都可以得到延长。

（3）社会风尚因素。社会风尚影响着人们认识事物的方式和行为构成，影响人们的消费习惯和消费行为，进而影响人们的消费需求。社会风尚的改变则意味着人们对某种产品的追求和对原有产品的放弃。

（4）企业营销因素。这是影响产品市场生命周期的企业可控因素。营销管理水平的高低，不仅决定了企业的营销成果，而且对产品市场生命周期的长短起重要作用。一般来说，有力的营销策略、营销管理可以延长产品的市场生命周期；反之，则必然导致产品市场生命周期的缩短。

（5）市场竞争因素。市场上竞争者越多，竞争越激烈，产品的市场生命周期发展就越快；反之，发展越缓慢。

2. 延长产品市场生命周期的途径

（1）产品途径。这是延长产品市场生命周期的重要途径。即通过对企业产品的不断优化，使之不断完善，并始终受到消费者的青睐和偏爱。例如，可以采用提高产品质量，增加产品品种、款式、花色，增加产品新的功能，扩大产品的技术含量等方法。

（2）市场途径。市场途径包括两个方面：一是不断挖掘市场潜力和开拓新市场，如通过改进和发展产品的新用途，争取新的购买者和增加原有购买者的购买频率和数量，以及通过市场细分使产品进入新的细分市场；二是加强市场竞争，扩大产品的市场占有率。

（3）企业营销途径。这是指通过企业营销组合策略的制定和不断调整，扩大企业影响，以确保不断提高市场占有率。

第五节　新产品开发

新产品开发是企业将来生命的源泉。特别是随着当代科学技术的迅速发展、市场需求的不断变化、市场竞争的日趋激烈，产品的市场生命周期越来越短，因此，每一个企业必须把寻找、开发新产品作为企业的营销战略重点。

一、新产品的概念与类型

1. 新产品的概念

市场营销学是从企业经营角度来认识和规定新产品的，认为一种产品在产品整体概念中的任何一部分有所改进，与原有产品产生差异，并能给顾客带来新的利益即为新产品。市场营销学中的新产品与因科学技术在某一领域的重大发展所推出的新产品（全新新产品）在概念上是不同的，前者比后者宽泛，且包含了后者。

2. 新产品的类型

按照新产品具备新质的程度，可将新产品划分为以下几种类型：

（1）全新新产品，亦称"新发展创造产品"，是指运用新原理、新结构、新技术和新材料制成的前所未有的产品。全新新产品具有三个特点：一是与科技成果的重大突破有密切关系；二是从发明到制成成品一般需要较长的时间，花费较大的人力、财力；三是需要经过一段时间的宣传推广才能被消费者普遍接受。因此这类新产品开发起来比较困难，只有实力雄厚的大型企业才有可能。全新新产品在市场上非常少见。在索尼，80%以上的新产品是改进和修正的现有产品。

(2) 革新新产品，也叫换代新产品，是指在原有产品基础上，部分采用新技术、新材料制成的性能有显著提高的产品，其特点，一是与科学技术进步有密切联系；二是市场普及速度较全新新产品要快得多，并且成功率也较高。显然革新产品的开发较全新新产品要容易，所以是中型企业开发的主要对象，也是市场上新产品的主要来源。

(3) 改进新产品，是指对原有产品的性能、结构、款式或颜色等方面进行部分改进，使之更让消费者满意的产品。其特点，一是基本性能和效用与原产品比较，不发生根本性改变，只是提高其质量、性能，改进其结构，增加其品种、花色和规格等；二是在市场上易被消费者接受，市场竞争比较激烈。

(4) 新牌号、新包装产品，是指通过将原有产品更换牌号和包装而得到的新产品。它虽然在内在质量上没有变化，但外观却给人一种新的印象，对于消费者来说，这仍是与原产品不同的新产品。

二、新产品开发的意义

对于一个企业来说，开拓新市场和开发新产品是保障企业生存与发展的两条主要途径，而开拓新市场归根到底是以开发新产品为前提的。美国著名管理学家杜拉克指出："任何企业只有两个——仅仅是两个基本功能，就是贯彻营销观念和创新。"现代市场营销学，把开发新产品与贯彻营销观念置于同等重要的地位。实质上创造新产品是营销观念的核心思想——满足消费者不断变化的需求的体现。具体来说，新产品开发的意义体现在以下几个方面：

(1) 有利于更好地满足消费者不断增长和不断变化的需求。随着社会经济的发展和人们生活水平的提高，消费者对产品的需求越来越多，越来越复杂，不仅要求生产部门不断增加产品数量，提高产品质量，而且迫切要求生产部门扩大花色品种，推陈出新。消费欲望无止境，企业开发新产品也应无止境。

(2) 有利于企业提高市场地位，增强竞争能力。不断向市场提供品质卓越的新产品，可以提高企业在广大消费者中的声誉，扩大市场影响，增强竞争能力。

(3) 有利于企业提高经济效益。开发新产品，从短期来看，盈利是不大的，有的甚至亏本，但如果从长期来看，就会发现，能增加盈利的只能是新产品。因此，只有不断开发新产品，才会有企业光辉的明天。

三、新产品开发的原则

新产品开发是一项风险性很大的工作，一旦失误，有可能使企业血本无归。得克萨斯仪器公司开发家用计算机失败，亏损6.6亿美元；美国无线电公司开发电视游戏机失败，损失5.7亿美元。研究表明，新产品开发失败率：消费品为40%，工业品为20%，服务为18%，消费品开发失败率之高是令人吃惊的。为了提高新产品开发的成功率，降低风险和避免失败，企业必须遵循新产品开发的基本原则。

▶ *1. 以满足市场需要为目标的原则*

这是新产品开发的首要原则。企业的一切营销活动都要以市场需求为中心，开发新产品也不例外。从新产品概念的形成、研制到试销和商业投放，都要注意对市场需求进行调查、研究、分析和预测，并以此为依据进行开发决策，这是保证新产品开发成功的前提。

2. 技术先进的原则

新产品之所以冠以"新"字，正是由于它内含先进技术，能满足消费者新的需求。所以开发新产品要坚持技术先进的原则，要勇于放弃传统的、落后的生产技术和工艺，大胆地引进采用新技术、新材料和新工艺，努力使开发的新产品能反映当代科学技术的新成果。

3. 经济合理的原则

企业开发新产品的最终目的是提高盈利水平，为此必须在开发过程中坚持经济合理的原则，讲究投入产出，在保证新产品开发质量的前提下，千方百计地降低成本，充分利用现有资源与生产能力，大力提高劳动生产率和现有技术设备的利用率。

4. 符合国情的原则

新产品开发只有符合我国的国情，才能有较高的成功率。例如，对新产品材料的选择，应尽可能利用国内资源较丰富的原材料；对新产品特色的构思与设计，要充分估计到现有消费水平发展趋势的特点，不能估计过高，脱离实际；设计新产品的性能时应注意能源的节约，应严格遵守国家的有关政策、法律及有关规定，符合国家的产业发展政策，自觉接受国家的宏观调控。

5. 量力而行的原则

新产品开发一方面要符合国情，另一方面也必须符合企业的实际情况，做到量力而行，要考虑企业的人力、物力、财力，特别是技术力量，不要勉为其难。

四、新产品开发的程序

新产品开发是一项复杂的系统工程，必须按照科学的程序进行。一般而言，新产品开发的管理程序大致有以下几个阶段。

1. 新产品构思

构思创意是新产品孕育、诞生的开始，是为满足一种新需求而提出的设想。在产品构思阶段，营销部门的主要责任：一是寻找，积极地在不同环境中寻找好的产品构思；二是激励，积极地鼓励公司内外人员发展产品构思；三是提高，将汇集的产品构思转达公司内部有关部门，征求修正意见，使其内容更加充实。

新产品构思的来源有最高管理层、发明家、专利代理人、大学和商业性研究机构和营销机构等。对于跨国企业，来源于国外的新产品构思更加符合国外市场的需求倾向，因而与国外分销商和中间商保持紧密联系，鼓励他们提供新的产品创意很有必要。为了避免研发失败的风险，跨国企业可以通过特许经营或收购的途径从其他企业或研发机构获取新产品的创意。战略联盟逐渐成为全球性企业新产品开发的重要途径。两家或两家以上全球企业联合投资于某一技术开发领域，可以降低合作各方的研发成本，并能集中优秀人才，从而提高成功率。

2. 构思创新的筛选

构思创新的筛选就是从收集到的许多构思创意中选出符合本企业发展目标和长远利益、具备开发条件的构思方案。筛选的标准一般由市场因素和企业实力因素等方面的内容组成。市场因素包括市场潜力、竞争情况、价格和分销渠道等；企业因素包括企业信誉、人员基本素质、技术与设备能力、开发周期与成本和营销经验与财力等。这一阶段的任务是剔除那些明显不适当的产品构思。

在筛选过程中，要防止两种失误：一是"误舍"，即企业未能充分认识某种构思的潜力而错误地将其滤弃，失去良机；二是"误用"，即企业对某种不良构思的市场潜力估计得过于乐观，付诸开发，推向市场，结果造成损失。

3. 新产品整体概念的形成

经过对新产品构思筛选之后，企业还必须对筛选后得到的构思方案进行优化和深化，并使之形成具体的产品概念。产品概念是指已经成型的产品构思，即在构思创意基础上，对产品整体的诸层次的每个因素作出具体明确的规定，包括产品名称、质量、规格、特征、功能、式样、色泽、包装、商标和售后服务等。

一个产品构思能够转化为若干个产品概念，每一个产品概念都要进行定位，以了解同类产品的竞争状况，优选最佳的产品概念。选择的依据是未来市场的潜在容量、投资收益率、销售成长率、生产能力以及对企业设备、资源的充分利用等，可采用问卷方式将产品概念提交目标市场有代表性的消费者群进行测试、评估，以进一步选择和完善产品构成的诸因素。

4. 初拟营销规划

企业选择了最佳的产品概念之后，必须制订把这种产品引入市场的初步营销计划，并在未来的发展阶段中不断完善。初拟的营销计划包括三个部分：一是描述目标市场的规模、结构、消费者的购买行为、产品的市场定位以及短期的销售量、市场占有率、利润率预期等；二是概述产品预期价格、分配渠道及第一年的营销预算；三是分别阐述较长时间的销售额和投资收益率以及不同时期的市场营销组合等。

5. 商业分析

商业分析即从经济效益来分析新产品概念是否符合企业目标。它包括两个具体步骤：预测销售额和推算成本与利润，目的是研究新产品构成的诸因素在经济效益方面的可行性程度及与企业目标的一致性程度，以便使企业投资集中于回报率较大的新产品。预测新产品销售额可参照市场上类似产品的销售发展历史，并考虑各种竞争因素，分析新产品的市场地位、市场占有率等。

6. 新产品研制

新产品研制是将确定的新产品整体概念送交研制部门或工程制造部门试制成产品模型或样品，同时进行包装的研制和品牌的设计。这一阶段是从理论研究向生产实践转换的阶段。它是对新产品全部构思的可行性的检验，只有通过产品研制才能使产品构思变成产品实体，才能正式判断新产品在技术上的可行性。在新产品研制过程中，有可能在成本、技术方面出现意想不到的问题和困难，对此应有充分准备。当问题出现时要集思广益，认真分析，及时找出原因加以解决，绝不能轻易放弃已有的构思和方案。确因困难较大、问题较多，难以继续研制的，应慎重处理。

7. 市场试销

试销应对以下问题做出决策：

（1）试销地区和对象，应选择能代表新产品目标市场的地区和对象。

（2）试销时间，一般应根据该产品的平均重复购买率决定，再购率高的新产品，试销时间应当长一些，只有重复购买才能真正说明消费者喜欢新产品。

（3）试销中要取得的资料。试销过程中，要收集两方面的资料：一是试用率，即第一次购买试销品的比率；一是再购率，即第二次重复购买的比率。

（4）试销所需要的费用开支。

（5）试销的营销策略及试销成功后应进一步采取的战略行动。

当然，并不是所有的新产品都要经过试销，新产品是否需要试销，主要取决于开发者对该产品的信心。

▶ 8. 商业性投放

新产品试销成功后,就可以正式批量生产,全面推向市场。这时,企业要支付大量费用,而新产品投放市场的初期往往利润微小,甚至亏损。因此,企业在此阶段应对产品投放市场的时机、区域、目标市场的选择和最初的营销组合等方面做出慎重决策。

第六节　产品品牌与包装策略

品牌和包装是产品整体概念的重要组成部分,是广大消费者购物选择的重要依据。实践证明,驰名品牌、精美包装能吸引消费者的购买,能增强企业的竞争能力。因此优化产品品牌与包装是现代工商企业不断开拓市场的重要营销工作。

一、品牌与品牌策略

(一)品牌的含义和作用

▶ 1. 品牌的含义

品牌是指用以识别某个或某群销售者之产品或服务,并使之与竞争对手的产品或服务区别开来的商业名称及其标志,通常由文字、标记、符号、图案和颜色等要素或它们的组合构成。其基本功能是使企业的产品或劳务与其他竞争者相区别。

品牌包括品牌名称和品牌标志两部分。品牌名称是指品牌中可以用语言称呼的部分,也称"品名",如"可口可乐""麦当劳""柯达""红塔山""长虹""海尔"等。品牌标志是品牌中可以被辨认,但无法用语言表达的部分,包括符号、图案、颜色或其他特殊的设计等。如凤凰牌自行车的凤凰图案、美国米高梅电影公司的一只怒吼的狮子图案、海尔的小朋友的图案等。

品牌代表着销售者对交付给消费者的产品特征、利益和服务的一贯性的承诺,蕴含着丰富的市场信息。为了深刻了解品牌的含义,还需从以下六个方面透视。

(1)属性。品牌代表着特定的商品属性。例如,奔驰牌轿车意味着工艺精湛、制造优良、昂贵、耐用、好信誉和行驶速度快等。这些属性一直为奔驰生产经营者广为宣传。

(2)利益。品牌体现着某种特定的利益。商品的属性只有转化为顾客追求的利益,才能赢得顾客的购买。对顾客而言,奔驰车"工艺精湛、制造优良"的属性意味着"安全"这种功能性和情感性的利益;"昂贵"则代表着"重要并受人尊重"这种情感性利益;"耐用"的属性体现的是功能性利益。

(3)价值。品牌体现了生产者的某些价值感。例如,奔驰代表着高绩效、安全和声望等。品牌价值只有得到购买者的认可才有意义。

(4)文化。品牌附着特定的文化。例如,奔驰品牌蕴含着"有组织、高效率和高品质"的德国文化。

(5)个性。品牌反映一定的个性,不同的品牌会使人们产生不同的品牌个性联想。奔驰会让人想到严谨的老板、勇猛的雄狮或庄严的宫殿。

(6)用户。品牌暗示了购买或使用产品的消费者类型。通常驾驶奔驰轿车的是有成就的企业家或高级经理。

2. 品牌的作用

（1）品牌给消费者带来益处：使消费者易于辨认所需要的产品和服务，有助于消费者选购商品；消费者可以按品牌知道生产（经营）者，便于产品的维修和更换零配件，能减少消费者选择产品时所花费的分析产品的时间和心力，节省消费者的交易费用；利于促进产品改良，使消费者获得更多利益。

（2）品牌对经营者的重要作用有：有利于广告宣传和产品陈列，加深消费者对企业和产品的印象；有利于保持和扩大市场占有率，吸引消费者重复购买，建立顾客偏好；有助于减少价格弹性，使产品自然地与竞争对手发生差异；有助于产品组合扩张，在现有品牌的产品线中增加新的产品项目较没有品牌的产品线要更容易；有利于维护企业的正当权益，品牌经注册登记成为注册商标，就使企业的产品特色得到法律保护，防止别人模仿、抄袭或假冒，从而保护企业的正当权益。

（3）品牌有益于提升国家竞争力。企业是经济发展的主体。实践证明，有国际竞争力的企业（即拥有强势品牌的企业）的数量多少，很大程度上决定了一个国家的经济发展水平，也决定了一个国家的经济竞争能力。品牌是一个企业的梦想，更是一个国家的希望。在美国《商业周刊》网站公布的 2009 年度全球最有价值的品牌 100 强排行榜中，美国品牌占据了一半席位，德国 11 位，法国 9 位，日本 7 位，英国、瑞士、意大利各 4 位，韩国、荷兰、瑞典和加拿大各 2 位，芬兰、比利时和西班牙各 1 位。在"排行榜"中还显示，可口可乐以 687.34 亿美元的品牌价值位居首位。

（二）品牌设计原则

1. 简洁醒目，易读易记

经心理学家的调查分析结果表明，人们接受的外界信息中，83%通过眼睛，11%借助听力，3.5%依赖触摸，其余的源于味觉和嗅觉。基于此，为了便于消费者认知、传诵和记忆，品牌设计的首要原则是简洁醒目，易读易记。因此，不宜把过长的和难以诵读的字符串作为品牌名称，也不宜将呆板、缺乏特色的符号、颜色和图案用作品牌标志。

2. 构思巧妙，暗示属性

一个与众不同、充满感召力的品牌，在设计上还应该充分体现品牌标示产品的优点和特性，暗示产品的优良属性和鲜明个性。

3. 富含内涵，情意浓重

大多数品牌都有独特的含义和解释意义，有的是一个地方名称，有的是一种产品的功能，有的是一个典故。富含内涵、情意浓重的品牌，能唤起消费者和社会公众美好的联想，因而备受厂商青睐。例如，品牌和企业以"红豆"命名，借助古代诗人的千古绝句，提升了品牌知名度和美誉度，互赠"红豆"服装表示情侣爱慕之意或寄托游子的相思，红豆服装借"红豆"这一富含中国传统文化内涵、情意浓重的品牌"红"了起来。

4. 避免雷同，超越时空

富有个性的品牌才有生命力，才能在市场竞争中以独特性和差异化获得顾客的青睐。因此，品牌设计雷同是实施品牌运营的大忌。除了避免雷同，为了延长品牌使用时间、扩大品牌的使用区域，在品牌设计上还应注意尽可能超越时空限制。具有时代性的名称虽有强烈的应时性，可能在当时或延续一段时日会"火"，但随着时间的推移，了解当时那个时代的人越来越少，品牌的感召力也会减弱。而超越空间主要是指品牌超越地理文化边界的限制。

（三）品牌组合

市场营销活动中，每一个企业都面临品牌与无品牌、自营品牌与借用品牌、生产者品牌与销售者品牌、统一品牌与个别品牌等品牌决策问题，品牌组合就是为解决这些具体问题而做努力。因此，品牌组合是品牌运营中的重要策略。

▶ 1. 品牌归属策略

确定产品应该有品牌以后，就涉及如何抉择品牌归属的问题。对此，企业有三种可选择的策略：其一是使用属于自己的品牌，即企业品牌、生产者品牌或自有品牌。其二是他人品牌，他人品牌可细分为两种：一种是中间商品牌，即企业将其产品售给中间商，由中间商使用他自己的品牌将产品转卖出去；另一种是贴牌，即其他生产者品牌。其三是企业对部分产品使用自己的品牌，而对另一部分产品使用中间商品牌或者其他生产者品牌。

近年来，中间商品牌越来越多。许多市场信誉较好的中间商（包括百货公司、超级市场、服装商店等）争相设计并使用自己的品牌。营销企业选择生产者品牌或中间商品牌，即品牌归属生产者还是中间商，要全面考虑各种相关因素，最关键的因素是生产者和中间商谁在这个产品分销链上居主导地位、拥有更好的市场信誉和更多的拓展市场的潜能。一般来讲，在生产者或制造商的市场信誉良好、企业实力较强、产品市场占有率较高的情况下，宜采用生产者自有品牌；相反，在生产者或制造商资金拮据、市场营销薄弱的情况下，应以中间商品牌或其他生产者品牌为主。

▶ 2. 品牌统分策略

品牌，无论归属谁，都必须考虑对所有产品如何命名的问题。是大部分或全部产品都使用一个品牌，还是各种产品分别使用不同的品牌，如何对此进行决策事关运营成败。对于此问题，通常有三种可供选择的策略。

（1）统一品牌。统一品牌即企业所有的产品（包括不同种类的产品）都统一使用一个品牌。例如，飞利浦公司的所有产品（包括音响、电视、灯管和显示器等）都以 PHILPS 为品牌。企业采用统一品牌策略，能降低新产品宣传费用；可在企业品牌已赢得良好市场信誉的情况下顺利推出新产品；同时也有助于显示企业实力，塑造企业形象。不过，在个别产品出现问题时，会牵连其他产品进而影响全部产品和整个企业的信誉，可谓一荣俱荣、一损俱损；同时，统一品牌策略也存在易相互混淆、难以区分产品质量档次等令消费者不便的缺憾。

（2）个别品牌与多品牌。个别品牌是指企业对各种不同的产品分别使用不同的品牌；而多品牌策略通常是指企业同时为一种产品设计两种或两种以上相互竞争的品牌的做法。

企业运用多品牌策略能够避免统一品牌下负面株连效应；可以在产品分销过程中占有较大的货架空间，进而压缩或挤占竞争者的货架面积，为获得较高的市场占有率奠定了基础；多种不同的品牌代表了不同的产品特色，多品牌可以吸引多种不同需求的顾客，进而提高市场占有率。这是美国宝洁公司首创的。目前，该公司与中国广东合资生产的洗发香波品牌有"潘婷""飘柔""海飞丝"等。

由于多种不同的品牌同时并存，必然使企业的促销费用升高且存在自身竞争的风险。所以，在运用多品牌策略时，要注意各品牌市场份额的大小及变化趋势，适时撤销市场占有率过低的品牌，以免造成自身品牌过度竞争。

（3）分类品牌。分类品牌是指企业对所有产品在分类的基础上让各类产品使用不同的品牌，如企业将自己生产经营的产品分为器具类产品、女士服装类产品、主要家庭设备类产品，并分别赋予其不同的品牌名称及品牌标志。

▶ 3. 复合品牌策略

复合品牌是指对同一种产品赋予两个或两个以上品牌的做法。多牌共推一品，不仅集中了一品一牌策略的优点，而且还有增加宣传效果等增势作用。复合品牌策略，按照复合在一起的品牌地位或从属程度划分，一般可分为主副品牌策略与品牌联合策略两种。

（1）主副品牌策略。主副品牌策略即同一产品使用一主一副两个品牌的做法。在主副品牌策略下，用涵盖企业若干或全部产品的品牌做主品牌，借其品牌之势；同时，给各个产品设计不同的副品牌（专属特定产品的品牌），以副品牌来突出不同产品的个性。

主副品牌兼容了统一品牌与个别品牌策略的优点。它既可以像统一品牌策略一样实现优势共享，使企业产品均在主品牌下借势受益；同时，又能达到像个别品牌策略一样比较清晰地界定不同副品牌标定下产品之间的差异性特征，从而避免因个别品牌的失败而给整个品牌带来损失的负面影响。主副品牌策略是对统一品牌和个别品牌策略的必要补充。

主副品牌策略一般适合于企业同时生产两种或两种以上性质不同或质量有别的产品，同时还要求拟作为主品牌的产品应有较高的知名度与较好的市场声誉。

（2）品牌联合策略。品牌联合策略是指对同一种产品使用不分主次的两个或两个以上品牌的做法。品牌联合可以使两个或多个品牌有效地协作、联盟，相互借势，来提高品牌的市场影响力与接受程度。品牌联合所产生的传播效应是整体远远大于单体。品牌联合的扩散效应比单独品牌要大得多。依照联合的隶属关系，品牌联合策略可大致分为自有品牌联合并用与自有品牌与他人品牌联合并用两种方式。品牌联合是实质性深层次的联合或合作，包括两个或两个以上品牌的联合赞助、组合宣传和共用网络等具体的联合形式。

二、包装与包装策略

（一）包装的含义与作用

▶ 1. 包装的含义

包装是对产品设计、制作容器或外部包扎物的一系列活动。包装有两方面的含义：一是指为产品设计、制作包装物的活动过程；二是指包装物。产品的包装是产品整体概念的重要组成部分。因而，许多营销人员把包装称为4P后的第5个P。在现代经济生活中，包装日益受到产品生产者和经营者的高度重视。

▶ 2. 包装的作用

包装在营销中的作用有：

（1）保护产品。这是包装最原始、最基本的功能。包装可以保障产品在流通过程中不受外来影响，保护产品的使用价值完好。如易腐、易碎、易蒸发的产品，有了完善的包装，就能保护产品的使用价值。

（2）方便储运。产品的形态是千差万别的，但是经过包装以后，可以使包装的外形具有一定的规律性，为搬运、装卸和储存、堆码提供了方便条件。同时规则的包装箱型可以提高仓储空间的利用率和车船等运输工具的装载能力。此外，产品外包装上印刷的包装标志能正确指导产品的装卸、搬运。

（3）促进销售。包装的促销作用表现在两方面：一方面，产品经过包装，尤其是加上装潢以后，使产品更加美化，使它本身具有广告宣传的作用。产品的包装是"无声的推销员"，能吸引消费者的兴趣，使消费者产生购买动机，从而促进产品销售。另一方面，不同的包装便于消费者携带和使用，便于消费者购买。杜邦公司的一项调查表明：63%的消费者是根据商品包装来选购商品的，这一发现就是著名的"杜邦定律"。另据英国市场调查公司的报道，一般到超级市场购物的妇女，由于受精美包装的吸引，所购物品通常超出进门时打算购物数量的 45%。

(4) 增加利润。优良、精美的包装往往可以提高产品的身价，使顾客愿意付出较高的价格购买。此外，包装保护产品，减少产品损失，提高运输、储存、销售各环节的劳动效率，也能增加利润。例如，中国榨菜，原产四川，大坛装运，获利甚微；上海人买入，大坛改中坛，获利倍之；香港人买入，中坛改小坛，获利又倍之；日本人买入，破坛切丝，装入铝箔小袋中，获利又翻番。

(二) 包装设计与要求

▶ 1. 包装设计

包装设计应依据科学、经济、牢固、美观和适销的原则，对以下方面进行创造或选择：

(1) 包装形状。主要取决于产品的物理性能，如固体、液体，其包装形状各不相同。包装外形应能美化商品，对用户有吸引力，方便运输、装卸和携带等。

(2) 包装大小。产品包装的尺寸、分量，主要受目标顾客购买习惯、购买力大小及产品的有效期等因素的影响，应力求让消费者使用方便、经济。

(3) 包装构造。产品包装的构造设计，一方面要突出产品的特点；另一方面要具有鲜明的特色，使产品外在包装和内在性能完美地统一，给用户留下深刻的印象。

(4) 包装材料。包装材料的选用有三点要求：一是能充分地保护产品，如防潮、防震、隔热等；二是有利于促销（如能显示产品的性能和优点等），开启方便，便于经销商储存和陈列等；三是节约包装费用，降低售价。禁止使用对人体有害的包装材料。

(5) 文字说明。应根据不同产品的特点，文字说明既要严谨，又要简明扼要。文字说明主要包括产品名称、数量、规格、成分、产地、用途、使用与保养方法等。某些油脂类产品、食品通过检验后，应实事求是地在包装上注明"不含黄曲霉毒素""无胆固醇"等字样，在某些药品的包装上注明"没有副作用"，在糖制食品上注明"没有使用糖精"或"不含糖蜜素"等，以增加顾客对该商品的信任感。禁止在包装上进行虚假的文字宣传。

▶ 2. 包装设计的要求

把包装作为一种营销工具或手段来考虑，其设计应满足不同对象的要求。

(1) 消费者的要求。由于社会文化环境的不同，不同国家和地区的消费者对包装的要求也是不同的。包装决策时应该分析消费者的特性，区别国内、国外，不同民族，城市、乡村，使包装的形状、图案、颜色和语言等都适应目标市场的要求。例如，在发达国家注重包装的美观，而在发展中国家双重用途包装较受欢迎，它有可能被顾客用作容器。

(2) 运输商的要求。运输部门主要考虑能否以最少的费用将商品安全运达目的地。满足这一要求，需要了解货物运往哪里、是否需要堆积、露天堆放还是仓库堆放、装卸方式是什么等问题。

(3) 分销商的要求。分销商要求商品包装既符合运输包装又符合销售包装的要求。

(4) 政府的要求。政府对包装的要求通常与标签有关。标签指附着或系挂在商品上和商品包装上的文字、图形和印刷说明。许多国家制定了商品标志条例，规定商品标签应记载某些规定的项目，有的国家还要求两种语言的标签，不同国家对度量单位的要求不同。

（三）包装策略

现代包装与生产和消费有着密切的关系，规格化的包装产品有利于大批量生产。包装已发展成一门专门的学问。因此，完善产品包装的包装策略也成为产品设计的重要组成部分。

（1）同类型包装策略。指企业所生产的各种产品在包装外形上采用相同的图案、色彩或其他共有特征，使顾客容易辨认。这种包装策略可以节省包装设计费用，壮大企业声势，有利于新产品的推销。同类型包装宜用于品质接近的产品，如果品质过分悬殊，就会徒增中低档品的包装费用，或产生贬低优质品的不良效果。

（2）异类型包装策略。企业的各种产品，都有自己独特的包装，在设计上采用不同的风格、不同的色调或不同的材料。其优点是不至于因某一产品营销的失败而影响其他产品的市场声誉，但也要相应地增加包装设计费用，增加新产品的推销费用。

（3）配套包装策略。是指根据消费者的购买习惯，将使用时互有关联的多种产品配套包装在同一包装物内同时出售，如家用药箱、针线包、化妆品盒等。配套包装可以方便消费者的购买和使用，也有利于带动多种产品销售，特别有利于新产品的推销。但这种包装策略具有很大的局限性，因为只有相关的产品才能采用这一策略。

（4）复用包装策略。或称再利用包装策略或双重用途包装策略，即包装内产品用完之后，包装物本身还可以适合其他用途。如糖果、饼干的包装盒可以当文具盒、针线盒，罐头包装的设计可考虑当饭盒等。这种包装策略，一方面，通过给消费者提供额外利益而扩大产品销售；另一方面，刻有企业标记的包装物无形中可以起到广告宣传的作用。但这种策略只能收到短期效果，而且成本高，会增加购买者负担。

（5）等级包装策略。这是指对同一产品，根据产品的等级、档次不同分别采用不同的包装，高档优质产品采用优等包装，一般产品采用普通包装，以适应不同的购买力水平或不同顾客的购买心理。等级包装策略使包装质量与产品质量相称，表里一致，便于不同的消费者按需选购。

（6）不同容量包装策略。根据消费者的使用习惯，按照产品的重量、数量设计使用不同的包装。

（7）附赠品包装策略。借助于包装本身或包装中附以新颖的赠品来吸引消费者购买和重复购买，以扩大产品销售。具体有两种方式：一是在包装物内直接附上赠品，如香烟包装内附赠打火机等；二是包装品本身是一个附赠品，多为精美、多用途的外包装，赠送者一般是售货员。

（8）改变包装策略。包装要适应市场的变化，加以改进。企业必须重视包装的革新，尽量采用现代化的包装技术和包装材料。当企业计划开拓新市场，吸引新顾客时，或者当消费者对原包装印象不好，销售下降时，均可改变产品包装。

（9）无包装策略。大部分产品从生产车间制造出来后都需要包装。包装虽然可以保护产品，促进销售，但也增加了产品成本，加重了消费者的负担，同时也消耗了有限的社会资源，如果对产品过分包装或对包装物回收不好便容易造成环境污染。因此，对于使用价值比较稳定、包装促销作用不明显的产品应尽量减少包装或不包装。这种做法从辩证法的角度看，也是一种包装策略，即无包装策略。

（10）绿色包装策略。即企业尽量选用不会污染环境的包装材料，或者注重对包装物的回收。这是整个社会环境保护、经济可持续发展的需要。

本章小结

产品是企业市场营销组合因素的首要因素,产品决策直接影响和决定营销组合其他因素的决策。产品决策包括产品组合决策、产品品牌决策、产品包装决策与新产品开发决策等内容。市场营销学研究的产品是指通过交换提供给市场的、能满足消费者或用户某一需要和欲望的任何有形物品和无形的服务。产品整体由核心产品、形式产品、期望产品、延伸产品和潜在产品五个层次构成。明确产品整体概念对全面满足购买者需求、确立产品市场地位、创造企业特色、开发新产品等有重要意义。

产品组合是指一个企业提供给市场的全部产品线和产品项目的组合或结构,具有一定的宽度、长度、深度和关联度。产品组合决策就是企业根据市场需求、竞争形势和自身能力对产品组合的宽度、长度、深度和关联度方面做出的决策。产品组合的调整策略有扩展产品组合策略、缩减产品组合策略;产品线策略有产品延伸策略、产品线现代化策略和产品线特色化策略。

产品市场生命周期是指产品从进入市场到最后被市场淘汰的全过程,通常包括引入、成长、成熟、衰退四个阶段。产品的市场生命周期与使用寿命周期是两个完全不同的概念,也不能等同于产品在流通领域内的停留时间,与产品定义范围、市场范围有密切关系。产品的市场生命周期是一个向前看的概念,其生命周期曲线的具体表现形态是多种多样的。

研究产品市场生命周期规律的意义在于,根据其阶段性的运动特点,采取不同的营销组合策略。在引入期,营销重点应突出"快"字,即尽快将产品推入市场,使消费者接受产品;在成长期,应突出一个"长"字,即不断扩大产品的市场占有率;在成熟期,应突出一个"改"字,通常采用市场改良、产品改良和营销组合改良等策略;在衰退期,应突出一个"换"字,即迅速开发新产品以替换业已衰退的老产品。

市场营销学是从企业经营角度来认识和规定新产品的,认为在产品整体概念中的任何一部分有所创新、改革和改变,与原有产品产生差异,且能给需求者带来新的利益都属于新产品。新产品开发有一整套管理程序,其中每一环节都影响着新产品开发的成败,均必须认真研究和对待。

品牌是产品整体概念的重要组成部分,包括品牌名称和品牌标志。品牌无论对经营者还是对消费者都具有重要作用。企业在品牌管理上有品牌归属策略、品牌统分策略和复合品牌策略。

包装也是产品整体概念的重要组成部分,它的作用不仅在于保护商品,也是促销的重要手段。包装策略有同类型包装、异类型包装、配套产品包装、复用包装、等级包装、不同容量包装、附赠品包装、改变包装、无包装和绿色包装等。

思考题

1. 怎样正确理解产品整体概念?
2. 什么叫产品组合?如何进行产品组合决策?
3. 怎样正确理解产品市场生命周期的概念?
4. 简述产品市场生命周期各阶段的特点及营销策略。
5. 什么叫品牌?简述品牌的作用。
6. 简述包装的作用及策略。

实训实习

一、实训目标

通过辩论,掌握产品的整体概念、产品品牌与包装策略等相关知识。

二、实训任务

营销辩论:对于产品而言,是形式重要还是功能重要?

三、实训步骤

1. 背景提示:一些营销人员相信产品的性能最重要,而另一些营销人员则认为外观、感觉最重要,以及其他设计因素最重要,这些才是真正产生差异的地方。

2. 辩题。正方:产品的功能是品牌成功的关键;反方:产品的设计是品牌成功的关键。

3. 自愿分组,分工收集资料,各推出 3 名辩手参与现场辩论。

4. 教师做裁判,评出优胜组和最佳辩手。

案例分析:
案例一
伊利集团的营销企划

案例分析:
案例二
海底捞成功上市的运营逻辑

案例分析:
案例三
麦当劳的"Q\S\C\V"营销管理模式

第十章 定价策略

>>> 学习目标

1. 了解影响产品定价的主要因素；
2. 掌握定价的一般方法；
3. 掌握常见的基本定价策略。

>>> 导入案例

20世纪90年代，波音公司与空客公司展开价格混战，波音公司采取频繁降价策略，通过比街角杂货店还要低的利润率试图去建立自己在航空市场的超级霸主地位，结果不仅扰乱了整个航空市场的经营秩序，自己也因股票大跌付出了惨痛代价。

思考：
企业定价要考虑哪些因素？如何定价对企业最有利？

第一节 影响定价的主要因素

在营销组合中，价格是十分敏感而又难以控制的因素，直接关系到市场对产品的接受程度，影响着市场需求和企业的利润，涉及生产者、经营者和消费者等多方利益。定价策略是市场营销组合策略中极其重要的组成部分。

影响定价的因素是多方面的，包括定价目标、产品成本、竞争厂家和经销商的价格策略以及市场需求等。一般来说，产品定价的上限通常取决于市场需求，下限取决于该产品的成本和费用等。在上限和下限内如何确定价格水平，则取决于一个企业的定价目标、政府的政策和竞争者同类产品的价格，其中竞争因素构成了对价格上限的最基本的影响，企业定价目标则提出了最低限价的问题。在此，我们对上述主要因素进行分析研究。

一、定价目标

定价目标是企业通过定价措施要达到的营销目的。定价目标是根据企业的营销战略目标制定的，是为实现企业营销战略目标服务的，同时也是企业营销战略目标的一个重要组成部分。

企业的定价目标主要有以下几个方面：

▶ 1. 以获得最大利润为目标

获利是企业生存发展的前提条件，因此企业多以获得最大利润为定价目标。但追求最大利润并不意味着要制定过高的价格，因为企业的盈利是全部收入扣除全部成本费用之后的余额，盈利的大小不仅取决于价格的高低，还取决于合理的价格所形成的需求数量的增加和销售规模的扩大，所以企业通常将盈利最大化作为长期的目标，然后再结合经营的时间和空间环境作出价格水平的决策，以保持企业长期和较高的盈利能力。

▶ 2. 以市场占有率最大化为目标

市场占有率是企业经营管理水平和竞争能力的综合表现，提高市场占有率利于增强企业控制市场的能力从而保证产品的销路，提高市场占有率还可以提高企业控制价格水平的能力，从而使企业获得较高的利润，因此企业往往把提高市场占有率作为制定价格的主要目标。企业以提高市场占有率为目标时，应根据自身的生产经营能力、营销组合、市场需求状况、竞争态势等方面的情况作出价格决策。

▶ 3. 以实现预期的投资收益率为目标

投资收益率（资金利润率）反映了企业投资效益的状况，任何企业都希望所投资金能够得到预期的利润回报，所以许多企业在制定价格时都以投资收益率为目标，其做法是在成本费用的基础上加一定比例的预期盈利。我们知道，投资收益率＝利润额/投资总额。这一公式表明，在成本费用不变的情况下，价格越高，利润额就越大，投资收益率也就越高。因此，在以实现预期的投资利益率为定价目标时，企业应合理地确定成本费用水平和价格水平。

▶ 4. 以适应市场价格竞争为目标

企业以适应市场价格竞争为目标主要着眼于在竞争激烈的市场上应付或避免价格战。在企业以适应市场价格竞争为目标时，可以根据实际情况和具体需要将价格定得低于、高于或持平于竞争者产品的价格。

▶ 5. 以维持企业生存为目标

以维持企业生存为目标，是企业在营销环境发生重大变化，难以按正常价格出售产品的情况下，为避免受到更大冲击造成倒闭等严重后果而采取的一种过渡性策略。在企业以维持企业生存为目标时，可以以折扣价格、保本价格甚至亏损价格来出售自己的产品，以求促进销售、收回资金、维持营业，为扭转不利状况创造条件或争取必要的时间。

▶ 6. 以维护企业形象为目标

企业形象是企业运用特定的市场营销组合在市场上形成的特定形象。为了维护企业的形象，企业在制定市场营销组合方案时应根据自身需要和实际情况维持或重新确定适当的价格水平。

二、生产成本

在确定或改变一个商品的售价时，要考虑的第二类因素是该产品的生产成本结构。对成本结构的分析要着眼于以下四个方面：

▶ 1. 直接成本与间接成本

所谓一个产品的直接成本是指可以清楚地、唯一地计入这个产品的生产、销售和促销宣传活动的费用。例如，用于本产品制造的原材料和零配件的采购费用、机器设备购置费用、为该产品销售而产生的广告宣传和促销活动费用及付给经销商的佣金等其他相关费用。

所谓间接成本是指涉及企业的好几个产品（有时甚至是所有产品）的共同费用，这些费用按一定的分摊方案在这些产品之间分摊。例如，工厂的某些基本开支、行政开支、企业本身的广告宣传费用及其他同类开支。

一个产品的直接成本一般比较容易计算，也不会引起争议。但间接成本的分摊则要借助于分摊方案计算，而分摊方案总是包含着一些主观随意性。

▶ 2. 固定成本与可变成本

产品的固定成本是指与产品的销量无关联，至少是在短期内不产生联系的开支，也就是说不管该产品的销量如何，都保持恒定的费用。固定成本既包括直接的费用也包括间接的费用。

产品的可变成本是指随着产品的产量或销量情况的变化而变化的费用。它也分为直接可变成本和间接可变成本。

▶ 3. 边际成本与平均成本

产品的边际成本指在销售数量一定的情况下，多售出一个单位产品给企业带来的额外费用。按这样的定义，边际成本一般等于单位产品直接可变成本。实际上多售出一个单位产品，在正常情况下，既不会使产品的固定成本总额发生变化，也不会改变企业直接可变成本总额。而产品的平均成本，等于分摊到该产品名下的所有费用之和除以售出产品的数量。

▶ 4. 成本与销量之间的关系

对于产品的定价，企业清楚地认识到一个产品的单位成本是依销量的大小而变化的原理，并尽可能准确地了解两者之间的关系是非常重要的。

三、竞争者的产品和价格

在确定产品的价格时，需要考虑的第三类因素是竞争者的产品和价格。

顾客在购买某一产品时，一般都要将其价格与市场上其他与之竞争的产品加以比较。这一比较将对他的购买决定发挥一定的作用。因此，在定价时必须做到既要充分了解其他竞争产品当前的价格，又要尽可能预见它们未来的发展趋势。

了解竞争产品当前价格可以通过到商店做一些价格调查或搜索竞争企业的产品价目表（或产品目录）的办法来达到，但要精确预测竞争对手未来价格决策方向就比较困难了。不过，可以从竞争企业生产成本测算及过去执行的价格策略等方面进行分析。

四、市场需求

在确定产品的价格时，需要考虑的主要因素是有关最终消费者对于价格的态度和反应。需求的价格弹性反映需求量对价格的敏感程度。

（一）需求的价格弹性

这一概念是经济学家为描述和测算一种产品的价格，在其他条件相等的情况下，对该产品销量的影响而设计的。需求 d 对于价格 p 的弹性用下述公式表示：

$$e=(\Delta d/d)/(\Delta p/p) \tag{10-1}$$

换言之，弹性系数值是销售价格1%的变化幅度引起的需求变化百分比。

（二）影响需求的价格弹性的主要因素

▶ 1. 价格比较的便利程度

在竞争产品之间进行价格比较越容易，需求弹性就越大。生产者和经销者都谙熟这一规律。因此，当他们希望减少价格竞争程度时，就想出各种办法来使对价格的比较更加困难，如以多种包装规格销售同一种产品或以不同的牌子或不同的外包装销售基本上是一样的产品。

▶ 2. 产品的独特性和不可替代性

当一个产品非常独特，顾客因而感觉以另一种产品替代它很不容易的时候，这个产品的价格弹性一般是弱的。

▶ 3. 价格在消费者购买决定中的相对重要性

当一个产品的价格是消费者购买决定中的一个重要参数时，需求弹性就相对较大，而当价格比产品质量、知名度以及购买或使用的便利程度等其他因素次要时，需求弹性就相对较小。

▶ 4. 购买开支的数额大小

消费者对价格的敏感度在购买大件商品（如汽车、家用电器等）时，比购买一次性开支较小且购买频率不高的商品时要高。

▶ 5. 价格中部分由第三者承付或报销的产品

在支付的价格中，部分（甚至全部）不由购买者承担，或者事后给他报销的产品，对价格的弹性一般都比较小。

（三）估测相对价格需求弹性的方法

如果有可能准确地了解产品的价格需求弹性曲线，从而准确地测算出在每个假定价位的销售量的话，确定产品价格就会成了再简单不过的问题。遗憾的是，在现实中，我们永远不会完全地了解这个曲线。我们所能做的，只能是努力大致地测算产品在一个或几个可能价位上的销量而已。在这种测算中有好几种方法可供使用。

▶ 1. 对过去销量的统计分析

当我们对一个曾经（或正在）在市场上以不同的价格销售的产品的价格需求弹性进行估测时，我们可以采用统计的方法，既可以按时间系列，也可以按随机截取的一个时间断面提取数据进行分析。不过，这种方法得出的价格和销量的关系无法排除其他参数（广告促销力度、竞争产品价格等）变化的影响。因而，我们还需要借助其他的方法来对需求弹性进行测算。

▶ 2. 对消费者价格承受心理的调查

这些方法之一就是通过各种调查，研究潜在消费者在特定的产品档次内对价格的承受心理。此类调查涉及的问题主要有对价格的认知度、对价格高低的重视程度以及可接受的价格水平等。

▶ 3. 购买欲望调查和模拟购买

关于购买欲望调查的做法是，把样本人群分成若干组，每组设定不同的价格，然后直接向不同分组的购买者提问，问其是否会以某个设定的价格购买这个产品。模拟购买是这种调查方式的变形，但成本较大，当然可靠性也更大。它的做法是让调查者在一个模拟货架前走过，请他们模拟他们购买某类商品的情景。调查者感兴趣的商品也摆在货架上，并且标价也依分组不同而不同。这种办法的目的是了解标价与购买者比例及销售量之间的关系。

▶ 4. 试点商场和试点市场

最后,在测算价格的需求弹性方面,可信度最高、实施成本最高和难度最大的方法,是在选定作为试验样本的不同商店和不同地区,实际地销售相关的目标产品,并在不同商店和地区实行不同的价格。为了确保试验结果的可靠性,必须做到:第一,连续不断地监测不同商店或地区之间试验的可比性,也就是要确保测试目标产品的价格是唯一变化的参数;第二,在试验期内,收集测试产品以及竞争产品销售量的可靠信息。

五、政府的政策法规

企业制定价格还须考虑政府有关政策和法令的规定。在我国,规范企业定价行为的法律和相关法规有《价格法》《反不正当竞争法》《明码标价法》《制止牟取暴利的暂行规定》《价格违反行为行政处罚规定》和《关于制止低价倾销行为的规定》等。

第二节 定价的一般方法

产品价格的高低主要受市场需求、成本费用和竞争情况这三个方面因素的影响与制约,因此企业在定价过程中必须全面考虑到这些因素。但是,在实际工作中企业通常侧重于考虑某一方面的因素来选择定价方法,此后再参考其他方面因素的影响对制定出来的价格进行适当的调整。因此,企业的定价方法可以划分为三大基本类型,即成本导向定价法、需求导向定价法和竞争导向定价法。

一、成本导向定价法

所谓成本导向定价法,就是企业以成本费用为基础来制定价格。它包括成本加成定价法和目标贡献定价法两种具体方法。其特点是简便、易用。

▶ 1. 成本加成定价法

成本加成定价法也称为加额定价法、标高定价法或成本基数法,是一种应用得比较普遍的定价方法。这一方法的操作过程是:首先确定单位产品总成本(包括单位变动成本和平均分摊的固定成本),然后在单位产品总成本基础上加上一定比例的利润从而形成产品的单位销售价格。其计算公式为

$$单位产品价格 = 单位产品总成本 \times (1 + 成本加成率) \tag{10-2}$$

由此可以看到,成本加成定价法的关键是成本加成率的确定。在这方面,企业一般是根据某一行业或某种产品已经形成的传统习惯来确定加成率。不过,不同的商品、不同的行业、不同的市场、不同的时间、不同的地点加成率往往是不同的,甚至同一行业中不同的企业也会有不同的加成率。一般来说,加成率应与单位产品成本成反比;加成率应该和资金周转率成反比;加成率也应与需求价格弹性成反比(需求价格弹性不变时加成率也应保持相对稳定);零售商使用自己品牌的加成率应高于使用制造商品牌的加成率。

成本加成定价法的主要优点有:

(1)由于成本的不确定性一般比需求的不确定性小得多,定价着眼于成本可以使定价工作大大简化,不必随时依需求情况的变化而频繁地调整,因而大大地简化了企业的定价

程序。

（2）只要同行业企业都采用这种定价方法，那么在成本与加成率相似的情况下价格也大致相同，这样可以使价格竞争减至最低限度。

（3）对买卖双方都较为公平，卖方不利用买方需求量增大的优势趁机哄抬物价，因而有利于买方，固定的加成率也可以使卖方获得相当稳定的投资收益。

鉴于以上原因，这种方法应用得较为广泛，尤其在商品零售、建筑施工、进出口和消费服务业中最为流行。成本加成定价法也存在着不足，主要是加成率一经确定就易于被固定化，从而导致企业忽视市场需求、竞争状况和供求数量关系等方面的变化，使营销工作变得被动。这是企业应该加以注意的。

▶ 2. 目标定价法

目标定价法也称为目标收益定价法、投资报酬定价法，根据估计的总销售收入（销售额）和估计的产量（销售量）来制定价格的定价方法。这是一种制造业企业应用得比较普遍的方法。这一方法的操作过程是：预测产销量并估算总成本，按确定的成本利润率估算目标利润，估算总销售收入并计算单位产品的目标价格，绘制损益平衡图并计算盈亏平衡点。

下面举例说明目标定价法的操作过程：

第一步，预测产销量并估算总成本。假设某制造商一种产品的生产能力为 100 万件，预测计划期内该产品的产销量为 80 万件，总成本为 1 000 万元（其中固定成本 600 万元、变动成本 400 万元）。

第二步，按确定的成本利润率估算目标利润。假设制造商期望成本利润率为 20%，则

目标利润 = 总成本 × 成本利润率
　　　　 = 1 000 × 20%
　　　　 = 200（万元）

第三步，估算总销售收入并计算单位产品的目标价格。

总销售收入 = 总成本 + 目标利润
　　　　　 = 1 000 + 200
　　　　　 = 1 200（万元）

单位产品的目标价格 = 总销售收入/产销量
　　　　　　　　　 = 1 200/80
　　　　　　　　　 = 15（元/件）

第四步，绘制损益平衡图（又称盈亏平衡图），如图 10-1 所示，并计算盈亏平衡点。

设：x 轴表示产销量（单位为"万件"）；y 轴表示金额（单位为"万元"）。

单位产品销售价格为 15 元，单位产品变动成本为 5 元。

则总收入曲线：$y_1 = 15x$；总成本曲线：$y_2 = 5x + 600$；固定成本曲线：$y_3 = 600$。

当总收入 = 总成本时，则盈亏平衡。

解方程 $y_1 = y_2$，即 $15x = 5x + 600$，得 $x = 60$（万件），y_1 或 $y_2 = 900$（万元）。

盈亏平衡点为 A(60 万件，900 万元)。

企业在应用目标定价法时，若完全以主观推测的产品销售量计算并制定产品的单位价格，可能会偏离市场所能接受或所愿接受的价格水平，从而导致所产产品出现供过于求或供不应求的问题。为了避免这种问题的发生，企业在应用目标定价法时应借助需求函数、需求曲线这一分析工具来进行。

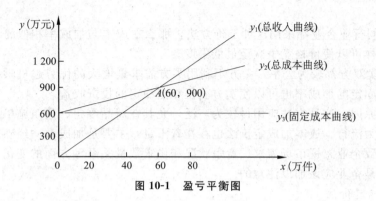

图 10-1　盈亏平衡图

▶ 3. 增量分析定价法

增量分析定价法主要是分析企业接受新任务后是否有增量利润的定价方法。增量利润等于接受新任务引起的增量收入减增量成本。此定价法与成本加成定价法的共同点是都以成本为基础，不同点是前者以成本为基础，后者则是以增量成本（或变动成本）为定价的基础。只要增量收入大于增量成本（或价格高于变动成本），这个价格就是可以接受的。

在企业经营中，增量分析定价法大致适用于以下三种情况：

（1）企业是否要按较低的价格接受新任务。为了进一步挖掘富余的生产能力，企业需要考虑在不影响原来任务的前提下，是否按较低的价格接受新任务。因为接受新任务不用追加固定成本，只要增加变动成本。

（2）为减少亏损，企业可通过降价争取更多任务。企业任务很少时，为了求生存，力求通过削价争取多揽一些任务来减少亏损，这种情况下进行定价决策就要使用增量分析定价法。

（3）企业生产互相替代或互补的几种产品。若其中一种产品价格变动，就会影响到其他有关产品的需求量，因而价格的决策不能孤立地只考虑一种产品的效益，而应考虑几种产品的综合效益，这时也宜采用增量分析定价法。

二、需求导向定价法

所谓需求导向定价法，就是企业以市场需求的强度及消费者感受为主要依据的定价方法，包括感知价值定价法、需求差异定价法和反向定价法。

▶ 1. 感知价值定价法

感知价值定价法也称为觉察价值定价法，这是近年来企业越来越多地采用的一种方法。所谓感知价值定价法，就是企业按照购买者对产品价值的感知来制定价格的方法。感知价格定价与现代市场定位观念相一致。该方法的理论依据在于消费者对任何产品的性能、质量、服务、价格等都会形成一定的认识和评价。其关键在于准确计算产品提供的全部市场感知价值。如果价格大大高于感知价值，消费者会感到难以接受；如果价格大大低于感知价值，会影响产品在消费者心目中的形象。

这一方法的操作过程是：第一步，估计和测定购买者对产品价值的主观感知水平和需求强度；第二步，确定购买者能接受的价格限度并拟定初始价格；第三步，推测产品的销售量并估算产品的成本费用与盈利水平；第四步，确定实际价格。

企业在运用感知价值定价法时，如果对购买者所承认的价值估计得过高就会导致定价过高，从而使销量减少；如果对购买者承认的价值估计得过低，就会导致定价偏低，这样虽然可以多销但收入会受到影响。企业在运用这一方法时，要注意利用市场营销组合中的非价格变数，如产品质量、服务特色、广告宣传、购物环境等来影响购买者，以便提高购买者对产品价值的主观认定水平和需求强度。

2. 需求差异定价法

需求差异定价法也称为区分需求定价法、价格歧视定价法，这也是应用得比较多的一种定价方法。所谓需求差异定价法，就是根据不同顾客、不同时间、不同地点及同一产品不同式样等的需求情况对一种产品制定不同的价格，而不是按照一种商品边际成本的差异来制定不同的价格。

企业针对需求差异来确定产品的价格可以有效地促进产品的销售，但是采用这种定价方法应注意以下几个问题：

（1）市场是可以细分的，而且各个市场部分具有不同的需求强度。
（2）以较低价格购买某种产品的顾客没有可能以较高价格把这种产品倒卖给别人。
（3）竞争者没有可能在企业以较高价格销售产品的市场上以低价竞销。
（4）细分市场和控制市场的成本费用不得超过因实施这种定价方法而得到的额外收入。
（5）价格歧视不会引起顾客反感从而使其放弃购买。
（6）采取的价格歧视形式不能违法。

3. 反向定价法

所谓反向定价法，就是企业依据消费者能接受的最终价格，计算自己经营的成本和利润后，逆向推算产品的批发价和零售价。这种方法不是以实际成本为主要依据，而是以市场需求、购买力情况和消费者愿支付的价格为依据，因而制定出的价格能够较好地适应市场需求，同时也能够满足竞争的需要，可以使企业的产品在市场上保持一定的地位。在分销渠道中，批发商和零售商多采取这种定价方法。

三、竞争导向定价法

所谓竞争导向定价法，就是企业充分考虑到自己的竞争能力，着眼于对付竞争者并且以竞争者的价格为基础来制定价格。

竞争导向定价法有以下几种具体形式：

1. 随行就市定价法

随行就市定价法也称为流行水准定价法、通行价格定价法，是竞争导向定价法中较为流行的一种方法。所谓随行就市定价法，就是企业按照同行业的平均现行价格水平定价。在企业难以估算成本、打算与同行业竞争对手和平共处、另行定价时很难估计购买者和竞争者对本企业价格的反应、经营的是同质产品以及产品供需基本平衡时，采用这种定价方法比较稳妥，因为这样定价易于被消费者接受，可以避免激烈竞争以及由此产生的风险，同时可以保证适度的盈利。

2. 竞争价格定价法

这是一种主动参与竞争的定价方法，这种方法要求企业认真分析市场上竞争对手的定价情况，然后根据自己的优势制定出有竞争力的产品价格。

竞争价格定价法的具体形式有以下几种：

（1）以低于竞争者的价格定价。当一个企业在成本费用方面具有优势时，为了提高市场占有率或为了有效地渗入其他企业已经建立牢固基础的市场便可以采用这一定价方法。此外，小企业产销量不大、竞争能力不强，为了在大企业竞争的夹缝中求得生存也可以采用这一方法。

（2）以高于竞争者的价格定价。当一个企业生产经营的产品，在性能、质量、服务和声誉等方面明显优于竞争对手或受到专利保护时，便可以采用这一定价方法。

▶ 3. 投标定价法

投标定价法是采购机构刊登广告或发函，说明拟购品种、规格和数量等的具体要求，邀请供应商在规定期限内投标。采购方在规定的日期内开标，选择报价最低的、最有利的供应商成交并签订采购合同。某供应商如果想做这笔生意就要投标，即在规定的期限内填写标单，填明可供应商品的名称、品种、规格、价格、数量和交货日期等，密封好后送给招标人（采购方）。政府部门、企事业单位在大型商品或大批量商品采购等方面往往采用公开招标的方式进行。投标价格是供应商根据对竞争者报价的估计制定的，而不是按照供应商自己的成本费用或市场需求来制定的。供应商的目的在于赢得合同，所以在其他条件相同时其报价不应高于竞争对手（其他投标人）的报价。

企业参加投标竞争能否取得成功，很大程度上取决于报价水平的高低。一般情况下，企业不能为了赢得合同而将报价定得低于边际成本的水平，这样将导致其经营状况恶化；同时报价也不能远远高出边际成本的水平，这样虽然潜在利润增加了但减少了得到合同的机会。因此，企业在报价时既要考虑实现一定的目标利润，又要结合竞争状况分析中标概率，以便找出目标利润与中标概率之间的最佳结合点作为最佳报价。

第三节　定价的基本策略

价格是企业竞争的主要手段之一，企业除了根据不同的定价目标，选择不同的定价方法外，还要根据复杂的市场情况，采用灵活多变的方式确定产品的价格，修正或调整产品价格。

一、新产品定价策略

专利保护的新产品的定价可采用撇脂定价法和渗透定价法。

▶ 1. 撇脂定价

撇脂定价是指在产品生命周期的最初阶段即新产品上市之初，把价格定得很高，以攫取最大利润，尽快收回投资，犹如从牛奶中撇取奶油，故称为撇脂定价法。这种方法适合需求弹性较小的细分市场，其优点主要有以下几点：

（1）新产品上市，顾客对其无理性认识，利用较高价格可以提高身价，适应顾客求新心理，有助于开拓市场；

（2）主动性大，产品进入成熟期后，价格可分阶段逐步下降，有利于吸引新的购买者；

（3）价格高，限制需求量过于迅速增加，使其与生产能力相适应。

撇脂定价法的缺点是：价格高，不利于扩大市场，并很快招来竞争者，会迫使价格下降，好景不长。

▶ 2. 渗透定价

渗透定价是企业把新产品投放市场时，价格定得相对较低，以吸引大量顾客、提高市场占有率。当新产品没有显著特色、低价不会引起实际和潜在过度竞争，但需求弹性较大时宜采用渗透定价法。其主要优点包括：

（1）产品能迅速为市场所接受，打开销路，增加产量，使成本随生产发展而下降；

（2）低价薄利，使竞争者望而却步，减缓竞争，获得一定市场优势。

对于企业来说，采取撇脂定价还是渗透定价，需要综合考虑市场需求、竞争和供给，以及市场潜力、价格弹性、产品特性和企业发展战略等因素。

二、心理定价策略

心理定价是根据消费者的消费心理定价，有以下几种：

（1）尾数定价。尾数定价是利用消费者数字认知的某种心理，尽可能在价格数值上不进位、保留零头，使消费者产生一种"价廉"的错觉。如一些商品的价格，宁可定为 0.98 元或 0.99 元，而不定为 1 元，以促进销售。

（2）声望定价。指企业利用消费者仰慕名牌货、名店的声望所产生的心理，把价格定成整数或高价。因为消费者往往以价格判断质量，认为高价代表高质量。此种定价法有两个目的：一是提高产品的形象，以价格说明其名贵名优；二是满足购买者的地位欲望，适应购买者的消费心理。质量不易鉴别的商品的定价最适宜采用此法。但此类定价也不能太离谱，使消费者不能接受。

（3）习惯性定价。某种商品，由于同类产品多，在市场上形成了一种习惯价格，个别生产者难以改变。降价易引起消费者对品质的怀疑，涨价则可能受到消费者的抵制。

（4）招徕定价。指零售商利用部分顾客求廉的心理，特意将某几种商品的价格定得较低，以吸引顾客。某些商店随机推出降价商品，每天或每时都有一至二种商品降价出售，吸引顾客经常来采购廉价商品，同时也选购了其他正常价格的商品。

三、折扣定价策略

大多数企业通常都酌情降低其基本价格，以鼓励顾客及早付清货款、大量购买或增加淡季购买。这种价格调整叫做价格折扣。价格折扣的主要类型如下：

（1）现金折扣。是对及时付清账款的购买者的一种价格折扣。例如"2/10 净 30"，表示付款期是 30 天，如果在成交后 10 天内付款，给予 2% 的现金折扣。许多行业习惯采用此法以加速资金周转，减少收账费用和坏账。

（2）数量折扣。是企业给那些大量购买某种产品的顾客的一种减价，以鼓励顾客多买。大量购买能使企业降低生产、销售等环节的成本费用。例如，顾客购买某种商品 100 单位以下，每单位 10 元；购买 100 单位以上，每单位 9 元。

（3）功能折扣，也叫贸易折扣。是制造商给予中间商的一种额外折扣，使中间商可以获得低于目录价格的价格，促使他们执行某种营销功能（如推销、储存、服务）。

（4）季节折扣。是企业鼓励顾客淡季购买的一种价格减让，使企业的生产和销售一年四季能保持相对稳定。

（5）价格折让。包括以旧换新折让和促销折让等。例如，一台摩托车标价 4 000 元，顾客以旧摩托车折价 500 元，购买时只需要支付 3 500 元，叫以旧换新折让。又如，经销商同意参加制造商的促销活动，制造商卖给经销商的物品可以打折，叫作促销折让。

影响折扣定价策略的主要因素有：竞争对手及竞争实力，同行业竞争对手的实力强弱影响折扣的成效;折扣的成本均衡性;市场总体价格水平下降。例如,消费者用折扣超需购买后,又将超需部分以低于折扣价卖给第三者,会扰乱市场,导致总体价格下降,损害企业利益。实行折扣策略还应考虑企业流动资金的成本、金融市场汇率的变化、消费者对折扣的疑虑等。

四、歧视(差别)定价策略

企业往往根据不同顾客、不同时间和场所来调整产品价格,实行差别定价,即对同一产品或劳务定出两种或多种价格,但这种差别不反映成本的变化。主要有以下几种形式:

(1)顾客差别定价。即企业按不同的价格把同一种产品或服务卖给不同的顾客。这种方法的理论依据是不同顾客的需求强度和商品知识有所不同。

(2)产品形式差别定价。即企业对不同的花色品种、式样或型号定不同的价格,但是,不同型号或式样产品的价格之间的差额和成本费用之间的差额并不成比例。

(3)产品部位差别定价,即企业对处于不同位置的产品或服务分别制定不同的价格,即使这些产品或服务的成本费用没有任何差异。例如,球赛的观众席,虽然不同座位的成本费用都一样,但是不同座位的票价有所不同,这是因为球迷们对不同座位的偏好有所不同。

(4)销售时间差别定价。即企业对于不同季节、不同时期甚至不同钟点的产品或服务分别制定不同的价格。例如,各旅游景点根据淡旺季制定不同的门票价格,以及书的出版商往往先出版数量有限的价格昂贵的精装版图书,然后在大约一年再出版大量的价格便宜的平装版图书。

五、产品组合定价策略

当产品只是产品组合的一部分时,必须对定价方法进行调整。由于各种产品之间存在成本和需求的联系,而且会带来不同程度的竞争,所以定价十分困难。企业要研究出一系列价格,使整个产品组合的利润最大化。

▶ 1. 产品大类定价

企业生产的系列产品存在需求和成本的内在关联性时,为了充分发挥这种内在关联性的积极效应,需要采用产品大类定价策略。在定价时,首先,确定某种产品的最低价格,它在产品大类中充当领袖价格,以吸引消费者购买产品大类中的其他产品;其次,确定产品大类中某种产品的最高价格,它在产品大类中充当品牌质量和收回投资的角色;最后,产品大类中其他产品也分别依据其在产品大类中的角色不同而制定不同的价格。在许多行业,企业都为产品大类中某一种产品事先确定价格。营销管理的任务就是确立认知质量差别,使价格差别合理化。

▶ 2. 选择品定价

许多企业提供产品的同时,会附带一些可供选择的产品或服务,如汽车用户可订购电子开窗控制器、除雾器和减光器等。但对于选择品的定价,企业必须在确定价格中明确包括哪些,又有哪些可作为选择对象。例如饭店定价,顾客除了饭菜也会购买酒水。许多饭店酒水价格高,食品价格相对低。食品收入可弥补食品成本和饭店其他成本,酒水收入可带来利润。也有饭店酒水价格定得较低,食品定高价,以吸引饮酒的消费者。

▶ 3. 补充产品定价

有些产品需要附属品或补充品配合才能使用,如剃须刀与刀片、打印机与墨盒或色带。许多制造商喜欢为主产品(如打印机)制定较低价格,为附属品(如墨盒、色带)定较高价格。但是，补充品定价过高，也会出现问题。

▶ 4. 分部定价策略

服务性企业经常收取一笔固定费用，再加上可变的使用费。例如，电话用户每月要支付一笔最少的使用费，如果超过使用次数还要再交费。经典的例子是游乐场，进入时要付门票费，并且还要为消费的每个项目付一定金额。因此，游乐场的所有者在提供这种娱乐服务时，就要考虑门票费和每个项目的要价，权衡它们各自对总收益的影响，并确定使总收益最大化的门票费和每个项目的要价。

服务性公司面临着和补充品定价同样的问题，即收多少基本服务费和可变使用费。由于这种定价策略要考虑一系列的定价，而且彼此相互影响，并最终影响整体利润的最大化。固定费用较低，可以推动人们购买服务，利润从使用费中获取。

▶ 5. 副产品定价

在生产加工肉类、石油产品和其他化工产品的过程中，经常产生副产品。如果副产品价值低、处置费用昂贵，就会影响主产品定价，其价格必须能弥补副产品处置费用。如果副产品能够发挥用处，可按其价值定价。副产品如果能带来收入，则有助于企业在应对竞争时制定较低的价格。

▶ 6. 产品系列定价

产品系列定价也称价格捆绑，即企业经常打包出售一组产品或服务，如化妆品、计算机、假期旅游公司提供的系列活动方案，目标是刺激产品线的需求，充分利用整体运营的成本经济性，同时努力提高利润净贡献。价格捆绑一般有以下几种形式：

（1）纯粹的捆绑。指只能一次买下所有的东西，不能分开购买。如微软将视窗操作系统和 IE 捆绑。此做法有可能引起法律问题，如捆绑是否导致垄断。

（2）混合捆绑。顾客可以选择捆绑购买，也可以选择分开购买。通常，产品系统的捆绑价格低于单独购买其中每一产品的费用总和。顾客可能本不打算购买所有产品，但这一组合的价格降幅较大，也有可能购买。混合捆绑包括：①消费者全价购买一种产品，则对其购买另一产品时给予折扣；②只对一系列产品或服务的组合给出一个价格。

当然，在有些顾客可能不需要整个系列产品的情况下，企业节约的成本如果大于顾客不愿支付的商品的价格损失，利润就会上升。如一家医疗设备公司免费提供送货和培训服务，而某一顾客可能要求免去送货和培训服务，以获得较低价格。这时，如果企业节约成本（不提供送货上门与培训）100 元，向顾客提供的价格减少额为 80 元，则利润可增加 20 元。

六、地区定价策略

一般来说，一个企业的产品，不仅卖给当地顾客，而且同时卖给外地顾客，而卖给外地顾客，把产品从产地运到顾客所在地，需要花一些装运费。所谓地区性定价策略，就是企业要决定：对于卖给不同地区（包括当地和外地）顾客的某种产品，是分别制定不同的价格，还是制定相同的价格。也就是说，企业要决定是否制定地区差价。地区性定价的形式有以下几种：

▶ 1. FOB 原产地定价

FOB 原产地定价，就是顾客（买方）按照厂价购买某种产品，企业（卖方）只负责将这种产品运到产地某种运输工具（如卡车、火车、船舶、飞机等）上交货。交货后，从产地到目的地的一切风险和费用概由顾客承担。如果按产地某种运输工具上交货定价，那么每一个顾客都各自负担从产地到目的地的运费,这是很合理的。但是,这样定价对企业也有不利之处,运输路途远的顾客就可能不愿购买这个企业的产品,而购买其附近企业的产品。

2. 统一交货定价

这种形式和前者正好相反。所谓统一交货定价,就是企业对于卖给不同地区顾客的某种产品,都按照相同的厂价加相同的运费(按平均运费计算)定价,也就是说,对全国不同地区的顾客,不论远近,都实行一个价。因此,这种定价又叫邮资定价(目前我国邮资也采取统一交货定价,如平信邮资都是一样的,而不论收发信人距离远近)。例如,20世纪初,日本人盛行穿布袜子,石桥便专门生产经销布袜子。当时由于大小、布料和颜色不同,袜子的品种多达100多种,价格也是一式一价,买卖很不方便。有一次,石桥乘电车时,发现无论远近,车费一律都是0.05日元。由此他产生灵感,如果布袜子都以同样的价格出售,必定能打开销路。然而,当他试行这种方法时,同行全都嘲笑他。认为如果价格一样,大家便会买大号袜子,小号的则会滞销,那么石桥必赔本无疑。但石桥胸有成竹,力排众议,仍然坚持统一定价。由于统一定价方便了买卖双方,深受顾客欢迎,布袜子的销量达到空前的数额。

3. 分区定价

所谓分区定价,就是企业把全国(或某些地区)分为若干价格区,对于卖给不同价格区顾客的某种产品,分别制定不同的地区价格。距离企业远的价格区,价格定得较高;距离企业近的价格区,价格定得较低。在每个价格区范围内实行一个价。企业采用分区定价也有问题:①在同一价格区内,有些顾客距离企业较近,有些顾客距离企业较远,前者就不合算;②处在两个相邻价格区界两边的顾客,他们相距不远,但是要按高低不同的价格购买同一种产品。

4. 基点定价

即企业选定某些城市作为重点,然后按一定的厂价加上从基点城市到顾客所在地的运费来定价(不管产品实际上是哪个城市起运的)。有些公司为了提高灵活性,选定许多个基点城市,按照顾客最近的基点计算运费。

5. 运费免收定价

有些企业因为急于和某些地区做生意,负担全部或部分实际运费。这些卖主认为,如果生意扩大,其平均成本就会降低,因此足以抵偿这些费用开支。采取运费免收定价,可以使企业加深市场渗透,并且能在竞争日益激烈的市场上站得住脚。

七、价格调整策略

企业在产品价格确定后,由于客观环境和市场情况的变化,有时需要主动降价或提价,有时又要对竞争者的调价做出适当反应,价格的调整不可避免。

(一) 主动调整价格

1. 企业降价

企业在以下情况下须考虑降价:

(1)企业生产能力过剩、产量过多,库存积压严重,市场供过于求,企业以降价来刺激市场需求。

(2)面对竞争者的"削价战",企业不降价将会失去顾客或减少市场份额。

(3)科技进步,劳动生产率不断提高,生产成本下降,企业通过降价可提高市场占有率,进而扩大生产和销售量,能进一步降低成本费用。

2. 企业提价

提价一般会遭到消费者和经销商反对，但在以下情况下不得不提高价格：

(1) 通货膨胀。物价普遍上涨，企业成本费用必然增加，为保证利润，不得不提价。

(2) 产品供不应求。一方面买方之间展开激烈竞争，争夺货源，为企业创造有利条件；另一方面也可以抑制需求过快增长，保持供求平衡。

(二) 顾客对调价的反应

1. 顾客对降价的反应

顾客对降价可能有以下看法：

(1) 产品样式老了，将被新产品代替；

(2) 产品有缺点，销售不畅；

(3) 企业财务困难，难以继续经营；

(4) 价格还要进一步下跌；

(5) 产品质量下降了。

2. 顾客对提价的反应

顾客对提价的可能反应主要有以下几种：

(1) 产品很畅销，不赶快买就买不到了；

(2) 产品很有价值；

(3) 卖主想赚取更多利润。

购买者对价值高低不同的产品价格的反应也有所不同。对于价值高、经常购买的产品的价格变动较为敏感；而对于价值低、不经常购买的产品，即使单位价格高，购买者也不大在意。此外，购买者通常更关心取得、使用和维修产品的总费用。如果卖主能使顾客相信，某种产品取得、使用和维修的总费用较低，那么卖方可以把产品的价格定得比竞争者高，取得较多利润。

(三) 竞争者对调价的反应

1. 了解竞争者反应的主要途径

企业往往通过内部资料和统计分析来估计竞争者可能的反应。取得内部情报的方法近乎刺探，如从竞争者那里挖来经理，以获得竞争者决策程序及反应模式等情报；或雇用竞争者以前的员工，专门建立一个部门，模仿竞争者的立场、观点和思考问题方法等。

企业可能从以下两方面来估计、预测竞争者对本企业价格变动的可能反应：

(1) 假设对手采取老一套的办法对付本企业的价格变动，则竞争者的反应是能够预测的。

(2) 假设对手把本企业每一次价格变动都看作挑战，并根据当时的利益做出反应。在这种情况下，就必须断定当时对手的利益是什么。企业必须调查研究对手的财务状况、近来的销售和产能情况、顾客忠诚情况及企业目标等。总之，在实施价格变动时，必须善于利用企业内部和外部信息，观察竞争者的思路。

如果企业面对若干个竞争者，而不是一个大的竞争者，还要估计每个竞争者可能的反应。如果所有竞争者反应大体相同，可集中力量分析典型的竞争者。如果各个竞争者的规模、市场占有率等重要因素不同，则需具体分析。

2. 竞争者反应的主要类型

(1) 相向式反应。你提价，他涨价；你降价，他也降价。这样一致的行为，对企业影响不太大，不会导致严重后果。企业坚持合理营销策略，不会失掉市场和减少市场份额。

（2）逆向式反应。你提价，他降价或维持原价不变；你降价，他提价或维持原价不变。这种相互冲突的行为，影响很严重，竞争者的目的也十分清楚，就是乘机争夺市场。对此，企业要进行调查分析，首先摸清竞争者的具体目的，其次要估计竞争者的实力，最后要了解市场的竞争格局。

（3）交叉式反应。众多竞争者对企业调价反应不一，有相向的，有逆向的，有不变的，情况错综复杂。企业在不得不进行价格调整时应注意提高产品质量，加强广告宣传，保持分销渠道畅通等。

（四）企业对竞争者调价的反应

在现代市场经济条件下，企业经常会面临竞争者变价的挑战，如何对竞争者的变价做出及时和正确的反应，是企业定价策略的一项重要内容。

▶ 1. 不同市场环境下的企业反应

在同质产品市场，如果竞争者降价，企业必随之降价，否则企业会失去顾客。某一企业提价，且提价对整个行业有利，其他企业随之提价；但如有企业不提价，最先提价的企业和其他企业将不得不取消提价。

在异质产品市场，购买者不仅考虑产品价格高低，而且考虑质量、服务、可靠性等因素，因此购买者对较小价格差额无反应或不敏感，则企业对竞争者价格调整的反应有较多自由。

企业在做出反应时，先必须分析：竞争者调价的目的是什么？调价是暂时的，还是长期的？能否持久？企业面临竞争者应权衡得失：是否应做出反应？如何反应？其他企业是否也会做出反应？另外，企业还必须分析价格的需求弹性、产品成本和销售量之间的关系等复杂问题。

企业要做出迅速反应，最好事先制定反应程序，到时按程序处理，提高反应的灵活性和有效性，如图 10-2 所示。

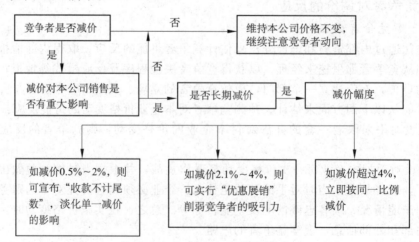

图 10-2 对付竞争者降价的程序

▶ 2. 市场主导的反应

在市场上，居于主导地位的企业经常遇到一些较小企业的进攻。这些企业凭着与主导者相媲美的产品，往往通过进攻性的降价争夺主导者的市场阵地。在这种情况下，市场主导者有以下策略可供选择。

（1）维持价格不变。如果降价，会减少利润和收入；维持价格不变，尽管对市场占有率有一定影响，但还能恢复市场阵地。当然，维持价格不变要与改进产品质量、提高服务水平、加强促销沟通等结合，运用非价格手段反击竞争者。实践证明，这种策略比简单地降低价格合算。

（2）降价。当市场主导者有如下原因时，可采取降价：降价可使销售量和产量增加，从而使成本费用下降；市场对价格敏感，不降价会使市场占有率下降太多；市场占有率下降以后很难恢复。但是，降价以后企业仍应尽力保持质量和服务水平。

（3）提价。提价的同时致力于提高产品质量，或推出新品牌，以与竞争对手争夺市场。

▶ 3. 企业应变需要考虑的因素

（1）产品在其生命周期中所处的阶段以及在企业产品投资组合中的重要程度。
（2）竞争者的意图和资源。
（3）市场对价格和价值的敏感性。
（4）成本费用随销售量和产量的变化而变化的情况。

面对竞争者的变价，企业不可能花很多时间分析应对措施。事实上，竞争者很可能花大量时间准备变价，本企业必须在几天甚至数小时内明确、果断地做出反应。缩短价格反应决策时间的唯一途径，就是预料竞争者可能的价格变动，并事先准备适当对策。

本章小结

价格是决定公司市场份额和盈利率的最重要因素之一。在营销组合中，价格是唯一能产生收入的因素，是影响购买者作出选择的决定性因素。影响定价的因素是多方面的，包括定价目标、产品成本结构、竞争者的价格策略以及产品的市场需求等。

企业的定价方法可以划分为三大基本类型，即成本导向定价法、需求导向定价法和竞争导向定价法。成本导向定价法，就是企业以成本费用为依据的定价方法。它包括成本加成定价法、目标定价法和增量分析定价法。其特点是简便、易用。需求导向定价法，就是企业以市场需求的强度及消费者感受为主要依据的定价方法。它包括感知价值定价法、反向定价法和需求差异定价法（又叫差别定价）。竞争导向定价法，是在由市场和企业成本所决定的价格范围内，考虑竞争者的成本、价格和可能的价格反应来制定价格。它通常有两种方法，即随行就市定价法和投标定价法。

价格是企业竞争的主要手段之一，企业除了根据不同的定价目标，选择不同的定价方法外，还要根据复杂的市场情况，采用灵活多变的方式确定产品的价格。企业常采用的定价策略有新产品定价策略、心理定价策略、折扣定价策略、歧视（差别）定价策略、产品组合定价策略、地区定价策略等。

思考题

1. 影响产品定价的因素有哪些？
2. 请举例说明产品定价的方法。
3. 试述新产品定价策略。
4. 简述歧视定价策略的含义和形式。

实训实习

一、实训目标

通过产品调查，整体认识产品定价的相关知识。

二、实训任务

通过市场调查，编写某企业的产品定价策略分析报告。

三、实训步骤

1. 学生以 3~5 人为一组，选定某一公司系列产品为调查对象。
2. 对该公司产品的定价目标和方法进行调查，并分析其采用的定价策略。

案例分析：
案例一
别克凯越Excelle
轿车的价格策略

案例分析：
案例二
牛奶定价

案例分析：
案例三
一斑窥豹：iPhone
双十一的表现
能让库克反思
些啥？

第十一章 Chapter 11 分销渠道策略

>>> **学习目标**

1. 了解分销渠道的概念及其类型；
2. 掌握分销渠道的设计与管理；
3. 了解分销渠道的发展趋势。

>>> **导入案例**

在日本，打火机一般在百货商店或附带卖香烟的杂货店里卖。但是日本凡万公司在推出瓦斯打火机时，就把它交由钟表店销售。如今，日本钟表店到处都是卖打火机的，钟表店一向被认为是卖贵重物品的高级场所，在这里卖打火机，人们一定会视它为高级品。在暗淡的杂货店、香烟店里上面蒙着一层灰尘的打火机和钟表店里闪闪发光的打火机，这两者给人的印象是天壤之别。凡万公司反传统的打火机销售取得了惊人的效果，他们的打火机出尽风头，十分畅销。

资料来源：胡宏峻. 营销战例评说[J]. 销售与市场，1994，08.

思考：

分析凡万公司打火机销售成功的原因及其营销启示。

分销渠道是市场营销组合的另一重要因素。企业的产品或服务必须经由或长或短的销售渠道才能到达消费者手中，营销过程才得以完成。企业对其"适当通道"，即分销渠道的选择，不仅会直接影响其他营销组合因素，而且也会使企业与其他渠道成员形成承诺和业务关系，需要妥善处理一系列错综复杂的各种问题。本章重点讨论分销渠道及其类型结构、渠道的设计和管理，进而探讨分销渠道的发展趋势。

第一节 分销渠道及其类型

一、分销渠道的概念

在市场营销理论中，有两个与渠道有关的术语即市场营销渠道和分销渠道。所谓市场营销渠道，是由供应商、生产商、批发商和零售商所组成的一种统一的联合体。也就是说，市场营销渠道包括参与某种产品供、产、销过程的所有有关企业和个人，如供应商、生产者、商人中间商、代理中间商、辅助商（如支持分销活动的仓储、运输、金融、广告代理等机构）以及最终消费者或用户等。

所谓分销渠道，通常指促使某种产品或服务能顺利地经由市场交换的过程，转移给消费者或用户消费使用的一整套相互依存的组织。美国著名市场营销学家菲利普·科特勒认为，分销渠道是"某种产品或服务从生产者转移到消费者的过程中，取得这种产品或服务的所有权或协助所有权转移的所有组织与个人"。分销渠道主要包括商业中间商（因为他们取得所有权）和代理中间商（因为他们帮助所有权转移），以及处于分销渠道起点和终点的生产者和消费者，但不包括供应商和辅助商。因为分销渠道的实体是购销环节，组成购销环节的是一系列购销组织与个人。

分销渠道具有下列特征：

（1）分销渠道反映某一特定产品价值实现的全过程所经过的通道。其一端连接生产，另一端连接消费，是该产品从生产者到消费者（用户）的完整的流通过程。

（2）分销渠道是一些相关经营组织或个人的组合，这些组织或个人共同为解决产品实现问题而发挥营销功能，因共同的经济和社会利益结成共生伙伴关系。这些成员通常包括生产者、批发商、代理商、零售商和消费者。其中，各类中间商是渠道成员中的积极活跃分子。同时渠道成员也有各自独立的经济利益，他们之间有时也会发生矛盾和冲突，需要管理和协调。

（3）在分销渠道中，产品的运动以其所有权转移为前提。在特定条件下，生产者可将产品直接销售给消费者（用户），一次转移其所有权。这时，分销渠道最短。但在更多场合，生产者须经过一系列中间商转卖或代理转卖产品，在较长的分销渠道中多次转移产品所有权。渠道的长短决定于比较利益。

（4）在分销渠道中，除商品所有权转移方式外，还隐含其他使生产者与消费者相联结的流通形式，如物流、信息流、货币流和促销流等。它们相辅相成，但在时间和空间上并不完全一致。因此，渠道的分销效益，不仅决定于渠道成员本身，而且也决定于其相关的支持系统，如商业服务单位（运输公司、仓库、银行、保险公司等）、销售服务单位（广告公司、销售调研公司、咨询公司等）。

二、分销渠道的类型

按流通环节的多少，可以将分销渠道划分为直接渠道和间接渠道、短渠道和长渠道；按各环节中间商数目的多少，又可将分销渠道划分为宽渠道和窄渠道两大类型。

（一）直接渠道和间接渠道

▶ 1. 直接渠道

直接渠道又称零阶渠道，指没有中间商参与，产品由制造商直接销售给消费者的渠道类型。直接渠道是工业品分销渠道的主要类型。大型设备、专用工具以及技术复杂，需要提供专门服务的产品，几乎都要采用直接渠道分销。在消费品市场，直接渠道也有扩大的趋势。鲜活商品和部分手工业制品有着长期传统的直销习惯；新技术在流通领域中的广泛应用，使邮购、电话电视销售和计算机联网销售方式逐步展开，促进了消费品直销方式的发展。

▶ 2. 间接渠道

间接渠道指有一级或多级中间商参与，产品经由一个或多个商业环节销售给消费者的渠道类型。间接渠道是消费品分销的主要类型，许多工业品也采用间接渠道分销。其原因主要是通过中间商分销能获得更多利益。大多数生产者缺乏直接市场营销的财力和经验，而采用间接渠道，能够发挥中间商在广泛提供产品和进入目标市场方面的最高效益。但是渠道越长，企业对渠道的控制力就会越弱。

（二）长渠道与短渠道

分销渠道的长短通常按经过的流通环节或层次的多少划分。显然，其长短只是相对而言。因此，有的学者主张只划分"长度不同的渠道"。如将消费品分销渠道划分为零阶渠道（制造商→消费者）、一阶渠道（制造商→零售商→消费者）、二阶渠道（制造商→代理商或批发商→零售商→消费者）和三阶渠道（制造商→代理商→批发商→零售商→消费者）。其中，零阶渠道最短，三阶渠道最长，如图 11-1 所示。

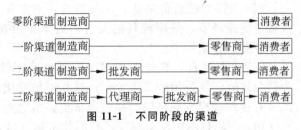

图 11-1　不同阶段的渠道

（三）宽渠道与窄渠道

渠道宽度取决于渠道的每个层次（环节）中使用同种类型中间商数目的多少。制造商选择较多的同类型中间商（如批发商或零售商）经销产品，则这种产品的分销渠道称之宽渠道；反之，则为窄渠道。

分销渠道宽度同制造商的分销战略是相关联的。制造商的分销战略通常有下列三种：

▶ 1. 密集式分销

密集式分销指尽可能通过许多批发商、零售商销售其产品。这一策略的重心是扩大市场覆盖面或快速进入一个新市场，使众多消费者和用户随时随地买到这些产品。消费品中的便利品（如香烟、牙膏、糖果等）和工业生产用品中的物料（如办公用品），通常采用密集式分销。

▶ 2. 选择性分销

选择性分销指制造商在某一地区，仅仅通过少数精心挑选的最合适的中间商来推销产品。这一策略的重心是维护本企业产品的良好信誉，建立稳固的市场竞争地位。选择性分销适于所有产品。但相对而言，消费品中的选购品和特殊品、工业品中的零配件，更适宜采用选择性分销策略。

▶ 3. 独家分销

独家分销指制造商在某一地区市场仅选择一家批发商或零售商经销其产品。通常要由双方协商签订独家经销合同，规定在该地区市场内经销商不得经营竞争者的产品，制造商则只对选定的经销商供货。这一策略的重心是控制市场，彼此希望得到对方更积极的营销努力和配合。独家分销在许多情况下是由于产品和市场的特异性（如专门技术、品牌优势、专门用户等）而采用的，通常可以强化产品形象并获得较高毛利。

第二节　分销渠道的设计和管理

一、影响分销渠道设计的因素

分销渠道是渠道成员相互选择的结果。每一渠道成员在选择中，都会受到一系列主客观因素的制约。这些因素主要有下列四类。

▶ 1. 产品因素

（1）产品的物理化学性质。对一些易腐易损商品、危险品，应尽量避免多次转手、反复搬运，选用较短渠道或专用渠道。一些体积大的笨重商品，如煤炭、木材、水泥等，亦应努力减少中间环节，尽可能采用直接渠道。

（2）产品单位价值高低。一般而言，对于价格昂贵的工业品、耐用消费品、享受品，应减少流通环节，采用较短的渠道；对于单价较低的日用品和一般选择品，则可选择较长、较宽的分销渠道。

（3）产品式样。式样花色多变、时尚程度较高的产品，如高档玩具、时装、家具等，为避免过时，宜采用短渠道分销；款式不易变化的产品，分销渠道则可长些。一些非标准品及有特殊式样、规格的产品，通常也要由企业销售部门直接向用户销售。

（4）产品技术的复杂程度。产品技术越复杂，用户对其安装、使用和维修服务的要求越高，采用直接销售或短渠道的要求就越迫切。

▶ 2. 市场因素

（1）目标市场范围的大小。市场范围越大，分销渠道一般相应越长；相反，则可短一些。

（2）顾客的集中程度。如果顾客集中在某一地区甚至某一地点（如工厂用户），可采用短渠道或直接渠道；如果顾客均匀分散在广大地区，则需要更多地发挥中间商的作用，采用长而宽的渠道。

（3）消费者购买习惯。消费者对产品购买方便程度的要求，每次购买数量、购买地点及购买方式的选择，会影响企业选择不同的分销渠道。

（4）销售的季节性。对一些销售季节性较强的产品，一般应充分发挥中间商的作用，以便均衡生产，不失销售时机，所以往往采用较长的分销渠道。

（5）竞争状况。通常同类产品与竞争者采取相同或相似的分销渠道，在竞争特别激烈时，则应伺机寻求有独到之处的销售渠道。

▶ 3. 企业自身因素

（1）企业的财力、信誉。财力雄厚、信誉良好的企业，有能力选择较固定的中间商经销产品，甚至建立自己的销售网点，采取较易控制的短渠道；反之，就要更多地依赖中间商。

（2）企业的管理能力。有较强市场营销管理能力和经验的企业，可以自行销售产品，采用短渠道或直接渠道；反之，就往往采用较长的渠道，利用中间商的优势。

（3）产品组合。企业的产品组合也会影响其渠道类型。企业产品组合的宽度越大，则与顾客直接交易的能力越大；产品组合的深度越大，则使用独家分销或选择性代理商就越有利；产品组合的关联性越强，则越应使用性质相同或相似的市场营销渠道。

（4）企业控制渠道的愿望。有些企业为了有效控制分销渠道，宁愿花费较高的直接销售费用，建立较短而窄的渠道；也有一些企业可能并不希望控制渠道，则可根据销售成本等因素采取较长而宽的分销渠道。

▶ 4. 经济形势及有关法规

（1）经济形势。整个社会的经济形势好，发展快，分销渠道的选择余地较大；而出现经济萧条、衰退时，市场需求下降，企业就必须尽量减少不必要的流通环节，使用较短的渠道。

（2）有关法规。国家政策、法律，如专卖制度、反垄断法规、进出口规定、税法等，也会影响分销渠道选择。如一些国家实施医药、烟酒专卖制度，对这些产品的分销渠道，就必须依法选择，其分销自由度大大下降。

二、分销渠道的设计

企业在设计分销渠道时，必须在理想的渠道和实际可能得到的渠道之间作出选择。这一决策过程一般要经由分析消费者需要、建立渠道目标、确定可供选择的主要渠道以及对其进行评估等几个阶段。

（一）分析顾客需要的服务产出水平

分销渠道设计的第一步，是了解在目标市场上，消费者购买什么商品、在什么地方购买、为何购买、何时购买和怎样购买。顾客的需求正是分销渠道设计的目标，市场营销者必须弄清楚目标顾客需要的服务产出水平，即人们购买一个产品时所期望的服务类型和水平。

通常渠道可提供以下服务产出：

（1）批量适当。批量是指分销渠道在购买过程中，提供给顾客的单位数量。

（2）时间快速。此处时间是指顾客等待收货的平均时间。顾客一般喜欢快速交货渠道，而快速服务要求较高的服务水平。

（3）空间便利。空间便利是渠道为顾客购买提供的方便程度。

（4）产品齐全。一般来说，顾客喜欢较多的花式品种，这使顾客有更多的选择机会。

实际上，企业要有效地设计渠道，不仅要考虑消费者希望的服务内容与水平，而且还必须考虑渠道提供服务的能力与费用。如果消费者宁愿接受较少的服务而得到实惠的价格，选择超级市场或折扣商店等销售渠道往往更容易获得成功。

（二）确定渠道目标与限制

渠道目标即企业预期达到的顾客服务水平（如何、何时、何处对目标顾客提供产品和实现服务）及中间商应执行的职能等。每一个生产者都必须在顾客、产品、中间商、竞争者、企业政策和环境等限制条件下确定目标。企业可以根据消费者需求的不同服务和产出要求，细分出若干分市场，然后选择目标市场，并为之选择和使用最佳渠道。

（三）明确各种渠道备选方案

假定企业已经有了其明确的目标市场和理想的市场定位，下一步就是确认几个主要渠道的选择方案。渠道选择方案由三种因素构成，即中间商类型、中间商数目以及渠道成员的特定任务。

▶ 1. 选择中间商类型

企业首先要确定它可以利用的中间商类型。根据目标市场及现有中间商情况，可以参考同类产品经营者的现有经验，设计自己的分销渠道方案。

中间商大致可分为批发商和零售商。企业制订间接渠道的备选方案，通常首先考虑短渠道方案，即能否直接利用零售商销售产品，然后再考虑长渠道方案，即利用批发商、代理商逐级分销产品。此外，企业还应设法寻求更多创新的分销渠道方案。

▶ 2. 确定中间商数目

公司必须决定在每一渠道层次利用中间商的数目，由此形成所选择分销渠道的宽度类型，即密集式分销、选择性分销或独家经销。

密集式分销较多为日用消费品和通用性工业品厂家采用，批发商与零售商一般不愿分担广告费用，而要求厂家负担，但厂家可获最大限度的品牌展示和消费者的购买方便。

选择性分销通常为信誉良好的企业和希望以某些承诺来吸引经销商的新企业所采用。由于经销商数目较少，企业容易与经销商形成良好的合作关系，得到适当的市场覆盖范围，提高控制力，成本也较低。

独家经销多用于汽车、大型家电产品和某些有特色的品牌产品分销。通过授权独家经销，厂商希望销售活动更加积极并能有的放矢，而且能够在价格、促销、信用和各种服务方面对中间商的政策加强控制，因而有助于提高产品形象和获得较高利润。

▶ 3. 规定渠道成员的条件与责任

生产企业与中间商结成一定关系，共同完成营销任务，必须确定渠道成员的参与条件和应负责任。其中主要有以下几项：

（1）价格政策。即生产企业定出价格目录和折扣标准。生产者必须确信其折扣可使中间商感到是公平合理和充分的。

（2）销售条件。指付款条件和生产者保证，如对提前付款的经销商给予现金折扣、对产品的质量保证，甚至对产品市场价格下降时的品质承诺保证等。对价格不下降的保证可用来诱导经销商大量购买产品。

（3）经销商的区域权利。这是渠道关系的一个组成部分。生产企业应明确将在何处授特许权给其他经销商，承认本领域经销商实现的全部销售业绩。

（4）各方应执行的服务项目。通常通过制定相互服务与责任的条款来具体规定相互提供的服务项目和各自应承担的责任。

（四）评估主要渠道备选方案

在这一阶段，需要对几种初拟方案进行评估并选出能满足企业长期目标的最佳方案。评估方案可以按经济性、可控性和适应性等标准进行。

▶ 1. 经济性标准

主要是比较每一方案可能达到的销售额水平及其费用水平。如许多企业经常会遇到评估采用本公司销售人员或通过代理商销售两种方案的问题，两种方案可能导致不同的销售收入和成本。判别一个方案好坏的标准，不应只是考虑其能否导致高销售额和较低成本费用，而是能否取得最大利润。

▶ 2. 控制性标准

使用代理商无疑会增加控制问题。代理商是一个独立的企业，所关心的是自己如何取得最大利润。利用独立的中间商或代理商，可控程度较低。渠道越长，控制问题就越突出。对此需要进行多方面的利弊比较和综合分析。

▶ 3. 适应性标准

评估各渠道备选方案时，还要考虑自身是否具有适应环境变化的能力。每个渠道中，渠道成员都必须承诺在规定期限内承担一定的义务。但如果市场环境发生变化，这些承诺将降低制造商的适应能力。在迅速变化、不确定性大的市场上，制造商应增强对渠道的控制力，以适应变化多端的环境。

三、分销渠道的管理

在选定分销渠道方案后，企业还需要做渠道管理工作，这一工作包括对各个中间商的选择、激励、评估，以及必要时进行渠道调整。

（一）选择渠道成员

选择合格的中间商，必须明确较好的中间商应具备的条件和特点。企业可以综合考察评估它们的开业年限、经营产品范围、盈利与发展状况、财务支付能力和协作愿望与能力和信誉等级等。如果是销售代理商，要重点考虑其经营的其他产品种类、性质以及销售人员的规模和素质；如果是要求独家经销的百货公司，则需侧重评估该店的位置、未来发展的潜力和顾客类型。

实际上，选择过程通常是一个"双向选择"的过程，中间商和制造商在彼此选择，一些强大或有影响力的零售商如沃尔玛、家乐福等，在这一"双向选择"中具有较强的主动性。其实，企业选择合适中间商的能力有很大不同，有些企业毫无困难，而另一些企业则需费尽九牛二虎之力，才能找到合意的中间商，其差别主要是掌握标准的程度及其自身吸引力。

（二）激励渠道成员

各渠道成员的结合，是他们根据各自利益和条件互相选择，并以合约形式规定各自应有权利和义务的结果。但是，由于中间商是独立的实体，认为自己是顾客的采购代表，也会更重视自己的利益，其次才考虑供应商的愿望。因此，生产者应对其进行持续不断的激励、指导、培训。

激励中间商的基本点是了解中间商的需要与愿望，并据此采取有效的激励手段，使之尽职尽责。激励方法大致有三种：合作、合伙与经销规划。

▶ 1. 合作

大部分生产者认为，解决问题的办法是设法得到中间商的合作。他们常常运用感召力、专长力、法定力、奖赏力和强制力，采用软硬兼施的方法来赢得合作：一方面使用积极的激励手段，如较高的利润、交易中的特殊照顾、奖金等额外酬劳、合作广告资助、展览津贴、销售竞赛等；另一方面也偶尔使用消极的制裁，如威胁要减少利润、推迟交货，甚至终止关系等。这种方法的缺点是并没有真正了解中间商，简单地套用了"刺激—反应"模式混杂使用各种激励因素。生产者在使用时必须谨慎，否则会产生较大的负面影响。

▶ 2. 合伙

生产者着眼于与经销商或代理商建立长期的伙伴关系。首先，生产者要仔细研究并明确在销售区域、产品供应、市场开发、财务要求、技术指导、售后服务和市场信息等方面，生产者和经销商彼此之间的相互要求。然后根据实际可能，双方共同商定有关政策，并按照他们信守这些政策的程度给予奖励。

▶ 3. 经销规划

这是更先进的方法，即建立一个有计划的、实行专业化管理的垂直市场营销系统，把生产者与经销商双方的需要结合起来。生产者在市场营销部门设立一个分部，如"经销商关系规划部"，以了解经销商的需要，制订营销规划，帮助每一个经销商尽可能以最佳方式经营。通过该部门与经销商共同规划营销目标、存货水平、产品陈列、员工培训以及广告宣传等，引导经销商认识到他们是垂直营销系统的重要组成部分，积极做好相应的工作可以从中得到更高的利润。

（三）评估渠道成员

对中间商的工作绩效要定期评估，找出绩效过分低于既定标准的渠道成员，并考虑补救方法，以便更有针对性地对不同类型的中间商开展激励和推动工作，提高渠道分销效率。

▶ 1. 契约约束与销售配额

（1）在契约中明确中间商有关绩效标准与奖惩条件，如销售强度、绩效与覆盖率、平均存货水平、送货时间、次品与遗失品的处理方法、对企业促销与训练方案的合作程度，以及中间商必须提供的顾客服务等。

（2）定期发布销售配额，以确定目前的预期绩效。如生产者可对一定时期的销售额按大小进行排名，以激励中间商的竞争。当然，排名不仅要看中间商销售水平的绝对值，还要考虑他们各自面临的不同环境，以及产品大类在各中间商全部产品组合中的相对重要程度。

▶ 2. 测量中间商绩效

（1）将每一个中间商的销售绩效与上期绩效比较，并以整个群体的升降百分比作为标准。对于低于该群平均水平的中间商，加强评估与激励措施。还要对后进中间商的客观原因进行调查，看哪些因素可以弥补。一般来说，生产商不宜因这些客观因素而对经销商进行惩罚。

（2）将各中间商的绩效与该地区基于销售潜量分析所设立的配额相比较。即在销售期过后，根据中间商的实际销售额与潜在销售额的比率对各中间商进行排名，从而调整与激励措施可以集中用于那些未达既定比率的中间商。

（四）调整分销渠道

为了适应市场环境的变化，企业对分销渠道往往需要进行调整。促使企业调整分销渠道的主要因素，包括消费者购买方式的变化、市场扩大或缩小、产品市场生命周期的更替、新的竞争者兴起和创新的分销渠道策略出现等。

生产企业调整分销渠道，主要有以下三种方式：

▶ 1. 增减某一渠道成员

作这种调整，需要进行经济增量分析。比如，增加或减少某个中间商，将会对企业的利润带来何种影响以及程度如何。企业如果决定在某目标市场增加一家批发商或特许商，不仅要考虑这样做后，通过增加的渠道将带来多大的直接利益（如销售量的增加额），而且要考虑对其他经销商的需求、成本和情绪会产生什么影响（如销售量的增减）等问题。

▶ 2. 增减某一分销渠道

当企业在某一目标市场只通过增减个别中间商不能解决根本问题时，就要采取增减某一条分销渠道的做法。如化妆品公司发现其经销商只注意经营成人市场而忽视儿童市场，导致儿童市场护肤品销售不畅。为了促进儿童化妆品市场的开发，就可能需要增加一条新的分销渠道。作这样的决定，需要广泛地对可能带来的直接、间接反应及效益作系统分析。

▶ 3. 调整整个渠道

这是对企业以往的分销体系制度作通盘的调整。这类调整难度最大，因为它并非是在原有渠道的基础上修修补补，而是要改变企业的整个渠道决策。如汽车制造厂改变原来通过代理或批发商的渠道而采用直接销售方式。分销渠道的通盘调整，会带来企业营销组合策略的一系列变动，通常要由最高管理层决定。

上述调整方法，前一种属于结构性调整，立足于增加或减少原有渠道的某些中间层次；后两种属于功能调整，立足于将一条或多条渠道工作在渠道成员中重新分配。企业的分销渠道是否需要调整及调整到什么程度，取决于分销渠道是否处于平衡状态。如果矛盾突出，即渠道处于减少获利机会的不平衡状态，通过调整渠道能解决一定矛盾，增加获利机会，一般就应当进行调整。

第 三 节　分销渠道的发展

市场营销渠道并不是一成不变的，随着现代科学技术的迅猛发展，新的批发零售方式、新的渠道形式不断出现，从世界范围来看，分销渠道的发展出现了如下趋势：

一、垂直式渠道系统

这是由生产者、批发商和零售商组成的统一的系统。该渠道系统的成员或者属于同一家公司，或者将专卖特许权授予其他成员，或者有足够的能力与其他成员合作，因而能控制渠道成员行为，并消除由于独立的渠道成员追求各自目标所引起的冲突。各渠道成员通过规模经济、讨价还价的实力和减少重复服务获得效益。在美国，垂直渠道系统已成为消费品市场的主要分销渠道，其服务覆盖全美市场的 70%～80%。

垂直渠道系统有以下主要几种形式：

（1）公司式。即由一家公司拥有和统一管理若干工厂、批发机构和零售机构，控制分销渠道的若干层次，甚至整个分销渠道，综合经营生产、批发、零售业务。这种渠道系统又分为两类：一类是由大工业公司拥有和管理，采用工商一体化经营方式；另一类是由大零售公司拥有和管理，采取商工一体化方式。

（2）管理式。即通过渠道中一个规模和实力均较大的成员来协调整个产销通路的渠道系统。名牌产品的制造商较能取得批发商的合作与支持。例如欧莱雅、宝洁等公司可能博得其中间商在产品陈列、展示、促销和价格政策方面的异乎寻常的合作。

（3）合同式。即不同层次的独立的制造商和中间商，以合同为基础建立的联营形式。包括：①批发商组织的自愿连锁店；②零售商合作社，该零售商联合体既从事零售，也从事批发甚至生产业务；③特许专卖机构，该机构以特许专卖权将生产、分销过程的几个阶段衔接在一起。如制造商组织的零售商特许专卖系统、制造商组织的批发商特许专卖系统、服务公司组织的零售商特许专卖系统等。

二、水平式渠道系统

这是由两家或两家以上的企业横向联合，共同开拓新的营销机会的渠道系统。这些企业或因资金、生产技术、营销资源不足，无力单独开拓市场机会，或因不愿承担风险，或因看到和其他公司联合可实现最佳协同效益而组成共生联合的渠道系统。如日本共同网络股份有限公司(CN)，就由大中型旅游公司、票务公司、体育娱乐服务公司等27家企业出资组建。其成员借助CN的共同信息网享用信息资源，齐心协力开拓旅游市场。

三、多渠道营销系统

即对同一或不同的细分市场，采用多条渠道的分销体系。多渠道营销系统大致有两种形式。一种是制造商通过两条以上的竞争性分销渠道销售同一商标的产品。这种方式通常会导致不同渠道之间的激烈竞争，带来疏远原有渠道的危险。另一种是一些公司通过同一产品在销售过程中的服务内容与方式的差异，形成多条渠道以满足不同顾客的需求，扩大销售，降低分销成本。随着顾客细分市场和可能产生渠道的不断增加，越来越多的公司采用多渠道分销方式。如通用电气公司不但经由独立零售商（百货公司、折扣商店、邮购商店），而且还直接向建筑承包商销售大型家电产品。

四、通路直销

传统意义上的直销，是生产厂家直接将产品销售给消费者，但目前的通路直销，是生产厂家或经销商绕过一些中间环节，直接供货给零售终端，并非直接向最终消费者销售。直接控制零售终端，是厂家提高市场辐射力和控制力的关键。可以说，拥有终端网络就拥有消费者，从而最终拥有市场。企业一方面通过授权，严格界定销售区域和范围；另一方面通过销售队伍，加强对市场终端的服务与控制。这样既可避免市场价格混乱、窜货现象，又可控制终端网络，从而赢得市场。

五、网络分销

（一）网络分销的含义

网络分销是生产商通过因特网等网络手段和技术发布信息、销售产品和服务的一种渠道方式，使生产者到消费者的价值交换更便利、更充分、更有效率。网上交易的产生对企业现有的渠道结构形成了巨大的挑战，大大降低了中间商的重要性。因为网络分销直接把生产者和消费者连到了一起,将商品直接展示在顾客面前,回答顾客疑问,并接受顾客订单。这种直接互动与超越时空的电子购物,无疑是营销渠道的一大革命。

(二) 网络分销的益处

▶ 1. 对购买者的益处

(1) 可以每日24小时订货而无须去商店,并通过网络方便地支付款项。

(2) 可以得到关于产品和价格全面的比较信息。

▶ 2. 对卖者的益处

(1) 迅速更换产品、价格和说明。

(2) 尽快提供所需信息。

(3) 以低成本(无场地成本、低纸张成本)达成业务交易,据测算,网上的交易成本约等于传统分销成本的1/10。

(4) 通过互联网,可以即时连通国际市场,减少市场壁垒。

本章小结

分销渠道策略是企业高层管理所面临的最复杂和最富有挑战性的决策之一。每个渠道系统将创造一种不同的销售和成本水平。一旦选定了某个营销渠道,企业通常就必须在相当长一段时间内依从这条渠道,选定的渠道将极大地影响营销组合策略。

渠道设计要求确定渠道的各种目标和限制,辨认主要的可供选择的渠道,以及渠道的条件和责任。每一条不同的渠道必须按照经济性、控制性和适应性标准加以评估。

渠道管理要求选择合适的中间商,并且运用成本效益关系组合激励中间商。由于营销环境不断地变化,必须定期地改进渠道。

市场营销渠道不是一成不变的,随着科学技术的迅速发展,出现了垂直式渠道系统、水平式渠道系统、多渠道系统、通路直销、网络分销等新的分销形式,以适应市场营销的需要。

思考题

1. 试设想一种全然不同的途径来组织电脑和啤酒的分销渠道。
2. 如何进行分销渠道管理?
3. 请简述分析渠道的设计过程。

案例分析:
案例一
TCL集团深广兼容的分销渠道

案例分析:
案例二
莫纳汉蘑菇

案例分析:
案例三
格力的分销渠道

实训实习

一、实训目标

通过市场调查,分析、比较不同企业分销渠道管理的特点。

二、实训任务

撰写企业分销渠道管理的调查报告。

三、实训步骤

1. 通过收集资料与市场调查,对雅芳和安利产品的分销渠道进行比较和分析。
2. 以小组为单位写出调查报告。

第十二章 促销策略

> **学习目标**
> 1. 了解促销策略的不同类型；
> 2. 了解促销方式组合的依据及最佳的促销组合的确定方法；
> 3. 了解促销决策程序；
> 4. 掌握人员推销的策略与技巧；
> 5. 掌握广告策略、公关活动、营业推广的特点、方式。

> **导入案例**
> 肯德基和麦当劳发放优惠券的意义在哪里？为何不直接降价？有学者分析，优惠券作为价格歧视策略的一种，极好地区分了愿意付出时间成本来搜索优惠信息的"穷人"（工薪或学生阶层）和不在乎优惠信息直接到门店购买的"富人"两类消费者，让他们都支付了他们愿意支付的最高价格，从而达到了消费者剩余的最小化和利润的最大化。
>
> **思考：**
> 上述材料中肯德基和麦当劳运用了什么营销策略？它们具有什么特点和作用？

第一节 促销策略概述

成功的市场营销活动，不仅需要制定适当的价格、选择合适的分销渠道向市场提供令消费者满意的产品，而且需要采取适当的方式进行促销。正确制定并合理运用促销策略是企业在市场竞争中取得有利的产销条件、获取较大经济效益的必要保证。

一、促销的含义及作用

▶ **1. 促销的含义**

促销是促进产品销售的简称。从市场营销的角度看，促销是企业通过人员和非人员的方式，沟通企业与消费者之间的信息，提升品牌形象，引发、刺激消费者的购买欲望和兴趣，使其产生购买行为的活动。从这个概念不难看出，促销具有以下几层含义：

（1）促销工作的实质与核心是沟通信息。企业与消费者之间达成交易的基本条件是信息沟通。若企业未将自己生产或经营的产品和劳务等有关信息传递给消费者，那么，消费者对此一无所知，自然谈不上认购。只有将企业提供的产品或劳务等信息传递给消费者，才能使消费者引起注意，并有可能产生购买欲望。

（2）促销的目的是提升品牌形象，引发、刺激消费者产生购买行为。在消费者可支配收入既定的条件下，消费者是否产生购买行为主要取决于消费者的购买欲望，而消费者购买欲望又与外界的刺激、诱导密不可分。促销正是针对这一特点，通过各种传播方式把产品或劳务等有关信息传递给消费者，以激发其购买欲望，促使其产生购买行为。

（3）促销的方式有人员促销和非人员促销两类。人员促销，也称直接促销或人员推销，是企业运用推销人员向消费者推销商品或劳务的一种促销活动，它主要适合于消费者数量少、比较集中的情况。非人员促销，又称间接促销或非人员推销，是企业通过一定的媒体传递产品或劳务等有关信息，以促进消费者产生购买欲望、发生购买行为的一系列促销活动，包括广告、公关和营业推广等。它适合于消费者数量多、比较分散的情况。通常，企业在促销活动中将人员促销和非人员促销结合运用。

▶ 2. 促销的作用

促销在企业营销活动中是不可缺少的重要组成部分，是因为促销有如下作用：

（1）传递信息，强化认知。销售产品是市场营销活动的中心任务，信息传递是产品顺利销售的保证。信息传递有单向和双向之分。单向信息传递是指卖方发出信息，买方接收它，是间接促销的主要功能。双向信息传递是买卖双方互通信息，双方都是信息的发出者和接受者，直接促销有此功能。在促销过程中，一方面，卖方（企业或中间商）向买方（中间商或消费者）介绍有关企业现状、产品特点、价格及服务方式和内容等信息，以此来诱导消费者对产品或劳务产生需求欲望并采取购买行为；另一方面，买方向卖方反馈对产品价格、质量和服务内容、方式是否满意等有关信息，促使生产者、经营者取长补短，更好地满足消费者的需求。

（2）突出特点，诱导需求。在市场竞争激烈的情况下，同类商品很多，并且有些商品差别微小，消费者往往不易分辨。企业通过促销活动，宣传、说明本企业产品的特色，便于消费者了解本企业产品在哪些方面优于同类产品，使消费者认识到购买、消费本企业产品所带来的利益较大，促使消费者乐于认购本企业产品。生产者作为卖方向买方提供有关信息，特别是能够突出产品特点的信息，能激发消费者的需求欲望，变潜在需求为现实需求。

（3）指导消费，扩大销售。在促销活动中，营销者循循善诱地介绍产品知识，一定程度地对消费者起到了教育指导作用，从而有利于激发消费者的需求欲望，变潜在需求为现实需求，实现扩大销售之功效。

（4）形成偏爱，稳定销售。在激烈的市场竞争中，企业产品的市场地位常不稳定，致使有些企业的产品销售此起彼伏、波动较大。企业运用适当的促销方式开展促销活动，可使较多的消费者对本企业的产品滋生偏爱，进而巩固已占领的市场，达到稳定销售的目的。对于消费者偏爱的品牌，即使该类商品需求下降，也可以通过一定形式的促销活动，促使消费者对该品牌的需求得到一定程度的恢复和提高。

二、促销组合及其影响因素

由于各种促销方式都有其优点和缺点，在促销过程中，企业常常将多种促销方式同时并用。所谓促销组合，就是企业根据产品的特点和营销目标，综合各种影响因素，对各种促销方式的选择、编配和运用。促销组合是促销策略的前提，在促销组合的基础上，才能制定相应的促销策略。因此，促销策略也称促销组合策略。

促销策略从总的指导思想上可分为推式策略和拉式策略两种。推式策略，是企业运用人员销售的方式，把产品推向市场，即从生产企业推向中间商，再从中间商推向消费者，故也称人员推销策略。推式策略一般适用于单位价值较高的产品，性能复杂、需要做示范的产品，根据用户需求设计的产品、流通环节较少、流通渠道较短的产品，市场比较集中、集团性购买的产品等。拉式策略也称非人员推销策略，是指企业运用非人员推销方式把顾客拉过来，使其对本企业的产品产生需求，以扩大销售。对单位价值较低的日常产品、流通环节较多、流通渠道较长的产品，市场范围较广、单次购买量少、市场需求较大的产品，需采用拉式策略。

促销组合和促销策略的制定，主要应考虑以下几个因素：

▶ 1. 促销目标

促销目标是指企业从事促销活动所要达到的目的。在企业营销的不同阶段和适应市场营销活动的不断变化，要求有不同的促销目标。无目标的促销活动收不到理想的效果。因此，促销组合和促销策略的制定，要符合企业的促销目标，根据不同的促销目标，采用不同的促销组合和促销策略。

▶ 2. 产品因素

影响促销组合和促销策略的产品因素主要包括：

（1）产品的性质。不同性质的产品，购买者和购买目的就不相同，因此，对不同性质的产品必须采用不同的促销组合和促销策略。一般来说，在消费者市场，因市场范围广而更多地采用拉式策略，尤其以广告和营业推广形式促销居多；在生产者市场，因购买者购买批量较大，市场相对集中，则以人员推销为主要形式。

（2）产品的市场生命周期。促销目标在产品市场生命周期的不同阶段是不同的，这决定了在市场生命周期各阶段要选配不同的促销组合，采用不同的促销策略。以消费品为例，在投入期，促销目标主要是宣传介绍商品，以使顾客了解、认识商品，产生购买欲望。广告起到了向消费者、中间商宣传介绍商品的作用，因此，这一阶段以广告为主要促销方式。在成长期，由于产品已打开销路，销量上升，同时也出现了竞争者，这时仍需加强产品特色的广告宣传，以增进顾客对本企业产品的购买兴趣，同时辅之以公关和营业推广，扩大销售渠道。在成熟期，竞争者增多，促销活动以增进购买兴趣与偏爱为目标，各种促销工具的重要程度依次是营业推广、广告、公关。在衰退期，由于更新换代产品和新发明产品的出现，使原有产品的销量大幅度下降。促销活动适宜针对老顾客，以营业推广为主，并辅以广告和公关手段。为减少损失，促销费用不宜过大。

▶ 3. 市场条件

市场条件不同，促销组合和促销策略也有所不同。从市场地理范围大小看，若促销对象是小规模的本地市场，应以人员推销为主；而对广泛的全国甚至世界市场进行促销，则多采用广告形式。从市场类型看，消费者市场因消费者多而分散，多数靠广告等非人员推销形式；而对用户较少、批量购买、成交额较大的生产者市场，则主要采取人员推销形式。此外，在有竞争者的市场条件下，制定促销组合和促销策略还应考虑竞争者的促销形式和策略，更要针对性地适时调整自己的促销组合及促销策略。

▶ 4. 促销预算

企业开展促销活动，必然要支付一定的费用。费用是企业经营十分关心的问题，并且企业能够用于促销活动的费用总是有限。因此，在满足促销目标的前提下，要做到效果好和省费用。企业确定的促销预算额应该是企业有能力负担的，并且是能够适应竞争需要的。为了避免盲目性，在确定促销预算额时，除了考虑营业额的多少外，还应考虑到促销目标的要求、产品市场生命周期等其他影响促销的因素。

第二节 人员推销策略

一、人员推销的概念和特点

▶ 1. 人员推销的概念

人员推销是企业运用推销人员直接向推销对象推销商品或服务的一种促销活动，也称为直接推销。推销人员、推销对象和推销品是人员推销的三个基本要素。它既是老的销售方式，也是现代经济条件下普遍采用的销售手段。

▶ 2. 人员推销的特点

同非人员推销相比，人员推销的最大特点是具有直接性。无论是采取推销人员面对面地与顾客交谈的形式，还是采取推销人员通过电话访问顾客的形式，推销人员都在通过自己的声音、形象、动作或拥有的样品、宣传图片等直接向顾客展示、操作、说明，直接发生相互交流。人员推销的这种特点，决定了其优劣共存，其优点表现如下：

（1）信息传递的双向性。推销员在推销过程中，一方面向顾客宣传介绍推销品的有关信息，以此达到招徕顾客、促进产品销售的目的；另一方面通过与推销对象接触，能及时了解顾客对本企业产品和竞争产品的评价，并通过观察和有意识的调查研究，掌握有益的市场信息，以优化企业营销组合策略。有效的双向信息沟通也实现了人员推销的双重目的。

（2）更强的针对性。广告所面对的公众，其中有些不是可能的目标顾客。而人员推销在作业之前往往要事先对顾客进行调查研究，选择潜在顾客，直接对潜在顾客进行促销活动。针对性强，可以减少浪费，促销绩效也比较明显。

（3）情感联络的长期性。推销人员在与顾客长期反复的交往过程中，往往培养出亲切友好的关系。一方面，推销人员帮助顾客选择称心如意的商品，解决产品使用过程中的种种问题，提供售前售后服务，使顾客对推销人员产生亲切感和信任感。另一方面，顾客对推销人员的良好行为予以肯定和信任，也会积极宣传企业的产品，帮助推销人员拓展业务，从而形成长期稳定的营业关系。

（4）推销过程的灵活性。由于推销人员与顾客直接联系，能根据不同顾客的特点和反应，灵活地及时调整自己的工作方法和营销策略，以适应顾客并诱导顾客购买。

人员推销的主要缺点表现在两个方面：一是费用开支大。在国外许多公司，人员推销费用是一项最大的经营费用开支，一般要占销售额的8%～15%，而广告费用平均占销售额的1%～3%。二是对推销人员的要求较高。人员推销的效果直接决定于推销人员素质的高低，并且，随着科学技术的发展，新产品层出不穷，对推销人员的素质要求也越来越高。对于很多企业来说，甄选和培育理想的推销人员比较困难，且耗费巨大。

二、人员推销的主要步骤

在众多的推销理论中，应用最广泛的是"公式化的推销"理论。这种理论把推销过程分成以下七个不同的阶段：

▶ 1. 寻找顾客

推销工作的第一步就是找出潜在顾客。这类顾客必须具备五个条件：有需要；有购买力；有购买决策权；有接近的可能性；有使用能力。寻找顾客的方法很多，可以通过推销员个人观察、访问、查阅资料等方法直接寻找，也可以通过广告开拓、朋友介绍社会团体与推销员间的协作等间接寻找。因推销环境与商品不同，推销人员寻找顾客的方式不尽一致。成功的推销员都有其独特的方法。

▶ 2. 事前准备

接近顾客指推销人员与顾客发生接触，以便成功地转入推销面谈。此时，推销人员的头脑里要有三个主要目标：①给对方一个好印象，推销员既要注重礼仪，又要不卑不亢，同时，不宜诋毁竞争对手；②验证在预备阶段所得的全部情况；③为后面的谈话做好准备。

▶ 3. 介绍阶段

这一阶段是推销过程的中心，是推销人员运用各种方法说服顾客购买的过程。推销说服的策略有以下两种：

（1）提示说服。通过直接或间接、积极或消极的提示，将顾客的购买欲望与商品特性联系起来，由此促使顾客做出购买决策。

（2）演示说服。通过产品、文字、图片、音响、影视、证明等样品或资料去劝导顾客购买商品。在说服的过程中，要针对顾客的心理，灵活地、恰到好处地施用策略。

▶ 4. 处理异议

顾客异议指顾客针对推销人员提示或演示的商品或劳务提出反面的意见和看法。推销人员必须首先认真分析顾客异议的类型及其主要根源，然后有针对性地使用处理策略。

▶ 5. 达成交易

这一阶段是推销人员要求对方订货购买的阶段。多数推销人员认为，接近顾客和达成交易是推销过程中最困难的步骤。在洽谈过程中，推销人员应随时给予对方成交的机会，有些买主不需要全面的介绍，推销人员应立即抓住时机成交。在这个阶段，推销人员还可提供一些优惠条件，促成交易。

▶ 6. 跟踪服务

跟踪服务是指推销人员为已购商品的顾客提供各种售后服务。跟踪服务是人员推销的最后环节，也是推销工作的始点。跟踪服务能加深顾客对企业和商品的信赖，促使重复购买，同时，通过跟踪服务可获得各种反馈信息，为企业决策提供依据，也为推销员积累了经验，从而为开展新的推销提供广泛而有效的途径。

三、推销人员的管理

推销人员的管理包括两方面内容：

（一）推销员的素养

在激烈的市场竞争中，现代企业要实现其促销目标，要求推销人员具有相当高的素养。

1. 思想素养

企业推销员要真心实意地为消费者谋福利，要有强烈的事业心、义不容辞的责任感、艰苦踏实的作风、持之以恒的热忱。同时，推销员必须讲究职业道德，有良好的价值观，能正确处理国家、企业、推销者和消费者之间的利益关系，遵纪守法，合法推销。

2. 业务素养

推销人员必须具备丰富的业务技术知识，其中包括以下几个方面：

（1）产品知识。推销人员不但要熟悉本企业产品的规格、型号、质量、性能、用途、价格、生产工艺及产品的流向、渠道环节和费用，而且要掌握竞争对手同类产品的优劣情况。

（2）企业知识。推销人员应掌握本企业及竞争企业的经营规模、经营管理水平、生产能力、设备能力、产品结构及技术水平等，以便在推销过程中有根据地说服顾客。

（3）专业知识。推销人员应熟练掌握与推销活动有关的各种专业理论和知识，如市场营销学、消费心理学、经济法及公共关系学等方面的知识。

（4）良好气质。推销人员必须有良好的气质和职业素养，仪表端庄，礼貌大方，谈吐自如，使顾客乐于与其交谈。

3. 业务能力

业务能力是推销人员业务素养的体现。推销人员的业务能力主要表现在八个方面：观察能力；综合判断能力；决策能力；应变能力；创新能力；公关能力；理解他人的能力；说服他人的能力。

（二）推销人员的激励与评价

1. 推销人员的激励

具备了良好的素养与能力，并不意味着推销员就会自觉努力地工作。大多数推销员需要激励。激励的方式如下：

（1）奖励。主要有经济报酬和精神鼓励两种方式。经济报酬是指根据推销人员完成和超额完成计划的情况，给予相应的经济待遇，以此激发其努力推销。精神鼓励如表扬、晋升、授予荣誉称号等，可以增强推销员的荣誉感和责任心。

（2）监督。推销员的积极性往往需要有效监督去调动。监督的主要工具是推销定额，如推销量定额、推销额定额、利润费用定额、访问次数定额等。还可以通过严格的规章制度、推销计划、推销员的工作报告等配合监督。

2. 推销人员的评价

评价就是考核，是对推销人员管理的重要一环。假定企业领导者对推销人员的积极性给予了各种激励，这种激励的效果如何，有赖于对推销人员行为的评价。评价内容包括：

（1）绩效评定。最重要的是推销计划的执行情况与新增加的客户数。

（2）绩效比较。如推销员之间的工作绩效比较、推销员本人现在与过去的推销效率比较等。

（3）素养评估。包括对推销员进行产品、企业、客户、竞争对手等了解状况的考核，对推销员的风度、仪表、言谈、气质等的评估。

四、人员推销的形式与策略

（一）人员推销的基本形式

1. 上门推销

上门推销是最常见的人员推销形式。它是由推销人员携带产品的样品、说明书和订单等走访顾客，介绍产品。这种推销形式可以针对顾客的需要提供有效的服务，方便顾客，故为顾客所广泛认可和接受。这是一种积极主动的、名副其实的"正宗"推销形式。

▶ 2. 柜台推销

柜台推销又称门市推销，是指企业在适当地点设置固定的门市，由营业员接待进入门市的顾客并推销产品。门市的营业员是广义的推销人员。柜台推销与上门推销正好相反，它是等客上门的推销方式。柜台推销适合于零星小商品、贵重商品和容易损坏的商品推销。

▶ 3. 会议推销

会议推销是指利用各种会议向与会人员宣传和介绍产品，开展推销活动。例如，在订货会、贸易会、展览会、物资交流会等会议上推销产品均属会议推销。这种推销形式接触面广，推销集中，可以同时向多个推销对象推销产品，成交额较大，推销效果较好。

(二) 人员推销的基本策略

▶ 1. 试探性策略

试探性策略也称为"刺激—反应"策略。这种策略是在不了解顾客的情况下，推销人员运用刺激性手段引发顾客产生购买行为的策略。推销人员事先设计好能吸引顾客兴趣、能刺激顾客购买欲望的推销语言，通过渗透性交谈进行刺激，在交谈中观察顾客的反应；然后根据其反应采取相应的对策，并选用得体的语言再对顾客进行刺激，进一步观察顾客的反应，以了解顾客的真实需要，诱发其购买动机，引导其产生购买行为。

▶ 2. 针对性策略

针对性策略是指推销人员在基本了解顾客某些情况的前提下，有针对性地对顾客进行宣传、介绍，以引起顾客的兴趣和好感，从而达到成交的目的。因推销人员常常在事前已根据顾客的有关情况设计好推销语言，这与医生对患者诊断后开处方类似，故又称为"配方—成交策略"。

▶ 3. 诱导性策略

诱导性策略是指推销人员运用能够激起顾客某种需要的说服方法，诱发引导顾客对产品的购买行为。这种策略是一种创造性推销策略，它对推销人员要求较高，要求推销人员能因势利导，诱发、唤起顾客的需求，并能不失时机地宣传介绍和推荐所推销的产品，以满足顾客对产品的需求。因此，诱导性策略也可称"诱发—满足"策略。

第三节 广告策略

一、广告的含义与作用

▶ 1. 广告的含义

广告，顾名思义，就是广而告之。市场营销学中的广告是指广告主以促进销售为目的，付出一定的费用，借助特定的媒体传播商品或服务等有关经济信息的大众传播活动。其基本要点包括：① 由明确的广告主即特定的企业或个人进行；② 必须支付一定的费用；③ 必须通过一定的传播媒体；④ 具有明确的目的；⑤ 以广大消费者为对象。广告的最大优点是能在同一时间内向广大目标顾客传递信息，因而是一种强有力的促销手段。

2. 广告的作用

广告是商品经济的必然产物。现代的广告，是在综合运用经济学、社会学、心理学、伦理学和行为科学等理论知识的基础上形成的。广告有文字、图像、实物展示、操作示范、文艺表演等多种形式。

随着市场经济的发展，广告在促进生产、扩大流通、指导消费、活跃经济、方便人民生活等方面起着越来越大的作用。

（1）传递信息，沟通供需。广告的基本职能是把商品信息通过广告媒介传递给可能的买主，使其认识和了解商品的商标、性能、用途、生产厂家、购买地点、购买方法、价格等内容，起到沟通供需的作用。

（2）激发需求，扩大销售。广告运用艺术手段，有针对性地向顾客介绍产品，诱导消费者的兴趣和情感，激发起消费者的购买欲望，可促成其购买行为的实现，起到扩大流通和促进销售的作用。

（3）介绍知识，指导消费。广告通过简明扼要、形象有趣和富有哲理的语言及图像，向消费者介绍产品的基本知识，使其了解产品的性能和结构，掌握产品的使用方法和保养方法，起到售前服务的作用。

（4）扩大企业影响，增强竞争能力。通过广告宣传和诱导，企业不仅表明了扩大销售的目的，而且影响着用户对厂家和产品的态度，为企业开拓市场、占领市场，创造了有利条件。

二、广告媒体

广告媒体，指在企业与广告宣传对象之间起连接作用的媒介物。它是广告宣传必不可少的物质条件。科技的进步，必然使得广告媒体的种类越来越多。

（一）广告媒体的种类及其特性

1. 报纸

报纸这种广告媒体的优越性表现在：①影响广泛。报纸是传播新闻的重要工具之一，与人民群众的联系密切，发行量大。②传播迅速。报纸可及时传递有关经济信息。③方便低廉。报纸易于携带，价格低廉。④易于处置。报纸便于剪贴、保存和查找信息。⑤信赖性强。借助报纸的威信，能提高广告的可信度。

报纸的不足表现在：①因报纸登载的内容庞杂，易分散消费者对广告的注意力。②印刷不精美，吸引力低。③广告时效短，重复性差，只能维持当前的效果。

2. 杂志

杂志是各类专门产品的良好的广告媒体。其优点有：①针对性。广告宣传对象明确，针对性强。②重复性。有较长的保存期，读者可以反复看。③广泛性。发行面广，可以扩大宣传范围。④开拓性。杂志读者一般有较高的文化水平和生活水平，比较容易接受新事物，有利于刊登开拓性广告。⑤吸引性。印刷精美，能较好地反映产品的外观形象，易吸引眼球。

杂志媒体的缺点是发行周期长，传播不及时。

3. 广播

广播媒体的优越性有：①传播迅速、及时；②制作简便，费用较低；③具有较高的灵活性；④听众广泛，不论男女老幼、文化层次，均能受其影响。

广播媒体的局限性在于：①时间短暂，不便记忆；②有声无形，印象不深；③不便存查。

4. 电视

电视因其图文并茂之优势，迅速发展为最重要的广告媒体。其优点有：①有形有色，听视结合,使广告形象、生动、逼真、感染力强;②已成为人们文化生活的重要组成部分,收视率高,使广告宣传范围广,影响面大;③宣传手法灵活多样,艺术性强。

电视广告媒体的缺点是:①时间性强,不易存查;②制作复杂,费用较高;③播放节目繁多,易分散受众对广告的注意力。

▶ 5. 互联网

网络广告优势明显,体现在:①互联网传播范围广,网络广告可跨越时空,具有广泛的传播力;②内容详尽,交互查阅和针对性强,无时间约束;③广告效果易于统计;④广告费用较低。

网络广告的先天不足有:①缺乏吸引力;②虚拟性致使网上浏览者对广告心存抵触。

▶ 6. 邮寄广告

邮寄广告的优点是:①对象明确,有较大的选择性与较强的针对性;②提供信息全面,有较强的说服力;③具有私人通信性质,容易联络感情。

邮寄广告的缺点表现在:①传播面积较小,并容易忽视某些潜在的消费者;②不易引起注意;③广告形象较差,可能成为"三等邮件"。

▶ 7. 基于地点的广告

如今广告可谓铺天盖地,出现在了许多之前被认为不会出现商业信息的场所。如下水道井盖上、公共厕所内、门把手上等,将广告媒介带到消费者可能出现的各种场所,归集为基于地点的广告,包括广告牌广告(电子的或传统的)、公共场所广告(飞机场、火车站、公交站、休息室、停车场、赛场、校园、电梯等)、销售点广告(各种交易场所的店内广告,包括购物车、通道、货架、赠品、优惠券等)和无固定地点广告(空中广告等)。

▶ 8. 附着在产品上的广告

附着在产品上的广告也称植入广告,是指附着在产品或服务中,并与其融为一体的广告。现实生活中常将广告巧妙地植入电视节目(如天气预报)、影视作品、游戏、电影中。如天气预报中展示旅游景点和地区特色产品,在电影中植入某一品牌的服装、香水等。

不同的媒体具有不同的特点、适用范围和效果,选择并决定采用何种广告媒体把商品或劳务的信息传向市场,是广告决策的一个重要内容。

(二) 广告媒体的选择

为取得满意的广告效果,实现促销的目的,企业应根据广告目标的要求,正确、合理地选择广告媒体。广告媒体的选择一般应考虑下列因素。

▶ 1. 广告目标

企业做广告所要实现的具体目标,直接决定着所要选择的媒体。提示性广告可采用广播、路牌等费用较低的媒体;介绍性广告和形象性广告宜采用报纸、杂志;说服性广告多采用电视媒体,以加强对消费者的感官刺激,或者利用报纸刊登用户来信,以加深消费者的信任感。

▶ 2. 产品的特点

根据产品的特点选择广告媒体,应注意产品的性能、特点、使用价值、使用范围和宣传要求的不同。如对高技术性能的机械产品,宜采用邮寄等广告,将产品目录、技术数据等资料寄给用户,以便于比较;家用电器、服务等产品,最好在电视或杂志上采用彩色画面作广告,显示其式样、颜色,增加美感和对用户的吸引力。

▶ 3. 媒体的传播范围和影响力

媒体传播范围的大小直接影响到广告信息传播区域的宽窄。适合全国各地使用的产品，应以全国性发放的报纸、广播、电视等作为广告媒体；属地方性销售的产品，可通过地方性报刊、电台、电视台等传播信息。同时，媒体影响力的强弱决定了媒体传播价值的大小，从而决定了企业品牌传播效果的好坏。

▶ 4. 目标顾客接触媒体的习惯

广告媒体的选择要考虑目标顾客接触广告媒体的习惯。在目标顾客最喜欢或最常接触的媒体上做广告，效果会更好。如儿童用品应在电视上做广告；妇女用品应在各类妇女杂志上做广告；对农村居民的广告，则适宜采用广播媒体。

▶ 5. 广告媒体的费用

广告活动应当考虑费用与效果的关系。既要使广告达到理想的效果，又要考虑企业现有的负担能力。当二者发生矛盾时，企业应根据自己的财力，选择合适的广告媒体。

三、广告的设计原则

在企业市场营销活动过程中，我们要充分发挥广告的重要作用，必须遵守广告的设计原则。

▶ 1. 真实性原则

广告的生命力在于真实。任何广告只有实事求是地向消费者介绍商品和劳务，准确地传递信息，才能获得顾客的信赖及认可，唤起社会需求。

▶ 2. 社会性原则

广告在传播产品、品牌的同时，也传播了一定的思想意识，必然会潜移默化地影响社会文化。广告的社会性体现在：广告必须符合社会文化、思想道德的客观要求。具体来说，广告要遵循党和国家的有关方针、政策，不违背国家的法律、法令和制度，有利于社会主义精神文明建设，有利于培养人民的高尚道德情操，严禁出现带有中国国旗、国徽、国歌标志的广告内容和形式，杜绝损害我国民族尊严的，甚至有反动、污秽、迷信、荒诞内容的广告等。

▶ 3. 艺术性原则

广告要达到促销目的，应当讲究艺术性，力求达到主题鲜明、内容健康、布局合理、形式多样、生动活泼的艺术效果，展示真、善、美，既能提高广告的质量，又能丰富人们精神生活。

▶ 4. 效益性原则

广告的制作与传播，要做好调查、预测和计划决策工作，从市场需求出发，深入了解消费者购买的动机、购买力投向等，量力而行，综合预算，全面规划，力求以最小的预算费用，取得最好的广告促销效果。

▶ 5. 针对性原则

广告的内容和形式要富有针对性，即对不同的商品、不同的目标市场要有不同的内容，采取不同的表现手法。广告要根据各个消费群体特有的喜好和风俗习惯决定内容和形式。

▶ 6. 简明性原则

广大广告受众接受和处理信息量的能力是有限的。简短、清晰明了地展现品牌个性是品牌广告设计的客观要求。例如，宝洁公司的海飞丝宣传的是"头屑去无踪，秀发更出众"，飘柔则是"头发更飘、更柔"，潘婷是"拥有健康，当然亮泽"。注重了简明性的广告，能使广告受众在短时间内理解广告意图，了解品牌个性，有利于增强广告传播效果。

四、广告策略

广告策略是指广告主根据广告促销目标，通过各种媒体向消费者或用户传播有关信息时所采取的对策和谋略。

（一）广告的产品策略

▶ 1. 广告产品定位策略

所谓定位，一是指确立广告传播的主题及特点，具体包括品质、性能、形体、价格、服务定位，如电视机图像清晰、音质纯正、色彩鲜明、耗电量少、立体感强。二是功能定位，如保健食用油油质纯正、气味芳香、色泽金黄、口感舒服、营养丰富。三是形体定位，如室内家具结构牢固、视觉平衡、搭配合理、使用方便。四是费用定位，如交通工具价位不高、免费送货、物美价廉、银行按揭。五是服务定位，如餐饮服务电话订座、送货上门、打包送客等。

▶ 2. 广告产品周期策略

在产品市场生命周期的不同阶段，应采取不同的广告策略。在引入期和成长期，以告知性广告为主，以创品牌为目标；在成长期和成熟期，以说服性广告为主，以保品牌为目标；在产品饱和期和衰退期，以提醒式广告为主，以维持品牌为目标。

▶ 3. 广告产品消费观念策略

产品要以满足消费者的需要为广告主题和特色，主要有三类消费观念：一是正向观念，利用人们正常公认的看法确定广告消费观念，如水果产品，广告之创意是"来自大自然的绿色"。二是反向观念，利用人们的逆向思维突出产品，吸引消费者，如牙刷广告主题是"一毛不拔"。三是是非观念，利用人们的是非判断逻辑引导消费，如某药品某方面副作用越小越好。

（二）广告的市场策略

▶ 1. 广告目标市场策略

为配合市场无差异策略，要求广告媒体策略组合，形成统一的主题内容的广告；为配合差异性市场策略，要求广告根据各个细分市场的不同，分别选择不同的媒体组合，作不同主题的广告；为配合集中性市场策略，要求广告媒体根据所选用目标市场作针对性广告。

▶ 2. 广告竞争策略

广告是企业产品的重要竞争工具。因此，可利用和其他企业产品对比做比较广告。如某品牌汽车比同类产品节油10%。但运用比较广告时应注意，一般不能标明对比产品的具体名称，以免引起纠纷。

▶ 3. 广告促销策略

广告传播的目的是推销产品和服务，因此，应把广告与产品销售紧密联系起来。如广告与馈赠手段相结合，通过各种形式的馈赠使消费者获得一定利益，从而提高产品认知力和新产品试用率；广告与文化活动相配合，可引起人们对广告的兴趣，提高广告的传播率；广告与奖励活动相联系，可激发消费者的购买动机，提高产品的参与率和购买率；广告与公益事业相协调，积极参与公益事业，可增进消费者对企业的好感，争取民心，从而增强广告的促销效果。

(三) 广告媒体组合策略

广告媒体组合策略是指对不同的媒体（如报纸、杂志、广播、电视等）进行有效的组合，使之相互配合，相得益彰，达到完善的广告效果。广告媒体组合策略有以下几种组合方式：

（1）企业内外广告媒体相结合。指企业内部自主媒体与社会媒体相结合。如采用电视、报刊宣传企业新产品，则企业的宣传橱窗、建筑物户外广告亦进行同样的宣传新产品活动。

（2）各种不同的媒体组合。根据消费者的购买习惯、消费特点选择相应的媒体进行相同方式的宣传，以扩大传播范围，提高传播频率，弥补各种广告媒体的不足，达到优势互补的目的。

（3）广告的时机频率组合。每一传播媒体有其时间性，为保证媒体的时效性，可在不同时机进行传播。如广播上午传播收听率较高，报刊白天传播阅读率较高，电视在晚餐后收视率较高。因此，有机地将媒体传播时间合理搭配，能提高各媒体的促销效果。

(四) 广告心理策略

企业在广告宣传中，可以科学地运用心理学原理，使广告诉求符合消费者的心理需求，消除其反感情绪，从而达到预期的广告效果。常用的广告心理策略有以下几种：

（1）广告诱导心理策略。即抓住消费者潜在的心理活动，使之接受广告宣传的观念，自然地诱发出一种强烈的需求欲望。

（2）广告迎合心理策略。即根据消费者的不同性别、年龄、文化程度、收入水平、工作职务，以及不同消费者的求名、求新、求美、求实惠等心理，在广告中采取不同的对策，以迎合不同消费者的需求心理，刺激购买。

（3）广告猎奇心理策略。即在广告活动中，采取特殊的表现手法，使消费者产生好奇心，从而引发出购买欲望。广告猎奇心理运用得当，可以获得显著的广告效果。

第四节　公共关系策略

一、公共关系的概念及特征

公共关系，又称公众关系，是指企业在从事市场营销活动中正确处理企业与社会公众的关系，以便树立品牌及企业的良好形象，从而促进产品销售的一种活动。"公共关系"一词来自英文 public relations，简称"公关"或 PR。公共关系是一种社会关系，但又不同于一般的社会关系，也不同于人际关系，因为它有独有的特征。公共关系的基本特征表现在以下几方面：

（1）公共关系是一定社会组织与其相关的社会公众之间的相互关系。这里包括三层含义：其一，公共活动的主体是一定的组织，如企业、机关、团体等。其二，公关活动的对象，既包括企业外部的顾客、竞争者、新闻界、金融界、政府各有关部门及其他社会公众，又包括企业内部职工、股东。这些公关对象构成了企业公关活动的客体。企业与公关对象关系的好坏直接或间接地影响企业的发展。其三，公关活动的媒介是各种信息沟通工具和大众传播渠道。作为公关主体的企业，借此与客体进行联系、沟通、交往。

(2) 公共关系的目标是为企业广结良缘，在社会公众中创造良好的企业形象和社会声誉。一个企业的形象和声誉是其无形的财富。良好的形象和声誉是企业富有生命力的表现，也是公关的真正目的之所在。企业以公共关系为促销手段，是利用一切可能利用的方式和途径，让社会公众熟悉企业的经营宗旨，了解企业的产品种类、规格以及服务方式和内容等有关情况，使企业在社会上享有较高的声誉和较好的形象，促进产品销售的顺利进行。

(3) 公共关系的活动以真诚合作、平等互利、共同发展为基本原则。公共关系以一定的利益关系为基础，这就决定了主客双方必须均有诚意，平等互利，并且要协调、兼顾企业利益和公众利益。这样，才能满足双方需求，以维护和发展良好的关系。否则，只顾企业利益而忽视公众利益，在交往中损人利己，不考虑企业信誉和形象，就不能构成良好的关系，也毫无公共关系可言。

(4) 公共关系是一种信息沟通，是创造"人和"的艺术。公共关系是企业与其相关的社会公众之间的一种信息交流活动。企业从事公关活动，能沟通企业上下、内外的信息，建立相互间的理解、信任与支持，协调和改善企业的社会关系环境。公共关系追求的是企业内部和企业外部人际关系的和谐统一。

(5) 公共关系是一种长期活动。公共关系着手于平时的努力，着眼于长远的打算。公共关系的效果不是急功近利的短期行为所能达到的，需要连续的、有计划的努力。企业要树立良好的社会形象和信誉，不能拘泥于一时一地的得失，而要追求长期的稳定的战略性关系。

二、公共关系的活动方式

公共关系在企业营销管理中占有重要地位。在企业内部，公关部门介于决策者与各职能部门之间或介于职能部门与基层人员之间，负责沟通和协调决策者与职能部门之间、各职能部门之间以及职能部门与成员之间的相互关系；在企业外部，公共部门介于企业与公众之间，对内代表公众，对外代表企业，沟通、协调企业与公众之间的相互关系。公共关系部门，无论是独立的职能部门，还是隶属于某一职能部门，它都具有相同的活动方式和工作程序。

公共关系的活动方式，是指以一定的公关目标和任务为核心，将若干种公关媒体与方法有机地结合起来，形成一套具有特定公关职能的工作方法系统。按照公共关系功能的不同，公共关系的活动方式可分为以下五种：

(1) 宣传性公关。是运用报纸、杂志、广播、电视等各种传播媒介，采用撰写新闻稿、演讲稿、报告等形式，向社会各界传播有关信息，以形成有利的社会舆论，创造良好气氛的活动。这种方法传播面广，推广企业形象效果较好。

(2) 征询性公关。这种公关方式主要是通过开办各种咨询业务、制订调查问卷、进行民意测验、设立热线电话、聘请兼职信息人员、举办信息交流会等各种形式，连续不断地努力，逐步形成效果良好的信息网络，再将获取的信息进行分析研究，为经营管理决策提供依据，为社会公众服务。

(3) 交际性公关。这种方式是通过语言、文字的沟通，为企业广结良缘，巩固传播效果，可采用宴会、座谈会、招待会、谈判、专访、慰问、电话、信函等形式。交际性公关具有直接、灵活、亲密、富有人情味等特点，能深化交往层次。

(4) 服务性公关。就是通过各种实惠性服务，以行动去获取公众的了解、信任和好评,以实现既有利于促销又有利于树立和维护企业形象与声誉的活动。企业可以以各种方式为公众提供服务,如消费指导、消费培训、免费修理等。事实上,只有把服务提到公关这一层面上来,才能真正做好服务工作,也才能真正把公关转化为企业全员行为。

(5)赞助性公关。赞助性公关是通过赞助文化、教育、体育、卫生等事业,支持社区福利事业,参与国家、社区重大社会活动等形式来塑造企业的社会形象,提高企业的社会知名度和美誉度的活动。这种公关方式,公益性强,影响力大,但成本较高。

三、公共关系的工作程序

公共关系活动的基本程序包括调查、计划、实施、检测四个步骤。

(1)公共关系调查。它是公共关系工作的一项重要内容,是开展公共关系工作的基础和起点。通过调查,能了解和掌握社会公众对企业决策与行为的意见。据此,可以基本确定企业的形象和地位,可以为企业监测环境提供判断条件,为企业制定合理决策提供科学依据等。公关调查内容广泛,主要包括企业基本状况、公众意见及社会环境三方面内容。

(2)公共关系计划。公共关系是一项长期性工作,合理的计划是公关工作持续高效的重要保证。制定公关计划,要以公共调查为前提,依据一定的原则,来确定公关工作的目标,并制定科学、合理而可行的工作方案,如具体的公关项目、公关策略等。

(3)公共关系的实施。公关计划的实施是整个公关活动的"高潮"。为确保公共关系实施的效果最佳,正确地选择公共关系媒介和确定公共关系的活动方式是十分必要的。公共媒介应依据公共关系工作的目标、要求、对象和传播内容以及经济条件来选择;公关活动方式宜根据企业的自身特点、不同发展阶段、不同的公众对象和不同的公共关系来选择。

(4)公共关系的检测。公关计划实施效果的检测,主要依据社会公众的评价。通过检测,能衡量和评估公关活动的效果,在肯定成绩的同时,发现新问题,为制定和不断调整企业的公关目标、公关策略提供重要依据,也为企业的公共关系成为有计划的持续工作提供必要的保证。

第五节 营业推广策略

一、营业推广的概念及特点

▶ 1. 营业推广的概念

营业推广,又叫销售促进。它是指企业运用各种短期诱因鼓励消费者和中间商购买、经销(或代理)企业产品或服务的促销活动。由于它直接围绕着提高营业额进行促销,所以称为营业推广。

▶ 2. 营业推广的特点

营业推广虽然包括多种具体形式,如代金券、奖券、竞赛、附带廉价品等,但与人员推销、广告及公共关系相比,营业推广具有以下几个显著特点。

(1)即期促销效果明显。营业推广的对象直接针对顾客、经销商或推销人员,营业推广一般都是通过提供某些优惠条件,调动有关人员的积极性,刺激和引诱顾客购买。因而营业推广见效快,对一些消费者具有较强的吸引力。

(2) 是一种辅助性促销方式。人员推销、广告和公共关系都是连续的、常规性的促销形式，大多数营业推广方式是非正规和非经常性的，它只是辅助或协调人员推销及广告活动的补充性措施。营业推广方式一般不能经常使用，也不宜单独使用，常常配合其他促销方式使用，从而使其他促销方式更好地发挥作用。

(3) 易引起短期效果与长期品牌形象折损的矛盾。一方面，营业推广强烈的呈现促进了消费者短期的的购买欲望与购买行为；另一方面，如果使用不当，营业推广容易使顾客产生逆反心理或使顾客对产品产生怀疑，从而有损产品或企业的形象。因此，选择营业推广形式时应慎重。

二、营业推广的方式

为了实现营业推广的目标，营销人员应当根据促销目标、目标市场的类型及市场环境等因素选择适合本企业的营业推广方式。营业推广的方式多种多样，主要包括以下几种：

▶ 1. 针对消费者的营业推广方式

向消费者推广，是为了鼓励老顾客继续购买、使用本企业产品，激发新顾客试用本企业产品。其方式主要有以下几种：

(1) 样品。即向消费者赠送免费样品或试用样品。这样可以鼓励消费者认购，或获取消费者对产品的反应。这些样品可以挨户赠送、邮寄赠送，在商店中散发，也可以在其他产品中附送，或公开广告赠送。这种方式是介绍一种新产品最有效也是最昂贵的形式，对高值产品不宜采用。

(2) 折价券。即向消费者发放折价赠券或代金券，持券者可享受部分价格优惠。这种折价券可直接寄给消费者，也可以附在其他产品或广告中，还可以对购买商品达到一定的数量或数额的顾客赠送。这是一种刺激成熟品牌商品销路的工具，也可以鼓励买主提早使用新产品。

(3) 特价包。即向消费者提供低于常规价格商品的促销方法。通常做法是在商品包装或标签上注明折价数额或比例。这种特价包可以是一种商品单装，也可以是几件商品或几种用途相关的商品批量包装。特价包能诱发经济型消费者的需求，对于刺激短期销售比较有效。

(4) 包装或印花兑现。即采用商品包装或购买商品时赠送的印花兑换现金或商品。如当购买者收集某商品的包装（如饮料瓶盖）以及积累印花到一定数量时，可以兑换一定数量的现金或商品。这种方式既能鼓励消费者对某种特定商品的重复购买，又有利于商品的宣传。

(5) 奖励。即以相当低的费用出售或免费赠送商品作为消费者购买特定产品的奖励。

此外，还有众所周知的现金折扣、免费试用、连带促销等方式。

▶ 2. 针对中间商的营业推广方式

向中间商推广，是为了促使中间商积极经销本企业产品，同时有效地协助中间商，加强与中间商的关系，达到共赢的目的。其推广方式主要有以下几种：

(1) 交易折扣。为刺激、鼓励中间商购买并大批量购买本企业产品，对中间商第一次购买或购买数量较多的中间商给予一定的折扣优惠，购买量越大，折扣越多。这种方法可以鼓励中间商更多地购买本企业的产品，或者促使中间商经营通常不愿进货的新品种。折扣可以直接支付，也可从付款金额中扣除，还可以以赠送商品作为折扣。

(2) 津贴补助。即企业为中间商提供陈列商品、支付部分广告费用和部分运费等补贴或津贴。其中包括：商品推广津贴，即中间商第一批订货或大量订货时，给予购买补贴；广告津贴，即中间商为企业的产品代登广告而给予的广告补贴；陈列津贴，即中间商为企业某个商品进行特别陈列而给予的补贴；运费补贴，即企业为刺激距离较远的中间商经销本企业产品而给予的一定比例的运费补贴。

（3）经销奖励。即对经销本企业产品有突出贡献的中间商给予奖励。这种方式能刺激经销业绩突出者加倍努力、积极主动地经销本企业产品，也有利于诱使其他中间商为多经销本企业产品而努力，促进产品销售。

此外，还有组织经销商销售竞赛、免费咨询服务，为经销商培训销售人员，以及展览会、联合促销等方式。

三、营业推广的控制

基于营业推广短期效果显著而使用不当容易损害品牌和企业形象的特点，企业在运用营业推广方式促销时，必须予以控制。具体的控制方式有以下几种：

▶ 1. 选择适当的方式

营业推广的方式很多，且各种方式都有其各自的适应性。选择适当的营业推广方式是促销获得成功的关键。一个特定的销售目标可以采用多种促销工具来实现，所以应对多种营业推广方式进行比较和优化组合，以实现最优的促销效果。

▶ 2. 确定合理的期限

控制好营业推广的时间长短也是取得预期促销效果的重要一环。推广的期限，既不能过长，也不宜过短。因为时间过长会使消费者感到习以为常，失去了刺激需求的作用，甚至令其产生不信任感；时间过短会使部分消费者来不及体验其好处，收不到最佳的促销效果。

▶ 3. 严禁弄虚作假

优良的信誉是企业在激烈的市场竞争中十分重要的竞争优势。本来营业推广这种促销方式就隐藏了贬低商品或品牌的风险，如果再不严格约束企业行为，将会产生失去企业良好信誉的可能。因此，弄虚作假是营业推广的最大禁忌。

▶ 4. 注重后期宣传

企业注重前期营业推广的宣传固然重要，但不能忽视营业推广中后期的宣传。企业营业推广中后期重要的宣传行为是兑现行为，这是消费者考验企业推广行为是否具有可信性的重要信息源。令消费者感到可信的企业兑现行为，一方面有利于唤起消费者的购买欲望，另一方面可以赢得社会公众的良好口碑，增强企业的良好形象。

此外，还应注意确定合理的推广预算，科学测算营业推广的投入产出比。

本章小结

从市场营销的角度看，促销是企业通过人员和非人员的方式，沟通企业与消费者之间的信息，提升品牌形象，引发、刺激消费者的购买欲望，使其产生购买行为的活动。促销的功能有：传递信息，强化认知；突出特点，诱导需求；指导消费，扩大销售；形成偏爱，稳定销售。

促销组合，就是企业根据产品的特点和营销目标，综合各种影响因素，对各种促销方式的选择、编配和运用。影响促销组合的主要因素有促销目标、产品因素、市场条件和促销预算。

促销的方式有直接促销和间接促销两种，又可分为人员推销、广告、公共关系和营业推广四种。人员推销是企业运用推销人员直接向消费者或用户推销商品或服务的一种促销活动。它既是老的销售方式，也是现代经济条件下普遍采用的销售手段。广告是指企业或个人以促进销售为目的，通过支付费用的形式，借助一定的媒体传播商品或服务等有关经济信息的大众传播活动，是企业在促销中普遍重视且应用最广的促销方式。公共关系，又称公众关系，是指企业在从事市场营销活动中正确处理企业与社会公众的关系，以便树立企业的良好形象，从而促进产品销售的一种活动。营业推广，又叫销售促进，是指企业运用各种短期诱因鼓励消费者和中间商购买、经销（或代理）企业产品或服务的促销活动。

思考题

1. 何谓促销和促销组合？简要分析影响促销组合的因素。
2. 简要分析人员推销的步骤。
3. 进行广告设计应遵循哪些原则？广告策略有哪些？
4. 何谓公共关系？联系实际谈谈怎样运用公共关系方法为促销服务。
5. 什么是营业推广？联系实际谈谈营业推广的运用与控制。

案例分析：
案例一
农夫山泉的促销

案例分析：
案例二
康师傅饮料新品的市场推广策划

案例分析：
案例三
京东酒业品牌战略

实训实习

一、实训目标

掌握各种促销方式的特点，提高促销活动策划能力。

二、实训任务

撰写×××家电公司现场促销活动策划书。

三、实训步骤

1. 把握圣诞、元旦以及结婚蜜月期的购物潮，吸引消费者对×××家电公司"接力大搬家"活动的兴趣，引导选购某产品，以达到促销效果。

2. 以小组为单位撰写×××家电公司现场促销活动策划书。

第十三章 市场营销管理

学习目标

1. 了解市场营销计划的含义、作用和步骤；
2. 掌握制定企业任务、目标和营销组合的基本方法；
3. 熟悉企业营销组织的基本构架及职能；
4. 理解市场营销管理的实质和主要任务。

导入案例

双汇与春都：不同的战略，不同的结果

双汇与春都是我国两大肉类加工企业。其前身分别为漯河肉联厂和洛阳肉联厂，均建于1958年，均在1984年由省管下放到地方。1984年漯河肉联厂总资产468万元，亏损534万元。此时，洛阳肉联厂总资产2 000万元，利税200万元。但十几年以后的2002年，双汇实现利税5亿元，春都却亏损6 982万元，陷入困境。

1994年下半年，春都连续5年高速增长的销售额开始下滑，24小时开工、四班倒的火腿肠生产线首次出现开工不足的局面。为寻找春都新的经济增长点，树立"大春都"战略，在当地政府"高起点，超常规，大跨步，跳跃式"思路的推波助澜和金融机构支持下，春都从1995年开始实施多元化战略：兼并收购了安阳内黄县冬夏枣茶饮料公司、南阳猕猴桃饮料厂、西峡县罐头食品厂、大同肉联厂、周口清真食品公司等企业；新上低温肉制品、茶饮料、饲料、包装材料等项目；参股郑州航空食品有限公司、南都塑胶公司、河南金运房地产公司等企业。最多的时候，春都同时上马8个项目，所需资金高达10亿元人民币，此时春都年利润才1.5亿，只能大量举债。为此，春都集团还开始了吸引外资之路，遗憾的是，事与愿违，这场辉煌一时的合资，不到四年就已双方失和，最终合作破裂，春都以集团的名义收回了外资的股权，由此也背上了沉重的偿还外资的包袱。

而双汇围绕主业做大做强，而不是盲目地搞跨行业扩张，并将企业的发展与当地的经济发展联系起来，围绕"农"字做文章，围绕肉类加工上项目，立足农产品资源优势，把发展食品工业与农业产业化、农村经济结构调整紧密结合起来，走出了一条内陆农区工农联姻、城乡互动、协调发展的新路子。双汇在肉类产品的加工和经营上打造核心能力，率先把"冷链生产、冷链运输、冷链销售、连锁经营"的模式引进中国，开创了中国肉类品牌，

改变了我国几千年来"沿街串巷、设摊卖肉"的做法。特别是商业连锁经营模式和"品牌肉""放心肉"概念的推广,被业界认为是双汇对中国肉类行业最大的贡献。在双汇,"消费者的安全与健康高于一切,双汇品牌形象和信誉高于一切"之类的标语随处可见。2002年,双汇位列仅有的9家"国家质量管理卓越企业"之中,在全国食品行业中仅此一家。双汇把质量作为打造名牌的基石。如肉制品生产,过去以火腿肠为主,现在已调整为火腿肠、熟肉制品、低温肉制品、预冷分割肉4大系列产品。在多元开发、质量先行的基础上,双汇积极开展推销自我、展示自我的形象战略。双汇低温肉制品等3种产品创省级名牌产品,产品市场占有率在50%以上。

资料来源:戴璐. 双汇与春都殊途同归? [J]. 英才,2006,5.

思考:

市场营销管理的主要任务是什么?

第 一 节　市场营销计划

　　市场营销活动是一项复杂的、贯穿整个企业经营过程的活动。在当前激烈的市场竞争中,为了保证市场营销活动有序、高效地进行,很有必要加强市场营销活动的管理。具体来说,市场营销管理包括市场营销计划、市场营销组织和市场营销控制。市场营销计划是在综合分析企业市场营销环境和市场营销状况的基础上,对财务目标与市场营销目标、市场营销战略、市场营销行动方案以及预计损益表的确定和控制;而市场营销的成功和市场营销计划的实现又离不开有效的市场营销组织;同时,市场营销计划执行过程中总会出现一些意外情况,对这些意外情况的监测、检查和纠正就属于市场营销控制。

　　在现代市场经济条件下,企业的市场经营环境始终处于不断变化之中。为了在这种动态的经营环境中识别和保持持续竞争优势,企业的管理者就必须不停地对其经营环境进行审视,以实现企业内外环境的动态平衡。从世界各国经营管理的实践来看,市场营销计划的演变经历了从无计划逐步过渡到战略计划的发展过程。

一、市场营销计划的演变过程

▶ 1. 无计划阶段

　　一般情况下,新建企业由于其领导者忙于筹集资金,采购原料设备,招徕顾客,顾不上制定计划。而有些中小企业,虽然已经经历了市场开创阶段,但由于企业经营惯性还在,其管理者认为原来没有计划可以经营好企业,现在没有计划照样可以;或者认为市场变化太快,计划总是跟不上变化的节奏,计划有没有一个样;还有的则是由于企业本身没有合格的计划人员,使得营销计划的制定被耽搁了下来。总之,在以上各种情况下,企业的市场营销活动处于无计划状态。

▶ 2. 年度计划阶段

　　随着企业经营规模的扩大,原来无计划的企业管理者越来越感觉到明确企业发展方向、规范企业经营方法、控制企业发展节奏等的重要性,于是,企业开始重视正式计划的制定,即通过自上而下、自下而上或者两者结合的方式来制定正式计划,用以指导其经营管理。但是，这时的正式计划形式主要是年度计划，计划对企业的指导作用还没有充分发挥出来，企业计划的视野还局限于短期利益之中。

▶ 3. 长期计划阶段

随着市场竞争的加剧和经营管理经验的积累，企业领导逐渐认识到，市场营销环境处在不断变化之中，因此有必要在制定、执行好年度计划的基础上，制定更长年限的长期计划，并以年度计划的执行情况进行适当调整。

▶ 4. 战略计划阶段

20世纪中后期以来，全球经济动荡不定，营销环境日益复杂，许多企业为了求得长期生存和发展，逐渐改变计划方法，力求站在企业战略的高度，从市场竞争的需要出发，制定企业的战略计划。

二、市场营销计划的内容

市场营销计划是指在综合分析企业市场营销环境和市场营销状况的基础上，确定和控制财务目标与市场营销目标、市场营销战略、市场营销行动方案以及预计损益表。市场营销计划不仅是企业部门计划中最重要的计划之一，而且其他各种计划都要涉及市场营销计划的内容。

▶ 1. 与市场营销有关的企业计划

在企业的各种计划中，至少有八种计划与市场营销密切相关：

(1) 企业计划。它是企业全部业务的整体计划，有年度计划、中期计划、长期计划等，包括企业任务、增长战略、业务组合战略、投资战略和目标，但不包括各个业务单位的活动细节。

(2) 业务部计划。它是一种类似于企业计划并主要描述业务增长及其利润增长的计划，包括市场营销战略、财务战略、生产战略和人事战略等，也有短期计划、中期计划和长期计划之分。

(3) 产品线计划。它是一种描述产品线的目标、战略和战术的计划，由各个产品线经理负责制定。

(4) 产品计划。它是一种描述特定产品的目标、战略和战术的计划，由各个产品经理负责制定。

(5) 品牌计划。它是一种描述特定品牌的目标、战略和战术的计划，由各个品牌经理负责制定。

(6) 市场计划。它是一种关于开发特定行业市场或地区市场并为之服务的计划，由各个市场经理负责制定。

(7) 产品(市场)计划。它是一种关于企业在特定行业或地区市场，营销特定产品或产品线的计划。

(8) 职能计划。它是一种关于企业某项主要职能的计划，如市场营销计划、生产计划、人力资源计划、财务计划、研究与开发计划等。它还描述在某一主要职能的子职能计划，如在市场营销计划下的广告计划、销售促进计划、销售人员计划、市场营销研究计划等。

▶ 2. 市场营销计划的主要内容

市场营销计划主要由以下八部分组成：

(1) 计划概要。它可使企业决策层迅速抓住计划的要点。

（2）当前市场营销的状况。它提供与市场、产品、竞争、分销和宏观环境有关的背景数据。

（3）机会和问题分析。它概述企业外部的主要机会与威胁、企业内部的优势与劣势以及在计划中必须注意的主要问题。

（4）目标。它确定计划中想要达到的关于销售量、投资报酬率、市场占有率、利润额等领域的目标。

（5）市场营销战略。它描述为实现计划目标而采用的主要市场营销方法。

（6）行动方案。它回答应该做什么、谁来做、何时做、需要多少成本等问题。

（7）预计的损益表。它概述计划所预期的财务收益情况。

（8）控制。它说明将如何监控该计划，计划的进度如何。

第二节　市场营销组织

一、市场营销组织的含义与目标

▶ 1. 市场营销组织的含义

市场营销组织是指企业内部涉及市场营销活动的各个职位及其结构。正确理解这一概念时必须注意两个问题：

（1）并非所有的市场营销活动都发生在同一个组织岗位。比如，在拥有很多产品大类的大公司中，每个产品经理下面都有一支销售队伍，而产品运输则由一位生产经理集中管理。不仅如此，有些活动甚至还发生在不同的国家或地区。但它们属于市场营销组织，因此它们都是在从事市场营销活动。

（2）不同企业对其经营管理活动的划分也是不同的。例如，信贷对某个企业来说是市场营销活动，对另一个企业来说则可能是会计活动。同时，即使企业在组织结构中正式设有市场营销部门，企业所有市场营销活动也不是全部由该部门来完成的。因此，市场营销组织的范围是难以明确确定的。

▶ 2. 市场营销组织的目标

市场营销组织的目标大致包括在以下三个方面：

（1）对市场需求作出快速反应。市场营销组织应该不断适应外部环境，并对市场变化作出积极反应。把握市场变化的途径是多种多样的，市场调研部门、企业的销售人员以及其他专业市场研究机构都能为企业提供各种市场信息。了解到市场变化后，企业的反应则涉及整个市场营销活动，从新产品开发到价格确定乃至包装等都要作出相应的调整。

（2）使市场营销效率最大化。企业内部存在着许多专业化部门，为避免这些部门间的矛盾和冲突，市场营销组织要充分发挥其协调和控制职能，确定各部门的权利和责任。

（3）代表并维护消费者利益。企业一旦奉行市场营销观念，就要把消费者的利益放在第一位。这主要由市场营销组织承担这项职责。虽然有的企业利用市场营销人员的民意测验等来反映消费者的呼声，但仅此是不够的。企业必须在管理的最高层面上设置市场营销组织，以确保消费者的利益不会受到损害。

企业市场营销组织的上述目标归根结底是帮助企业实现整个市场营销任务。事实上，组织本身并不是目的，更为重要的是组织要协调、指导人们获得最佳市场营销成果。

二、市场营销组织的发展历程

市场营销组织是在宏观营销环境、企业营销管理哲学以及企业自身所处的发展阶段、经营范围、业务特点等因素的影响下发展变化的，总体而言，市场营销组织经历了以下五个发展阶段：

▶ 1．单纯的销售部门

20 世纪 30 年代以前，西方企业以生产观念作为指导思想，大部分都采用这种形式。一般来说，所有企业都是从财务、生产、销售和会计这四个基本职能部门开展营销的。财务部门负责资金的筹措，生产部门负责产品制造，销售部门通常由一位副总经理负责，管理销售人员，并兼管若干市场营销研究和广告宣传工作。在这个阶段，销售部门的职能仅仅是推销生产部门生产出来的产品，生产什么、销售什么、生产多少、销售多少、产品生产、库存管理等完全由生产部门决定，销售部门对产品的种类、规格、数量等问题几乎没有任何发言权。

▶ 2．兼有附属职能的销售部门

随着市场竞争的加剧，很多企业的营销哲学开始从生产观念转变为推销观念，需要进行经常性的市场营销研究、广告宣传以及其他促销活动，这些工作逐渐变成为专门的职能，当工作量达到一定程度时，便会设立一名市场营销主任负责这方面的工作。

▶ 3．独立的市场营销部门

随着企业规模和业务范围的进一步扩大，原来作为附属性工作的市场营销研究、新产品开发、广告促销和为顾客服务等市场营销职能的重要性日益增强。于是，市场营销部门成为一个相对独立的职能部门，作为市场营销部门负责人的市场营销副总经理同销售副总经理一样直接受总经理的领导，销售部门和市场营销部门成为平行的职能部门。但在具体工作上，这两个部门是需要密切配合的。这种安排常常应用在工业企业中，它向企业总经理提供了一个全面各角度分析企业面临的机遇与挑战的机会。

▶ 4．现代市场营销部门

尽管销售副总经理和市场营销副总经理需要配合默契和互相协调，但是他们之间实际形成的关系往往是一种彼此敌对、互相猜疑的关系。销售副总经理趋向于短期行为，侧重于取得眼前的销售量；而市场营销副总经理则多着眼于长期效果，侧重于制定适当的产品计划和市场营销战略，以满足市场的长期需要。销售部门和市场营销部门之间矛盾冲突的解决过程，形成了现代市场营销部门的基础，即由市场营销副总经理全面负责，下辖所有市场营销职能部门和销售部门。

▶ 5．现代市场营销企业

一个企业仅仅有了上述现代市场营销部门，还不等于是现代市场营销企业。现代市场营销企业取决于企业内部各种管理人员对待市场营销职能的态度，只有当所有的管理人员都认识到企业一切部门的工作都是"为顾客服务"，"市场营销"不仅是一个部门的名称，而且是一个企业的经营哲学时，这个企业才能算是一个"以顾客为中心"的现代市场营销企业。

三、市场营销部门的组织形式

为了实现企业目标，市场营销经理必须选择合适的市场营销组织。一般认为，市场营

销组织形式有以下几种类型:

▶ **1. 职能型组织**

这是最古老也最常见的市场营销组织形式。它强调市场营销各种职能如销售、广告和研究等的重要性。这种组织把销售职能当成市场营销的重点,而广告、产品管理和研究职能则处于次要地位。当企业只有一种或很少几种产品,或者企业产品的市场营销方式大体相同时,按照市场营销职能设置组织结构比较有效。但是,随着产品品种的增多和市场的扩大,这种组织形式就暴露出发展不平衡和难以协调的问题。既然没有一个部门能对某产品的整个市场营销活动负全部责任,那么,各部门就强调各自的重要性,以便争取到更多的预算和决策权力,致使市场营销总经理无法进行协调。

▶ **2. 产品型组织**

产品型组织是指在企业内部建立产品经理组织制度,以协调职能型组织中的部门冲突。在企业所生产的各产品差异很大,产品品种太多,以致按职能设置的市场营销组织无法处理的情况下,建立产品经理组织制度是适宜的。其基本做法是,由一名产品市场营销经理负责,下设几个产品线经理,产品线经理之下再设几个具体产品经理去负责各具体产品。

产品市场营销经理的职责是制定产品开发计划,并付诸执行,监测其结果和采取改进措施。具体来说包括六个方面:①发展产品的长期经营和竞争战略;②编制年度市场营销计划和进行销售预测;③与广告代理商和经销代理商一起研究广告的文稿设计、节目方案和宣传活动;④激励推销人员和经销商经营该产品的兴趣;⑤收集产品、市场情报,进行统计分析;⑥倡导新产品开发。

产品型组织形式的优点在于产品市场营销经理能够有效地协调各种市场营销职能,并对市场变化作出积极反应。同时,由于有专门的产品经理,那些较小品牌的产品可能不会受到忽视。不过,该组织形式也存在不少缺陷:①缺乏整体观念。在产品型组织中,各个产品经理相互独立,他们会为保持各自产品的利益而发生摩擦,事实上,有些产品可能面临着被收缩和淘汰的境地。②部门冲突。产品经理们未必能获得足够的权威,以保证他们有效地履行职责。这就要求他们得靠劝说的方法取得广告部门、销售部门、生产部门和其他部门的配合与支持。③多头领导。鉴于权责划分不清楚,下级可能会得到多方面的指令。例如,产品广告经理在制定广告战略时接受产品市场营销经理的指导,而在预算和媒体选择上则受制于广告协调者。

▶ **3. 市场型组织**

当企业面临如下情况时,建立市场型组织是可行的:拥有单一的产品线;市场各种各样(不同偏好和消费群体);不同的分销渠道。许多企业都在按照市场系统安排其市场营销机构,使市场成为企业各部门为之服务的中心。在这种组织类型下,一名市场主管经理管理几名市场经理(市场经理又称市场开发经理、市场专家和行业专家)。市场经理开展工作所需要的职能性服务由其他职能性组织提供并保证。其职责是制定所辖市场的长期计划和年度计划,分析市场动向以及企业应该为市场提供什么新产品等。他们的工作成绩常用市场占有率的增减情况来判断,而不是看其市场现有盈利情况。市场型组织的优点在于,企业的市场营销活动是按照满足各类不同顾客的需求来组织和安排的,这有利于企业加强销售和市场开拓。其缺点是,存在权责不清和多头领导的矛盾,这和产品型组织类似。

▶ **4. 地理型组织**

如果一个企业的市场营销活动面向全国,那么它会按照地理区域设置其市场营销机构。该机构设置包括：一名负责全国销售业务的销售经理，若干名区域销售经理、地区销售经理和地方销售经理。为了使整个市场营销活动更为有效，地理型组织通常都是与其他类型的组织结合起来使用。

▶ 5. 矩阵型组织

矩阵型组织是职能型组织与产品型组织相结合的产物，它是在原有的按直线指挥系统为职能部门组成的垂直领导系统的基础上，又建立一种横向的领导系统，两者结合起来就组成一个矩阵。在市场营销管理实践中，矩阵型组织的产生大体包括以下两种情形：

（1）企业为完成某个跨部门的一次性任务（如产品开发），就从各部门抽调人员组成由经理领导的工作组来执行该项任务，参加小组的有关人员一般受本部门和小组负责人的共同领导。任务完成后，小组撤销，其成员回到各自的岗位。这种临时性的矩阵型组织又叫小组制。

（2）企业要求个人对于维持某个产品或商标的利润负责，把产品经理的位置从职能部门中分离出来并固定化，同时，由于经济和技术因素的影响，产品经理还要借助于各职能部门执行管理，这就构成了矩阵。

矩阵型组织能加强企业内部门间的协作，能集中各种专业人员的知识技能又不增加编制，组建方便，适应性强，有利于提高工作效率。但是，双重领导导致稳定性差和管理成本较高，这些又多少抵消了一部分效率。

第三节 市场营销控制

市场营销控制是指企业的市场营销管理者在市场营销活动中，经常性地对照市场营销计划和实际执行情况，找出不一致的地方，并分析其原因，从而采取相应措施的过程。通过对市场营销过程和结果的审计和评价，分析和发现企业市场营销中存在的问题，有利于企业有针对性地进行整改，并为新一轮的营销战略计划提供依据。一般而言，市场营销控制有四种类型，如表 13-1 所示。

表 13-1 市场营销控制的四种类型

控制类型	主要负责人	控制目标	方　　法
年度计划控制	高层管理部门、中层管理部门	检查计划目标是否实现	销售额分析、市场占有率分析、销售费用比率分析、顾客满意分析等
盈利能力控制	营销审计人员	检查公司在哪些地方盈利，在哪些地方亏损	盈利情况：产品，地区，顾客群体，细分片，销售渠道，订单大小等
效率控制	直线和职能管理层、营销审计人员	评价和提高经费开支的效率	效率：销售队伍，广告，促销，分销
战略控制	高层管理者、营销审计人员	检查公司是否在市场、产品和渠道等方面找到最佳机会	营销效益评价，营销审计，营销杰出表现，公司道德与社会责任评价

一、年度计划控制

任何企业都要制定年度计划,市场营销年度计划就是对于企业在本年度将要达到的销售额、利润额等市场营销指标进行规划。因此,市场营销年度计划控制就是指企业在本年度内采取控制步骤,检查实际营销绩效与计划之间是否存在偏差,并采取相应措施,使得年度市场营销计划能够实现。

在实践中,企业进行年度营销计划控制的方式主要有以下几种:

▶ 1. 销售额分析

销售收入是企业最为重要的收入来源,企业计划销售额是否实现对于企业正常运转具有至关重要的作用。一般来说,销售额可以从企业销售总量和个别销售量两个角度进行分析,找出造成差异的原因,并采取相应的改进措施。

▶ 2. 市场占有率分析

单纯的销售额并不能完整地反映企业的市场营销绩效,因为销售额的增加除了基于企业市场营销努力以外,还有可能是整体市场环境的改善。因此,为了消除整体市场环境的影响,我们还须从市场占有率的角度来对企业进行分析。假如企业的市场占有率提高了,则表示企业相对于竞争对手绩效提高了;反之,则表示绩效降低了。一般来说,市场占有率的衡量指标主要有以下四种:

(1)整体市场占有率,即以企业的销售额除以全行业销售额来表示。使用这种指标,一个重要的前提就是明确行业的范围,行业范围的大小会直接影响整体市场占有率的大小。

(2)目标市场占有率,即以企业的销售额占企业所服务的市场百分比来表示的市场占有率。相对于整体市场而言,目标市场占有率更加能够准确地反映企业的市场营销绩效水平。

(3)相对市场占有率,即以企业销售额相对于市场领导者或企业最大竞争对手销售额的百分比来表示的市场占有率。相对市场占有率超过或等于100%,表明该企业是市场领导者;相对市场占有率小于100%,表明企业处于市场挑战者、追随者的地位。

▶ 3. 销售费用比率分析

除了关注销售收入以外,企业还须关注为获得销售收入而付出的销售成本,销售费用比率分析就是这样一种检查控制方法,它等于销售费用与销售收入之比。市场营销管理人员的主要任务就是连续检查这一比率是否失控,如失控,市场营销管理人员则应立刻查找问题的原因。

▶ 4. 顾客满意度分析

以上指标都是数量指标,其分析属于定量分析。定量分析虽然重要,但其所包含的信息并不充分。因此,我们还需要考虑定性指标。顾客满意是企业成功的关键,这一指标比较完整地反映了市场参与者对于企业的态度。对于顾客满意度的调查,主要可以通过以下三种方法进行:

(1)投诉与建议系统。利用正式的投诉与建议制度,企业可以了解到顾客、供应商等市场参与者对企业的态度,把这些投诉和建议记录下来,进行归纳总结,并基于这些投诉和建议改进企业的产品和服务。

(2)顾客调查。企业选取一部分有代表性的顾客和地区,通过调查问卷、电话访问等方式了解顾客的态度。

(3) 外部购买。即通过委托专业市场调查机构等外部组织来对企业的顾客态度进行调查，以利用其调查专长，获取更加准确的信息。

二、盈利能力控制

除了年度计划控制外，企业还需要运用盈利能力控制来分析不同产品、不同区域、不同顾客群体和不同渠道的获利能力。通过对于各类产品、各个地区、各条分销渠道获利能力的分析，企业可以借此对市场营销政策进行调整，以减少不合理行为，提高企业整体获利能力。在盈利能力控制中主要用到销售利润率、资产收益率、净资产收益率、资产周转率、存货周转率等财务指标。

三、效率控制

假设利润分析揭示了公司在产品、地区、市场等方面的盈利情况不佳，那么是否存在更有效的方法来管理销售队伍、广告、促销和分销等绩效不佳的营销实体活动呢？效率控制就是基于此而设计的。

▶ 1. 销售队伍效率

所有销售经理都应该掌握自己下属销售队伍的效率，可以主要从以下几个指标出发来考虑：

(1) 每个销售人员平均每天进行销售访问的次数；
(2) 每次销售人员访问平均所需要的时间；
(3) 每次销售人员访问的平均收益；
(4) 每次销售人员访问的平均成本；
(5) 每次销售人员访问的招待费用；
(6) 每 100 次销售人员推销访问的订货单百分比；
(7) 每一期新的顾客数目；
(8) 每一期丧失的顾客数目；
(9) 销售队伍成本占总成本的百分比。

▶ 2. 广告效率

随着企业规模的扩大，企业花在广告上的支出越来越多，对于广告费用的有效性分析就是广告效率。一般认为，企业可以通过以下几个指标了解自身的广告效率：

(1) 每一种媒体类型、每一个媒介工具的千人广告成本；
(2) 顾客对于每一个媒体工具注意、联想和阅读的百分比；
(3) 顾客对广告内容和效果的意见；
(4) 广告前后对产品态度的衡量；
(5) 受广告刺激引起的询问次数。

▶ 3. 促销效率

为了提高促销效率，管理者应该记录每一次促销活动、促销成本及其对销售的影响。市场营销管理者应该注意下列统计资料：

(1) 折价销售所占的百分比；
(2) 每一元的销售额中所包含的商品陈列成本；
(3) 赠券的回收率；
(4) 一次演示而引起的询问次数。

4. 分销效率

市场营销管理者应该研究分销效率，提高存货控制、货物运输的效率。它主要衡量下列指标：

（1）物流成本与销售额的比率；

（2）订单错发率；

（3）准时送货的百分比；

（4）开票错误的次数。

市场营销管理者应该努力减少存货，同时加快存货的周转，沃尔玛、戴尔电脑和海尔等企业在这方面表现出色。

效率控制的目的在于提高人员推销、广告、销售促进和分销等市场营销活动的效率，市场营销经理必须时刻关注若干关键比率，这些比率表明上述市场营销职能执行的有效性，显示出应该如何采取措施以改进执行情况。

四、市场营销审计

正确地做事不如做正确的事。随着时间的推移，企业的使命、目标、战略、组织和产品可能越来越不适应市场发展的需要。为了在市场中能够继续生存和发展，企业很有必要定期对其环境、目标、战略和活动进行全面的审视，这就导致市场营销战略控制的产生。市场营销战略控制过程中，企业主要使用市场营销审计和道德（社会）责任考评两种工具。

所谓市场营销审计，是指对一个公司或一个业务单位的营销环境、目标、战略和活动所作的全面的、系统的、独立的和定期的检查，其目的在于确定所面临的市场营销问题和机会，提出行动计划，以提高公司的营销业绩。

对于市场营销审计的具体内容，美国著名营销学者菲利普·科特勒进行了以下归纳和总结：

（一）营销环境审计

1. 宏观环境

（1）人文环境。人文环境中有哪些主要的发展变化会成为公司的机会和威胁？为了适应这些发展变化或趋势，公司方面采取了哪些行动？

（2）经济环境。在收入、价格、储蓄和信贷方面有哪些主要发展变化将影响公司？针对这些变化和趋势，公司方面采取了什么行动？

（3）自然环境。公司所需要的那些自然资源和能源的成本和可获得性的前景如何？有关公司对污染和环境保护方面的作用表示过什么关心？公司采取了哪些措施？

（4）技术环境。在产品技术方面存在哪些主要变化？在加工技术方面呢？公司在这些技术领域的地位如何？有什么重要的替代品？

（5）政治法律环境。哪些法律法规将影响企业营销战略和战术？在环境保护、就业机会均等、产品安全、广告、价格控制等领域发生了什么样的变化？

（6）文化环境。公众对于公司和公司的产品持何种态度？消费者的生活方式和价值观念发生了哪些与公司有关的变化？

2. 微观环境

（1）市场。在市场规模、成本率、地理分销和盈利方面有哪些变化？有哪些主要细分市场？

（2）顾客。在公司声誉、产品质量、服务、销售队伍和价格等方面，顾客和潜在顾客是如何评价公司及其竞争者的？不同的顾客群是如何作出购买决策的？

（3）竞争者。有哪些主要竞争者？它们的目标和战略、它们的优势和劣势以及它们的规模和市场份额分别是什么？有哪些趋势将影响未来的竞争和产品的替代品？

（4）分销和经销商。通过哪些主要的商业渠道向顾客传送产品？各种商业渠道的效率和成长潜力如何？

（5）供应商。生产所用关键原材料的可获得性的前景如何？各供应商的销售模式存在哪些变化？

（6）辅助机构和营销公司。运输服务的成本和可获得性的前景如何？仓储设备的成本和可获得性的前景如何？财务资源的成本和可获得性的前景如何？公司的广告代理商和市场营销调研公司的效率如何？

（7）公众。对于公司来说，哪些公众代表了某种特定机会，哪些公众代表了问题？公司采取了什么措施来有效地应对每一类公众？

（二）营销战略审计

（1）企业使命。企业使命是否用市场导向的术语明确地阐述出来？它是否可行？

（2）营销目标。公司的营销目标是否用明确的目的陈述出来，以便指导营销计划和执行实绩的衡量？营销诸目标是否与公司的竞争地位、资源和机会相适应？

（3）战略。企业管理能否明确地表达其达到营销目标的营销战略？此战略是否具有说服力？此战略是否适应产品生命周期的阶段、竞争者的战略以及经济状况？公司方面是否运用了细分市场的最好根据？它是否运用可靠的准则评价细分市场，并且选择了若干最恰当的细分市场？公司方面是否确定了每个目标细分市场的实际轮廓？公司方面是否为每个目标细分市场制定了一个正确的市场定位和营销组合？营销资源是否被合理地分配给营销组合的主要构成要素？预定用于这些营销目标的资源是否足够，还是太多？

（三）营销组织审计

（1）正式结构。对于影响顾客满意程度的公司活动，营销人员是否有足够的权利和责任？营销活动是否按功能、产品、最终用户和地区进行了最理想的组织？

（2）功能效率。市场营销部门和销售部门之间是否保持良好的沟通和工作关系？产品管理系统是否在有效地工作？产品经理能不能计划利润水平，还是只能确定一下销售量？有无营销组织需要进一步培训、激励、监督和评价？

（3）部门间联系效率。营销和制造、研究开发、采购、财务、会计及法律部门之间是否存在需要注意的问题？

（四）营销制度审计

（1）营销信息系统。营销情报系统是否产生有关顾客、潜在顾客、分销和经销商、竞争者、供应商以及各种公众的市场发展变化方面的真实的、足够的和及时的信息？公司决策者是否要求进行充分的市场调研？他们是否利用了这些调研结果？公司方面是否运用最好的方法进行市场和销售预测？

（2）营销计划系统。营销计划系统是否经过很好的构思？是否有效？销售预测和市场潜量衡量是否正确地加以实施？销售定额的制定是否建立在适当的基础上？

（3）营销控制。控制程序是否足以保证年度诸目标的实现？企业管理层是否定期分析产品、市场、销售地区和分销渠道的盈利情况？营销成本是否定期加以检查？

（4）新产品开发系统。公司是否通过有效的组织收集、形成和筛选新产品构思？公司在向新产品构思投资以前是否进行适当的概念调研和商业分析？公司方面在推出新产品之前是否做过适当的产品和市场试销?

(五)营销效率审计

(1)盈利率分析。公司不同产品、市场、地区和分销渠道相应的盈利率分别是多少?公司方面是否要进入、扩大、缩小或者放弃若干细分市场?其短期的和长期的利润结果如何?

(2)成本效益分析。哪些营销活动看起来花费过多?能否采取一些降低成本的措施?

(3)产品。产品线目标是什么?这些目标是否合理?现有产品线是否满足这些目标?产品线延伸的方向如何?哪些产品应该被淘汰?哪些产品应该增加?买主对于本公司和竞争者在产品质量、特点、式样和品牌等方面的知识和态度如何?产品战略的哪些方面需要进一步改进?

(4)价格。价格目标、政策、战略和定价程序是什么?依据成本、需要和竞争等标准价格应该定在什么水平?顾客是否认为本公司所定价格与价值相符?有关需求的价格弹性、经验曲线影响以及竞争者的价格和定价政策等,管理层是否知晓?价格政策与分销商、经销商和供应商的要求以及政府法令是否一致?

(5)分销。分销目标和战略是什么?是否有足够的市场覆盖面和服务?分销商、经销商、制造商代表、经纪人和代理商等渠道成员的有效性如何?公司方面是否应考虑改变其分销渠道?

(6)广告、销售促进和公共关系。公司的广告目标是什么?它们是否合理?广告量是否适宜?广告预算如何确定?广告主题及其文稿是否有效?顾客和公众对于本公司的广告有何看法?广告媒体是否经过精心挑选?公司内部广告人员是否足够?销售促进预算是否足够?是否充分而有效地利用了各种销售促进工具?公共关系预算是否足够?公共关系部门的职员是否精明强干并且富有创造性?

(7)销售队伍。本组织的销售队伍目标是什么?销售队伍规模是否足以完成公司诸目标?销售队伍是否是按适当的原则组织的?是否有足够的销售经理指导现场销售代表?销售报酬水平和构成是否提供了足够的刺激和补偿?销售队伍是否显示出高度的信念、能力和努力?制定份额和评价业绩的程序是否合适?与竞争者的销售队伍相比,公司的销售队伍有何特点?

五、企业道德与社会责任评价

社会责任指的是企业追求有利于社会长远目标的一种义务,它超越了法律和经济所要求的义务。对于企业的社会责任,理论界和实践界一直有两种相反的观点。古典观点认为企业管理者唯一的社会责任就是利润最大化;社会经济学观点则认为管理当局的社会责任不只是创造利润,还包括保护和增进社会福利。因此,对于企业市场营销活动中所应该承担的道德、社会责任也一直存在着争议。但是,基于社会对企业的期望的变化,即公司并非只是对股东负责的独立实体,它们还要对社会负责,社会通过各种法律法规认可了公司的建立,并通过购买公司的产品和服务对其提供支持。因此,越来越多的企业感受到其应当肩负的道德、社会责任。而且有越来越多的研究证明,企业的道德、社会责任水平与其经济绩效存在着正相关关系,这就为企业在经营活动中履行社会责任提供了有力的支持。

一般来说,企业应该承担的社会责任可以归纳为三大类:保护消费者权益;保护社会的利益和发展;保护社会自然环境。因此,为了提高企业营销活动的道德和社会责任水平,营销管理者需要审视企业的所有市场营销活动,尽量减少在企业产品、价格、促销、分销和市场调研等活动中的不道德问题。

对于如何提高营销道德与社会责任水平,美国著名营销学者提出了三条同时并进的措施：第一，社会应尽可能应用法律来规范违法的、反社会的或反竞争的行为；第二，公司必须采用和发布书面的道德准则，建立公司的道德行为习惯，要求其人员有完全的责任心来遵守道德和法律指南；第三，具体的营销者必须在其与顾客和各类利益相关者进行特定交易中实践"社会自觉"。

本章小结

市场营销活动是一项复杂的、贯穿整个企业经营过程的活动。为了保证市场营销活动有序、高效地进行，很有必要加强市场营销活动的管理。

市场营销战略是企业在市场上取胜的法宝，是实现企业自身与其营销环境相适应的必要途径。成功的战略可以引导、改善其营销环境，创新营销环境，增强企业自身的应变能力和竞争能力。

营销计划是在对企业营销环境进行深入调查研究、对市场需求进行科学预测的基础上，结合自身的条件和实力加以制定的。它规定了一定时期内企业营销活动的任务、目标及实现目标的策略、方法和步骤，是企业战略计划在营销领域里的具体化。

市场营销活动的执行依赖于一定的组织实施和保证。

市场营销控制是指衡量和评估营销策略与计划的成果，以及采取纠正措施以确定营销目标的完成。

市场营销审计是对一个企业市场营销环境、目标、战略、组织、方法、程序和业务等作综合的、系统的、独立的和定期性的核查，以便确定问题的范围和各项机会，提出行动计划，提高公司营销业绩。

思考题

1. 如何理解市场营销计划的演变？
2. 市场营销计划的主要内容有哪些？
3. 如何理解市场型组织及其适用条件？
4. 你认为中国企业营销组织存在的主要问题有哪些？
5. 如何理解市场营销审计的含义及内容？
6. 你认为企业市场营销活动中应承担的社会责任有哪些？

案例分析：
案例一
奥克斯"向价值战转型"战略

案例分析：
案例二
英特尔芯片中的秘密

案例分析：
案例三
联想的市场营销战略

实训实习

一、实训目标

学生通过制定职业生涯规划,掌握企业战略的基本原理。

二、实训任务

根据个人发展的实际要求,运用企业战略的基本原理,撰写书面的个人发展规划方案。该发展规划方案应与个人的成长及就业实际紧密结合。

三、实训步骤

1. 该实践训练项目应由专业课老师与所授课班级利用专业实践教学时间组织进行。

2. 制定职业生涯规划:

(1) 对自身进行认真的、深度的 SWOT 分析;

(2) 对所学专业的市场前景、就业状况有明确认识;

(3) 提出切实可行的个人目标;

(4) 就如何实现个人目标明确具体的组织保证措施和努力方向。

第十四章 国际市场营销
Chapter 14

>>> **学习目标**

1. 理解国际市场营销的含义及意义；
2. 了解国际市场营销环境与国际市场选择的影响因素；
3. 了解国际市场营销方式与国际市场营销策略。

>>> **导入案例**

鲁 人 徙 越

鲁人身善织屦，妻善织缟，而欲徙于越。或谓之曰："子必穷矣。"鲁人曰："何也？"曰："屦为履之也，而越人跣行；缟为冠之也，而越人被发。以子之所长，游于不用之国，欲使无穷，其可得乎。"

——《韩非子·说林上》

思考：
这个故事说明了什么？

第一节 国际市场营销环境

一、国际市场营销的含义与基本原理

简而言之，国际市场营销指的是跨国界进行的营销。在最简单的情况下，小企业从另一个国家的购买者那里收到一份订单，就牵涉到国际市场营销的问题。比如，价格应该用哪种货币来表示，是否应该包含运输费用、进口税或其他税；买卖双方应商定跨国付款的办法及牵涉到他们的银行，甚至考虑安装和售后服务的问题等。

为了国家的国际收支平衡或应付全球化背景下国外竞争者所带来的不良效应，企业需要国际营销，当然有更多正面的原因促使企业积极主动地寻求国际市场上的商机，以下是一些主要原因：

（1）小规模或饱和的国内市场。如果国内市场在规模上有所限制，或者已经饱和，企业就应该及早转向国际市场。

（2）规模经济。当营业毛利十分微薄，沉重的研究和开发成本又必须获得补偿，并且市场营销变得愈加全球化时，规模化发展成为不可避免的一步，而进行国际化发展以获得规模经济就显得很重要。

（3）国际化生产。全球范围内劳动力成本的差异，是一些企业将生产转移到国外的动机之一。这样做不仅可以节省劳动力和经营成本，享受到目标国政府吸引外资的优惠，也可以节省运输和进口成本。

（4）客户关系。由于消费者的国际倾向日益加强，供应商亦应随之而动。尤其是服务业，要尽可能地靠近消费者，以拥有更融洽的客户关系，提供更优质的服务，如工程咨询、广告代理商等。

（5）市场多样化。企业拥有势力范围较广的资产组合，在进一步发展、克服暂时困难或退出市场的时候，所需资源都可以流通自如。

（6）国际竞争力。为了打败竞争者或巩固自己的地位，国际化的一个重要原因就是对市场商机的追逐。不论进入国际市场的动机如何，了解国际市场、分析与评估国际市场环境非常必要。

二、国际市场营销环境的构成要素

构成国际市场营销环境的 STEP 因素（社会文化因素、技术因素、经济和竞争因素、政治和法律因素）既适用于国内情况，也适用于国际市场。其中，区别和影响最显著的是经济环境、社会文化环境和政治法律环境。

▶ 1. 经济环境

国际市场营销的经济环境是各种直接或间接影响和制约国际市场营销的经济因素的集合，是国际市场营销环境的重要组成部分，具有国际市场营销环境的各种特征。经济环境分为三个不同层次：一是从全球的角度出发，考察整个世界经济的基本状况及其对国际市场营销的影响，包括国际金融环境、国际贸易环境、经济周期、世界经济结构；二是从一个国家角度出发考察某个具体国家的经济状况及其对国际营销的影响；三是从世界区域性范围及区域性组织出发考察某些文化背景相似、经济发展水平相当、关系往来密切的一系列国家和地区的区域性层面的经济环境。

▶ 2. 社会文化环境

要在国际市场上进行营销，除了要考虑人口统计学方面的市场结构外，还要特别注意社会文化因素、文化差异问题。

（1）语言文字。语言的多样与复杂往往成为国际市场交易双方沟通的障碍，从品牌的创建、商标的设计乃至广告促销的信息传递，都要求语言表达严谨、准确，一旦造成歧义，品牌的微妙含义就可能丧失。

百事可乐公司的著名广告口号"Come Alive with Pepsi"在美国得到好评，在我国台湾却被翻译为"百事使你的祖先复活"，在德国则被翻译为"百事可乐和你一起从坟墓中出来"。又如我国以"金鸡"为牌子的产品，出口包装翻译为"Golden Cock"，而"Cock"是现代英语俚语中的粗俗用语，不适合做商品品牌。我国出口的"紫罗兰"男衬衫，译成英语成了"无丈夫气的男子"；"白象牌"电池译成英语是"累赘"之意；"芳芳"牌化妆品的汉语拼音在英语中意为"毒牙"，等等。

(2) 社会结构、风俗习惯。社会因素可以影响到产品本身、产品的营销组合和业务谈判程序。在任何消费市场上，营销人员都需要尽量了解个人，以及各种团体对这些人的影响；需要了解当地的工商业文化，谈判风格和礼节在各国大不相同。

(3) 价值观念。价值观念是文化的核心内容，是人们选择行为目的、行为方式的精神标准，可以影响消费者对一个商品或其他产地的态度。

我国某企业生产的高品质瓷器出口，中方设计人员考虑到是向美国出口，便在典雅的中国式瓷器上绘制了西洋画，但在美国客商看来不伦不类，因此出口量很小。

在法国巴黎巴士底狱广场附近有一条闻名遐迩的家具街。在几乎清一色的欧式家具中，传统的中式家具展现出了一种东方古文明的美，漆木家具做功细腻，但因雕刻的内容太多太繁，色彩太鲜艳，与法国人所喜欢的风格粗犷、构图简洁的家具不协调，因此产品销路不佳。上海家用化学品厂一批发乳在日本销路不佳，究其原因，是因为装发乳的瓶子是黑色的，日本人不喜欢，但该产品在中东却大受欢迎。

(4) 宗教信仰。宗教更突出反映了消费者的某些理想、愿望和追求，极大地影响着国际消费者的行为。宗教方面的规范和禁忌对国际市场营销形成了一定的制约。

▶ 3. 政治法律环境

鉴于国际社会没有一个统一的政治制度和法律条约，世界各国不同的政治体制以及具有不同法律效力的公约、协定就成为国际市场营销环境的重要方面，是企业国际市场营销必须要考虑的环境力量。其中，对下列因素应尤为重视：

(1) 双边与多边关系。国与国之间的双边关系，既可以给该国企业的国际市场营销创造有利的外部条件，也可能形成不利的阻力。企业若不了解国家间的非经济因素，就很难取得跨国营销活动的成功。

(2) 国家结构与政治稳定性。国家结构是指一个国家的基本权力结构，国家结构决定了某些市场特性：集权制国家中的各项贸易法规、商业政策比较统一，容易把握，这种国内市场的统一性较强；联邦国家的各种法规、政策差异较大，地方的行政管辖独立性还可能造成市场的某种分割，会增加国际市场营销的难度。国家权力结构关系到政治的稳定性，进而影响到政策的连续性。

(3) 外贸政策。一国贸易政策如同进入该国市场的关卡。特别是在贸易保护主义盛行的今天，外贸政策对国际市场营销的影响愈加突出。

(4) 法律规定。国际企业应主要围绕保持和控制竞争、保护消费者利益两方面内容来熟悉各个国家的法律规定及其具体的法律解释，这些内容大多涵盖了市场营销的四个基本要素，即有关产品、价格、渠道和促销的法律规定。国际企业除遵守本国政府颁布的法规和目标市场国的法律规定外，还应了解一些具有法律效力的国际公约、条约及协定。

第二节　国际市场营销的限制因素

与国内市场营销相比，国际市场营销活动除了受上述环境因素变化的影响外，还会受到一些限制性因素的制约，进而大大增加了国际市场营销的难度。

一、贸易保护

一个国家市场的开放会给该国经济带来利弊兼具的双重影响,存在着短期效益与长期效益之间的矛盾。为趋利避害,形形色色的贸易保护措施出现了,以期借助不同程度的限制,实现长短利益的良性组合。这些贸易保护措施是任何从事国际市场营销的企业所不能回避的。

1. 关税

关税是进出口商品经过海关时由政府征收的一种税,是贸易保护的典型措施。关税几乎在任何国家都充当了"第一门卫"的角色。各国政府对关税保护所寄予的厚望,使每一个意欲进入国际市场的企业面临的首要问题就是要对种类繁多的关税进行通盘了解。经常性的关税种类有进口税、出口税、过境税,此外还有进口附加税、差价税等临时性关税。关税对国际营销活动的影响主要是在价格决策方面:出口商品被课征关税后,会因价格水平大幅度提升而降低国际市场竞争能力;对进口商品的高关税政策也会招致出口方的报复行为。

2. 非关税壁垒

除关税之外的限制进出口交易的各种贸易保护措施,均可称作非关税壁垒。其主要形式有进口配额、许可证制度、外汇管制和政府采购政策等。与关税相比,非关税壁垒明目更多,范围更广,手段更隐蔽,有时甚至比关税限制更严厉,成为现代国际市场营销中最复杂的限制因素。企业必须将其目标产品、目标盈利及各种营销策略在这些限制因素上进行"过滤",从中筛选出切实可行的策略和允许达到的目标及可能实现的公司机会,才能在重重"监护"下投入国际市场。

3. 区域经济组织

区域经济组织是指成员之间实行自由贸易,成员外部实施贸易壁垒的区域性国际贸易组织。这种组织将自由贸易与贸易保护恰当地结合在一起,成为现阶段一些国家在国际贸易中趋利避害、获得更多贸易利益的最佳方式。区域经济组织根据经济结合程度及相互依存关系可分为自由贸易区、关税同盟、共同市场和经济同盟。

(1)自由贸易区。区内成员之间的贸易壁垒均被撤除,但成员与非成员间仍保持原有的贸易壁垒。

(2)关税同盟。全体成员对非成员设置了共同的贸易壁垒,主要采用共同的外部关税。

(3)共同市场。在共同市场内的成员之间不仅商品是自由流动的,而且生产要素(劳动力、资本、技术)也是可以自由流动的。

二、国际汇兑

国际汇兑对国际市场营销的影响比贸易保护更具普遍性。国际汇兑的影响主要表现为两个方面:一是由于存在国际结算关系,不仅出现了货币选择问题,而且在货币获得及货币支付的形式和手续方面也都比国内营销远为复杂;二是国际结算中不同货币的折算比率变化频繁而复杂,增加了实现企业预期目标盈利率的不确定性,也加大了国际营销的风险性。其中,尤以汇率变化对国际市场营销的影响为甚。

此外,货物运输对国际市场营销也有重要限制。由于国际市场较之国内市场运距远、时间长、在运输方式、运输费用、到港装卸和运输保险等方面的选择,计算与实施都比组织国内商品的买卖复杂,对易破碎、易变质的产品来说,运输的限制更为突出。

第 三 节　国际市场营销方式

国际市场营销方式是指企业选择进入国际市场的最佳方式和策略，它直接关系到国际市场营销组合的设计和实施。具体的营销方式是随着贸易和投资活动的发展而不断演进的，可归纳为出口商品、直接投资、对外合作三大类。

一、出口商品

出口商品是商品国际化的代表形式，也是国际营销最普遍的形式，包括间接出口与直接出口两种形式。企业一般从间接出口开始进入国际市场。

▶1. 间接出口

间接出口指厂商通过中间商将商品销往国外的贸易活动，是企业进入国际市场的初级阶段。其优点是投资较少，风险也较小。间接出口有以下三种途径：

（1）由本国出口商经销。生产企业将产品销售给出口商，再由出口商以自己的名义将产品销往他国，如日本的综合商社和我国的专业外贸公司一直在国际营销中扮演着重要的角色。

（2）由出口代理商代销。生产企业与本国出口代理商签订合同，由代理商协助寻找国外客户，生产企业承担风险，并在产品售出后付给代理商一定比例的佣金。

（3）与中间商合作经营。即由中间商帮助企业管理经营出口业务，并收取费用。

▶2. 直接出口

直接出口指厂商直接将产品销给外国的进口商或用户，也有投资大、风险多和费用高的潜在威胁。直接出口主要有四种途径：建立国内出口部，整体上负责企业的国际市场拓展；设立国外销售分公司或子公司，直接在国外市场开展推销活动；选派出口销售代表，定期到国外了解市场情况并开展推销活动；寻求国外销售商或代理商，由其代表公司寻找客户，开拓市场。

二、对外合作

对外合作是实现资本、技术、生产国际化而广泛采用的形式，包括合资经营、合作经营、技术转让及特许经营等。

▶1. 合资经营

合资经营指由外国投资者与当地投资者共同投资兴办企业，共同经营，共负盈亏。合资经营有利于发挥双方各自的优势，在资金、技术、管理和资源等方面相互弥补和借鉴。如在产品销售方面，可利用合资者在国外的销售渠道推动产品出口。因此，选择适当的国外投资伙伴合资经营，是提高产品竞争力，迅速将产品打入国际市场的有效途径之一。

▶2. 合作经营

合作经营属"契约式"合作，其投资方式更为灵活，不用明确确定双方股份，而是根据合约来规定双方的权利和义务。如由外方提供资金、设备、技术及产权，本方提供场地、原料、劳务，双方责、权、利按合同规定进行考核和分配。

▶3. 技术转让

技术转让指利用某种方式，将某项技术使用权从输出方出售给输入方的一种贸易行为。技术转让多采用许可证贸易方式,在签订许可证协议之后,输入方在支付一定费用并承担有关义务的条件下,可使用输出方的发明专利、商标、技术秘密、产品设计等工业产权。随着新技术的不断发明、采用,技术转让已成为企业开拓国际市场的重要手段。

4. 特许经营

特许经营指制造商通过与中间商签订合同,授予其经营享有盛誉或流行商标产品的特许权,产品由制造商提供,享有特许经营权的中间商负责经销。大公司通过发展其特许经营组织,可用较少的投资控制大量分散的中小企业,从而扩大公司销售,获得较高的市场份额。中小企业通过特许经营与大公司联营,也有利于稳定货源,提高信誉,扩大营业,增加收入。因此,特许经营方式不仅流行于西方发达国家的国内市场,在当今国际市场营销活动中也广为流行。例如,可口可乐公司授予许多国家的装瓶商以特许经营权,并向这些企业提供可口可乐原浆和从事生产、分销以及销售所必需的训练。著名的美国快餐企业麦当劳和肯德基在国际市场上的快速扩张也源于其成功的特许经营。

三、直接投资

直接投资即直接在国外投资设厂。这是资本及生产国际化的代表形式,直接投资的好处在于可使投资者获得单纯商品贸易所不具有的所有权优势,表现为对被投资方自然资源、经济生产要素的使用权,生产工艺、技术发明的控制权,同时便于投资方加强对产品销售的管理,有利于提高产品竞争力,并逐步实现对国外市场的某种控制甚至垄断。

在现实中,企业应针对不同国家市场的不同状况,选择不同的方式进入国际市场。例如,TCL进军海外分别采取的方式有:直接在越南投资建厂,由越南进入东南亚市场;成功收购施耐德公司,由德国进入欧盟市场;全资收购高威达公司,进入美国市场;与法国汤姆逊公司合资经营,进入全球市场。又如,沃尔玛进入海外市场的方法有:以收购的方式进入加拿大、德国、英国、韩国、波多黎各等国市场,以合资的方式进入墨西哥、巴西、中国等国市场,以独资的方式进入阿根廷市场,取得了较大的成功。

第四节 国际市场营销策略

进入国际市场的企业在国际市场营销策略的制定上有两种选择:一种是选择某一标准化营销组合,在几个国外市场制定相同的产品、价格、渠道与促销策略,通过标准化来降低营销成本;另一种选择是制定适应性营销组合策略,根据目标市场当地的条件,调整其营销组合要素,这虽然意味着较高的营销成本,但有利于获得更大的市场份额和利润率。下面重点讨论进入国际市场的企业所采取的产品、价格、渠道和促销策略。

一、产品策略

欲进入国际市场的企业在产品问题上首先要考虑能否在国外市场上销售同国内市场相同的产品。在国际市场上,企业通常使用以下三种产品策略:

1. 产品延伸策略

国际市场营销的产品延伸策略指将未经改变的国内销售的产品直接销售到其他国家市场。产品延伸策略的优点是不需要额外的研制、添置新设备或工具的费用,容易做到内外贸结合，投资少、收效好，以实现制造与营销过程的规模经济。这种策略的关键是选对目标市场，应用的前提是条件相同或相似需求的国际消费者的存在。如可口可乐、吉列感应剃须刀等产品，应用产品延伸策略很成功。

直接延伸的理论依据是国际产品生命周期理论。该理论认为许多产品在市场上会经历一个引入期、成长期、成熟期和衰退期的周期性变化，但同一产品的生命周期在不同国家间是不同步的。比如，某产品在美国市场上接近生命周期的尾声时，在其他许多国际的市场上可能还只处于生命周期的引入、成长或成熟阶段。

▶ 2. 产品调整策略

由于差异化国际消费者需求的存在，产品调整策略非常必要。从调整的动机来看，产品调整可分为强迫性调整和任意性调整。强迫性调整是指由于外国市场的某些因素迫使企业必须对其外销产品进行改进，否则就无法进入某国市场。如政府的一些非关税壁垒措施包括进口限额制、进口押金制、苛刻的技术标准和卫生检验规定等。任意性调整是指企业在进入外国市场时自己决定是否改变其产品。任意性调整的原因主要体现为企业对国际市场上消费者的消费偏好、经济条件、产品使用条件等因素的综合考虑。

▶ 3. 产品创新策略

在延伸与调整都行不通的国家和地区，企业还可以有第三种考虑：产品创新。创新有两种形式：一种是后向创新，根据不同国家处于准备接受某个产品的不同阶段，重新推出恰好适合某国需求的早期产品，如日本三菱公司将其生产旧型号汽车的技术转移到马来西亚，以发展适合当地需求的子弹头汽车。另一种是前向创新，即创造一种新产品以适应某国市场的需求。比如，海尔出口到美国的"大统帅"BCD—275海尔冰箱，就是针对美国人对冰箱的外观、制冷能力和使用习惯等特征而专门设计、开发与制造的，因而深受美国消费者喜爱。

二、定价策略

价格是市场营销组合中最直接影响企业收入的因素。国际市场营销中的价格制定要比国内营销更复杂，企业的国外销售价格通常会面临价格升级、转移价格和倾销价格等问题。

▶ 1. 价格升级

出口贸易中，产品跨越国际往往需要增加物流成本和保险服务、更多的中间商、支付进口关税和面对汇率的变化，这一切会使国外市场的最终消费者购买价格大大高于国内市场价格，称为价格升级。价格升级使得出口企业产品的市场竞争力受到很大影响，企业应采取适当的对策控制国外市场最终价格。为了降低价格升级的幅度，企业可考虑以下常用策略：

（1）降低产品生产成本。通过降低生产成本来降低出厂价，从而降低所有加价的乘数作用，这是解决价格升级的重要途径。例如，温州的打火机能在国际市场上把韩国、日本的打火机市场抢过来，主要靠的就是低成本。

（2）调整产品形式。如将未装配的零部件运到进口国，利用当地廉价劳动力组装，还因散件或半成品的关税通常比较低而可以降低关税，甚至可能降低物流费用，这样有可能降低最终产品的总成本。

（3）缩短分销渠道。缩短分销渠道可以在一定程度上降低流通费用，而且因为许多国家对进入分销渠道的货物要征收增值税，商品每经过一次买卖就要征收一次，企业为减少纳税，可在不破坏渠道通畅的前提下，通过精简环节来控制好市场价格。

（4）在境外投资建厂。对外直接投资可以绕过成品的关税壁垒，减少许多买卖与运输环节，充分利用东道国的资源条件，并在一定程度上抵消外汇风险。如大众汽车公司外销产品的主要目标市场是美国，但由于德国本国的高工资、不断增加的运输成本和不利的美元对欧元的汇率变化，该公司在美国市场上丧失了优势地位。后来该公司直接在美国投资建厂，旨在提高每辆车成本中直接以美元支付的比例，以利于在美国市场上进行价格竞争。但此种控制价格升级的方式是一种长效机制，短期内由于初始投入高，成本不会立即明显下降，有时反而会上升。

（5）利用国外自由贸易区或自由港。某些国家为促进国际贸易建立了一些所谓"境内关外"的自由贸易区或自由港（在我国称为保税区）。国际营销企业可以将未装配的零部件运至进口国的自由贸易区或自由港，在经海关批准未办理纳税手续进境的情况下，在境内储存、加工、装配，这样可以减轻关税负担，降低资金占用，达到降低总成本的目的，进而增强对产品终端价格的控制能力。

▶ 2. 转移价格

除了向国外中间商进行直接的买卖交易外，国际企业还可以向自己在国外的分公司出口商品，这样价格就表现为国际企业内部的要价问题。国际转移价格可以通过规避关税、规避所得税、规避风险促进企业国际营销活动的开展。国际转移价格通常会出现低于正常交易价格和高于正常交易价格两种形式。较低的转移价格可以减轻高关税的影响，并帮助国外分公司进入竞争市场。较高的转移价格可以减轻国外分公司的所得税，并收回其国外分公司的利润。

▶ 3. 倾销价格

国际营销企业在进行定价时，会遇到倾销问题。关于倾销有两种解释，一种解释是产品在国际市场上以低于生产成本的价格销售；另一种解释是某产品在国外市场售价低于国内市场价格，这时市场的价格称为倾销价格。在当地没有同类生产厂的情况下，倾销可以作为一种营销策略来使用。但如果倾销给目标市场国的同类产业带来实质性损害，这些企业就会向所在国政府提起申诉，该国政府经调查核实后会以征收反倾销税的形式对出口企业实施制裁，这样，原来的出口定价策略就会遭受挫折。

三、渠道策略

从流通全过程来看，国际营销渠道应由国内中间商和国外中间商两大类组成，包括出口商、进口商、进出口代理商、经销商及与国际营销有关的实体分配单位等组织和个人。

企业在了解国际营销渠道结构之后，就面临对渠道形式（包括渠道长度和宽度）的评价和选择问题。影响对渠道形式评价和选择的因素主要有：

（1）顾客。目标市场顾客数量的多少以及集散程度决定了使用中间商的数目，顾客购买习惯也影响到使用不同类型的分销渠道。

（2）文化。国际营销渠道具有跨文化特点，即渠道成员来自两个或多个不同的文化背景。文化环境的不同不仅会导致渠道成员在价值观上存在差异，还会导致他们的行为方式也产生差异。

（3）竞争。国际企业既可以使用与竞争对手相同的分销渠道，也可使用与竞争对手不同的渠道策略。比如，摩托罗拉的手机分销实行总代理制，市场终端控制集中在一线城市；而以TCL、波导、夏新为代表的国产手机分销模式虽也采用代理制，但其网络拓展的重点是二三线城市，并且通过渠道重心下沉进行深度分销。

（4）企业。企业对渠道的选择要服从于企业总体经营目标。企业若制定宽范围的产品组合策略，需使用较多的中间商；若采用深度扩展组合策略，使用独家经销或代理商较为有利；产品组合的关联性越强，越应考虑使用相同或相似的分销渠道。

（5）产品。一般来讲，进入国际市场的新产品以及鲜活易腐商品、时尚变化快的商品和需要较高售后服务水平的商品往往适合采用短渠道，其他类商品可考虑使用较长的渠道。

（6）资本。出口厂商若建立自己的分销渠道，需要较大的资金支持，拥有自己的销售通道，可以不被某些超级终端控制，但需投入大量的资金，而利用独立中间商则不需要直接投资，只需一些间接投入。

（7）成本。指国际分销渠道建立之后的维持性费用。在渠道设计时，要对比分销自销系统和中间商分销系统成本的高低，在两者之间找到一个平衡点。

（8）覆盖率。这是用来描述企业产品的市场覆盖范围、与渠道宽度息息相关的一个概念，国际企业在这方面面临独家经销、选择分销、密集分销三种选择。

（9）控制。国际市场营销渠道系统一般较国内的渠道系统更为复杂，因而增加了企业控制渠道的难度，也由此产生了渠道控制的不同制度安排，如公司渠道结构、中间商结构、扁平化市场结构等。有些国际著名的跨国公司都倾向于组织自己的分销系统，以保证母公司对渠道的最大控制。有些企业则通过特约代销或独家经销等方式控制整个渠道。

（10）连续性。企业要想使用国际分销渠道保持相对稳定，就必须使之具有连续性。某些大公司之所以要建立公司所控制的分销系统，保持渠道的连续性是一个主要原因，但有许多复杂的因素又会影响到企业和中间商关系的长久。

（11）沟通。国际市场上买卖双方在地理、社会、文化和技术等方面的距离感，使得企业和中间商的沟通非常重要，成功的信息沟通是渠道设计应重点考虑的因素。

四、促销（沟通）策略

国际市场促销，是企业同国外消费者的一种信息沟通行为，它是企业通过传播媒介帮助消费者认识产品或服务所能带来的利益，从而引起消费者购买欲望，以实现销售的一种活动。国际市场促销同国内市场一样，也要通过广告、人员推销、销售促进和公共关系等四个手段，把产品的存在和价值传递给目标顾客，但国际环境的种种特殊因素会给国际营销人员的信息沟通带来限制。

（1）语言障碍。影响国际促销的一个重要因素是文化差异，而文化差异又以语言对促销的影响最为显著。比如可口可乐的世界性广告主题"挡不住的感觉"，在日本被译为"我感觉到了可口可乐"，在意大利译为"独一无二的感觉"，在智利译为"生活的感觉"，在德国则直接使用英语的原文主题。在广告主题的表达中，因翻译不当而引起误解和歧义的事例在国际营销实践中不胜枚举。

（2）政府控制。大多数国家的政府对进入其国境的国外广告宣传都有程度不同的控制。有些国家对广告媒体课征不同比例的税；有些规定电视广告的播放时间段；有的控制体现在促销方面，如有些国家禁止或严格控制某类广告，如药品或烟酒等；有些具体规定广告用语等。有些国家对促销费用也有限制，目的是降低产品售价，减轻消费者负担。

（3）媒体的可用性。往往在本国可普遍使用的宣传媒体在国外市场上却不能使用。媒体的选择随市场的不同而有较大的差异，它与一国的经济发展水平、国民教育程度等因素有很大关系。如北欧的丹麦和挪威等，没有商业性电视和广播节目。在一些发达国家，广告媒体往往太多，要针对所推销的商品考虑媒体传播的范围、媒体的费用水平及信誉高低，在众多的广告媒体中进行选择，并加以适当的组合；而有些发展中国家，往往媒体太少，缺乏选择的余地。此外，有些国家识字人数所占比率较低，可少做报刊广告而多做电视、广播及标牌广告。

总之，国际市场促销策略与国内市场促销策略大致相同，就其产生的作用来看，无非也是"推动"和"拉引"两种效果。

本章小结

国际市场营销指的是跨国界进行的营销。国际市场营销环境构成的主要因素包括经济环境、社会文化环境和政治法律环境。国际市场营销主要受贸易保护和国际汇兑因素的限制。

国际市场营销方式可归纳为出口商品、对外合作和直接投资三大类。

进行国际市场营销的企业主要采用的营销策略有产品、价格、渠道和促销策略。产品策略包括产品的延伸、调整和创新策略；企业的国外销售价格通常会面临价格升级、转移价格、倾销价格等问题；国际营销渠道应由国内中间商和国外中间商两大类组成，包括出口商、进口商、进出口代理商、经销商及与国际营销有关的实体分配单位等组织和个人，企业国际营销渠道策略应对的是渠道长度和宽度的评价和选择问题；国际市场促销同国内市场一样，也要通过广告、人员推销、销售促进和公共关系四个手段，但国际环境的种种特殊因素会给国际营销人员的信息沟通带来限制，比如语言障碍、政府控制和媒体的可用性等。

思考题

1. 国际市场营销环境由哪些因素构成？
2. 为什么要重视国际市场营销环境？
3. 如何对三种国际市场营销方式进行比较和选择？
4. 影响国际市场营销定价的因素有哪些？

案例分析：
案例一
海尔的国际化战略

案例分析：
案例二
睡衣风波

案例分析：
案例三
摩托罗拉在中国的战略模式：思考全球化、行动本土化

实训实习

一、实训目标

分析某国国内外市场营销环境,了解消费者心理和购买行为,选择目标市场所在国并进行市场定位。

二、实训任务

针对某个行业选择拟进入的目标市场国,进行具体的目标市场选择,并在此基础上撰写市场定位建议书。

三、实训步骤

1. 小组成员选定某一行业,以实地调查、观察等方式为主,以图书馆、互联网查找资料为辅,收集相关资料,并针对资料进行集体讨论与分析,确定小组准备进入的国家、行业与目标市场。

2. 角色扮演。设定自己小组是某总公司负责海外业务的出口有限公司市场营销部成员,分工协作,针对小组所掌握的有关国内外市场供求、消费需求等情况,确立小组拟进入的目标市场国,并进行具体的目标市场选择。

3. 根据以上资料,得出分析结果,完成产品的市场分析报告及市场定位建议书。

第十五章 服务市场营销

学习目标

1. 掌握服务产品的主要特征及针对性的营销策略；
2. 理解服务质量的内涵和服务质量的测定标准；
3. 理解服务产品有形展示的类型和原则；
4. 掌握服务产品的定价、分销、促销策略。

导入案例

先有鸡还是先有蛋？

有一家餐厅生意好，门庭若市。老板年纪大了，想要退休，就找了三位经理过来。老板问第一位经理："先有鸡还是先有蛋？"第一位经理想了想，答道："先有鸡。"老板接着问第二位经理："先有鸡还是先有蛋？"第二位经理胸有成竹地答道："先有蛋。"老板又叫来第三位经理，问："先有鸡还是先有蛋？"第三位经理镇定地说："客人先点鸡，就先有鸡；客人先点蛋，就先有蛋。"老板笑了，于是擢升第三位经理为总经理。

思考：
请分析第三位经理被选为总经理的原因。

第一节 服务营销概述

服务的种类非常多，既包含服务的程度，又包括所提供的服务产品种类。在营销学上，服务是一种可供销售的活动，是以等价交换的形式为满足企业、公共团体或其他社会公众的需要而提供的劳务活动或物质产品。服务业指专门生产和销售各种服务产品的生产部门和企业。狭义的服务业仅指商业、餐饮业和修理业等传统的生活服务业；广义的服务业指的是为社会提供各种各样的服务活动、生产和经营各种各样的服务商品的经济部门和经济组织，即我们通常所说的第三产业。

一、服务业的分类

服务业涉及的范畴一直是国内外经济学家争论的焦点。美国服务学专家斯蒂格勒说过：服务业的界限不存在权威性的一致意见。目前普遍认同并与服务市场营销管理密切相关的分类形式有如下三种。

▶ 1. 按服务者参与程度分类

（1）高接触性服务业，即消费者必须参与服务的全部或绝大部分提供过程，如娱乐业、公共交通、学校等。

（2）中接触性服务业，即消费者只是部分地或在局部时间接触服务的提供过程，如银行、律师、房地产经纪人等。

（3）低接触性服务业，即消费者与服务提供者很少面对面地接触，服务过程多为后台实施，服务提供多通过仪器进行，如信息咨询业、邮电通信业、批发商业等。

▶ 2. 按所提供服务的特征和是否易于管理分类

（1）高无形性、高不稳定性服务业，如教育、法律咨询、旅游等，这类行业不易于管理。

（2）高无形性、低不稳定性服务业，如保险业、娱乐业及生活用品租赁业等，虽不好管理，但存在一定可控因素。

（3）低无形性、高不稳定性服务业，如医疗、保健、美容业等，这些行业的服务消费者能感觉到，比较容易管理。

（4）低无形性、低不稳定性服务业，如交通运输业、文化出版业等，这类行业大部分有标准化的操作程序，易于管理和控制。

▶ 3. 根据纯粹服务成分的高低分类

（1）高服务成分的服务业，如修理业、美容业以及便利服务业等，通过提供纯粹的服务劳动来满足消费者需求，对物质技术设备要求一般不高。

（2）中服务成分的服务业，如饮食业、旅游业、设备安装业等。

（3）低服务成分的服务业，如自助餐厅、超级市场、电信服务等。

二、服务产品的一般特点与相应的营销策略

以下将通过对服务产品的一般特点的分析来阐明服务营销应当侧重研究的方向和各种必要的应对措施。

▶ 1. 服务产品的无形性

严格地说，服务产品的存在形式有两种：一种是以实物形式存在的物质载体，如作家的作品、饭店的菜肴；另一种是以活动形式提供的无形的服务，如医生的治疗、演员的演出等。

每种服务产品同时具有有形载体和无形服务，并且不同的服务产品中的有形部分和无形部分的分配构成一个连续谱线。确定一个服务产品在谱线中的位置，是确定其营销战略的基本前提。营销决策取决于产品核心成分的性质，其无形性越大，越难采用实物产品的营销手段。

针对无形的服务产品，消费者会在潜意识中产生种种不同于对实物产品的理解，这就要求服务提供者和管理者必须针对这些特殊的理解采取不同的营销手段予以应对，见表15-1。

表 15-1　针对服务产品无形性的营销策略

消费者的特殊理解	营销者的应对手段
消费之前很难形成准确预期	简化服务，使服务产品有形化
购买风险大于实物商品	设立标准，细分档次，降低购买失误风险
很难做到产品比较	把服务落实到感官上，使服务有感化
广告可信度更低	促进人与人的沟通（口碑）
价格、设施、布局等传递质量信息	以高价格树立形象，以设备技术赢得竞争
很少有品牌忠诚	通过促销、宣传、建立信任，赢得人心

▶ 2. 服务产品的生产与消费的不可分割性

不可分割性指的是在服务业市场上，生产者和消费者直接发生联系，生产过程与消费过程统一，两者在时间和空间上不可分割。很多情况下是消费者直接参与生产过程，如理发、美容等；而另一些情况是生产和消费可能在空间上有所分离，但服务提供与消费需求仍然相互对应，不可分割。

服务产品的这一特点同样带给消费者一些不同于实物消费的特殊感受，而这些感受同样构成了服务营销的方向和目标，见表 15-2。

表 15-2　针对服务产品不可分割性的营销策略

消费者的特殊感受	营销者的应对手段
服务无法与生产者分离，服务消费者必须亲自到场	将消费与生产分离（如自动售货、远程教学、电子银行等）
消费者风险大，服务质量事后验证	运用高技术、新设备，选择高素质人员，提高服务质量
有些服务不需要客户在场（如餐饮、保洁等）	吸引消费者卷入服务过程，进行质量监督
服务供需具有地域限制	通过地域选择战略靠近主要消费群；通过营销宣传扩大服务覆盖面；把服务生产过程分散化，形成规模效应

▶ 3. 服务产品的不可储存性

服务产品因其无形性以及生产与消费同时进行的特征而使其无法像其他产品一样可以储存起来，以供未来销售或使用，即服务既不能在体验之前也不能在体验之后制造和保存。如理发、手术、住宿、旅游和文艺晚会等。因而，服务产品随生产过程的结束而消失，从而造成损失（如车船的空位、旅店的空房、电话线路的闲置等）。这种损失表现为机会的丧失和折旧的产生，这一特点也称为易失性。

服务产品的这一特点使消费者产生了不同于实物消费的消费心理和消费行为，要求营销者加以考虑，见表 15-3。

表 15-3　针对服务产品不可储存性的营销策略

消费者的特殊消费心理和行为	营销者可以考虑的方案
企业若不在生产时销售就会失去服务收益，而消费者对此并不关心	预定系统；通过刺激手段调节需求流量；人员弹性
购买结束的同时，产品的概念已留在消费者记忆中	自助；只提供服务主要内容的介绍
在服务供不应求时消费者才能意识到服务没有库存的特点，被迫排队等候	补充或扩展服务；人员弹性；引导需求的时间结构

▶ **4. 服务产品的质量多变性**

服务产品的质量多变性指服务的构成成分及质量水平经常发生变化，它无法像有形产品那样实现标准化，每次服务带给顾客的效用、顾客感知的服务质量都可能存在差异。造成这种差异的原因有三：一是人员的原因，如心理状态、服务技能和努力程度等；二是顾客的原因，如知识水平、心情和爱好等；三是服务人员与顾客间相互作用的原因，在服务的不同次数的购买和消费过程中，即使是同一服务人员向同一顾客提供的服务也可能会存在差异。

一般而言，质量的多变性对企业是一种经营风险，很大程度上是营销策略开展的障碍。但在一定条件下可变性也可以转化为竞争优势和发展机遇。当我们向银行借款或去美容院做美容时，我们并不想得到和其他客户同样的待遇。换句话说，针对多样化服务需求的个性化服务供给，正是未来服务业发展的一种潮流。然而，这并不意味着不存在服务质量低于消费者预期的风险，这就要求服务管理者和营销者必须采取措施对风险加以控制，见表15-4。

表 15-4 针对服务产品质量多变性的营销策略

消费者的服务质量观	服务管理者的应对措施
服务提供的只是一种虚无的活动	无形服务有形化
消费与服务同步进行，并同步检验质量	分解服务步骤，简化服务过程，提高质量预见性
服务质量检验具有主观性	通过使用高职业化的人员提供个性化服务，变可变性为机遇
对服务生产的控制能力取决于对服务性质的理解和经验积累	对人员的筛选、培训和激励进行投资，并作为宣传题材
服务的可变性加大了质量评价的风险	用机械代替人工
过程标准化和档次明晰化能降低质量风险	控制生产过程，制定一定的操作标准和服务档次

▶ **5. 服务产品缺乏所有权**

缺乏所有权是指在服务的生产和消费的过程中不涉及任何物的所有权的转移。缺乏所有权会使消费者在购买服务时感受到较大的风险。如何克服这种消费心理，促进服务销售，是市场营销管理人员所要面对的挑战。

以上是服务产品所表现出的四个基本的经济特性，它们对营销战略的制定具有广泛的指导意义。四种特性表现越明显的服务产品越需要制定针对性强的服务营销策略；反之，四种特性表现不明显的服务产品则可以较多地借鉴实物产品的营销经验和策略。

▶ **6. 服务产品的复杂性**

服务业是一个门类繁杂的产业群，在整个服务市场上销售的服务产品复杂多样，特点各异。其中既有生产服务产品，又有生活服务产品；既有技术产品、艺术产品，又有信息产品、知识产品、智能产品以及各种象征性产品等。在以"效用"形态提供的产品中，既有具有现实效用的产品，又有具有想象效用的产品，还有具有滞后效用的产品。服务产品虽然千差万别、复杂多样，但在某些服务组合中，各类服务产品往往又是相互关联、相互制约的，比如旅游。

▶ 7. 服务产品的相互替代性

服务产品的相互替代性包含两层含义：第一，服务产品同其他工农业实物产品之间有很强的相互替代性。一个人在获得了恢复物品的服务，比如缝补衣服后，他就不用再去购买新的衣物。同样，人们在购买了某些工农业实物商品后，也可以减少或完全不用某些服务，比如人们购买了洗衣机，就可以不去购买洗衣店的服务。但服务产品同工农业产品也有相互补充、相互促进的一面。例如电视机、空调、电子计算机等耐用工业品的普及，必然会扩大与之有关的修理服务业市场；同样，这些服务业的发展，又必然反过来增加对这类服务所用的工具和设备的需求。第二，各类服务产品之间往往可以相互替代。人们为了达到同一消费目的，可以选择不同的服务方式。比如，各种运输服务方式的相互替代。

▶ 8. 服务产品生产中应用科技的不平衡性

同工业生产部门相比，服务业应用科学技术的程度很不平衡。传统服务业和新兴服务业在这方面存在巨大的差距。当然，某些服务行业运用先进技术较低是由其行业的特点决定的。尤其是一般生活服务业，是"人对人"的产业，即使在科技高度发达的时代，也很难从手工操作中解脱出来。

三、服务营销组合

▶ 1. 产品策略

从供应商的角度看，很多服务在许多方面都可以被当成有形产品。供应商开发一系列产品，每种产品都代表挣钱的机会。例如，一家保险公司会提供多种保单，有养老保险、捐赠保险、寿险、家庭财产保险、汽车保险和假期保险等。每种保单同样可视作一种产品或一个系列中的一种。服务产品和实物产品一样，定位、树立品牌、建立组合、设计新服务和控制产品生命周期都很重要。在服务产品中融入一些本来与产品并不相关的东西，产品开发会变得复杂，如一个度假服务公司为了给游客安排打包旅游，要同航空公司、饭店和当地旅行社打交道，而在游客看来，任何一个环节出了差错，都得怪这个度假服务公司，即使是飞机误点或房间水管失灵等这样的事并不是度假服务公司能管得了的。

▶ 2. 定价策略

服务产品价格方面要考虑的因素包括价格水平、折让和佣金、付款方式和信用。服务定价有较大的灵活性。在区别一项服务与另一项服务时，价格是一种识别方式，顾客可根据一项服务的价格感受到其价值的高低。与有形产品相比，服务特征对于服务定价可能具有更重要的影响。由于服务具有不可储存性，对于其服务产品的需求波动较大的企业来说，当需求处于低谷时，服务企业往往需要通过使用优惠价或降价的方式，以充分利用剩余的生产能力，因而边际定价策略在服务企业中得到了普遍的应用。

▶ 3. 促销策略

服务促销是指为了提高销售，加快新服务的引入，加速人们接受新服务的沟通过程。促销对象不只限于顾客，也可以被用来激励雇员和刺激中间商。服务促销包括广告、人员推销、营业推广、宣传和公共关系等营销沟通方式。为加深消费者对无形服务的印象，企业在促销活动中要尽量使服务产品有形化。

▶ 4. 分销策略

随着服务领域的扩展，服务销售除直销外，经由中介机构进行销售的产品日渐增多。中介机构主要有代理、代销、经纪、批发和零售等形态。在分销因素中，服务提供者的所在地以及其地缘的便利性都是影响服务营销效益的重要因素。商店、电影院、餐厅等服务组织，如能坐落于人口密集、人均收入高和交通方便的地段，服务流通的范围就较广泛，营业收入和利润也就较高。

▶ 5. 人员管理策略

对于服务企业来说，人的要素包括两方面的内容，即服务企业的员工和顾客。在服务企业担任生产或可操作性角色的人员，在顾客心目中实际上是服务产品的一个组成部分，其贡献也和其他销售人员相同。大多数服务企业的特点是操作人员承担服务表现和服务销售的双重任务。因此，顾客满意和顾客忠诚取决于服务企业为顾客创造的价值，而服务企业为顾客创造的价值能否让顾客满意，又取决于员工的满意与忠诚。只有满意和忠诚的员工才可能提高其服务效率和服务质量。

▶ 6. 有形展示策略

由于服务的无形性，不能实现自我展示，服务企业必须借助一系列的有形证据向顾客传递相关信息，使服务的内涵尽可能地附着在某些实物上。简单地说服务有形化就是指服务的包装化、品牌化和承诺化。主要有：服务环境，包括服务地点、建筑、场地、设施、工具、用品、信息资料、人员、顾客和气氛等；服务品牌，包括服务机构的名称和标识符号等；服务承诺；服务定价；服务广告。

有形展示会影响消费者和顾客对于一家服务企业的评价。有形展示包含的因素有实体环境(装潢、颜色、陈设、声音)、服务提供时所需的装备实物(如汽车租赁公司所需要的汽车)以及其他实体性信息标志，如航空公司所使用的标识、干洗店将洗好的衣物加上"包装"等。

▶ 7. 过程策略

过程是指服务的递送过程。人的行为在服务企业很重要，而过程也同样重要。表情愉悦、专注和关切的工作人员，可以减轻必须排队等待服务的顾客的不耐烦的情绪，还可以平息技术上出问题时顾客的怨言和不满。整个系统的运作决策和程序方法的采用、服务供应中的机械化程度、员工决断权的适用范围、顾客参与服务操作过程的程度、咨询与服务的流动等，都是服务营销管理者需要特别关注的问题。

第二节 服务质量管理

一、服务质量的内涵和测定

(一) 服务质量的内涵

所谓服务质量，就是指顾客对实际所得到的服务的感知与顾客对服务的期望之间的差距，即产品生产的服务或服务业满足规定或潜在要求(或需要)的特征和特性的总和。因此，服务质量是一个主观范畴，它取决于顾客对服务的预期质量和实际体验质量之间的对比。在顾客体验质量达到或超过预期质量时，顾客就会满意，从而认为服务质量较高；反之，则会认为企业的服务质量较低。

顾客感知的服务质量包括技术质量和功能质量两个方面。所谓技术质量，就是指服务过程的产出，即顾客在服务中所得到的实质内容，如商品零售企业的环境服务为顾客提供的安全、舒适、愉快的购物体验，商品服务使顾客获得质优价宜的商品，维修服务使顾客重新获得商品的使用价值等。技术质量可以通过比较直观的方式加以评估，顾客也容易感知，从而成为顾客评价服务好坏的重要依据。所谓功能质量，就是指服务的技术性要素是如何传递的，即服务的生产过程，包括服务人员的态度与行为、企业的内部关系、服务人员的外貌仪表以及员工与顾客的接触等要素。

顾客对服务产品质量的判断取决于体验质量与预期质量的对比。在体验质量既定的情况下，预期质量将影响顾客对整体服务质量的感知。如果顾客的期望过高，或者是不切合实际，则即使从某种客观意义上说他们所接受的服务水平是很高的，他们仍然会认为企业的服务质量较低。

顾客对服务的预期质量通常受四方面因素的影响，即市场营销沟通、顾客口碑、顾客需求和企业形象。企业形象和顾客口碑只能间接地被企业控制，它们虽然受许多外部因素的影响，但基本上表现为企业绩效的函数。顾客需求千差万别，属于不可控制的因素；而市场营销沟通包括广告、人员推销、促销和公共关系等，这些能够直接地为企业所控制。如图 15-1 所示。

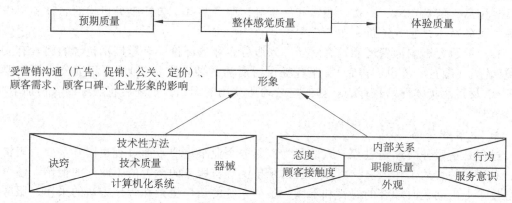

图 15-1　服务质量模型

（二）服务质量的测定标准

▶ **1. 感知性**

感知性是指提供服务的有形部分，如各种设施、设备和服务人员的仪表等。服务的可感知性从两个方面影响顾客对服务质量的认识。一方面，它提供了有关服务质量本身的有形线索；另一方面，它又直接影响到顾客对服务质量的感知。

▶ **2. 可靠性**

可靠性是指企业独立准确地完成所承诺服务的能力。这是服务质量的核心，是最重要的质量指标，也是有效的服务营销的基础。顾客相信服务供应方，其职员营销体系有能力进行规范作业，以解决顾客疑难问题。顾客确信，无论发生什么情况，他们都能够依赖服务供应者的职员和营运系统。许多以优质服务著称的服务企业，正是通过强化可靠性来建立自己的声誉的。

▶ **3. 反应性**

反应性是指企业随时准备为顾客提供快捷、有效的服务，包括矫正失误和改正对顾客不便之处的能力。顾客认为服务供应者的地理位置、营业时间、职员和营运系统的设计和操作便于服务，并能灵活地根据顾客要求随时加以调整。顾客知道，无论何时出现意外，服务供应者将迅速有效地采取行动，控制局势，寻找新的可行的补救措施。对于顾客的各种要求，能否予以及时满足，表明企业的服务导向，即是否把顾客利益放在第一位。同时，服务传递的效率也从侧面反映了企业的服务质量。

▶ 4. 保证性

保证性是指服务人员的友好态度与胜任能力。服务人员较高的知识技能和良好的服务态度，能增强顾客对服务质量的可信度和安全感。当顾客同一位友好、知识丰富的服务人员打交道时，他会认为自己找对了公司，从而获得信心和安全感。在服务产品不断推陈出新的今天，服务人员更应该具有较高的知识水平和良好的服务态度。

▶ 5. 移情性

移情性是指企业和服务人员站在顾客立场给予顾客关心和个人化服务，使整个服务过程富有"人情味"。这便要求服务人员有一种投入的精神，想顾客之所想，急顾客之所急，了解顾客的实际需要，甚至特殊需要，千方百计地予以满足，给予顾客充分的关心和相应的体贴，使服务过程充满人情味，这便是移情性的体现。

二、提高服务质量的策略

▶ 1. 标准跟进

企业提高服务质量的最终目的是在市场上获得竞争优势。而获得竞争优势最简捷的办法就是向竞争对手学习。标准跟进又称定点超越，是指企业将自己的产品、服务和市场营销过程同市场上的竞争对手尤其是最具优势的竞争对手进行对比，在比较、检验和学习的过程中逐步提高自身的服务标准和服务质量。

标准跟进的步骤为：①确定标准跟进的项目；②确定衡量关键绩效的变量；③确定最佳级别的竞争者；④衡量最佳级别竞争者的绩效；⑤衡量公司的绩效；⑥制定缩小差距的计划和行动；⑦执行并监测结果。

在标准跟进时，公司必须确定标准跟进的对象，即评价最好的公司。方法是调查客户、供应商和分销商，请他们对本行业主要的公司加以排序；也可询问咨询公司，它们可能有本行业主要公司各项业绩的档案。公司标准跟进应当集中在影响顾客满意和成本的关键项目上。

标准跟进法最初主要应用于生产企业，服务行业在运用定点超越方法时，可以从战略、经营和业务管理三方面着手。

（1）从战略角度入手。企业可将自身的市场战略同竞争对手的成功战略进行比较，发现自我不足之处，从而制定新的、符合市场条件和自身资源水平的战略。

（2）从经营角度入手。企业主要从降低竞争成本和增强竞争差异化的角度了解竞争对手的做法，并制定自己的经营战略。

（3）从业务管理角度入手。企业可根据竞争对手的做法，重新评估支持性职能部门对整个企业的作用。通过学习对手的经验，提高企业整体服务质量水平。

▶ 2. 蓝图技巧

蓝图技巧，又称流程分析，指通过分析组织系统和架构，鉴别顾客同服务人员的接触点，并从这些接触点出发来提高服务质量。服务企业欲提高服务质量和顾客满意度，必须理解影响顾客认知的服务产品的各种因素，蓝图技巧则为有效地分析和理解这些因素提供了便利。

蓝图技巧最先由萧斯塔克引入服务营销中，它借助流程图的方法分析服务传递过程的各个方面，包括从前台服务到后勤服务的全过程。它通常涉及四个步骤，如图15-2所示。

(1)将服务的各项内容绘入服务作业流程图,使服务过程能够清楚、客观地展现出来;
(2)找出容易导致失误的接触点;
(3)建立体现企业服务质量水平的执行标准与规范;
(4)找出顾客能够看得见的作为企业与顾客的服务接触点的服务展示。

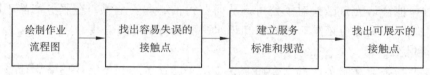

图15-2 服务流程分析图

流程分析过程最重要的内容就是要识别和管理这些与顾客的服务接触点,因为在每一个接触点,服务人员都要向顾客提供不同的职能质量和技术质量,而顾客对服务质量感知的好坏将影响到企业形象。

此外,由于服务产品无形性、不可分离性等特征的存在,顾客在购买服务产品时往往犹豫不决,因为顾客担心服务质量难以符合期望水平。企业为化解顾客对质量风险的顾虑,可以从以下几个方面加以改进:①突出质量第一;②加强员工培训;③广告强调质量;④利用促销技巧;⑤善用口碑。

三、服务质量与顾客服务

顾客服务是一项极其复杂的工作,要求面面俱到,严格管理,任何一个环节上的小小纰漏都可能使企业的整个经营付出惨重代价,甚至被淘汰出局。服务企业的行为按照是否与顾客直接接触,分为前台活动和后台活动两种。顾客服务的基本要求是尽量扩大前台活动的范围和比例,使顾客接触到更多的与职责相关而又独立操作的服务人员,这既可提高顾客的满意度,又便于企业进行追踪调查。

(一)顾客期望与顾客服务

顾客期望在顾客对企业服务的认知和判断中起着关键性的作用。顾客正是将预期质量与体验质量进行比较,据此对服务质量进行评估的。为了在服务质量方面取得信誉,企业必须按照顾客所期望的水平或超出这一水平为顾客提供服务。期望与体验是否一致已成为服务质量评估的决定性因素。期望作为比较评估的标准,既反映顾客相信会在服务中发生什么(预测),也反映顾客想要在服务中发生什么(愿望)。

(二)管理顾客的期望

企业可以对自己的质量保证进行卓越的管理,从而有效地影响顾客期望,使顾客的期望与其实际感觉趋于一致。

▶ 1. 确保承诺的实现性

明确的服务承诺(如广告和人员推销)和暗示的服务承诺(如服务设施外观、服务价格),都完全处于企业的控制中,对这些承诺进行管理是管理顾客期望的最直接而可靠的方法。企业应集中精力于基本服务项目,通过切实可行的努力和措施以确保对顾客所作的承诺能够反映真实的服务水平,保证承诺圆满兑现。但仍有许多企业喜欢以过分的承诺引诱顾客,而过分的承诺难以兑现,将会失去顾客的信任,对企业的长远发展不利。

▶ 2. 重视服务的可靠性

在顾客对服务质量进行评估的多项标准中,可靠性无疑是最重要的。提高服务的可靠性能带来较高的现有顾客保持率,增加积极的顾客口碑,减少招徕新顾客的压力和再次服务的开支。可靠的服务能减少服务补救的代价,从而合理限制顾客期望。

▶ 3. 坚持沟通的经常性

加强与顾客的沟通,有助于企业更清楚地了解企业的服务能力和服务水平;有助于消除顾客的误解以及对服务产品不切实际的幻想,更多地获得顾客的理解;有助于在出现服务失误时,减少顾客的失望,从而使顾客树立对企业的信任和容忍。

(三)超出顾客的期望

企业可利用服务传送和服务补救所提供的机会来超出顾客的期望。

▶ 1. 进行优质服务传送

在服务过程中,顾客亲身体验了提供者的服务技能和服务态度,有利于保持更切合实际的期望和更多的理解,从而使超出这些期望成为可能。每一次与顾客的接触都是一次潜在的机会,可使顾客感到享受了超出期望的服务。

▶ 2. 利用服务补救

所谓服务补救是指对前次服务存在的问题(或顾客不满意)所采取的补救措施。服务补救工作是一个很好的超出顾客期望的机会,也为企业提供了重新赢得顾客信任的机会。企业必须高度重视服务补救工作,使服务中的问题得到令顾客满意的解答。

最新研究表明,顾客对服务的期望存在着满意和渴望这两个水平,所以对潜在的服务质量的评价也应该有两个方面:感觉到的服务与满意的服务之间的差距,以及感觉到的服务与渴望的服务之间的差距。前者称为服务合格度,后者称为服务优秀度。

一个公司的服务合格度和服务优秀度的分数将会从服务质量角度确定它在竞争中的位置。根据顾客的感觉和期望的相对水平,公司可能在经营服务上处于竞争劣势、竞争优势或是成为顾客的首选目标。

第三节 服务产品的有形展示

一、服务产品有形展示的类型

有形展示是指在服务营销管理中,一切可以传递服务特色与优点的有形组成部分。有形展示是服务市场营销组合策略的七大要素之一。服务因其无形性而不同于有形商品,服务是以行为方式存在,不能自我展示,顾客只能根据服务工具、设备、员工、信息资料、其他顾客和价目表等所提供的服务线索来做出购买决定。

从构成要素进行划分,服务产品的有形展示可分为实体环境、信息沟通与价格三种类型。

(一)实体环境

▶ 1. 周围因素

周围因素是指空气的质量、噪声、气氛和整洁度等。这类要素通常被顾客视为构成服务产品内涵的必要组成部分,其存在虽不致使顾客格外激动,但如缺少这些或是达不到顾客的期望,就会引起顾客的不快或削弱顾客的信心。

2. 设计因素

设计因素是指建筑、结构、颜色、造型和风格等美学因素和陈设、标识等功能因素。这类要素被用以改善服务产品的包装，显示产品的功能，建立有形的赏心悦目的产品形象。设计性因素的主动刺激比周围环境更容易引起顾客的积极情绪，鼓励其采取积极行为，有较大的竞争潜力。

3. 社会因素

社会因素是指在服务场所内一切参与及影响服务产品生产的人，包括服务员工和其他出现于服务场所的人士，他们的人数、仪表和行为等都有可能影响顾客对服务质量的期望与判断。

（二）信息沟通

信息沟通是另一种服务展示形式，沟通的信息来自企业本身及其他引人注目之处。通过多种媒体的传播与展示服务，从赞扬性的评论到广告，从顾客口头传播到企业标记，这些不同形式的信息沟通都传递了有关服务的线索。有效的信息沟通有助于强化企业良好的形象。信息沟通进行服务展示可以通过服务有形化和信息有形化加以实现。服务有形化即让服务更加实实在在，从而把与服务相联系的有形物推至信息沟通策略的前沿；信息有形化的一种方法是鼓励对公司有利的口头传播。

（三）价格

服务价格之所以成为服务产品有形展示的组成部分，是因为服务价格不仅是营销组合因素中决定利润的主要因素，更重要的是顾客往往把价格看成是衡量服务质量、服务档次的重要因素。它有两层含义：一是顾客认为高价格意味着高质量、高档次的服务；低价格意味低质量、低档次的服务。二是如果顾客支付了高价格而没有享受到"等值"的高质量、高档次的服务，他就会失望、抱怨甚至愤怒。制定正确的价格不仅能获得稳定的收益，而且也能传送适当的信息。价格的高低直接影响着企业在消费者心目中的形象。

二、服务产品有形展示的原则

1. 应把服务同顾客容易认同的物体联系起来

有形展示使用的物体，应是顾客认为重要的，能引起他们积极的联想，是他们所寻求的服务的一部分。另外，这些有形物体所给予的承诺暗示要在服务中予以兑现。

2. 注意服务人员的作用

服务人员直接同顾客打交道，不仅其衣着打扮、言谈举止影响着顾客对服务质量的认知和评价，服务人员同顾客之间的关系也直接决定顾客与企业关系的融洽程度。服务人员的外形在服务展示管理中也特别重要。

三、服务环境的设计

服务环境指企业向顾客提供服务的场所，包括影响服务过程的各种设施以及许多无形的要素。因此，凡是会影响服务表现水准和沟通的任何设施都包括在内。在实施有形展示策略的过程中，服务环境的设计往往是企业市场营销管理的重点。

1. 环境的特点

服务环境设计关系着各个局部和整体所表现出的整体印象。从环境设计的角度看，环境主要有以下特点：

（1）环境是与服务营销有潜在关系的所有外在力量和实体体系的集合，一个人不能成为环境的主体，只能是环境的一个参与者。

（2）环境往往是多重模式的，环境对于各种感觉形成的影响并非只有一种方式。

（3）环境所能透露的信息，总是比实际过程反映的更多，其中有若干信息可能互相冲突。

（4）边缘信息和核心信息总是同时展现，都同样是环境的一部分，即使没有被集中注意的部分，人们还是能够觉察或感觉出来。

（5）环境隐含有针对种种不同的角色的目的和行动。

（6）环境隐含有各种美学的、社会性的和系统性的特征。

▶ 2. 理想环境的创造

有形展示并不限于环境设计，更不局限于室内设计，它包括了环境、气氛因素和设计因素，还有社交因素。社交因素涉及服务员工的仪表、行为、态度、谈吐及处理顾客要求的反应等，这些对服务质量、企业形象乃至整个市场营销过程的影响不容忽视。调查表明，社交因素对顾客评估服务质量的影响比其他因素更为显著。通过对社交因素的观察，顾客可直接判断服务的质量和档次，从而影响顾客购买的决策与信心。

第四节 服务的定价、分销和促销

一、服务定价策略

（一）影响服务定价的主要因素

▶ 1. 成本因素

服务市场营销人员必须理解服务产品的成本是如何随时间和需求的变化而变化的。服务产品的成本可以分为三种，即固定成本、变动成本和准变动成本。

固定成本是指不随产出而变化的成本，在一定时期内表现为固定的量，如建筑物、服务设施、家具和维修成本等。变动成本则随着服务产出的变化而出现较大的变化，如员工工资和市场推广费等。准变动成本是介于固定成本和变动成本之间的那部分成本。它们既同顾客的数量有关，也同服务产品的数量有关，如员工的加班费等。

服务企业要借鉴竞争者确定其成本、价格和利润率的方法，这将非常有助于企业自己制定适宜的价格策略。

▶ 2. 需求因素

需求的价格弹性是指因价格变动而相应引起的需求的变动比率，它反映了需求变动对价格变动的敏感程度。它通常用弹性系数来表示，该系数是服务需求量变化的百分比同其价格变化的百分比之比值。如果价格上升而需求量下降，则价格弹性为负值；如果价格上升需求量也上升，则价格弹性为正值。服务企业应该了解其产品的需求弹性情况如何，然后才能制定合理的价格策略。不同服务产品的市场需求是不尽相同的。

▶ 3. 竞争因素

市场竞争状况直接影响着服务企业定价策略的制定。在产品差异性较小、市场竞争激烈的情况下，企业制定价格幅度也相应缩小。对于服务企业来说，在市场上除了从竞争对手那里获得价格信息外，还要了解它们的成本，这将有助于企业分析评价竞争对手在价格方面的竞争能力。此外，在某些市场背景下，传统和惯例也可能影响到定价（如广告代理的佣金制度）。

（二）服务定价方法

由上述三种影响服务定价的主要因素形成了三种服务定价方法。

▶1. 成本导向定价法

成本导向定价法是指依据服务成本来制定价格。其主要优点是简单明了，适应需求状况，保持合理的利润水平。当需求旺盛时，价格显得较为公道；当需求平淡时，价格可适当降低。成本导向定价包括以下两种方法：

（1）利润导向定价。它以最起码的利润水平为目标。

（2）政府控制的价格。即以保护消费者为目标，按照成本加上合理利润为标准制定的固定价格。

▶2. 需求导向定价法

这种定价方法着眼于消费者的态度和行为，服务的质量和成本则为配合价格而进行调整和变动。这种定价方法的关键在于消费者对服务价值的认知和理解。

▶3. 竞争导向定价法

竞争导向定价法包括随行就市定价和主动竞争定价两种。前者是指以该种服务的市场通行价格作为定价的依据，避免价格战，平均价格容易为顾客所接受，企业也可获得适度利润；后者则是为了维持或增加市场占有率而采取进取性的定价策略。

（三）服务定价技巧

▶1. 客观定价

客观定价指不论顾客种类，先设定服务单价。这种定价法的前提条件是，该项服务可以被分割，通常根据经验或市场价格水平来确定。其优点是适应固定方式的服务，易于计费，顾客心中有底；缺点是不能反映顾客对价格的感受，固定的价格有时对某些顾客过于昂贵，对另一些顾客认为档次过低，从而降低竞争力。

▶2. 差别定价

差别定价，又称弹性定价，指一种根据顾客需求强度而制定不同价格的定价技巧。差别定价主要用于建立基本要求，尤其是对高峰期的服务最为适用；也可用以缓和需求的波动、减少服务的时间性等不利影响。差别定价的形式包括时间差异、顾客支付能力差异、服务品种差异和地理位置差异等。

▶3. 折扣定价

通过折扣方式可达到两个目的：一是支付服务承揽的报酬，以促进服务的生产和消费；二是鼓励提前付款，大量购买高峰期以外的消费。

▶4. 偏向定价

当一种服务原本就有偏低的基本价，或某种服务的局部形成低价格结构形态时，就会产生偏向价格现象。如餐厅为增加顾客而提供价廉物美的套餐，但大多数客人一旦进入餐厅，还是会点其他价格较高的菜品。

▶5. 保证定价

保证定价是一种保证必有某种结果产生后再付款的定价技巧。如职业介绍所一般要等到当事人找到了适当的工作后才能收取费用。保证定价适用于三种情况：一是各种特定承诺可以得到肯定和确保；二是高质量服务无法在削价的竞争环境中获取应有的竞争力；

三是顾客所寻求的是明确的保证结果。

▶ 6. 高价位定价

高价位定价是当顾客把价格视为质量的体现时所使用的一种定价技巧。在某些情况下，某些服务企业往往有意摆出高质量、高价位的姿态。已建立起高知名度的服务企业可以考虑采取这种定价策略。

▶ 7. 招徕定价

招徕定价是指在第一次订货或第一个合同时要价较低，以期获得更多的生意，而在后来的生意上采取较高要价的定价技巧。当顾客对目前的供应者不满意或不精通所提供的服务时，可采取这种做法。

▶ 8. 阶段定价

阶段定价即基本定价较低，但各种例外事项则定价会较高。

▶ 9. 系列定价

系列定价指价格本身维持不变，但服务质量、数量和服务水平则充分反映成本的变动。该定价技巧特别适用于固定收费的系列标准服务，即服务产品的质量、数量和水平的差异必须容易为顾客所了解，比如长途航空旅行。

需要强调的是，服务定价的成功有赖于其他管理措施的配合。而采取有效手段降低成本，是提高定价效果和赢得竞争优势的重要途径之一。

二、服务分销策略

服务分销渠道是服务的交付系统，是指服务从生产者移向消费者的过程中所涉及的一系列企业或机构。分销决策主要考虑应在什么地点及如何将服务提供给顾客。

（一）位置的选择

位置的选择指服务企业做出关于在什么地点经营和员工处于何处的决策，包括地域、地区和地点的选择。服务提供者和顾客相互作用的方式主要有三种：顾客主动找服务提供者；服务提供者主动找顾客；顾客与服务提供者在双方可达到的范围内交易。在顾客主动找服务提供者的情况下，服务地点坐落的位置特别重要，企业在选址时首先要考虑所能到达地域内潜在顾客及竞争对手的数量和分布情况。

（二）渠道的选择

▶ 1. 直销渠道

直销渠道是指从服务提供者到顾客，实行面对面的服务。直销是最适合服务产品的配送形式。服务企业选择直销，往往是为了取得某些特殊的营销优势。

▶ 2. 经由中介机构销售

服务企业最常使用的渠道，是通过中介机构。服务业渠道结构各不相同，有的还相当复杂。服务业市场的中介机构形式很多，常见的有下列五种：

（1）代理。指依据代理合同的规定，受服务提供者的授权委托从事某项服务活动，一般是在观光、旅游、旅馆、运输、保险、信用、雇用和企业服务市场出现。

（2）代销。即为服务提供者代为推销服务产品。如演出单位和博览会物色能接触目标顾客的机构和人员代为出售门票。

（3）经纪。指在市场上为服务提供者和顾客双方提供信息，充当中介并收取佣金的行为。如电影明星聘请经纪人去选择剧本、导演等。

（4）经销。指将服务产品买进后再售出的中间商，利润来源于进销差价，包括批发商和零售商。

(5) 特许经营。指特许者将自己所拥有的服务商标、商号、产品、专利和专有技术、经营模式等以特许经营合同的形式授予被特许者使用，被特许者按合同规定，在特许者统一的业务模式下从事经营活动，并向特许者支付相应的费用。

三、服务促销策略

服务促销指为了与目标顾客及相关公众沟通信息，使他们了解企业及所提供的服务、刺激消费需求而设计和开展的营销活动。促销对象不仅限于顾客，也可以被用来激励雇员和刺激中间商。

(一) 服务促销目标

服务促销目标主要体现在三个方面：一是传递信息，告知潜在顾客本企业的服务项目和服务能力，使潜在顾客建立对该服务产品及服务企业的认知及兴趣。二是利益展示，向顾客描述本企业的服务所具有的特征和各种利益。三是说服购买，促使顾客做出购买决策。

(二) 服务促销手段

▶ 1. 广告

基于服务的特点，服务广告要努力实现将无形服务有形化，消除顾客的不确定心理。基于服务产品的一些特征，服务产品的广告指导原则如下：

(1) 传递服务信息。即以简明的文字和图形，传达所提供服务的领域、深度、质量和水准的明确的信息。

(2) 强调服务利益。服务广告所强调的利益必须与顾客所寻求的利益一致，在充分了解顾客需求的基础上，选择广告所使用的利益诉求，争取广告的最佳效果。

(3) 承诺必须兑现。只承诺能提供给顾客的服务，而不应提出让顾客产生过度期望而企业又无力兑现的承诺。在某些方面要制定最低一致性标准，如能做得比标准更好，顾客会更加高兴。

(4) 在服务生产过程中争取并维持顾客的合作。在服务广告中，营销者面临两项挑战：第一，如何争取并维持顾客对该服务的购买；第二，如何在服务生产过程中获取并保持顾客的配合与合作。

(5) 建立口碑。可使用的具体方法有：动员满意的顾客向其他人传递他们的满意；制作一些资料委托满意顾客转送给潜在顾客群；针对舆论领袖进行直接广告宣传活动；鼓励潜在顾客去找现有顾客咨询等。

(6) 提供有形线索。服务广告者应该尽可能地使用有形线索作为提示，以便增强促销效果。这种具体的沟通展示可以变成非实体的化身或隐喻。知名的人物或物体，如建筑物、飞机，经常充当服务本身无法提供的"有形展示"。

(7) 发布连续广告。服务企业可以在广告活动中持续连贯地使用象征、主题、造型或形象，以克服服务企业的两大不利之处，即非实体性和服务产品的差异化。有些主题对于改善服务促销效果最为明显，如效率、进步、身份、威望、重要性和友谊等。

(8) 消除购后疑虑。产品和服务的消费者经常会对购买行动的合理性产生事后疑虑。因此，在服务促销中，必须保证买主购买选择的合理性，并且鼓励顾客将服务购买和使用后的利益转告他人，消除购后的忧虑感。

▶ 2. 人员推销

人员推销的原则、程序和方法，在服务业和制造业中的运用大致相类似。但在服务市场上，这些工作和活动的执行手段则跟制造业市场有相当大的差异。其中一项差异就是，在某些服务业市场，服务业者可能必须雇用专门技术人员而不是专业推销人员来推销其服务。

服务市场营销中个人接触的重要性和人的影响力已被普遍认同。因此，人员推销与人的接触已成为服务市场营销中最受重视的因素。在服务营销的背景下，人员销售有着许多指导原则，主要有：

(1) 挑选素质好的推销人员。推销人员必须是业务能力强、服务态度好、能让顾客信任的人。

(2) 发展与顾客的个人关系。服务企业员工与顾客之间的良好的人际接触，可以使双方相互满足。

(3) 采取专业化导向。在顾客心目中，销售人员必须是一个真正的行家里手，因此，服务提供者的仪表、动作、行为和态度要符合顾客心目中一个专业人员应有的标准。

(4) 利用间接销售形式。可采取以下三种间接销售形式：一是在销售和推广有关产品和服务时，注意引导顾客有效地利用既有服务来创造引申需求；二是利用相关参考群体、舆论主导者与其他有影响力的人来影响顾客的服务选择过程，以增进间接销售；三是自我推荐。

(5) 建立并维持有利的形象。有效的营销依赖于良好形象的创造与维持。营销活动（如广告、公共关系）所试图达到的是要建立并维持的一种希望被人看得到的个人或公司的形象，而且要与顾客心目中所具有的形象一致。现有顾客和潜在顾客对某个企业及其员工的印象，在很大程度上影响他们的消费决策。

(6) 推销多种服务。在推销核心服务时，提供一系列有关的辅助性服务，这既可为顾客提供方便，也可为服务企业带来利益。

(7) 简化采购过程。服务销售人员应力求使顾客的采购简易化，让顾客更容易得到服务，并尽量减少对顾客的要求。

▶ 3. 公共关系

公共关系是为了树立和维护企业良好形象而采用各种交际技巧，从而提高企业的知名度。服务和产品的公共关系工作基本上并无差异。公共关系的主要手段有：

(1) 媒介宣传。利用报刊、广播、电视发布消息，具有较高的可信度，易为公众所接受。

(2) 企业宣传资料。公司的出版物和宣传品，向顾客传达企业的目标和策略，表彰服务人员的业绩，报道企业信息，从而激励销售并改善与顾客的关系。

(3) 邀请顾客参观。企业可利用开放日、参观日或庆祝日等，随时接待顾客，向顾客展示新的服务项目和服务设施，使其有机会更多地了解企业。

(4) 密切社团关系。服务企业需要取得地方和社区的大力支持，与社团建立良好的关系，有利于维持稳定的顾客群和得到政府机构的支持。

本章小结

服务业指专门生产和销售各种服务产品的生产部门和企业。服务产品具有无形性、生产和消费不可分割性、不可储存性、质量多变性和缺乏所有权等特征。

服务营销组合策略包括产品策略、定价策略、促销策略、分销策略、人员管理策略、有形展示策略和过程策略。

服务质量是指顾客对实际所得到的服务的感知与顾客对服务的期望之间的差距，即产品生产的服务或服务业满足规定或潜在要求（或需要）的特征和特性的总和。顾客感知的服务质量包括技术质量和功能质量两个方面。顾客对服务的预期质量通常要受四方面因素的影响，即市场营销沟通、顾客口碑、顾客需求和企业形象。服务质量的测定标准有感知性、可靠性、反应性、保证性和移情性。企业可通过标准跟进和蓝图技巧提高服务质量。

服务产品的有形展示是指在服务营销管理中，一切可以传递服务特色与优点的有形组成部分。有形展示可分为实体环境、信息沟通与价格三种类型。

服务定价策略受成本、需求和竞争因素的影响，包括客观定价、差别定价、折扣定价、偏向定价、保证定价、高价位定价、招徕定价、阶段定价和系列定价等技巧。服务分销包括位置的选择和渠道的选择，服务促销的手段有广告、人员推销和公共关系等。

思考题

1. 服务产品具有哪些不同于实物产品的特点？
2. 怎样有效提高服务质量？
3. 服务产品有形展示的类型有哪些？
4. 简述服务定价策略。

实训实习

一、实训目标

掌握服务有形展示的原则，以及设计重点。

二、实训任务

我们经常在商场看到"尊敬的顾客，勿让我们的衣服划花您的妆容……""不许试吃！！！""小心口红！！！"等提示语。对一个大型的商场而言，这样的提示非常必要，但不同的提示语会给顾客不同的感受。

三、实训步骤

1. 以小组为单位，走访五家以上商场。
2. 把这些商场的提示语抄写下来进行分析。
3. 共同提出完善措施。

案例分析：
案例一
希尔顿的微笑

案例分析：
案例二
新东方的服务营销

案例分析：
案例三
星巴克的体验营销

第十六章 营销新概念
Chapter 16

>>> 学习目标

1. 掌握关系营销的特征及其实施；
2. 掌握合作营销的特征及其实施；
3. 理解绿色营销的内涵及其实施；
4. 理解整合营销的概念及其实施；
5. 了解网络营销在营销中的应用。

>>> 导入案例

某百货公司总经理让其秘书到全市调查哪家饭馆的咖喱饭味道最好，然后他把最好的那一家饭馆的老板请来，提出在百货公司开辟一处地方卖咖喱饭，价格比市场上低四成，这四成由百货公司负责给老板补上。饭馆老板当然乐意。全市味道最好的咖喱饭，又比别处便宜四成，结果引来了大量顾客。顾客吃完饭，就要逛商场，逛商场就要买东西，一年下来商场营业额比上一年增加了5倍，饭馆营业额增加了几十倍。由此可见这种营销理念和方法对双方都有利。

资料来源：段传敏．联合营销：现实挑战与未来[J]．销售与市场（管理版），2011，7．

思考：
上述案例运用了哪些营销理念？有什么作用？

第一节 关系营销

一、关系营销及其本质特征

（一）关系营销的定义

得克萨斯州 A&M 大学的伦纳德·L. 贝瑞（Leonard L. Berry）教授于 1983 年对关系营销做出了如下的定义："关系营销是吸引、维持和增强客户关系。"在 1996 年他又给出了更为全面的定义："关系营销是为了满足企业和相关利益者的目标而进行的识别、建立、维持和促进同消费者的关系并在必要时终止关系的过程,这只有通过交换和承诺才能实现。"

工业市场营销专家巴巴拉·B. 杰克逊(Jackson B. B, 1985)从工业营销的角度将关系营销描述为"关系营销关注于吸引、发展和保留客户关系"。

摩根和亨特(Morgan and Hunt, 1994)从经济交换与社会交换的差异来认识关系营销,认为关系营销是"旨在建立、发展和维持成功关系交换的营销活动"。

顾曼森(Gummesson, 1990)则从企业竞争网络化的角度来定义关系营销,认为"关系营销就是市场被看作关系、互动与网络"。用美国学者理查德·古德曼的话说,关系营销"不是创造购买",而是"建立各种关系"。

综上所述,关系营销以系统为基本思想,将企业置身于社会经济大环境中来考察企业的市场营销活动,所谓关系营销是买卖双方之间创造更亲密的工作关系和相互依赖的一门艺术。它在以市场为导向的基础上,通过满足顾客全方位的需求,与顾客和其他的合作者建立、保持和发展长期互惠关系,创造忠诚的顾客和合作伙伴,取得稳定的竞争优势。因此,企业营销是一个与消费者、竞争者、供应者、分销商、政府机构和社会组织发生相互作用的过程。

关系营销将建立与发展同所有利益相关者之间的关系作为企业营销的关键变量,把正确处理这些关系作为企业营销的核心。具体来说,关系营销包含三方面的含义:建立关系是指企业向顾客作出各种许诺;保持关系的前提是企业履行诺言;发展关系是指企业履行以前的诺言之后,向顾客作出一系列新的许诺。

(二)关系营销产生的背景

关系营销是从"大市场营销"概念衍生、发展而来的。1984年,菲利普·科特勒提出了所谓的"大市场营销"概念,目的在于解决国际市场的进入壁垒问题。在传统的市场营销理论中,企业外部环境是被当作"不可控因素"来对待的,其暗含的假设是,当企业在国际市场营销中面临各种贸易壁垒和舆论障碍时,就只得听天由命,无所作为。因为传统的4P组合策略,在贸易保护主义日益盛行的今天,已不足以打开封闭的市场。要打开封闭的市场,企业除了需要运用产品、价格、分销及促销四大营销策略外,还必须有效运用政治权力和公共关系这两种营销工具。这种策略思想称为大市场营销。虽然关系营销概念直接来自菲利普·科特勒的"大市场营销"思想,它的产生和发展同时也得益于对其他科学理论的借鉴、对传统营销理念的拓展以及信息技术浪潮的驱动。

(三)关系营销的本质特征

▶ 1. 信息沟通的双向性

社会学认为关系是信息和情感交流的有机渠道,良好的关系即渠道畅通,恶化的关系即渠道阻滞,中断的关系则是渠道堵塞。交流应该是双向的,既可以由企业开始,也可以由营销对象开始。广泛的信息交流和信息共享可以使企业赢得支持与合作。

▶ 2. 战略过程的协同性

在竞争的市场上,明智的营销管理者应强调与利益相关者建立长期的、彼此信任的、互利的关系。这可以是关系一方自愿或主动地调整自己的行为,即按照对方要求的行为;也可以是关系双方都调整自己的行为,以实现相互适应。各具优势的关系双方,互相取长补短,联合行动,协同动作去实现对各方都有利的共同目标,可以说是协调关系的最高形态。

▶ 3. 营销活动的互利性

关系营销的基础，在于交易双方相互之间在利益上的互补。如果没有各自利益的实现和满足，双方就不会建立良好的关系。关系建立在互利的基础上，要求双方互相了解对方的利益要求，寻求双方利益的共同点，并努力使双方的共同利益得到实现。真正的关系营销是达到关系双方互利互惠的境界。

▶ 4. 信息反馈的及时性

关系营销要求建立专门的部门，用以追踪各利益相关者的态度。关系营销应具备一个反馈的循环机制，连接关系双方，企业由此了解环境的动态变化，并根据合作方提供的信息改进产品和技术。信息的及时反馈，使关系营销具有动态的应变性，有利于挖掘新的市场机会。

二、关系营销的目标及形态

传统的营销是创造购买，是产品、价格、销售渠道和促销等营销因素的简单组合。而在当前激烈竞争的市场环境下，建立各种关系比创造购买更重要，因为企业追求的是长期盈利，要保持长期盈利能力，就要与顾客保持长期的关系，因此，买卖双方的关系不应该是交战双方的关系，而应是长期合作的关系。此外，企业还应与供应商、分销商以及其他的合作者保持长期密切的关系。

关系营销更加注重的是维系现有顾客，丧失老主顾无异于失去市场和利润的来源。有的企业推行"零顾客背离"计划，目标是让顾客没有离去的机会。这就要及时掌握顾客的信息，随时与顾客保持联系，并追随顾客动态。因此，仅仅维持较高的顾客满意度和忠诚度还不够，必须分析顾客产生满意度和忠诚度的根本原因。也只有找出顾客满意的真实的原因，才能有针对性地采取措施来维系顾客。满意的顾客会对产品、品牌乃至公司保持忠诚，忠诚的顾客会重复购买某一产品或服务，不为其他品牌所动摇，不仅会重复购买以前买过的产品，而且会购买企业的其他产品；同时顾客的口头宣传，有助于企业树立良好的形象。此外，满意的顾客还会高度参与和介入企业的营销活动过程，为企业提供广泛的信息、意见和建议。

关系营销是在人与人之间的交往过程中实现的，它归纳起来主要有以下几种形态：

（1）亲缘关系营销形态。指依靠家庭血缘关系维系的市场营销，如父子、兄弟姐妹等亲缘为基础进行的营销活动。这种关系营销的各关系方盘根错节，根基深厚，关系稳定，时间长久，利益关系比较容易协调，但应用范围有一定的局限性。

（2）地缘关系营销形态。指以企业营销人员所处地域空间为界维系的营销活动，如利用同省同县的老乡关系或同一地区企业关系进行的营销活动。这种关系营销在经济不发达，交通通信落后，物流、商流和信息流不畅的地区作用较大。

（3）业缘关系营销形态。指以同一职业或同一行业之间的关系为基础进行的营销活动，如同事、同行或同学之间的关系，由于接受相同的文化熏陶，彼此具有相同的志趣，在感情上容易紧密结合为一个"整体"，可以在较长时间内相互帮助，相互协作。

（4）文化习俗关系营销形态。指以企业及其人员之间具有共同的文化、信仰和风俗习俗为基础进行的营销活动。由于企业之间和人员之间有共同的理念、信仰和习惯，在营销活动的相互接触交往中易于交流，对产品或服务的品牌、包装、性能等有相似需求，容易建立长期的伙伴营销关系。

（5）偶发性关系营销形态。指在特定的时间和空间条件下因偶然机遇形成的一种关系营销，如营销人员在车上与同坐旅客闲谈中可能使某项产品成交。这种营销具有突发性、短暂性和不确定性的特点，往往与前几种形态相联系，但这种偶发性机遇又会成为企业扩大市场占有率、开发新产品的契机，如能抓住机遇，可能成为一个企业兴衰成败的关键。

三、关系营销的具体实施

（一）实施关系营销的原则

关系营销的实质是在市场营销中与各关系方建立长期稳定的相互依存的营销关系，以求彼此协调发展，因而必须遵循以下原则：

▶ 1. 主动沟通原则

在关系营销中，各关系方都应主动与其他关系方接触和联系，相互沟通信息，了解情况，形成制度或以合同形式定期或不定期碰头，相互交流各关系方需求变化情况，主动为关系方服务或为关系方解决困难和问题，增强伙伴合作关系。

▶ 2. 承诺信任原则

在关系营销中各关系方相互之间都应作出一系列书面或口头承诺，并以自己的行为履行诺言，才能赢得关系方的信任。承诺的实质是一种自信的表现，履行承诺就是将誓言变成行动，是维护和尊重关系方利益的体现，也是获得关系方信任的关键，是公司（企业）与关系方保持融洽伙伴关系的基础。

▶ 3. 互惠原则

在与关系方交往过程中必须做到相互满足关系方的经济利益，并通过在公平、公正和公开的条件下进行成熟、高质量的产品或价值交换使关系方都能得到实惠。

（二）关系营销实施的思路及方法

实施关系营销可以按照三种建立顾客价值的方法进行梯度推进：一级关系营销（频繁市场营销或频率营销），即维持关系的重要手段是利用价格刺激目标公众来增加财务利益；二级关系营销，即在建立关系方面优于价格刺激，增加社会利益，同时也附加财务利益，主要形式是建立顾客组织，包括顾客档案，正式的、非正式的俱乐部以及顾客协会等；三级关系营销，即增加结构纽带，同时附加财务利益和社会利益。与客户建立结构性关系，它对关系客户有价值，可以提高客户转向竞争者的机会成本，同时也将增加客户脱离竞争者而转向本企业的机会。关系营销的具体实施方法如下：

▶ 1. 组织设计

进行关系营销的管理，企业必须设置相应的机构。企业关系管理，对内要协调处理部门之间、员工之间的关系，对外要向公众发布消息、征求意见、收集信息和处理纠纷等。管理机构代表企业有计划、有准备、分步骤地开展各种关系营销活动，把企业领导者从烦琐事务中解脱出来，使各职能部门和机构各司其职，协调合作。

关系管理机构是企业营销部门与其他职能部门之间、企业与外部环境之间联系沟通和协调行动的专门机构。其主要作用是：收集信息资料，综合企业各职能部门的决策活动，增进企业与公众之间的理解与信任。

▶ 2. 资源配置

（1）人力资源调配。一方面实行部门间人员轮换，以多种方式促进企业内部关系的建立；另一方面从内部产生经理，可以加强企业观念并使其具有长远眼光。

（2）信息资源共享。在采用新技术和新知识的过程中，企业应以多种方式分享信息资源。如利用电脑网络协调企业内外部拥有多种知识与技能的人才的关系；制定政策或提供帮助以削减信息，提高电子邮件和语言信箱系统的工作效率；建立"知识库"或"回复网络"，并入更庞大的信息系统；组成临时"虚拟小组"，以完成自己或客户的交流项目。

▶ 3. 文化整合

关系各方环境的差异会造成建立关系的困难，使工作关系难以沟通和维持。跨文化之间的人们要相互理解和沟通，必须克服不同文化规范带来的交流障碍。文化整合，是关系双方能否真正协调运作的关键。合作伙伴的文化敏感性非常敏锐和灵活，能使合作双方共同有效地工作，并相互学习彼此的文化。

文化整合是企业市场营销中处理各种关系的高级形式。不同企业有不同的企业文化。推动差别化战略的企业文化可能是鼓励创新、发挥个性及承担风险；而成本领先的企业文化，则可能是节俭、纪律及注重细节。如果关系双方的文化相适应，将能强有力地巩固企业与市场的关系并形成竞争优势。

第 二 节 合 作 营 销

一、合作营销的定义

合作营销是企业之间更加具有战略性的营销合作关系，最早由艾德勒于1966年在《哈佛商业评论》上提出，指的是两个或两个以上的品牌或企业，为了实现资源的优势互补，增强市场开拓、渗透与竞争能力，达成了长期或短期的合作联盟关系，共同开发和利用市场机会。通常所说的品牌合作、品牌联盟、联合营销、协同营销和共生营销等都基本和合作营销是同一概念。

营销专家艾略特·艾登伯格（Elliott Ettenberg）在其著名的《4R营销》一书中预言，合作营销将是后经济时代新的大趋势。合作营销的兴起与当今市场激烈竞争和科技飞速发展有着密切关系。面对众多水平更高、实力更强的对手，任何一个企业都不可能在所有方面处于优势。在这种形势下，具有优势互补关系的企业便纷纷联合起来，实施联合营销，共同开发新产品，共享人才和资源，共同提供服务等，从而降低竞争风险，增强企业竞争能力。例如，微软初出茅庐时就有意将"WINDOWS"与久负盛名的个人计算机厂商IBM公司的计算机结合，实行联合营销。

综上所述，合作营销是一种与竞争营销相对的营销观念，是指两个或两个以上的企业为实现资源的优势互补，增强市场开拓、渗透与竞争能力联合起来共同开发和利用市场机会的行为。其目的主要是厂商之间通过共同分担营销费用，协同进行营销传播、品牌建设和产品促销等方面的营销活动，以达到共享营销资源、巩固营销网络目标的一种营销理念和方式。合作营销的最大好处是可以使联合体内的各成员以较少的费用获得较大的营销效果，有时还能达到单独营销无法达到的目的。

二、合作营销的形式

由于企业具体情况各不相同，合作内容、程度等方面各有特点，因而决定着合作营销有多种多样的形式。通常而言，比较常见的合作营销形式有如下几种：

（1）水平合作。即企业间在特定营销活动内容上的平行合作，也称横向合作营销。这种形式适用于同行业的企业，它们合作开发新产品，合作开展广告促销活动或相互提供渠道网络等。

（2）垂直合作。也称纵向合作营销，即企业在不同的营销活动内容上进行合作的方式。这种方式对规模较小且具有专业优势的企业而言是最佳选择。因为受资源限制，它们无法同时完成每一环节的营销活动，而通过合作，取长补短，建立互助关系，可解决企业营销系统小、营销范围有限、营销效益不高的矛盾。

（3）交叉合作。也称全方位合作营销，是纵向合作营销和横向合作营销的综合，是不同行业的企业在不同或相同营销活动内容上进行全面合作。这种方式合作空间较大，既可以通过技术转让或技术共享来进行技术合作，也可以利用参股的形式与其他企业进行资金合作，还可以在一定的契约规范下通过共同研制新技术和开发新产品进行合作。

三、合作营销的意义

在现代市场营销活动中，企业间的合作比竞争更重要。企业之间要摒弃你死我活的竞争观念，通过双方或多方协作，减少社会竞争，避免社会资源的浪费。

开展合作营销，能够促进企业共同寻求市场机会。在其他营销观念尤其是竞争营销观念的指导下，企业为了寻求营销上的成功，往往不择手段地去打击对方，最极端的做法就是低价倾销以取得竞争的优势。殊不知这样的结果往往造成两败俱伤，浪费社会资源。在这种情况下，人们便开始重新审视各企业间的关系并重新加以协调。一些富于开拓的市场营销专家也指出：对立并非上策，合作才能走向共同繁荣。合作营销的意义具体表现在以下几个方面：

（1）合作有利于共同发展，有利于巩固企业已有的市场地位。随着经济的发展，企业的生产规模不断扩大，专业化程度也越来越强。这对市场营销的影响是：一方面，市场容量越来越大，有利于大型企业开展营销；另一方面，市场空隙也越来越大，小型企业通过细分市场后，可以走进市场空隙，满足这些市场的需求。若是两者联合起来，就更能增强企业的适应能力。如美国三大汽车公司就是通过与日本和韩国企业的联合来提高自己在这些国家的市场占有率。

（2）合作营销有利于开辟新市场。企业要进入一个新市场，尤其是国际市场，往往受制于许多条件和因素，然而通过与当地企业的合作开发，却使许多问题迎刃而解。所以说合作是企业进入新市场的捷径。

（3）合作营销有利于企业开展多角化经营。大型企业往往会制定出一个多角化经营的战略，以向新的领域寻求发展，但新领域对企业而言可能是完全陌生的，企业所承受的市场风险较大。而通过与相关企业的合作则大大降低了企业经营的风险，使多角化经营顺利进行。

（4）跨地区之间的合作有利于企业进入国际市场。任何一个企业在进行跨国营销活动时，并不都是顺利的，必定要花费巨大的人力、财力和物力。而开展合作营销，情况则发生了极大的变化，通过与当地原有企业的合作，利用其原有知名度、营销网络及对本国国情熟悉等优势，就能够比较顺利地实现进入市场的目标。

第三节　绿色营销

一、绿色营销的含义

从广义上解释，绿色营销是指企业营销活动中所体现的社会价值观、伦理道德观，它要求充分考虑社会效益，既要自觉维护自然生态平衡，也要自觉抵制各种有害营销。因此，广义的绿色营销也称伦理营销。狭义的绿色营销，主要指企业在营销活动中，谋求消费者利益、企业利益与环境利益的协调，既要充分满足消费者的需求，实现企业利润目标，也要充分注意自然生态平衡。实施绿色营销的企业，对产品的创意、设计和生产，以及定价和促销的策划和实施，都要以保护生态环境为前提，力求减少和避免环境污染，保护和节约自然资源，维护人类社会的长远利益，实现经济与市场可持续发展。因此，狭义的绿色营销也称生态营销或环境营销。

二、绿色营销的特点

绿色营销是指以保护环境和回归自然为主要特征的一种绿色营销活动。这种营销活动的主要特点有以下几点：

▶ 1. 提倡绿色消费意识

真正意义上的绿色产品，不仅要质量合格，而且在其生产过程、使用和处理、处置过程中，也要符合特定的环境保护要求。与同类产品相比，它具有健康环保、节约资源等环境优势。

▶ 2. 实行绿色促销策略

由于绿色营销对企业提出了环保的要求。因此，企业的促销策略发生了重大转变。企业的注意力将从单纯追求利润，转变为注重生态环境的保护和促进经济与生态的协调发展上来。因此，企业在获取自身利益的同时，必须考虑环境的代价。不能以损坏或损害环境来达到企业盈利的目的。

▶ 3. 采用环保监控措施

西方在20世纪90年代初提出了"利于环境"的思想，环保主义者提倡进行利于环境的消费，从最早的废旧电池回收，到自备购物袋，开始只是约束消费者自身的购物、消费行为，后来有识之士认识到生产过程涉及环节众多，因此更要进行环保监控。

▶ 4. 建设绿色文化

随着绿色营销的开展，绿色文化成了企业文化的中心内容。在绿色文化的建设中，企业目标开始与环境目标融合；企业管理理念、营销理念开始与绿色生态理念融合。这些变化适应了时代的要求，反映了企业管理理念，特别是现代营销理念的新进展。

三、绿色营销的主要内容

▶ 1. 绿色食品

绿色食品是指经过有关部门认定，许可使用绿色食品标志的无污染的优质营养类食品。

▶ 2. 绿色服装

绿色服装代表着当代服装的发展趋势和主导潮流。如今人们对服装的要求更加注重舒适和健康。纯棉、纯麻、真丝等面料制成的服装尽管其价格偏高，但基本满足了人们的生活需求，仍为广大消费者所瞩目。据随机抽样调查显示，有四成左右的人表示认同并愿意购买绿色服装，可见绿色服装潜在的市场前景广阔。例如，绿色服装最突出的代表是以纯天然大豆纤维为代表的绿色服装。这种服装引领了绿色服装的主潮流，其纯天然特性和高技术含量以及所具有的丝一样的光泽、棉一样吸湿性和羊绒一样的柔软，使其成为当代绿色服装市场上最具有发展潜力和竞争能力的产品。

3. 绿色家电

绿色家电是绿色浪潮冲击下家电业的一种变革。例如，为了适应保护臭氧层的需要，无氟冰箱的出现及以 ARS 材料的选用使绿色冰箱进入了一个全新的环保境界。绿色空调除尘除臭、净化空气的性能大大提高了。又如，环保型微波炉、水处理机、防辐射手机、带有视屏保护的电脑等一系列家电产品，广泛采用满足环保要求和保障人类健康的新技术，势必成为网络营销的主打产品。

4. 绿色家居

绿色家居概念是绿色浪潮冲击下产生的新概念。绿色家居要求选择经过放射性试验的石材、不含甲醛的环保型涂料及复合型环保型地板等新型装饰材料，而且要求在居室设计中，色彩要有纯天然的绿色创意和一种大自然的美感，从而使人们居室内外的环境融为一体，形成一种家居与大自然的和谐美。

5. 绿色包装

绿色包装是在绿色浪潮冲击下对包装行业实施的一种革命性的变革，它不仅要求对现有包装不乱丢乱弃，而且要求对不符合环保要求的现有包装进行回收和处理，更要求按照绿色环保要求采用新包装材料和新技术。

6. 绿色科技

绿色科技是绿色营销的物质保障。技术进步是产业变革和进化的决定因素，新兴产业的形成必然要求技术进步；但技术进步如背离绿色观念，其结果很可能是加快环境污染的进程。只有采用绿色科技促进绿色营销环境的发展，促进能源节约和资源可再生，加大无公害绿色产品的开发力度，才能使绿色营销顺利推广。

四、绿色营销的实施

在绿色理念的指引下，实施绿色营销的企业，必须制定绿色营销战略和绿色营销组合。

1. 制定绿色营销战略

在全球绿色浪潮兴起的时代，企业基于对环境和社会利益的考虑，制订绿色营销的战略计划，促进企业的长期发展。绿色营销战略应明确企业研制绿色产品的计划以及必要的资源投入，具体说明环保的努力方向及措施。绿色营销战略应以满足绿色需求为出发点和归宿，既要满足现有与潜在绿色需求，还要促进绿色消费意识和绿色需求的发展。绿色营销带来更高的边际收益，实现合理的"绿色盈利"，从长远看，这也是绿色营销战略实施的必然结果。

2. 制定绿色营销组合

绿色产品不仅对社会或环境改善有贡献，而且能够帮助企业树立良好的企业形象，冲破绿色壁垒，适应"环保回归"潮流，为企业带来长期效益。首先，在产品生命周期各阶段，产品与包装要力求减少资源消耗和环境污染。其次，正确有效的绿色渠道是绿色营销的关键环节。企业不仅要选择有绿色环境意识的中间商，而且要选择能避免污染、减少损耗和降低费用的运送条件。再次，绿色价格应反映生态环境成本，包括产品所吸收的环保支出的费用，确立环境与生态价值的观点，促进生态化、低污低耗绿色技术的开发和应用。最后，提倡绿色促销，利用绿色媒体传播绿色企业及产品信息。要利用传媒和社会活动，为企业的绿色表现作宣传，当然，广告投入和广告频率要适度，防止因广告而造成资源浪费和声、光等感官污染。

第四节 网络营销

一、网络营销的定义及特点

▶ 1. 网络营销的定义

网络营销就是大量的客户通过互联网,找到某网站、商铺,查看商品卖点,通过电话、邮件、即时通信软件等方式联系到卖家或者厂家,将一个潜在客户变成有效客户的过程。也可以理解成:网络营销就是以企业实际经营为背景,以网络营销实践应用为基础,从而达到一定营销目的的营销活动。其中,还包括 E-mail 营销、博客与微博营销、网络广告营销和视频营销等。总体来说,凡是以互联网或移动互联为主要手段开展的各种营销活动,都可称为网络营销。

▶ 2. 网络营销的特点

网络营销的特点主要有两个:一个是网络营销基于互联网,以互联网为营销介质;另一个是网络营销属于营销范畴,是营销的一种表现形式。企业网络营销包含企业网络推广和电子商务两大要素。网络推广就是利用互联网进行宣传推广活动;电子商务指的是利用简单、快捷和低成本的电子通信方式,买卖双方无须谋面而进行的各种商贸活动。网络营销与传统营销一样都是为了实现企业营销目的,但在实际操作和实施过程还是有较大的区别。

二、互联网络给传统营销带来的变化

互联网络是将各自独立的电脑处理节点通过线路互相连接,节点之间能够彼此通信的系统。互联网络则将全球各国的电脑网络群连接起来,成为不属于任何一个国家或企业所拥有的信息传递系统,使全人类共享信息资源。随着越来越多的企业和个人网络进入互联网络,其在人类生活中的地位日趋重要,也必将给传统营销组合注入新的内容。

▶ 1. 网络销售产品的特征

一般而言,适合在互联网上销售的产品具有以下特征:

(1) 以网络一族为目标市场;
(2) 市场需求的地理范围广阔;
(3) 能推广不易设店贩卖的特殊产品;
(4) 网络销售费用远低于其他渠道。

▶ 2. 网络销售的功能

经由网络所提供的产品与服务主要在于信息的提供,除将产品性能、特点、品质、价格以及顾客服务内容充分加以显示外,更重要的是能针对个别需求做一对一的服务。

▶ 3. 线上交易价格

网络交易的费用较低,但因交易形式多样化,价格弹性也大。企业应在充分检视所有渠道的价格后,设计合理的线上交易价格。线上交易能够充分互相沟通,更好地掌握消费者购买信息,比较容易以理性方式拟定价格。但由于没有中间商介入,产品的线上交易价格即零售价格能在全球内有效地统一,并且根据情况随时调整价格。

▶ 4. 促销的新特点

线上促销具有一对一的特性,并以消费者的需求为导向,线上促销基本上是被动的,企业如何提供具有价值诱因的商品信息,吸引消费者上线,对企业是一大挑战。在促销活动方面,全球信息的及时互动功能充分显示了网络营销的灵活性。

▶ 5. 渠道的革命

互联网可将商品直接展示在消费者面前,回答消费者疑问,并接受顾客订单。这种直接互动与超越时空的电子购物,无疑是渠道上的革命,必将成为未来市场营销最重要的渠道。

▶ 6. 促进 4C 的实施

网络营销的特性符合顾客主导、成本低廉、使用方便和充分沟通的要求。如:

(1) 网络为企业市场营销调研提供了全新的渠道,可随时了解全球消费者需求及其对产品的看法与要求,有利于企业把握需求动态,便于开发适合需要的个性化产品;

(2) 网络通信成本低廉,可以较低成本了解消费者需求和向消费者传递信息,享有低成本优势,有利于提高产品的性能价格比;

(3) 有了互联网,消费者无须四处奔波劳碌,可任意挑选自己所需的产品,如软件、电子书报等,可经由网络输入用户的电脑,实物产品一般可按用户要求送货上门;

(4) 网络提供了全新的沟通渠道,企业与用户可通过电子邮件彼此交流,网上论坛也为企业提供了了解用户的通道。

三、网络营销的方式

(1) 搜索引擎营销。即 SEM(通常以 PPC 为代表),通过开通搜索引擎竞价,让用户搜索相关关键词,并点击搜索引擎上的关键词链接进入网站、网页,进一步了解所需要的信息,然后通过拨打网站上的客服电话、与在线客服沟通或直接提交页面上的表单等来实现自己的目的。

(2) 搜索引擎优化。即 SEO,是通过对网站结构、三要素描述、高质量的网站主题内容、丰富而有价值的相关性外部链接进行优化而使网站为用户提供的搜索引擎更加友好,以获得在搜索引擎上的优势排名为网站引入流量。

(3) 电子邮件营销。是以订阅的方式将行业及产品信息通过电子邮件的方式提供给所需要的用户,以此建立与用户之间的信任与信赖关系。

(4) 即时通信营销。即利用互联网即时聊天工具进行推广宣传的营销方式。

(5) "病毒式"营销。病毒式营销模式来自于网络营销,是运用用户口碑相传的原理,通过用户之间自发进行、费用较低的营销手段。

(6) BBS 营销。这个应用得已经很普遍了,尤其是个人站长,到门户站论坛"灌水"的同时留下自己网站的链接,每天都能带来几百个访问 IP。

(7) 博客营销。博客营销是建立企业博客或个人博客,用于企业与用户之间的互动交流以及企业文化的体现,一般以诸如行业评论、工作感想、心情随笔和专业技术等作为企业博客的内容,使用户更加信赖企业,从而深化企业的品牌影响力。

(8) 微博营销。微博营销是指通过微博平台为商家、个人等创造价值而采用的一种营销方式,也是指商家或个人通过微博平台发现并满足用户的各类需求的商业行为方式。

(9) 微信营销。微信营销是网络经济时代企业营销模式的一种创新,是伴随着微信的火热而兴起的一种网络营销方式。微信不存在距离的限制,用户注册微信后,就可与周围同样注册的"朋友"形成一种紧密的联系,用户订阅自己所需的信息,商家通过提供用户需要的信息,推广自己的产品,从而实现点对点的营销。

(10)视频营销。以创意视频的方式,将产品信息移入视频短片中,被大众所吸收,不会造成太大的用户群体排斥性,也容易被用户群体所接受。

(11)软文营销。顾名思义软文广告,是相对于硬性广告而言的,是由企业的市场策划人员或广告公司的文案人员来负责撰写的"文字广告"。与硬广告相比,软文之所以叫做软文,精妙之处就在于一个"软"字,好似绵里藏针,收而不露,克敌于无形。它追求的是一种春风化雨、润物无声的传播效果。

(12)体验式微营销。体验式微营销是指以用户体验为主,以移动互联网为主要沟通平台,配合传统网络媒体和大众媒体,通过有策略、可管理和持续性的O2O线上线下互动沟通,建立、转化或强化顾客关系,实现客户价值的一系列过程。

(13)O2O立体营销。它是指基于线上、线下全媒体深度整合营销,以提升品牌价值转化为导向,运用移动化信息系统,帮助品牌企业打造全方位渠道的立体营销网络,并根据市场大数据分析制定出一整套完善的多维立体互动营销模式,针对受众需求进行多层次分类,选择性地运用报纸、杂志、广播、电视、音像、电影、出版、网络和移动通信等各类传播渠道,以文字、图片、声音、视频和触碰等多元化的形式进行深度互动融合,涵盖视、听、光、形象和触觉等人们接受资讯的全部感官,对受众进行全视角、立体式的营销覆盖,帮助企业打造多渠道、多层次、多元化、多维度和全方位的立体营销网络。

四、互联网络在营销中的应用

20世纪90年代初,互联网络开始从纯教育信息管理进入商业管理领域,商业化促进了互联网络的飞速发展,互联网络也为商业提供了新的发展机会。据中国互联网协会统计,截至2015年12月底,中国网站总量达到426.7万,中国网民数量已达到6.68亿,中国如今已是世界上最大的电商市场。目前国内绝大部分企业也开始建立自己的网站,通过网络寻找自己的客户和需要的产品,这已经成了习惯。如果客户想购买些什么,特别是首次购买时,会先在网上进行初步的查找和选择,再进一步与供应者取得联系。

随着中国网络营销的发展壮大,中国企业对网络营销人才的需求不断加大。网络营销相关岗位的需求与日俱增,带来了巨大的从业机会,同时,也对从业者的技能有了新的要求。网络营销的人才需求主要包括网站运营、网店运营、SEO优化、SEM、互动营销、网络推广等。目前企业通过互联网开展营销活动的形式主要有以下几种:

(1)发布电子广告,传递市场信息。与传统媒体广告不同,电脑可给广告用户提供无限广阔的空间,也给中小企业提供了平等竞争的机会。

(2)建立电子商场。它将经营的商品以多媒体信息的方式,通过互联网络提供给全球顾客浏览、选购,是国外一些大商场正在探索的促销方式。让顾客在家中"逛商场",通过网络浏览分布在不同商场的产品,包括商品的图像、文字介绍、技术参数指标、价格与售后服务以及同类产品比较等。电子商场可以提供一些用户反馈信件、专家评述,在品种较多时,还可以设计数据库以供顾客搜索相关信息。电子商场不再受地域限制,可展销任何产品,并可以在任何时间接受任何顾客的电子询价或订货,甚至设立线上收款服务。

(3)开展市场调研。通过市场调研,一方面可根据顾客反馈的信息,了解顾客的需求及购物规律,据以调整商品结构和购物方向;另一方面,可以免费索取对营销活动非常有用的信息与商情动态,如美国商务部在互联网上设立电子公告,提供数万份有关国际贸易的资料,其中700份每日更新一次,内容包括全球最新经济动态、经济发展指数和金融动态等。

（4）开展网络服务。近年来，国外已出现一批利用互联网络资源为用户提供服务的公司，如互联网络访问、信息检索、软件开发以及用户咨询与服务等。还有一些公司将信息作为"原料"加工成"商品"后销售给用户，不仅解决了用户及时查找所需信息的困难，也可以帮助用户排除文字上的障碍。作为销售商品的企业，可将各种技术资源推到网络上，用户有了难题，可很快从网络中获得解决，或是请厂家技术人员作出准确的回答。

此外，企业在营销活动中，还可以利用互联网测试新产品的市场反应；强化产业环境信息的收集；加强与其他企业的联系；接触高教育水准和年轻族群，提早接触未来消费主力；寻找合作对象，加强与供销商联系；锁定特殊消费族群，开展"小众"传播等。

第五节 整合营销

整合营销就是从消费者的角度作逆向思考，通过研究他们的需求、意愿及为此付出的成本来进行多角度、全方位的广告策划、媒体运用，以达到在双向沟通和购买便利性方面取得成效，最终实现利润、市场占有率、品牌和接近公众这四大成本效益，以主动地引导消费行为的过程。一般说来，整合营销应该是企业开展营销活动时所运用的手段，但如果作为企业的经营哲学，即企业营销观念来理解，整合营销观念把企业内部整个营销活动都整合和协调起来，努力为顾客的利益服务，同时也强调企业与市场之间的互动关系，注重发现潜在市场和创造新市场。整合营销具有整体性和动态性的特征，在整合营销观念中，企业把与消费者之间的沟通放在特别重要的位置。

一、整合营销中的 4C 观念

整合营销观念仍然是以消费者和市场需求为中心，同样强调顾客满意，不过它更注重根据消费者的个性来开展企业的营销活动。因此，这种理论认为，传统的 4P 组合已很难适应现代竞争激烈的市场，应由 4C，即消费者（consumer）、消费者获取满足的成本（cost）、购买的便利性（convenience）及相互之间的沟通（communication）来代替。

▶ 1. 消费者

在整合营销观念中，企业要把重视顾客放在首位，强调创造顾客比开发产品更重要，满足消费者的需求和欲望比强调产品功能特点更重要。所以，企业不应该首先考虑产品原有的优点及功能，而应重新去研究消费者，给消费者提供他们确实想要的产品。

▶ 2. 成本

这里的成本指消费者满足的成本，或是消费者满足自己的需要和欲望而愿意付出的成本和价格。这里的营销价格因素延伸为生产经营过程的全部成本。包括：企业的生产成本，即生产适合消费者需要的产品成本；消费者购物的成本，不仅指货物的货币支出，还有时间耗费、体力和精力耗费及风险承担。新的定价模式是：消费者支持的价格减去适当的利润等于成本上限。企业要想在消费者支持的价格限度内增加利润，就必须努力降低成本。

▶ 3. 便利

在传统的 4P 组合中，企业比较注重商品的销售途径及分销渠道的选择和设计，而在整合营销中，则更注重服务环节，认为只要能给予消费者购物的方便，无论什么方式都可取。如各种邮购、电话订购、代购代送和网上购物等方式都是企业应该考虑的，并且企业还要为此向顾客提供全过程的便利，包括全面而准确的产品和服务信息、咨询导购和售后服务等。

4. 沟通

企业不能只进行传统营销观念中的单向顾客劝导，而更应看重与顾客的相互沟通。通过相互之间的沟通、交流，增进了解，从而实现真正的适销对路，培养顾客的忠诚度。

总的来说，4C 理论是 4P 理论的转化和发展，但其被动适应顾客需求的色彩较浓，企业需要从更高层次以更有效的方式在企业与顾客之间建立起有别于传统的新型的主动性关系。在市场竞争日益激烈的今天，企业不仅应看到顾客的需求，还应更多地注意到竞争对手、潜在的竞争对手和供应商等多种因素，冷静分析自身优势并采取相应的策略，在竞争中求发展。

二、整合营销实施的要求

整合营销的实施涉及资源配置、组织与管理等方面的内容，在每一个具体的环节，都有不同的要求，具体包括以下几个方面：

(1) 整合营销要求实现资源的最佳配置及再生。整合营销的目的就是要减少企业各职能部门及营销部门内部之间的矛盾与摩擦，避免资源的浪费，通过整合而使各部门之间协调，保证资源使用效率最大化。

(2) 人员的选择与激励。在进行整合营销时，人是最能动、最活跃的因素，能否激发人的最佳潜力，其弹性空间较大。整合营销要求其组成人员具有较高的综合素质和较强的合作能力，企业应结合相应的激励措施调动人员的积极性，实现企业的营销目标。

(3) 要建立学习型的组织。由于整合营销具有动态性，参加整合营销的组成人员为了保持与企业目标和员工总体目标的一致性，就必须强化团体学习，形成集体智慧，进行开放性思维，做好营销工作。

(4) 要有合适的监督管理体制保障。这种监督管理体制主要的作用是使各种监督目标变成自觉的行为，如通过培养各成员的自觉服务精神、通过激励员工培养和塑造企业文化、通过个人强化团体的自我管理能力等，而使实现企业营销目标成为一种自觉的行为。

第六节　体验营销

一、体验营销的定义

体验营销是指企业通过采用让目标顾客观摩、聆听、尝试和试用等方式，使其亲身体验企业提供的产品或服务，让顾客实际感知产品或服务的品质或性能，从而促使顾客认知、喜好并购买产品或服务的一种营销方式。这种方式以满足消费者的体验需求为目标，以服务产品为平台，以有形产品为载体，生产、经营高质量产品，拉近企业和消费者之间的距离。这种方式突破传统的"理性消费者"假设，认为消费者消费时是理性与感性兼具的，消费者在消费前、消费中和消费后的体验才是购买行为与品牌经营的关键。

体验营销以拉近企业和消费者之间的距离为重要经营手段，成为企业获得竞争优势的新"武器"。但体验式营销并不适用于所有行业和所有产品，只有具备不可察知性的，其品质必须通过使用才能断定的产品，才可以运用这种方式。伯恩德·H.施密特（Bernd H. Schmitt）认为，营销工作就是通过各种媒介，刺激消费者的感官和情感，引发消费者的思考、联想，促使其行动和体验，并通过消费体验，不断地传递品牌或产品的好处。

体验营销是站在消费者的感官、情感、思考、行动和联想五个方面，重新定义、设计一种思考方式的营销方法。比如当咖啡被当成"货物"贩卖时，一磅卖300元；当咖啡被包装为商品时，一杯就可以卖25元；当其加入了服务，在咖啡店中贩卖时，一杯最少要35～100元；但如能让顾客体验咖啡的香醇与生活方式，一杯就可以卖到150元甚至好几百元。星巴克真正的利润所在就是"体验"。

在传统的营销模式中，客户只是被动地接受企业的理念和产品，自己主动想了解的部分则很难获取。而与注重产品特色、功效的传统营销相比，体验式营销更注重用户的体验。这些体验产生于客户之前的经历对其感觉、内心和思想的触动，并将企业品牌与客户联系起来。体验所带来的感觉、感情、认知和关系价值最终也将取代产品的功能价值。此外，体验营销还考虑到了用户的需求。

二、体验营销的类型

由于体验的复杂化和多样化，伯恩德·H.施密特将不同的体验形式称为战略体验模块，并将其分为以下五种类型：

▶ 1. 知觉体验

知觉体验即感官体验，将视觉、听觉、触觉、味觉与嗅觉等知觉器官应用在体验营销上。感官体验可区分为公司与产品（识别）、引发消费者购买动机和增加产品的附加价值等。

▶ 2. 思维体验

思维体验即以创意的方式引起消费者的惊奇、兴趣、对问题进行集中或分散的思考，为消费者创造认知和解决问题的体验。

▶ 3. 行为体验

行为体验指通过增加消费者的身体体验，指出他们做事的替代方法、替代的生活形态与互动，丰富消费者的生活，从而使消费者被激发或自发地改变生活形态。

▶ 4. 情感体验

情感体验即体现消费者内在的感情与情绪，使消费者在消费中感受到各种情感，如亲情、友情和爱情等。

▶ 5. 相关体验

相关体验即通过实践自我改进的个人渴望，使别人对自己产生好感。它使消费者和一个较广泛的社会系统产生关联，从而建立对某种品牌的偏好。

此外，互联网所形成的网络有很多可以让商家直接与消费者对接的体验接触点。这种对接主要体现为浏览体验、感官体验、交互体验和信任体验。这些体验活动给了消费者充分的想象空间，最大限度地提升了用户参与和分享的兴趣，提高了消费者对品牌的认同。

（1）浏览体验，是指消费者通过网络直接进行品牌信息接触并保障其顺畅。浏览体验主要表现在网络内容设计的方便性、排版的美观、网站与消费者沟通的互动程度等方面，让消费者通过自身对于网络的情感体验来对品牌产生感性认识。

（2）感官体验，即充分利用互联网传递多媒体信息的特点，让顾客通过视觉、听觉等来实现对品牌的感性认识，使其易于区分不同公司及产品，达到激发顾客兴趣和增加品牌价值的目的。

（3）交互体验，就是网上互动。交互是网络的重要特点，能够促进消费者与品牌之间的双向传播，通常通过论坛、留言板等方式实现。消费者将自身对网络品牌体验的感受再以网络这个媒介反馈给品牌，不仅提高了品牌对于消费者的适应性，还提高了消费者的积极性。

（4）信任体验，即借助网站的权威性、信息内容的准确性以及在搜索引擎中的排名等，构成消费者对于网络品牌信任的体验程度。

三、体验营销的主要策略

▶ 1. 感官式营销

感官式营销是通过视觉、听觉、触觉与嗅觉建立感官上的体验。它的主要目的是创造知觉的体验。感官式营销可以区分公司和产品的识别，引发消费者购买动机和增加产品的附加值等。以宝洁公司的汰渍洗衣粉为例，其广告突出"山野清新"的感觉——新型山泉汰渍带给你野外的清爽幽香。公司为创造这种清新的感觉做了大量工作，后来取得了很好的效果。

▶ 2. 情感式营销

情感式营销是在营销过程中触动消费者的内心情感，创造情感体验，其范围可以是一个温和、柔情的正面心情，如欢乐、自豪，甚至是强烈的激动情绪。情感式营销需要真正了解什么刺激可以引起某种情绪，以及能使消费者自然地受到感染，并融入这种情景中来。在"水晶之恋"果冻广告中，可以看到一位清纯、可爱、脸上写满幸福的女孩，依靠在男朋友的肩膀上，品尝着他送给她的"水晶之恋"果冻，就连旁观者也会有一种甜蜜爱情的体验。

▶ 3. 思考式营销

思考式营销是启发人们的智力，创造性地让消费者获得认识和解决问题的体验。它运用惊奇、计谋和诱惑，引发消费者产生统一或各异的想法。在高科技产品宣传中，思考式营销被广泛使用。1998 年苹果公司的 IMAC 计算机上市仅 6 个星期，就销售了 27.8 万台，被《商业周刊》评为 1998 年最佳产品。IMAC 的成功很大程度上得益于一个思考式营销方案。该方案将"与众不同的思考"的标语，结合许多不同领域的"创意天才"，包括爱因斯坦、甘地和拳王阿里等人的黑白照片，放在各种大型广告路牌、墙体广告和公交车身上。这个广告刺激消费者在思考苹果电脑的与众不同时，也思考自己的与众不同，从而使他们在使用苹果电脑时有一种自己也是创意天才的感觉。

▶ 4. 行动式营销

行动式营销是通过偶像角色如影视歌星或著名运动明星来激发消费者，使其生活形态发生改变，从而实现产品的销售。在这一方面耐克可谓经典。该公司成功的主要原因之一是其出色的"JUST DO IT"广告，经常描写运动中的著名篮球运动员迈克尔·乔丹，从而强化消费者对身体运动的体验。

▶ 5. 关联式营销

关联式营销包含感官、情感、思考和行动或营销的综合。关联式营销战略特别适用于化妆品、日常用品和私人交通工具等领域。美国市场上的"哈雷"牌摩托车,车主们经常把它的标志文在自己的胳膊乃至全身,他们每个周末去全国参加各种竞赛,可见哈雷品牌的影响力不凡。

四、体验营销的实施模式与实施步骤

（一）体验营销的实施模式

体验营销的目的在于促进产品销售,通过研究消费者状况,利用传统文化、现代科技、艺术和大自然等手段来增加产品的体验内涵,在给消费者心灵带来强烈的震撼时促成销售,体验营销主要有以下几种实施模式:

▶ 1. 节日模式

每个民族都有自己的传统节日,传统的节日观念对人们的消费行为起着无形的影响。这些节日在丰富人们精神生活的同时,也深刻影响着人们消费行为的变化。随着我国节假日的不断增多,出现了新的消费现象——假日消费,企业若能把握好商机便可大大增加产品的销售量。

▶ 2. 文化模式

利用一种传统文化或一种现代文化,可使企业的商品及服务与消费者的消费心理形成一种社会文化气氛,从而有效地影响消费者的消费观念,进而促使消费者自觉地接近与文化相关的商品或服务,促进消费行为的发生,甚至形成一种消费习惯和传统。

▶ 3. 美化模式

由于每个消费者的生活环境与背景不同,对于美的要求也不同,这种不同的要求也反映在消费行为中。人们在消费行为中求美的动机主要有两种表现:一是商品能为消费者创造出美和美感;二是商品本身存在客观的美的价值。这类商品能给消费者带来美的享受和愉悦,使消费者体验到美感,满足其对美的需要。

▶ 4. 服务模式

对企业来说,优越的服务模式可以征服广大消费者的心,取得他们的信任,同样也可以使产品的销售量大增。

▶ 5. 环境模式

消费者在感觉良好的听、看、嗅过程中,容易产生喜欢的特殊感觉。因此,良好的购物环境,不但迎合了现代人文化消费的需求,也提高了商品与服务的外在质量和主观质量,还使商品与服务的形象更加完美。

▶ 6. 个性模式

为了满足消费者的个性化需求,企业开辟出一条富有创意的双向沟通的销售渠道。在掌握消费者忠诚度之余,满足消费大众参与的成就感,同时也增进了产品的销售。

▶ 7. 多元化经营模式

现代销售场所不仅装饰豪华,环境舒适典雅,设有现代化设备,而且集购物、娱乐、休闲为一体,使消费者在购物过程中也可娱乐休息,同时也使消费者自然而然地进行了心理调节,从而创造更多的销售机会。

（二）体验营销的实施步骤

▶ 1. 识别目标客户

识别目标客户就是要针对目标顾客提供购前体验,明确顾客范围,降低成本。同时还要对目标顾客进行细分,对不同类型的顾客提供不同方式、不同水平的体验。在运作方法上要注意信息由内向外传递的拓展性。

▶ 2. 认识目标顾客

认识目标顾客就要深入了解目标顾客的特点、需求，知道他们顾虑什么。企业必须通过市场调查来获取有关信息，并对信息进行筛选、分析，真正了解顾客的需求与顾虑，以便有针对性地提供相应的体验手段，来满足他们的需求，打消他们的顾虑。

▶ 3. 从目标顾客的角度出发，为其提供体验

要清楚顾客的利益点和顾虑点在什么地方，根据其利益点和顾虑点决定在体验式销售过程中重点展示产品的哪些部分。

▶ 4. 确定体验的具体参数

要确定产品的卖点，让顾客从中体验并进行评价。譬如理发，可以把后面的头发修得是否整齐、发型与脸型是否相符等作为体验的参数，这样在顾客体验后，就容易从这几个方面对产品（或服务）的好坏形成一个判断。

▶ 5. 让目标对象进行体验

在这个阶段，企业应该预先准备好让顾客体验的产品或设计好让顾客体验的服务，并确定好便于达到目标对象的渠道，以便目标对象进行体验活动。

▶ 6. 进行评价与控制

企业在实行体验式营销后，还要对前期的运作进行评估。评估总结要从以下几方面入手：效果如何；顾客是否满意；是否让顾客的风险得到了提前释放；风险释放后是否转移到了企业自身，转移了多少，企业能否承受。通过这些方面的审查和判断，企业可以了解前期的执行情况，并可重新修正运作的方式与流程，以便进入下一轮的运作。

本章小结

关系营销以系统为基本思想，将企业置于社会经济大环境中来考察其市场营销活动，因此，企业营销是一个与消费者、竞争者、供应者、分销商、政府机构和社会组织发生相互作用的过程。关系营销的本质特征有：信息沟通的双向性、战略过程的协同性、营销活动的互利性、信息反馈的及时性。

合作营销，也称共生营销、联合营销、协同营销，是一种与竞争营销相对的营销观念，是指两个或两个以上的企业为达到资源的优势互补，增强市场开拓、渗透与竞争能力，联合起来共同开发和利用市场机会的行为。其目的主要是厂商之间通过共同分担营销费用，协同进行营销传播、品牌建设和产品促销等方面的营销活动，以达到共享营销资源、巩固营销网络目标的一种营销理念和方式。

从广义上解释，绿色营销是指企业营销活动中体现的社会价值观、伦理道德观，它要求充分考虑社会效益，既要自觉维护自然生态平衡，也要自觉抵制各种有害营销。因此，广义的绿色营销也称伦理营销。狭义的绿色营销，主要指企业在营销活动中，谋求消费者利益、企业利益与环境利益的协调，既要充分满足消费者的需求，实现企业利润目标，也要充分注意自然生态平衡。

网络营销，就是大量的客户通过互联网，找到某网站、商铺，查看商品卖点，通过电话、邮件、即时通信软件等方式联系到卖家或者厂家，将一个潜在客户变成有效客户的过程。企业网络营销包含企业网络推广和电子商务两大要素。网络推广就是利用互联网进行宣传推广活动；电子商务指的是利用简单、快捷、低成本的电子通信方式，买卖双方无须谋面而进行各种商贸活动。

整合营销就是从消费者的角度作逆向思考,通过研究他们的需求、意愿及为此付出的成本来进行多角度、全方位的广告策划、媒体运用,以达到在双向沟通和购买方便性方面取得成效,最终实现利润、市场占有率、品牌和接近公众这四大成本效益,以主动地引导消费行为的过程。整合营销观念仍然是以消费者和市场需求为中心,同样强调顾客满意,不过它更注重根据消费者的个性来开展企业的营销活动。因此,这种理论认为传统的 4P 组合已很难适应现代竞争激烈的市场,应由 4C,即消费者、消费者获取满足的成本、购买的方便性及相互之间的沟通来代替。

体验营销是指企业通过采用让目标顾客观摩、聆听、尝试、试用等方式,使其亲身体验企业提供的产品或服务,让顾客实际感知产品或服务的品质或性能,从而促使顾客认知、喜好并购买产品或服务的一种营销方式。这种方式以满足消费者的体验需求为目标,以服务产品为平台,以有形产品为载体,生产、经营高质量产品,拉近企业和消费者之间的距离。这种思考方式突破传统的"理性消费者"假设,认为消费者消费时是理性与感性兼具的,消费者在消费前、消费中和消费后的体验才是购买行为与品牌经营的关键。

思考题

1. 简述关系营销的定义及其实施。
2. 简述合作营销的定义及其意义。
3. 简述网络营销的定义及其特点。
4. 简述整合营销的定义及要点。
5. 简述绿色营销的定义及意义。
6. 网络营销在当前哪些领域进行了推广?还可应用于哪些方面?
7. 你对 4C 理念代替 4P 理念或是 4C 理念与 4P 理念结合有何看法?
8. 简述体验营销的定义及策略。

实训实习

一、实训目标

通过实训,提高营销策略的策划能力。

二、实训任务

选定自己熟悉的一家企业,运用所学市场营销学理论,为该企业的某种产品制定营销方案。

三、实训步骤

1. 确定合作企业,为指定产品设计一套新产品营销方案,包括新产品品牌、包装、服务、价格、渠道、促销等策略。

2. 以小组为单位集中完成,由企业的营销主管和授课教师共同指导及评定成绩。

案例分析:
案例一
联想的营销策略

案例分析:
案例二
京东商城的
营销策略

案例分析:
案例三
新型销售模式:
阿里巴巴为何
成功

参 考 文 献

[1] (美)菲利普·科特勒. 市场营销管理(亚洲版,第3版)[M]. 洪瑞云,梁绍明,等,译. 北京:中国人民大学出版社,2005.

[2] (美)菲利普·科特勒,凯文·莱恩·凯勒. 营销管理(第14版)[M]. 王永贵,于洪彦,等,译. 上海:格致出版社,上海人民出版社,2012.

[3] (美)迈克尔·波特. 竞争优势[M]. 陈小悦,译. 北京:华夏出版社,1997.

[4] (美)小威廉·D. 佩勒尔特,E. 杰罗姆·麦肯锡. 市场营销学基础——全球管理视角(英文版,原书第14版)[M]. 北京:机械工业出版社,2002.

[5] (美)迈克尔·R. 所罗门. 消费者行为——购买、拥有与存在(第5版)[M]. 张硕阳,尤丹蓉,译. 北京:经济科学出版社,2003.

[6] (美)斯蒂芬·P. 罗宾斯,玛丽·库尔特. 管理学(第7版)[M]. 北京:中国人民大学出版社,2004.

[7] Philip Kotler. Analysis,Planning,Implementation and Controt. Marketing Management[M]. New Jersey:Pretice-Hall,Inc.,1994.

[8] (美)Louis W. Stern,Adel I. EI—Ansary,Anne T. Coughlan. 市场营销渠道[M]. 赵平,廖建军,孙燕军,译. 北京:清华大学出版社,2001.

[9] 郭国庆. 市场营销学通论[M]. 北京:中国人民大学出版社,1999.

[10] 万后芬,汤定娜,杨智. 市场营销教程[M]. 北京:高等教育出版社,2003.

[11] 吴健安. 市场营销学(第四版)[M]. 北京:高等教育出版社,2011.

[12] 李桂华. 现代营销管理:理论·方法·案例[M]. 天津:天津社会科学院出版社,2001.

[13] 柳思维. 市场营销学[M]. 长沙:中南大学出版社,2003.

[14] 任天飞. 市场营销学[M]. 长沙:国防科技大学出版社,2002.

[15] 章汝荣. 国际市场营销学[M]. 上海:上海人民出版社,1999.

[16] 陈收,毕少菲. 企业战略管理[M]. 长沙:湖南大学出版社,2003.

[17] 符国群. 消费者行为学[M]. 北京:高等教育出版社,2001.

[18] 权锡鉴,周荣森,等. 营销管理创新研究[M]. 北京:经济管理出版社,2004.

教师服务

感谢您选用清华大学出版社的教材！为了更好地服务教学，我们为授课教师提供本书的教学辅助资源，以及本学科重点教材信息。请您扫码获取。

》教辅获取

本书教辅资源，授课教师扫码获取

》样书赠送

市场营销类重点教材，教师扫码获取样书

清华大学出版社

E-mail: tupfuwu@163.com
电话：010-83470332 / 83470142
地址：北京市海淀区双清路学研大厦 B 座 509

网址：http://www.tup.com.cn/
传真：8610-83470107
邮编：100084